发展战略研究丛书　上海市人民政府发展研究中心·上海发展战略研究所

上海战略研究

历史传承 时代方位

周振华　陶纪明　等著

格致出版社　上海人民出版社

前　言

本书是上海市人民政府发展研究中心、上海发展战略研究所推出的《发展战略研究丛书》的第二本书,是运用战略研究的分析框架和分析方法来审视、理解上海发展历史并展望上海发展未来的一本学术性著作。

一

2013 年,上海举全市之力、汇全球之智,正式启动了"面向未来三十年的上海发展战略研究"项目。这项战略研究将放眼未来三十年,聚焦于未来上海城市发展前景展望及其目标功能定位。但要开展这一前瞻性的战略研究,必须扎实做好一系列基础性工作。除了熟练掌握战略研究范式和基本分析工具外,还要全面了解和把握其研究对象从何而来、依何路径、现处何方等历史基础、发展轨迹、时代方位。

未来三十年,一定充满了不确定、复杂迷离的变数,甚至是我们现在无法想象的巨大变化和重大事件。从这一角度讲,战略研究只能从大概率视角来前瞻未来的发展。然而,历史的发展恰恰是大概率事件的结果,在偶然中体现了某种必然性。从大概率的发展视角看,过去、现在与未来是有一定有机联系的。因此,任何面向未来的战略研究,首先必须研究过去和现在。可以毫不夸张地说,真正的战略研究,一半是在研究过去和现在,另一半是在研究未来。尽管这种研究成果并不一定出现在正式发布的战略研究报告中,但它却是一项不可或缺的基础性工作,一定可以为形成具有较高价值的战略研究报告奠定深厚的基础。

面向未来三十年的上海城市发展战略研究,同样要在准确把握上海城市基因、历史轨迹、现实基础及其时代方位的基础上，依据未来战略环境条件、可供选择的战略资源和所具有的战略驱动力，才能较好预测与展望城市发展愿景和目标定位。也就是，历史与现实基础条件同未来战略定位之间是有内在逻辑关系的，两者不可偏废。特别是在未来可预见的重大变量框架下，如世界经济重心东移、全球化与信息化进程深化并交互、全球城市化水平提高和全球城市网络体系完善、世界新技术革命来临、世界人口增长及中产阶层规模扩大，以及我国实现中华民族复兴的中国梦等，上海城市发展愿景及其目标定位在很大程度上取决于自身潜在可能性条件，即自身具有的城市基因、历史积淀、现实基础、时代方位及其对外部反应的创新能力。显然，如果不了解上海自身潜在的可能性条件，就难以对上海未来发展战略进行较科学的分析与评估，往往会作出与自身条件不相符的"一厢情愿"的战略目标定位。因此，在面向未来三十年上海发展战略研究的初期，我们首先做了这一基础性战略研究。

这一研究的动机，除了为我们自己开展面向未来三十年上海发展战略研究奠定良好基础外，也考虑到为众多参与这一战略研究的专家学者提供一个"公共产品"。正如"开放"已同上海的发展血脉相连一样，面向未来三十年上海发展战略研究也充分体现了这一精神元素。除了上海自身诸多高校、研究院所参与总体研究外，还委托世界银行、国务院发展研究中心分别进行平行研究，力图从世界和中国两个高度、两种视角来展望上海未来的发展，提出上海未来发展的总体思路。同时，40余项子课题实行公开招标和重点委托，广泛吸引高校、研究机构和中央部门研究机构、国际智库参与此课题研究。在课题研究的组织框架中，除了课题领导小组及起草组、协调组外，还设立由国内外著名专家组成的专家顾问委员会和由人大、政协、社联、科协等专家组成的公众咨询委员会，广泛听取各方面的意见。这一研究项目的开放度越高，越需要有足够的素材、资料以及不同视角下的相关研究成果提供给研究者，特别是那些对上海并不很熟悉的研究者，以求让其能简明而清晰地了解上海的过去、现在以及自身潜在可能性条件等，更好地展开这一战略研究。

二

对上海历史发展的研究，一直为众多专家学者所关注，并已形成一批高质量的研究成果。从现有的相关研究看，大体上有以下三类。

一是截面式研究。即以年为时间单位，对当年上海经济社会发展和建设进行总揽式概述，同时也对当年经济运行特点及热点问题展开专题式研究。其中有代表性的包括：上海社科院经济研究所每年出版的《上海经济发展蓝皮书》、上海市统计科学应用研究所每年出版的《上海经济形势：回顾与展望》、上海市人民政府发展研究中心每年出版的《上海发展报告》以及《上海经济年鉴》。这些研究尽管已自成系列，但都以当年经济发展为重心，因此，它们只是一个较长时间段内上海经济发展建设的一个片段、一个截面，即便是把这些截面联接起来，也并不能等同于相应时间段内上海的经济社会发展的总体面貌。但上述研究中往往都包含有大量的数据、经济大事以及重大政策的梳理和评述，从中可以撷取用于战略研究的基本素材和资料。

二是单向度研究。这类研究以学术性论文或学术性著作来呈现，主要针对上海当代经济建设和发展中若干重大难点、热点或理论性问题展开研究，揭示一些关键变量之间的因果或逻辑关系。比如，上海科技进步对经济发展的贡献，扩大内需的关键性因素，收入分配差距对经济发展的影响，等等。这类研究尽管往往只在一个点上进行逻辑展开或实证分析，但其对本项战略研究都会有一定的启示和借鉴。

三是贯通式研究。主要包括熊月之主编的《上海通史》第 12 卷《上海经济》、周振华等主编的《上海：城市嬗变及展望（1949—

2039)》、王志平著的《当代上海经济发展概论》、黄金平等著的《上海经济发展三十年》以及《上海经济》编辑部的《上海经济：1949—1982》及后续本《上海经济：1983—1985》。上述研究基本上以时间为写作脉络对上海经济发展进行或粗或细、或扫描或鸟瞰式的描述，对了解上海市情，研究上海经济、社会发展趋势以至研究中国社会主义经济，都有相当参考价值。特别是其中的《上海通史》第12卷《上海经济》和《上海：城市嬗变及展望(1949—2039)》这两部资料翔实、逻辑严密、史论结合的厚实之作，尽管视角不同、风格迥异，但都向读者展现了一幅较为客观、真实、全面的当代上海经济发展画卷，既涉及一些关键性重大问题，也勾勒出上海经济发展的基本特征。

如果把上面提到的所有研究整合起来，那么饱满而清晰的关于当代上海发展历程(21世纪前)的画面已经呈现出来。尽管如此，上海发展战略研究所还是决定组织研究人员编写一部反映上海发展历程和轨迹，不同发展阶段的关键性特征、核心动力及表现形式的学术性著作，并力图展现如下的一些新特点：

其一，从研究思路上，立足于未来发展战略研究的需要，根据战略研究综合性和突出基本线索的特点，紧紧抓住上海城市发展的主要轨迹，描述城市功能的历史演化及其基本特征。也就是，不再按照传统的分行业、分领域进行平行表述，而是将其放在一个统一的战略研究分析框架中进行表述。

其二，从研究内容上，不仅要整体性刻画上海发展的历史轨迹，而且要涵盖上海发展的最新实践。特别是2008年金融危机后，在美欧等发达国家纷纷实施"再工业化"战略，第三次世界科技革命初露端倪，国际投资贸易规则正发生革命性变革的背景下，上海也正在大力推进发展方式的转变，城市功能亦在深刻转型。这些对研究上海未来发展战略来说是不可或缺的基础，因此对其进行总结和梳理，意义重大。

其三，在研究方法上，摒弃以往不同行业、不同领域采用不同研究方法的传统写法,而是用全球城市理论来统领全文结构以及各部分内容的渐进展开。毋庸置疑,新的实践要求新的理论来认识和指导。在经济全球化、信息化不断泛化、深化的背景下,最新的全球城市理论已经对传统国际大都市的内涵和功能的抽象和概括有了新的突破,"全球城市"的概念及其理论正得到学界的更多认同,也更好地符合了实践的检验。全球城市已经不再简单地被视为经济要素数量堆积和规模扩大,而是基于网络的各种要素能更有效"流动"的空间和平台。因此,在新理念和新理论的指导下,需要我们对上海发展历程做新的审视和梳理。

其四,研究更注重系统性和整体性,弥补以往研究过于侧重经济层面,对其他因素考量不足的缺陷。城市本身是一个庞大复杂的系统,其发展则是各种要素系统性演化的一个过程。忽略任何一个方面都难以捕捉城市发展之根本,从而在谋定未来发展大计时难免有失偏颇。因此,考察上海发展,一方面需要多视角、多维度地审视和梳理,有针对性地进行归纳和提炼,以求在尽可能全面展现上海时代风貌的基础上,刻画外在的主要特征并揭示内在的决定因素;另一方面,需要把上述截面式审视放在一个时间坐标内进行贯通式考察,以反映该城市经济体的运行轨迹、运行规律以及内在的驱动因素和外在的约束条件。这两方面的结合,方能准确刻画出上海经济建设的"渐变与嬗变",深刻探究上海"来自何处",并将"走向何方"。

三

以全球城市理论为指导,运用战略研究的分析框架展开研究,揭示上海历史发展过程和现实方位,是本书的基调。全书的篇章安排如下:

第1章"上海城市基因",探究上海发展最本质的内核,也由此预判上海成长为全球城市的可能性。本章以上海开埠为研究的时间起点和逻辑起点,分别从自然禀赋、人群结构、城市功能、治理模式和生活方式等五方面视角来审视上海的本质特性，我们认为，经过约一百年的发展，上海已经基本形成了一种稳定的内在基因，即交汇、融合、创新、明达，如果外部环境不发生逆转性改变，则这一基因将不会发生"突变"，并将持续主导上海的生长、壮大。我们认为，上海这一基因已经使其具备了发展成为全球城市的潜质。

第2章"上海城市的发展轨迹"，探究拥有如此基因的上海是如何成长的，内在特质与外在环境之间是如何互动的，而上海城市功能演化与转型的主要动力便蕴含在这种互动当中。不失一般性，我们把上海所面临的外在环境界定为全球市场、全球经济，即生产、贸易的全球化，并以此为标准把上海发展轨迹划分为四个阶段，不难看出，在与全球化的互动当中，上海经历了一个否定之否定的进程，上海将由一个全球化的参与者转身为全球化的引领者。

第3章"上海发展的现实基础"。经过否定之否定的上海，是否将以更高的起点融入全球化，并将以崭新的姿态稳步迈向全球城市？盘点家当，既容易认清自己，也利于更有效地借全球化之势提升自身。因此，这里的现实研究事实上是对上海各种战略性资源的一次系统盘点。

在对历史回顾与现实审视后，本书对上海到2020年的发展目标从战略层面进行了多维度分析。众所周知，2020年对上海是极为关键的一年，是完成国家交给上海诸多战略性任务的重要时间节点。同时，2020年是我们研究面向未来三十年上海发展战略的起始点。因此我们需要研究在"十三五"规划期间上海距离这些所要完成的既定目标还存在哪些不足，还需要如何蓄力，如何顺势而为在实现国家战略中提升自身，从而把2020年作为上海打造全球城市的一个新起点。

基于此，本书在接下来的三章中分别对上海在"十三五"规划期间所面临的优势与劣势、机遇与挑战、风险与瓶颈作了分析，研究视角依然是战略环境、战略资源、国家重大方针政策以及国际经济政治格局的重大变化。并形成了以下几个基本判断。

其一,上海在经济总量、对外联系、经济腹地以及国家支持等方面存在一定的发展优势,但在城市空间结构、制度环境、国际标准等方面仍存在一定的不足。

其二,在新的发展条件下,新科技革命以及由此引发的产业革命萌芽初露,一触即发;国际投资贸易规则有可能发生重大改写,并重塑世界投资贸易格局;发达国家在危急过后尽管出现了一定的复苏迹象,但全球经济重心东移的态势并未改变。从国内看,改革的全面深化、区域战略格局和开放战略的重大调整、自贸试验区的设立等,都为上海在"十三五"规划期间的发展提供了难得的机遇,但上海也面临种种障碍和挑战,相比较而言,如果应对得当,上海面临的机遇应该多于挑战。

其三,"十三五"规划期间上海的发展仍将面临诸多的风险和不确定性,包括中国经济进入增长转档期、矛盾凸显期、结构调整期带来的一系列不确定性风险,全面深化改革的深层次阻力,金融及房地产的潜在系统性风险,社会结构失衡及收入分配格局调整的难度加大等。同时,上海自身转型升级中也将面临土地资源紧约束、人口增长压力增大、旧增长点动力日趋衰退而新增长点难以短期内培育起来的"断档"、特大型城市运行安全风险等。这些问题都需要上海未雨绸缪,谨慎应对,化解其于萌芽状态。

全书的最后一章对上海未来五年的城市功能转型做了一个前瞻性预判,包括城市转型的总体格局及重点领域、城市转型的路径模式及动力机制,以及为了达到转型目标需要重点突破的几大领域。

四

本书由周振华研究员确定选题,并逐章讨论确定写作思路和框架,陶纪明负责组织写作、进度安排及部分章节的撰写,并对初稿进行了统校、定稿。各章写作人员如下:

前言：周振华、陶纪明

第1章：陶纪明、徐珺、田志友、李鹜哲、盛维、张云伟

第2章：刘学华、姜乾之、赖丹馨、李鲁、刘玉博

第3章：骆金龙、周海蓉、何勇、王雁凤

第4章：骆金龙、周海蓉、何勇

第5章：田志友

第6章：徐珺、盛维、张云伟

第7章：刘学华、姜乾之、赖丹馨、李凌、李鲁

本书在写作过程中，得到了上海市人民政府发展研究中心主任肖林研究员和副主任周国平研究员、复旦大学经济学院院长袁志刚教授、上海社会科学院副院长王振研究员、上海社会科学院世界经济研究所副所长权衡研究员、上海财经大学财经研究所所长赵晓雷教授、上海市政协经济委员会常务副主任张广生先生、上海浦东改革与发展研究院院长朱金海研究员等专家学者的关心与支持，在此表示深深的谢意！

本书也得到了上海世纪出版集团格致出版社的大力帮助，没有编辑们出色且富有效率的工作，本书不可能在如此短的时间里呈现给读者。

由于作者水平有限，书中难免会有各种不到之处，希望读者不吝指正！

周振华　陶纪明

目　录

第1章 上海城市基因

1.1 城市基因概念的提出

1.1.1 城市有机体理论的基本内涵

1. 城市研究视角的转变

人类对城市现象的研究由来已久。19世纪中叶以来,基于自然科学发展而引起的以机械、还原为基础的认识论的变革,人类研究城市的视角不断转换,以至于逐渐衍生出城市经济学、城市社会学、城市地理学、城市生态学等一系列城市学科。这些学科从不同的角度研究城市内部系统运转,试图揭示城市演进的原因和规律。到了20世纪70年代以后,系统论的方法在各个学科领域流行,因此系统论的方法又被应用于城市现象研究,在取得显著成就的同时,许多城市科学的分支学科应运而生。

然而,城市远比想象的要复杂得多,系统的叠加并不能还原成为一个完整的城市。20世纪90年代以来,复杂学科的发展使人们意识到机械的、拆分的研究方法的局限,城市是一个自组织的复杂系统的概念开始被接受和认同。但这似乎还是不够的,城市除了物质构成和自组织系统之外,还有着价值观、文化、精神等弥漫和渗透于城市各个系统中的内容,而且,这一内容越来越成为城市发展的主导和关键因素。将城市作为一个有机生命体的相关理论研究开始逐渐盛行。

2. 城市有机体理论评述

自1943年伊利尔·萨里宁(Eliel Saarinen)提出城市有机体理论以来,人们会在不同的场合、不同的学科研究中有意无意地把城市与生物有机体进行类比或关联。这一理论是在系统论、复杂理论、自组织理论的研究基础上综合而成的对城市研究的一种新视角。

从这一视角认识城市,一方面让我们反思人类对于城市的态度,要将城市由一个"无痛痒感觉的复杂机器"的实体认识转变为"有生命特征,有生命力需求和自身运转规律"的主体认识,另一方面城市研究也要走出"用更复杂的方法解决城市这一复杂机器存在的问题"的误区,尊重城市的内在需求和运转规律,通过有效的方法维护城市内部各构成要素和系统的异质性,并加强其相互间的固有联系。城市规划与管理的核心工作是维护和壮大城市生命力,要充分考虑城市生命力的承载底线,用善待生命的态度善待城市,不能主观、肆意地对待城市。在相关理论体系方面,社会有机体理论、城市有机体理论和城市生态学相关理论比较具有代表性。

社会有机体理论是马克思在孔德和斯宾塞用生物机体各种器官的分工来类比社会等级制度统治秩序的基础上,将有机论思想引入唯物史观而形成的。在《哲学的贫困》中,马克思指出,社会就是"一切关系在其中同时存在而又互相依存的社会机体"。在《资本论》第一版序言中,他又说:"现在的社会不是坚实的结晶体,而是一个能够变化并且经常处于变化过程中的有机体。"关于城市,他在《资本主义生产以前的各种形式》中提出,"城市本身的单纯存在与仅仅是众多的独立家庭不同。在这里,整体并不是由它的各个部分组成,它是一种有机体"。马克思提出的社会有机体理论是对其历史唯物主义的一种深化和拓展,认为社会是一个整体,其内部结构有机相连并在矛盾运动的作用下不断变化和发展。因此,社会的发展是有规律可循的,如同一个有机体的演化有规律可循一样。

在城市有机体理论方面,伊利尔·萨里宁则首次把社会有机体理论直接运用到对城市的研究中,他将城市与活的有机体进行类比,由此开创了"城市有机体理论"。他在代表作《城市:它的发展、衰败与未来》中这样说道:"任何活的有机体,只有当它是按照大自然建筑的基本原则而形成大自然的艺术成果时,才会保持健康,基于完全相同的理由,集镇或城市只有当它是按照人类建筑的基本原则,发展成为人类艺术的成果时,才会在物质上、精神上和文化上臻于健康。"萨里宁提出要保持城市有机体的活力,认为城镇建设是要使城市社区得到有机的秩序,并且,在这些社区发展时有秩序地保持其生机,这种过程基本上同自然界任何活的有机体的生产过程相似。他主张根据城市的功能和多种条件,应形成有机地分散和组合的各个区域,城市建设应是动态的,布局要有足够的灵活性,以适应有机体的生长。此外,保罗·索勒创立的"城市建筑生态学"理论也认为:城市,伴随着它的能量和信息交换、运动和相互作用,是一个最大的有机体,"一个有着上千个思维的有机体"。我国学者朱勍(2007)从城市现象与生命现象的相似性出发,认为城市现象与生命现象有很多相似之处,城市的内部组织运转、对外界刺激的反应等等现象在不断拉近城市与生命两个概念的距离(表 1.1)。

表 1.1　生命现象与城市现象的比较

生命现象	城　市　现　象
复杂、自组织和整体性	城市演进是建立在复杂、自组织性和系统开发基础上的空间运动,城市功能、结构、空间和形态在发展和分化的同时保持着整体性
新陈代谢	社会生产力的发展所形成的高度组织化不断地推动着城市的自我更新,淘汰,修复,并与外界进行资源信息等能量交换
生长发育	城市的发展过程中伴随着质变和量变,逐渐形成完整的功能和自组织结构;它是一个从无序到有序的过程,城市组织结构具有流动性、可生长性和变化性的特点。城市的发展受其自身条件和自组织规律的制约
应激性	由外部环境或内部结构引起的突然变化能够感知并迅速自发组织应对,表现出明显的合目的性
繁殖和遗传	区域功能发展到一定程度会产生新的有相关联系的子产业及相应空间载体。城市发展存在其地域经济、社会、文化的延续性,同时会根据其外部环境需求或内生需求产生新的功能、空间和运转模式
适　应	自发地调整组织内容和发挥功能的潜能,或发生结构变异和更新,与功能需求和环境保持动态的平衡与互动

资料来源:朱勍(2007)。

　　在城市生态学研究方面,罗伯特·埃兹拉·帕克(Robert Ezra Park)是芝加哥学派的代表人物之一,"城市人类生态学理论"的创始者。他把城市看作一个有机体,城市发展演化过程如同一切生物为生存而适应或改变环境的生态过程。如同动物、植物为了生存和争夺资源而发生的淘汰、适应与进化一样,城市生态过程的核心是对有限资源的"竞争",竞争导致各种支配形式,并促成高度复杂的劳动分工,从而形成各种特定的组织形式。生物在争夺资源和适应环境的过程中形成不同的群落和生态分布,一些物种的栖息地被另一些物种所侵占,最终后者取代前者,此过程被称为"接替"(succession)。20 世纪 50 年代,伴随着经济和技术的发展,计量科学的发展让人们认识到一些非经济因素如生命周期阶段、宗教成分、移民身份等也是影响城市发展的变量。此后,城市生态学实现了理论和经验的统一,对城市作为一种生态单位、生命单元的研究变得更加深入广泛。在我国,较早介绍城市生态学的科学家马世骏,在其 1984 年发表的《社会—经济—自然复合生态系统》一文中,首次提出城市是一个社会、经济、自然复合系统,强调用生态学整体主义的世界观和生态科学的方法论去观察、评价和调节城市、自然和社会三者之间的关系,认为生态城市是一个以人为主导,以自然环境系统为依托,以资源流动为命脉的经济、社会、环境相协调统一的复合系统。周保华(2012)从城市生态系统的构成看,认为它具有一般生态系统的最基本特征,即生物与环境的相互关系。在此系统中有生命的部分包括人群、动物、植物和微生物,无生命的部分则是各种物理的、化学的环境条件,它们之间进行着物质代谢、信息传递和能量流动。城市生态系统可以简单地表示为以人群为核心,包括其他生物环境(动物、植物、微生物等)和周围环境相互作用的系统(图 1.1)。这里的"人群"泛指人口结构和人文风俗等;"其他生物环境"即通常所称的生物群落,包括植物、动物、微生物等;"自然环境"是指原先已经存在的或在原来基础上由于人类活动而改变了的物理、化学因素,如城市的地质、地貌、大气、水文、土壤等;"人工环境"则包括建筑、道路、管线和其他生产、生活设施等。

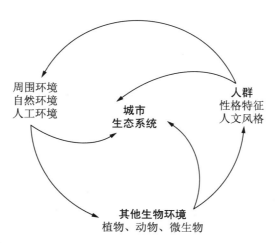

资料来源:周保华(2012)。

图 1.1 城市生态系统的构成

此外,在城市生命体系的演化周期研究方面,美国学者路易斯·苏亚雷斯-比利亚(Luis Suarez-Villa)将工业生产周期的理论应用在城市空间上,用城市经济活动的周期性来解释工业社会城市发展的阶段性特点,提出了城市生命周期论。他认为城市有如生物有机体一样,经历出生、发育、发展、衰弱等等过程,城市发展具有不同的生命阶段特征,城市要素在城市各个阶段具有不同的表现,可作为城市出生、发育、发展、演化的标志,这些发展阶段被称为城市生命周期。此外,较有代表性的将城市作为生命来分析其运行特点的理论模型有城市发展阶段理论和差异城市化理论。城市发展阶段模型是由霍尔在1971年提出的,他认为城市发展具有生命周期的特点,并将城市发展分为四个阶段:即城市化、郊区化、逆城市化和再城市化。差异城市化理论是由盖伊尔(H.S.Geyer)和康图利(T.M.Kontuly)于1993年提出,他们引入极化逆转理论,将城市分为大城市、中等城市和小城市三类,并认为大、中、小城市的净迁移量的大小随时间而变化,进而根据这种变化而将城市的发展分三个阶段:第一阶段是在大城市阶段,也叫做"城市化"阶段,在这一阶段里大城市的净迁移量最大,大多数移民往大城市集中,大城市增长最快;第二个阶段是"过渡阶段",即"极化逆转阶段",在这一阶段里中等规模的城市由迁移引起的人口增长率超过了大城市由迁移引起的人口增长率;第三个阶段是"逆城市化阶段",在这一阶段是小城市的迁移增长超过了中等城市的迁移增长。在完成这样一个城市发展周期后,迁移人口再一次往大城市集中。

综上所述,用生命的概念来解释城市现象是有其明显优势的,在很多方面,系统论的解释是相通的,因为生物学本身就是对生命系统的基础性研究。同时,它又将城市的复杂、非线性特征与生命体之间建立了联系,从而拓展了人类认识和解释城市现象的思路和方法。

3. 基因概念的导入

尽管城市有机体理论是研究城市演化的一个十分有效的理论工具,但该理论实质上是把城市视为一个抽象的同质体进行研究,如同进化论把人视为同一的人一样。该理论丰富了我们对城市演化阶段、城市的生命周期、城市与自然的关系以及城市内部自组织作用机理的认识和理解。但总体而言,它强调的是城市的共性而忽略了城市的个性,即它并没有解释城市为什么会成为它如今所是的样子,城市之间为什么会存在如此之大的差异性? 城市是否存在着一种内在的规定性,在外部环境不变的情况下,它将沿着规定性所指引的路径向前发展?

幸运的是,城市有机体理论带给我们很重要的启发,即从基因的视角来解读剖析城市演进的内在机理和动因,研究城市"是它所是"的最根本的决定因素。

"基因"(gene)一词来自分子遗传学,是指遗传的基本单元,是 DNA 或 RNA 分子上具有遗传信息的特定核苷酸序列。基因通过复制把遗传信息传递给下一代,使后代出现与亲代相似的性状。也通过突变改变这自身的缔合特性,储存着生命孕育、生长、凋亡过程的全部信息,通过复制、转录、表达,完成生命繁衍、细胞分裂和蛋白质合成等重要生理过程。生物体的生、长、病、老、死等一切生命现象都与基因有关。它也是决定生命健康的内在因素。

事实上,已经有学者开始把基因概念应用到城市研究中。比如 Wilson (2008)把城市的发展和演变看成是基因的演变和生物的进化。他认为,城市发展中的关键因素如人口、住房、公共服务、零售服务、经济表现以及政府都被看成是塑造城市特性、决定城市兴衰的基因要件,如果要想使城市按照理想的方向发展,就必须识别城市生态系统中可被修复的基因,并把城市规划和政策比喻成城市基因药物。剑桥大学土地经济系的 Wu 和 Silva(2011)也指出,从生态类比的视角看,城市能够被看作是一个生物有机体。并且,在他们看来,城市 DNA 应该包括非空间(文化、社会、宗教、政治等,以及城市规划)和空间(地理条件)因素结构,二者相互作用使得城市发展路径各不相同。严格说来,Wilson 的研究是对基因有效性的一种证明,即假设一组结构性因素成为城市基因的话,它的确可以决定城市演化的结果,但他对城市基因的理解仍有局限,如区位这一重要因素并未纳入其中。Wu 和 Silva 则开始从空间和非空间两个视角来定义城市 DNA,比较符合城市发展的客观实际,更有助于揭示不同城市发展过程中显示出的共性和个性。同时,二者都非常重视城市规划与公共政策对城市基因的作用,将城市规划与政策比喻为"城市基因药物"和"人类按照自己意愿干涉城市 DNA 演化进程的唯一路径"。由此可见,城市基因能否在城市演化发展中有效发挥作用,城市规划与政策"功不可没"也"罪不可赦"。但也应看到,二者的研究对基因构成要素还都缺乏真正"有机"的理解,未能阐明城市基因对城市演化的内生作用机理,这是我们在研究中需要深刻理解和深入剖析的。

1.1.2 研究目的和意义

作为一个文明古国,中国的地域文明十分发达,许多城市都拥有属于自己的灿烂历史文化,每座城市的原始基因都各不相同,它决定了城市的精神气质一定是独一无二的。近十年来,随着时代的快速变迁、城镇化的步伐加速和经济社会的多元转型,中国的城市基因性状开始出现"突变"的苗头。许多城市不顾自身条件盲目地贪大求洋,盲目地追求所谓的"时尚"元素和高级功能,不仅没有取得好的效果,反而为城市未来发展埋下了重重隐患。这正是错误地认识或者说忽略了城市基因的结果。

从这一角度而言,了解一个城市的基因,是制定城市中长期发展战略的前提和基础,对于城市准确定位、健康发展,顺应形势充分挖掘城市基因中的有利因素,尽可能消除或减少基因中的不利因素,有着重要的现实意义。

1. 明晰城市有机体发展的内在动力

生物学认为,生物进化的基础在于基因的遗传和变异的对立统一,包括三方面的内容:遗传物质的特异性决定了生物的多样性、遗传物质的稳定性保证了物种的稳定性和连续性、遗传物质的变化提供了生物进化的可能性。恩斯特·迈尔(Ernst Walter Mayr)将进化理解为"每一个群体中的个体所经历的从一代到另一代所发生的遗传更新"。而自然选择则是决定生物进化方向的力量,是进化的真正动力。城市基因是城市可持续发展的内在动力,是城市的灵魂所在。城市基因研究有助于我们从深层次解释是什么因素推动城市有机体的发展,在历史大潮中,为什么有的城市历经磨难而不衰,而有的城市则在历史的长河中消失得无影无踪?如何探寻城市发展的内在动力,增加城市持续发展的各种社会、经济以及文化价值延续性,降低可持续发展的成本。

2. 昭示城市未来成长的方向和路径

在生物的进化过程中,个体经历的变化受制于基因中可能变异的限制,而基因中那些不可变异或较少变异的部分,就决定着个体保持其所属种群所共有的特征。对照于城市基因研究,城市生命力的延续也在于城市核心异质性因素的保留。这种不可变因素保证了物种间的差异和生态系统的多样性。因此,识别与剖析城市产生和演进过程中的关键异质性内生因素,也有助于深刻解读城市整体发展轨迹,提升对城市未来发展方向与路径预判的准确性。并在此基础上,顺应城市发展基因与脉络,尽可能保留和发展这些"不可变性"或"较少变异的因素"。

3. 评估外部发展条件的适应性

在生物界,环境条件对基因遗传的影响是十分明显的,如营养状况、生活环境、受教育的情况对人的身高、胖瘦、肤色、智商等性状都有直接的影响。城市演进过程中,那些外部控制性条件,如城市规划、治理模式、政策导向、重大事件等对城市发展的影响作用也不可小觑。城市战略决策与城市规划者可以调节这些外部控制性条件,使城市朝着理想的方向发展。在调节过程中,需要以城市基因作为参照,顺应城市在特定阶段的生命力需求,对城市生命内部存在的各种复杂系统进行整合和调整,使其运转更为顺畅,产生更加强大的生命力。城市战略决策与规划工作的核心是维护和壮大城市的生命力,围绕这一核心的城市规划才会是科学的,才能真正推动城市健康发展与人类文明的和谐进步。

1.2 城市基因的概念与内涵

1.2.1 城市基因概念

1. 概念体系推演路径

对"城市基因"概念的认识,本研究试图构建两条推演路径。其一是"学理导向,基本义拓展"的推演路径,即以生物学的"基因"概念为基础,通过对城市系统与生物体的共性分析,构建"城市基因"概念。该研究路径以生物基因作为模板,概念参照系较为清晰,但由于城市生长与生物进化过程的差异性,以及基因自身结构机理的复杂性,很难做到严谨对照,需要从城市基因的研究动机出发,重点抽取提炼关键特征和动力机制。其二是"目标导向,逻辑化集成"的推演路径,即从城市基因的研究目的出发,集成历史、经济、社会、文化、城市规划等各学科类似观点,梳理并提炼"城市基因"。该路径研究意义清晰、时代特征明显,但由于各专业研究领域有限、视角分散,集成难度较大,需要以城市战略研究视角切入,构建逻辑框架。因此,本研究将以城市基因的研究目的为指引,以路径二为主线,以路径一为标尺,筛选与集成两者之核心观点对"城市基因"概念予以表述。

2. 相关概念对比分析

"城市基因"这一提法尽管近年在国内外都曾出现过,但仍未形成相对完整且具备共识的概念体系。Wilson、Wu 和 Silva 尽管提出概念,但研究视角仍有局限。同时,在史学、经济、社会、文化等多个领域存在大量研究,基于其特有的目的、专业和范式,从不同侧面,或多或少反映中一些影响城市发展方向的内生性要素表现。尽管这些研究并未明确提出"城市基因"概念,但深入了解这些研究成果并进行分类梳理,将十分有助于全面理解和系统构建"城市基因"概念体系。

（1）历史。

从历史研究的视角出发,城市基因的相关概念包括城市传统、城市精神、城市品格、城市个性等,相关学者对其的理解多与城市发展的历史进程紧密关联。城市基因被通常认为是城市演变过程中逐渐积累而成,并投射于人群行为、规章制度、文化艺术、景观风貌等各城市要素的共同价值取向,如公民精神、市场意识、创新精神、人文精神等,强调其历史继承性、变异性和时代特点。如熊月之在《上海城市精神:从历史到今天》一文中指出的,城市精神是指一个城市通过其市民行为方式、生活方式、城市景观体现出来的共同的价值观念,城市精神是植根于城市的历史、体现于城市的现实、引领着城市未来、区别于其他城市的灵魂。城市精神是在历史上形成与发展的,既有继承性,也有变异性,在不同时期和外部条件下可能呈现不同面貌,是现实与理想的统一,具有鲜明的时代特点。如纽约的城市精神为"高度的融合力,卓越的创造力,强烈的竞争意识,非凡的应变力",伦敦的城市精神为"历史与现实的和谐统一,人和自然的和谐统一,坚强不屈"。上海的城市精神则分别为筑城以后、近代开埠以前的"重商,奢华,宽容",开埠以后解放之前的"开放,创新,竞争,法制,宽容,奢华,时尚,重商,崇洋,爱国",解放后计划经济时代的"内向,奉献,听话,自傲"和改革开放以后的"海纳百川,敢为人先,与时俱进,儒雅大气,诚信守法,天下意识,崇尚科学,天人和谐"。进一步,熊月之、刘海波等(2004)在阐述了近代、解放后和改革开放三个阶段上海城市品格的变迁的基础上,指出正是由于各历史时期上海的外部环境、经济结构、社会结构、人口结构、文化特点等方面的改变,才导致城市品格的变化。张仲礼等(2008)认为近代尤其是开埠以后的历史发展进程对上海城市个性的塑造起到了关键作用,并在对近代上海城市在经济、政治、社会、文化等各方面的演变过程和机理进行分析的基础上,提炼出近代上海是典型的近代崛起的城市,受西方影响最大的城市,中国近代化起步最早、程度最高的城市,中国最大的港口城市,中国最大的多功能经济中心城市,全国文化中心,移民城市,富有反帝反封建斗争传统的城市,畸形发展的城市等"九大城市个性"。

(2)经济。

从经济研究的视角出发,城市基因的相关概念包括城市经济特性、经济运行条件等,相关学者对其的理解多与城市经济活动演化规律相关。城市被看成是以人为主体,以空间利用为特点,以聚集经济效益和人类社会进步为目的的一个集人口、经济、科技文化等要素的空间系统,是人类经济活动和社会财富的聚集,因此,城市基因通常被理解为促进城市经济系统运行的长期、稳定的内在动力,并通过它促使城市经济红利释放。同时,一些学者也强调,从经济视角来观察,所有城市的大部分基因是一致的,反而是那些屈指可数的基因差异凸显出城市的竞争优势或劣势。如巴顿在《城市经济学——理论和政策》中提出,当前的某些经济特点和问题可以追溯到城市的起源和随后发生的变化。又如樊卫国、陆兴龙等学者以上海为例,提出近代上海正是由于其便捷优越的地理区位、开放活跃的市场环境、东西融汇的制度基础和精明务实的经济人格等四大基因的作用,才得以释放出港口红利、开放红利、人口红利、资本流动性红利和消费红利,使上海从鸦片战争之前的"东南壮县"迅速崛起为全国现代工商业经济、航运、贸易中心。

(3)社会。

与其他学科相比,社会学更偏重于从社会结构、生活方式和行为方式等角度去看待城市的演变和发展。相关学者对城市基因的理解,更多地与城市居民的群体构成、空间结构及组织与治理模式相联系,并认为城市社会结构和组织治理模式的变迁是城市现代化进程的内在动因。如蔡红一(1999)认为城市是以人类社会为主体,以地域空间和各种设施为环境的生态系统,城市中人群关系如性别、年龄、受教育程度、地域性、职业属性等是这一生态系统中的重要生态因素。又如艾大宾(2013)认为城市社会空间结构是城市空间实体的固有属性之一,是由城市居民的社会分化所形成的,体现为建立在一定居住空间分异基础上的城市社会群体的空间分异与组合格局。城市社会空间结构的历史演变具有自身的规律性,社会经济形态的变革是演变的宏观背景,城市社会结构的变迁构成演变的内在动因,居住空间分异格局的变化是演变的外在条件,渐进性和继承性是演变的基本特点。再如轩明飞等(2004)认为国家、市场与社会是相互制约的现代化社会平衡体系,国家与市场分别靠权力与货币发挥作用,市民社会的制约与整合力量则通过以社会资本为基础的市民理念来实现。城市现代化的一个最本质的表现是市民社会的建构,它包含自愿自治、民主参与、法律契约等精神实质,它的建构过程是在城市社区发展的具体层面上实现的。

(4)文化。

从文化研究的视角出发,城市基因的相关概念包括城市文化内涵、文化特质、文化内核等,相关学者对其的理解多与城市文化形态及其发展过程相关。城市被看作是一个复杂的社会系统,是人民精神的家园,是人类文明的载体和城市文化的巨大容器,是人类文明成果的聚集地。因此,城市基因通常被理解为城市文化发展过程中逐步积淀形成的文化特质及相关载体,如具有代表性的活动、人物、作品、地标、景观等,它是一个城市文化特色的本质体现,并通过不断的积累和演化巩固城市的软实力。在城市与文化的关系上,美国学者刘易斯·芒福德(2005)认为,城市有包含各种各样文化的能力,这种能力,通过必要的浓缩凝聚和储存保管,也能促进消化和选择。鲍宗豪(2005)认为城市不只是地理学、生态学、经济学、政治学上的一个单位,它同时还是人类文明的一部分。单霁翔(2007)认为文化是城市的核心资源,凝聚着城市发展的动力要素,是一个城市生存的基础和进化的动力。同时,城市也对文化起到重要作用,城市是文化的沉积,是文化的容器,是文化的载体,是文化的舞台,一定意义上说,城市本身就是文化的产物。在城市文化基因的具体表现上,西山(2012)认为,城市 DNA 的核心部分是历史文化资源,尤其是文化地标。历史文化资源对人类社会的发展起着方向性、支撑力、凝聚力、推动力的作用。熊月之(2013)以近代上海为例,认为多元文化共存使得上海成为思想创新与文明演进的温床,人口异质程度之高、文化差异之大造就了上海人性格中重视学习、崇尚竞争、追求卓越的显著特点。

综合上述观点,可以看出,从一千个视角解读,城市和城市基因就有一千种风貌。正如美国规划学家凯文·林奇所说,"城市是独特的历史现象,城市是人类聚落的生态系统,城市是生产和分配物质产品的地点,城市是一个力场,城市是一个相互关联的决策系统,城市一个矛盾斗争的舞台。因此,城市可以被看作是一个故事、一个反映人群关系的图示、一个整体和分散并存的空间、一个物质作用的领域、一个相关决策的系列,或者一个充满矛盾的领域"。作为一个复杂有机体系,城市具备政治、经济、社会、文化等各种表现形式,但又确实存在一种本质内核,正通过各类载体影响着城市的运行节奏,城市之间也因为内核组织的部分差异,而呈现出千差万别的风貌与内涵,同时,这种核心特质还通过不断的继承和传递默默指引着城市未来的前进方向。我们对城市基因的探寻,首先需要借助各类视角,丰富和完善对城市的认知,进而更要抽丝剥茧,明晰内部逻辑关系,提取最具代表性的关键内核,并将其转化为城市全面发展与协调可持续发展的重要支柱和内在动力。

3. 城市基因概念提炼

通过理论背景的探析和各类相关概念的梳理,我们认为,城市在其漫长的生长发展历史与改造更新过程中,可以被视为一个有生命力的多维的复合生态系统,并具有其独特的基因。

城市基因,是指城市在长期发展过程中逐渐累积沉淀于城市人群以及由人构成的社会系统中,相对稳定不变、不断延续传承,且对城市未来发展具有重大指向意义的内生性属性组合。城市基因以一种不明确的记忆形式积淀在城市人群及社会系统中,通过不同的组合方式使城市呈现出不同的面貌,对城市的运行与发展具有关键影响力,在一定条件下能被唤醒、激活,也可能在外部力量的作用下发生波动和变异。

城市基因与城市精神概念具有一定的相关性,但也有所区别。城市精神更多体现为"一个城市通过其市民行为方式(包括生活方式、生产方式、交往方式)、规章制度、文化艺术、伦理道德、城市景观等方面体现出来的共同的价值观念和心理导向"(熊月之,2003),可以理解为城市基因经历长期积淀与继承,在市民和社会价值观体系上的外在投射。在表现领域上,城市基因侧重于城市机体特质,城市精神则侧重于城市精神面貌;在内涵解读上,城市基因更多体现为决定城市命运的"内在动力",而城市精神更多体现为反映城市文化的"外在表征";在表述方式上,城市基因通常采用客观特征性表述,城市精神则通常采用主观意愿性表述。

1.2.2 城市基因内涵

城市基因是决定城市发展的内在因素,有其自身的形成条件与显性表现。在浩瀚的历史长河中,随着环境的变迁和时代的更迭,城市基因的内涵实质也在悄然发生演化与调整。但在一定的历史时间段内,城市基因的形成条件仍具有相对稳定的结构和运行规律,反映出的显性特质组合也将不断继承与发扬。存在于特定历史阶段的城市基因对城市发展能够产生重要影响,同时也受到城市发展的影响。

1. 城市基因的载体构成

(1)形成条件。

对于一个城市来说,城市基因内部的最基本要素是由诸多形成条件所构成的,是决定其城市区别于其他城市的深层次原因,主要包括自然禀赋、人群结构、城市功能、治理结构、生活方式五个方面。

自然禀赋是指由自然资源和先天优势等决定因素构成的条件,是城市基因最基本的形成条件,基本不会随着时间的变化而发生重大

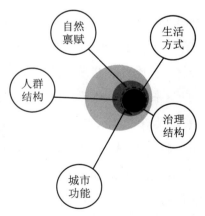

图1.2 城市基因的"五位一体"
形成条件

变化。其所处的地理位置决定了城市发展的方向、城市形态等,拥有的自然资源决定了城市所发展的产业和城市功能等。如沿海沿河的地理区域决定了城

市汇集各类资源,拥有广阔腹地的地理区位决定了城市的辐射带动功能,丰富的矿产资源决定了城市的传统制造功能等。

人群结构是指按人口的自然、社会经济和生理等特征划分后的各组成部分所占的比重。根据人口构成因素的特点和作用的分类方式,可划分为各种人口构成,常见的是分为三大类:人口自然构成、人口地域构成和人口社会构成。人群构成是城市基因最为重要的形成条件,对城市基因的显性表现具有重要的决定性影响。如人群构成较为单一的话,所形成的城市基因就不会呈现多元特质;人群构成复杂的话就较为容易形成包容的城市基因。现代开放性大城市人口构成多元,呈现异质性、匿名性、密集性和流动性(熊月之,2003),容易形成多元开放的特点。

城市功能是城市基因表现出来的最基本特征。城市功能是城市存在的本质特征,是城市系统对外部环境作用的具体体现。城市主要功能有生产功能、服务功能、管理功能、协调功能、集散功能、创新功能等。城市功能不仅体现了城市的特点,而且是城市发展的主要动力。

治理结构同样是城市基因的形成条件,是决定城市运行规律和城市特质的基本要素。城市治理是将治理运用于城市公共事务管理的过程(袁政,2007)。它涉及政府在实施相关的城市管理事务中,管理主体及利益相关人构成的互动关系方式,并由此按照一定治理理念设计出来的检索和回应问题的路径,相对稳定的决策、管理和监督组织建制体系、以功能和权责划分为中心的分权和授权体系、管理事务运作和核心业务流程、财务分配以及治理成效评估体系等(孙柏瑛,2007)。当今城市及城市密集区域,城市治理是在城市发展动力多元化、城市社会群体分化、社会信息化与科技的迅速发展背景下进行的,具有依靠法律而不是权力调动治理主体积极性的趋势(袁政,2007)。城市治理的主体包括城市的国家机构、城市政府、私营部门和市民社会;城市治理强调"过程",强调决策建立在许多不同层面的复杂关系之上;城市治理意味着一系列来自政府但又不限于政府的社会公共机构和行为主体,除了政府机关外,还需要公众社会的参与和各种利益集团及组织的介入,共同协商以促进政府与社会的互动。在具体的城市治理过程中,有些治理主体参与的程度,有些则较少,由此形成了不同的城市治理结构。这也是城市基因非常重要的形成条件。

生活方式是城市基因的最后一个形成条件,亦称"社会风俗习惯",是人们自发形成,并为社会大多数人经常重复的行为方式。对人们行为的控制是非强制性的,是潜移默化的,是特定社会的产物,与社会制度变革有密切关系。生活方式与人们的现实生活紧密相连(沈兰,2008)。

（2）显性表现。

城市基因的显性表现是在一定历史时期内,城市从发端到发展,虽历经不同时代,但始终一脉相承的内在核心特质。城市基因的显性表现是一种高度提炼,其中任何一种特质,都会在城市的区位、功能、经济、社会、文化等多个领域有所呈现,并在不同的历史时期以相似的内涵但相异的面貌反映出来。

（3）基因的形成条件与显性表现的互动关系。

城市基因的形成条件与显性表现是密切联系、相互影响的。各项形成条件的共同作用塑造了显性表现,同时,显性表现也指引着城市禀赋、人群、功能、治理、生活方式等条件的进一步演化。城市在产生之初受区位条件、资源禀赋而承担了初始的经济社会任务分工,在此基础上形成对特定人群的吸引力并逐步发展壮大,进而逐步完善和充实城市功能定位与发展格局,并积累形成特有的文化意识形态。反过来,城市不断发展过程中积累形成的价值取向和行为方式又能使城市中的人不断地发掘和利用地域优势和资源,使城市的资源禀赋、治理结构、城市功能等更加鲜明并不断发展进化,增强城市的生命力。如四通八达的地理区位决定了开放的价值取向,贫瘠的临海地区决定了地区冒险的精神。又如单一的人群特征决定了相对封闭的社会观念,也决定了人群行为的单一性。反过来,封闭的城市运行模式,决定了落后的城市功能;创新的社会精神在一定程度上又影响着城市的治理结构及生活方式。

在城市基因的形成条件内部,各项条件之间也相互产生影响。以区位条件为核心的自然禀赋是决定其他形成条件的最根本因素,地理环境是人类赖以生存的空间,是地域经济活动的物质基础,是经济发展的空间场所。以全球城市为例,发挥其全球辐射功能,需要与其他城市和地区建立广泛的交通及其他途径的联系,因而必须具备较好的区位条件。如纽约濒临大西洋,又属五大湖地区,其发达的水路系统,使交通更加便利,为港口贸易的迅猛发展提供了条件,并带动了其他产业经济的发展,因此纽约也成为了最大的港口,吸引了众多的移民者来此。对外贸易的迅速发展,促进了当地经济文化的进一步发展。跨泰晤士河下游两岸的伦敦,距河口88公里,海轮可直达,是西欧许多大河的出海口。伦敦正是依托港口建设,成为英国的政治经济文化中心,世界贸易和金融中心。东京位于日本列岛的中部,关东平原的南端,东京湾的西北岸,整个地区地势平坦,气候温暖宜人,水资源相当丰富。地理环境上的优越成为东京的一个有利的发展条件。

在城市基因的显性表现内部,也存在相互影响与组合效应。显性表现是城市在漫长的历史发展进程中,在各项形成条件的复合作用下形成的,不同形成条件的排列组合,将造就不同的显性表现。如具有相似区位条件和社会结构的城市,如果在文化、资本和信息等方面的多元性和交互性上表现不同,一个是多元融合,一个是隔离排斥,则会呈现出完全不同的城市特质,进而走上不同的发展道路。同时,这些显性表现在一定时期内具备其内在稳定与继承性,以城市人群以及由人构成的社会为主要载体通过代际传递得以延续和发挥作用。

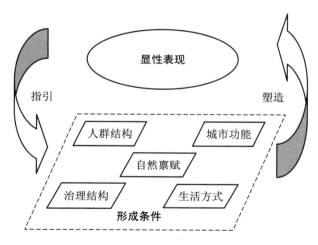

图1.3 城市基因的显性表现和形成条件互动关系

2. 城市基因与城市发展互动关系

城市基因决定着城市的主要功能,也决定了城市发展的方向和潜力,是城市发展最为重要的内生因素。相反,城市的发展演化进程也在一定程度上影响着城市基因。

从驱动城市发展的角度来讲，Wu和Silva(2011)认为城市发展是驱动性因素和控制性因素两种因素共同影响的结果，即渐变的内生性元素如文化、社会、宗教和政治因素(它们直接影响城市实体的行为以及政府政策的制定)和城市发展的控制性元素(如城市规划)。城市规划者可以调节这种控制性因素，使城市朝着理想的方向发展。

结合上述观点及本研究对城市基因的认识，我们认为，城市基因从内在机理上预设了城市发展的可能导向和潜力。但同时，国内外政治、经济、科技、社会等外部环境变化，城市规划与战略决策导向，以及各类突发事件也从城市系统外部共同影响着城市的演化发展路径。内因和外因两者共同决定了城市未来发展的方向和路径。城市在不断发展进程中，也将通过反馈系统的作用，潜移默化地影响城市基因，进而引导城市进入下一轮发展阶段。

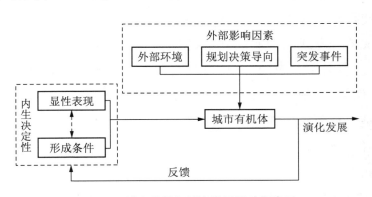

图1.4　城市基因与城市发展互动示意图

1.2.3　城市基因特性

生物学中的基因具备三个基本特性：一是基因可自体复制，即基因的遗传性状。二是基因通过转录和翻译决定多肽链的氨基酸顺序，从而决定某种酶或蛋白质的性质，而最终表达为某一性状，即基因的决定性状。三是基因虽很稳定，但也会发生突变。遗传学家常使用突变型推断未知基因的存在，因此，生物在世代的相传中，既保持稳定而又发生变化，自然界各种生物体的遗传性是相对的，变异性则是绝对的。突变是生命机体的特性之一。就是因为这样不断地变异才促进了生物的进化。一般来说，新的突变的等位基因一旦形成，就可通过自体复制,在随后的细胞分裂中保留下来。

通过对比城市与有机生命体的主要特征,本研究认为,城市基因具备复合性、信息性、继承性、稳定性及变异性等五方面特性。

1. 复合性

城市基因不是一个单一概念,而是复合概念,城市基因的表现具有多样性,它们都构成城市基因的某些方面,可以称之为子基因。但一个城市基因的表述,则是由多个子基因通过排列组合而形成的,正是由于子基因表现不同,或子基因的排列组合方式不同,而造就了各个城市不同的基因。从这个角度看,城市基因是一个复合的整体,具有明显的复合性。

2. 信息性

城市基因的根本属性是携带信息与指令,使城市有别于其他城市,且指引未来发展方向。城市基因通过子基因的作用,决定着城市各个要素的形态和特征,从而使得城市最终表现为某一性状。正如城市人群性格特点、文化特色,乃至形成综合性或某专业性节点城市的潜质等,很大程度上都是由城市基因所决定的。但另一方面,城市基因对城市发展仅起到内生性引导作用而非绝对决定性作用,它预设了城市发展的潜力,但城市未来真正的发展方向和发展程度,则是由基因与外部环境、战略导向、治理模式、公共政策,乃至重大事件等外部条件共同作用的结果。

3. 继承性

城市基因在城市发展和扩张的过程中不断自我复制。从空间上看,城市新区的建设,并不会产生新的城市基因,相反,经过一定阶段,新区和城市融为一体,城市各要素基本相同,城市的内在精神并没有改变,城市基因完成了它的复制。从时间看,城市内在属性很少因为年代的不同而迥异,几千年后,我们还是很容易找出以往城市的影子,城市基因一直在不断延续,不断自我复制,实现着它的遗传功能。

4. 稳定性

一般来说,城市基因不会随着时间的流逝而发生变化,具有较强的稳定性和延续性。相比较而言,形成条件中的自然禀赋最具有稳定性,显性表现也是非常难以改变的。但形成条件中的人群结构、城市功能等会随着大事件的发生而随之发生变化。

5. 变异性

城市基因会受重大决策、外部环境变化和突发事件刺激而发生变异，这也意味着城市即将结束之前的特定功能与形态特征，开始转入下一个重大历史发展阶段。在阶段转化过程中，有些时候部分城市基因会强化，有些时候部分城市基因会弱化，有些城市基因则会突变新生。从城市整体来讲，突变是城市生命力强化或衰弱积累到一定程度的结果，其目的是使新的生命力得以释放，获取与其更相适应的载体或结构构成，延续并壮大生命力。突变在一定程度上也是城市多样性的源泉。

1.3　上海城市基因剖析

城如人，读城如品人。每一座城市都有自己的基因、指纹和血型，每一座城市都有自己的气息、色彩和味道。那么，是什么使得上海成为今日之上海？上海这座城市拥有哪些特殊的文化品格和精神气质？这些特质又将如何影响上海迈向全球城市之路？对此，本部分结合上海城市演变历程，特别是开埠以来若干重大时期的发展嬗变，从自然禀赋、人群结构、城市功能、治理模式、生活方式等影响城市基因形成的五大条件出发，具体剖析每一个影响因素对上海城市发展带来的烙印，以及由此造就的具有上海特色的行为偏好、表现形式等。在此基础上，总结提炼出令上海城市独具魅力且一脉传承的四项与众不同的城市基因，包括：交汇、融合、创新、明达。

1.3.1　上海城市基因的形成条件

根据前文有关城市基因的载体分析，在识别城市基因时，首先需要深入剖析影响和孕育城市基因的土壤、环境和基础条件，不同的形成条件及其组合，将决定一座城市与众不同的基因特质。

1. 自然禀赋

一方水土养一方人。自然禀赋条件对上海城市基因的形成具有至关重要的作用。

从气候条件看,上海处于北纬30°—32°之间,属于亚热带季风地区,全年四季分明,日照充分,雨量充沛,气候温和湿润。西方"史学之父"希罗多德在其传世名著《历史》中曾有言:"温和的土地产生温和的人物"。孟德斯鸠在其名著《论法的精神》一书中也提到:"炎热国家的人民,就像老头子一样怯懦;寒冷国家的人民,则像年轻人一样勇敢"。这些都表明:气候与自然条件足以塑造一个区域族群的性格特征。对于上海而言,坐落于如此温暖宜人、风景秀丽的江南水乡,导致上海人的脾气秉性温和,不与人争,同时又对周围事物很敏感,机智敏捷而又多情善感。另一方面,温暖的气候条件,使得身体运动量相对较少,不像北方由于寒冷的气候,人体运动量极大,形成北方人粗犷的体魄和性格。

地形方面,上海位于长江三角洲冲积平原地区,平均海拔4米左右,地势平坦,多河流,多湖泊,是典型的江南鱼米之乡。小桥流水、山清水秀、物产丰盈、人文荟萃,造就了上海人心思精巧、精细、精明、务实的性格。这一点,与一马平川的北方平原所造就的北方人直率、开朗的性格迥异。在19世纪20年代开展的上海城市特点大讨论中,《申报》上曾经专门对比了北方人、南方人、广州人、上海人的特点。该文章指出:"北人偏于保守,南人锐于进取,广州不易与中原人士相混合,惟上海之人士,其有创导之功能,而足为各省州县所效法也"。

从地理区位角度看,上海处于"一江一海"交汇处,北界长江,东濒东海,南临杭州湾,位于中国南北弧形海岸带的中心点。西方殖民者之所以在中国众多沿海城市中,首选上海作为通商口岸,也正是看中其优越的地理区位。放眼全球,在这里,苏州河等河道联系着江浙等富庶之地,长江深入到中国腹地,黄浦江直入东海,经由太平洋与世界相连,而这一切的连接点就是上海!掌握了上海,就等于将大中华和世界市场联系在一起。同时,沿江靠海的优越地理位置,也决定了上海城市发展的主导功能和空间布局,并成就了上海作为全球性港口城市的地位。上海的兴起肇始于海上贸易,上海的几次兴衰也直接取决于港口的兴衰,连同城市的扩展和布局,莫不与港口的变迁有关。

资源储备方面,上海的土地、淡水,特别是矿产资源以及生物物种资源等,都远不如中西部城市。上海地上无特产,地下无矿藏,身处发展中国家,要想跻身国际大都市之林，迫使上海人必须不断尝试、不断闯荡，以获取足够的资源维持生存发展，必须发挥人无我有、人有我好、人好我精的理念和意识，从而形成了上海人敢为人先、敢闯敢试的冒险精神和持续创新的发展理念。

英国人福钧在 1848 年访问上海后所著的《中国、印度茶乡之行》一书中，富有预见性地写道：

> 就我所熟悉的地方而论，没有别的市镇具有像上海所有的那样有利条件。上海是中华帝国的大门，广大的土产贸易市场……内地交通运输便利，世界上没有什么地方比得上它。乡间是一片茫茫无边的平原，许多河道纵横交错，这些河道又跟运河会合交错，其中运河差不多是天然形成的，别的运河则是惊人的技术工程。上海港内各式大小船只云集，从事于内地运输。……最后，如果把上海看作我们棉纺织的市场，不容质疑，在几年内，它非但将与广州相匹敌，而且将成为一个具有更加重要地位的城市。

2. 人群结构

城市因人而兴，有什么样的人群结构，直接决定了这座城市会有什么样的生产生活方式，进而也决定了有什么样的城市基因。上海是一个典型的移民城市，国内外移民五方杂处、各得其所，形成了一座熙来攘往、交流广泛的国际大都市。

早在开埠之前，上海就是由全国各地的移民逐渐构成。在开埠以前的几百年中，上海人口大体来自四个方面（许甜业，2008）。一是随上海陆地的逐渐形成，从太湖流域顺势东迁而来的人口，这是上海地区最早的居民。二是在北宋、南宋之际，随宋王朝首都南迁杭州，从中原一带迁移而来的人口。三是在元末农民起义时，因避战乱而从江南、江北一带逃到上海的难民。四是随着明清时期上海经济的繁荣，海上贸易的发达，从广东、福建、宁波等地来此经商的商人。

开埠之后，上海城市人口总量开始迅速扩张，自 1845 年前后的 50 余万人，迅速增长到 1949 年的 545.5 万人，增长达十倍之多。在这期间，大规模的人口涌入主要有三次，第一次是太平天国战事兴起，长江中下游地区尤其是江、浙一带，战事频仍，大批难民涌入上海，从 1855 年到 1865 年，上海人口一下子净增 11 万。二是抗日战争期间，来公共租界和法租界避难的人群，增量达到 78 万人。三是在三年解放战争期间，再次大扩容，上海人口增加 208 万。一次次的移民潮，为上海导入了大量外来人口，使得上海从一个普通县城，一跃而成为全国第一大都市。

从国内移民的导入方式看，多属零散、自发、非组织性移民，而不是有组织的、集团性移民。从来源地看，上海的国内移民主要来自江苏、浙江、安徽、福建、广东、山西等 18 个省区。从到上海后的职业取向看，开埠后最早进入上海的主要是广东人及邻近的浙、皖等地移民，他们大多集中在外国人开办的船舶修造业，出口加工业及官办、商办的近代企业中。随着上海国际性贸易中心地位的逐渐确立，促进了金融、加工、商业、运输业的发展，为外来移民提供了更多就业谋生的机会。尤其是 19 世纪 80 年代以后，上海近代工业开始崛起，最能吸收劳动力的轻纺工业逐渐成形，使上海城市的人口容量大大扩大。除了工商从业外，更多的移民则在沪上从事公用服务业职员、学徒店员、家庭仆佣、人力肩夫等各种底层职业。难以计数的投资者、冒险家、谋生者、追求理想者、等等，怀抱各自的梦想从四面八方汇聚到上海，一方面给发展中的上海带来了必不可少的社会资本、劳动力和需求市场，另一方面又造成了上海中外混杂、多元并存的社会情境。

总结晚清国内各省来沪移民的特点，主要有四方面：一是移民涌入的数量总体上呈加速度增长，越到后来流量越大，同乡介绍、亲友携领、家眷补迁等，如雪球般扩大，使上海迅速成为一个百万级人口的大都市。二是移民中以东南诸省籍贯为多，其中江苏、浙江、广东移民尤众，特别是江浙，地域与上海毗邻，风土人情饮食文化相近，迁移较为容易，移居后适应能力相对更强。三是移民的主体以中下层民众为主，虽不乏富户豪室，但绝大多数是迫于生计辗转谋生的劳作小民。四是单身青壮年男子居多，生存和适应能力更强，符合城市产业发展的需要。有些移民，一人客居沪上，家留外埠，定期还乡，形成一种候鸟式迁移。

国际方面，外侨移民在总人口中所占比重虽然始终不高，但对上海城市发展和生活方式的改造却具有极大影响力。上海租界开辟初期，来沪外侨数量有限，截至 1845 年年底，英租界内仅有外国侨民 50 人。"华洋杂居"后，不仅改变了租界原先的人口结构,同时也使租界人口剧增。1865 年 3 月,公共租界和法租界分别进行了第一次人口统计,结果为:公共租界有外国人 2 297 人,华人 90 587 人;法租界有外国人 460 人,华人 55 465 人,两租界共有中外人口 148 809 人。其中,公共租界内外国人来自英、美、法、德、俄等 18 个国家。到 1930 年,公共租界人口密度达每平方英里 113 920 人,超过当时世界上人口密度最高的城市伦敦。至 1936 年,公共租界人口已超过 118 万,其中华人超过 114 万。同年法租界人口总数则接近 50 万,其中外国人为 23 398 人。

表 1.2　近代上海租界人口变迁

年份	英美公共租界人口数(人)			法租界人口数(人)			总人口变迁人口数(人)		
	外国人	华　人	总　计	外国人	华　人	总　计	外国人	华　人	总　计
1865	2 297	90 587	92 884	460	55 465	55 925	2 757	146 052	148 809
1890	3 821	168 129	171 950	444	34 772	35 216	4 265	202 901	207 166
1910	13 526	488 035	501 561	1 476	114 470	115 946	15 002	602 505	617 507
1925	37 758	1 099 540	1 137 298	7 811	289 261	297 072	45 569	1 388 801	1 434 370

资料来源:根据上海地方志整理。

在沪外国侨民国籍最多时曾多达 56 个国家,其中英国侨民数量自上海开埠到 1910 年一直占首位,1930 年时达到高峰,为 8 440 人。日本侨民后来居上,1880 年时才 168 人,1905 年猛增到 4 331 人,1910 年后其人数超过英国侨民,居外国在沪侨民之首位,1927 年时达到 25 827 人,占上海外侨总数的 47%(辛潇,2007)。

来上海寓居的外国侨民,大部分出于经商、贸易、传教、游历等目的,但也有很多人是利用当时上海的自由免签政策,出于政治原因来沪避难。例如,20 世纪二三十年代,大批俄侨受俄国十月革命政权更替的影响及日军侵占中国东北等原因来到上海。1938 年至 1941 年期间,近 2 万名德国、奥地利、波兰、捷克籍犹太难民进入上海,以逃避纳粹德国对犹太民族的残酷迫害。相当一部分韩国人来到上海,则同他们将上海作为开展反日独立运动的海外重要基地密切相关。

众多外国侨民的涌入,不仅形成了霞飞路、吴淞路、北四川路、提篮桥等俄侨、日侨、犹太侨民集中居住的国际社区,也将西方的物质文明、伦理道德、价值观念带到上海。此外,与原住民相比,移民更容易接受新思想、新观念和新技术,更具有开拓精神和冒险意识。

正是由于这种人口组成上的高度异质性,才使得多元、创新、崇洋、争先等理念融入上海城市特质之中,才使得上海成为一个真正的国际性移民城市,成为一个东西方文化的大熔炉,逐步造就了上海城市海纳百川、大气谦和的城市精神。一方面,开放与移民增强了上海与国际、国内的联系,促进了不同国家、不同地区的文化交流与融合,丰富了上海文化的历史底蕴。另一方面,移民社会又导致上海人口的高度异质性,进而带来文化来源的多元性和文化气质上的包容性。英国人的绅士风度,法国人的浪漫情调,宁波人的精明能干,广东人的勇猛坚毅,山东人的强悍之气……四方人群的种种特性,在上海这个大熔炉中得到了融汇和交流,形成了上海多元融合的社会格局,也造就了上海大气谦和、海纳百川的胸怀和气度。

3. 城市功能

城市要想崛起并屹立于世界,必须在全球产业链分工中发挥重要功能,如生产功能、服务功能、管理功能、协调功能、集散功能、创新功能等等。城市功能的不同,必将深刻影响到城市的生产方式、消费模式和空间布局,进而塑造出与众不同的城市基因。

回顾上海城市功能的演进,近代以来,上海始终是一个多功能的中心城市,在不同的历史发展时期,均在国家乃至全球经济社会发展中发挥了重要功能。如开埠后迅速成为世界级的商业中心城市,建国后则成为新中国重要的生产制造基地,改革开放以来着力打造的"四个中心"等。其中,商业贸易功能强化了上海人的契约精神、竞争意识和注重实利,现代化大生产则提升了上海的分工与专业化程度,养成了上海人注重标准、规则和制度,讲求快节奏、高效率的行为方式。

自开埠以来,上海这座城市最著名的功能标签就是:上海是一个世界级的商业城市。上海的几度兴衰都与商业贸易的起伏紧密相连,在上海崛起为国际性大都市的过程中,商业和贸易始终扮演了至关重要的角色(王儒年,2004)。这一城市功能,不仅是上海经济的命脉,而且在塑造"上海人"和"上海城市"特性方面,同样发挥着重要而深远的作用。

　　五口通商后,大量洋人、洋行来到上海,这些外来移民的共同特点就是:重商主义、强大的适应能力、开拓精神和强悍的作风,从而构成了上海人的第一重性格。同时,来自江浙、广东、山东的国内移民,也纷至沓来,构成新中国成立前上海人的主体,上海滩很多显赫的人物都来自浙江,特别是宁波。这些人的共同点是出身贫寒,主要靠个人奋斗一步步走向成功。这种草根阶层的奋斗精神,踏踏实实、从点滴生意做起的劲头,成为上海人气质形成的第二股力量。在重商主义推动下,结合上海滩长期的自治与法治精神,培育了上海人重合同、守信用的契约精神,养成了上海人遵纪守法的良好习俗。而在此之前,契约精神在中国是有所缺失的,中国人往往是以家族、以同乡为核心,彼此的交往是建立在对同乡、同族的信任上,有一定的封闭性。当中国地域性商业文明与西方契约精神相融合后,就产生了一种新的商业精神和变革,导致契约精神成为上海人对于中国国民性格的最具独特性的贡献。

　　1949 年以后,由于中国所处国际环境的变化,上海城市的经济结构、社会结构、文化特点都发生了重大变化。上海在国际城市网络中扮演的角色、发挥的功能也发生重大变化,由先前的工商为主变成以工业为主,由开放变为封闭,城市人口由频繁流动变为相对静止,上海城市性格也随之发生不少变化。但是,变中也有不变的因素,变化中也有升华。首先,海纳百川与天下情怀注入了新的内涵,这突出地表现在上海与全国关系方面。先前,上海也是全国的上海,上海与全国的关系主要靠市场来维系。这一时期,上海还是全国的上海,但上海与全国的关系靠计划来维系。其次,自治与法治淬炼为新的城市气质,上海人形成了追求合理化、追求平等与规范的观念,并使得今天的上海成为一个极具理性的城市。

　　改革开放后,特别是浦东开发开放以来,上海走到中国改革开放前列。上海城市功能的建设,开始着眼全球,打造现代化国际大都市和"四个中心"。在这种城市功能引导下,必须海纳百川、兼容并蓄,才能够服务全国、走向世界;必须艰苦奋斗、追求卓越,才能不断增创新优势,开创上海充满希望的未来。

　　4. 治理模式

　　租界的设立和"一市三治"的格局,对上海城市治理方式和城市特质的形成影响巨大。在近代中国先后存在的二十多个外国租界中,上海租界设立最早,从 1845 年 11 月设立开始,至 1943 年 8 月结束,历时近百年。与其他租界相比,上海租界开辟最早,存在时间最长,面积最大,管理机构最庞大,发展最为充分。

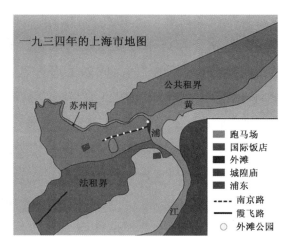

图 1.5　1934 年的上海市地图

开埠以来,整个上海城市是以租界为主体的城市集合体,实行的是"一市三治",即同时存在公共租界、法租界与华界三个统治机构,三者制度各异,事权不一。法租界是共和传统,总领事相当于总统,公共租界管理相对混乱,但范围比较大。这种"一市三治"的格局存在了 98 年,对上海城市发展影响深远,最突出的表现在城市治理法制化、城市规划科学化、城市生活秩序化。

第一,在城市治理和市政管理方面,强调法规和制度的创建与完善。在近代中国版图中,租界是一个西方人主宰的自治区域。他们不仅从西方"移植"了先进的市政设施,如道路、煤气灯、自来水、电灯、电话、火车、公园、公厕等,而且依据 1845 年颁布的《上海租地章程》,特别是 1854 年颁布的《上海英法美租界租地章程》,设立了独立于中国行政体系之外的市政机关,即所谓的工部局和公董局(周武,2003)。

工部局的主要职责是负责处理租界内的日常管理事务,包括:市政工程的建造与维修;制定相关的规章;负责警务及社会治安;经费安排等等。为了有效管理租界内各项事务,工部局下设工务、警备、财政、防卫、电气、卫生、运输等20余个常设委员会和捕房特别调查、普通教育、特别电气、宣传等10余个特别委员会等机构,从而形成一套自成体系的租界自治管理架构。

在现代立法理念指导下,上海租界建立了法制化的现代治理体系。除了土地章程以外,还涉及组织、治安、邮政、路政、建筑等各方面,每个方面都有代表性法规或市政管理条例,大到租界市政机构的构造,小到公众生活的琐细之事,无不有严格的规定。

表1.3 租界时期上海各领域代表性法规/章程

涉及内容	代表性法规名称	时间	资 料 来 源
组织方面	《公董局组织章程》	1866年	1866年7月14日《字林西报》首次公布
治安方面	《公共租界工部局治安章程》	1903年	史梅定主编:《上海租界志》,上海社会科学院出版社2001年版,第690—699页
邮政方面	《工部书信馆章程》	1893年	同上,第687—690页
路政方面	《法租界公董局警务路政章程》	1869年	同上,第712—714页
建筑方面	《公共租界工部局中式新房建造章程》	1901年	同上,第708—712页

法制化治理体系的构建和不断完善,一方面为租界的生产和生活创造了良好的环境,另一方面也促成了上海市民的法制意识,特别是公共概念或公共意识的萌发与滋长。遵纪守法,靠法治而不是靠人治,成为上海人的基本观念。

第二,在城市规划建设方面,强调科学化、现代化。城市规划与建设,是城市治理的重要组成。近代上海的崛起虽然是诸多因素共同作用的结果,但租界时期规划建设所奠定的城市中心和城市结构,无疑也是加速上海现代化进程的重要因素,其影响至今仍未消失。在租界的建立和逐步扩张过程中,上海城市的性质、结构、布局和形态都在发生巨大的转变。城市性质逐渐从封闭型老城厢转化为外向型通商港城;空间结构的重心逐渐北移,城市开始跨过苏州河,沿黄浦江发展;城市形态由圆形的封闭老城厢,发展成为开放的、沿江发展的近代都市(胡晓鸣等,2008)。

具体来看,在道路桥梁的规划建设方面,工部局主要采取的规划部署包括:增辟或延长界内道路,并将道路网络逐渐向英界西部和美界扩展;为适应交通发展的需要,工务委员会开始拓宽、取直原有的干道;接管、添筑界外道路,供驱车、驰马或散步等娱乐之用;工部局与法租界公董局联手,使南北向交通畅行无碍,兴建桥梁使英法美租界连在一起,等等(胡晓鸣等,2008)。在大力推进道路建设的同时,工部局还强调"以法治路",制订了一系列卓有成效的道路管理条例,从改变国人的行为习惯入手,加强秩序理念的宣贯,最大限度地提升道路网络的流通效能。

　　在城市功能和空间布局方面,随着城市的发展,各项工商业的发展,城市功能日趋多元,新的功能需要土地去承载,新的用地性质开始出现。伴随道路网络的延伸,各种不同性质的商业用地、工业用地、生活用地等开始呈现多元化相互交织。这种混合用地的格局,满足了当时城市功能开发的需求,也方便了市民的生活。

　　第三,在城市运行和日常生活方面,强化安全管理,突出秩序化。作为中国人口最多的城市,同时也是近代中国华洋杂处最为复杂的城市,对"安全"和"秩序"的重视,也已融入上海城市的血液。

　　租界时期,英美租界和法租界当局均致全力于租界社会治安体系的构建,从工部局、公董局的成立到巡捕房和会审公廨的建立,从"为全体外人社会获得自治的权利"到为市政目的而进行的自行征税,从上海义勇队的组建到公然在上海驻军,无不体现了他们在租界社区的"安全"与"秩序"方面的耗费(周武,2003)。

　　另一方面,租界与华界之间、租界与租界之间,存在明显的制度缝隙与权力薄弱地带,两租界又受治外法权保护,通常在中国战乱时期保持中立,当其他地方硝烟弥漫、狼奔豕突时,这里反而波恬风静,波澜不惊。于是导致近代上海的市政、经济、社会、文化便与别处大不一样,主要呈现为"三多",即有钱人多、有才人多、有闲人多。一些曾在上海任职或创业的达官贵人,如李鸿章的子孙、曾国藩的女婿、盛宣怀的家族,纷纷移居这里,购地置房,投资实业。一些在别处为官经商、本来与上海没有太多关联的人,如岑春煊、严复、郑孝胥等。至于南京国民政府的党国要员,如白崇禧、何应钦、孔祥熙、孙科等,也工作在南京,安家在上海。动乱时代,安全比什么都重要,何况上海交通便捷,供应丰富,文化繁荣!

5. 生活方式

社会生活方式和风俗习惯,是人们长期以来自发形成、并为社会大多数人所习惯性重复的行为模式。它是特定社会的产物,与社会制度变革有密切关系,与人们的现实生活紧密相连。总结近代以来上海社会生活方式的特点,主要可归结为:经济生活商业化、社会生活城市化和文化生活的多元化(李长莉,2002)。

一是经济生活商业化。商业是支撑上海城市发展的重要动力,是多数人生活所依托的行业。商业实力已经成为上海的最高社会价值,谁的商业实力强,谁的社会地位就高。在这里,商业发达,商机无限,从商之风大盛,慕商趋商成为人们的普遍心理。随着重商观念日渐取代传统的轻商、贱商观念而成为社会主流意识,原有的自给自足小农经济生活逐渐转变为更加依赖市场交易的商业化生活,人们的生产方式、消费方式都随之发生了相应变化。商业活动成为社会生活的主轴,商业节奏代替农业节奏,等价交换原则成为社会准则,彻底改变了人们以往的社会交往准则,由此产生了近代平等意识。

二是社会生活城市化。城市化使人们的生活空间脱离了原来以家族和乡邻为中心的村社式结构,形成以个人和业缘为中心的市民社区结构,整个上海逐渐从熟人社会转向陌生人社会。大家的活动范围不断扩大,社会交往面不断扩大,眼界也随之扩大,形成了更大的公共活动空间。在商业化市场经济条件下,财力意味着赚钱的能力,因而社会关系由以往传统的身份主义转向近代的能力主义,这是近代社会平等观念的基础。

三是文化生活多元化。随着西人入居,并开始大规模的传教、办报、印书、办教会学校,西方文化得以在上海广泛传播。同时,大批江浙文士纷纷涌入,参与西人报业、译书出版,并在报刊上撰文,发表议论,印行诗文,抒发文采,使上海成为中西文化荟萃交流之地。另一方面,官府控制的松弛,正统文化的衰弱,使上海的文化空间相对自由、宽阔且空前活跃。由此,人们的文化视野更开阔,观念也更宽容,文艺品味也更多样化(徐明前,2004)。

1.3.2 上海城市基因的内涵与特征

通过梳理上海城市基因的形成背景、环境和基础条件,可以对上海的城市特点做一高度概括。例如,它是一个典型的江南水乡,是一个沿江靠海的港口城市,是一个全球性的移民城市,是一个世界级的商业城市,是新中国的工业重镇,也是迄今最为现代化的城市等等。正是由于上海是这样的一个城市,所以才形成了上海人、上海市的与众不同的特点,如全球交汇、多元融合、创先争先、理性明达等,才有了如下上海城市基因的孕育路线图。

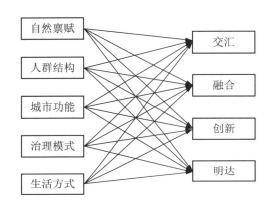

图 1.6 从基因的形成条件到城市基因的显性表现

1. 交汇

上海的城市基因,首推交汇。交汇的本义,是指相交、汇合。上海枕江面海的地理优势,自治、法治、安全和自由的制度环境,舒适、惬意的都市生活,便捷的交通网络,领先的文化事业和市政设施,以及广阔的发展空间,为中外移民与资本、制度与文化等向上海交汇和集聚,提供了优越的生态环境。正是由于这种开放和交汇,上海汇聚了中外各种要素资源,建立了通达中国与世界各地多层多面的关系网络,在全球城市网络中发挥着重要枢纽和节点的功能。同时,伴随物流、资金流、人流和信息流的全球交汇和大进大出,促进了上海商贸服务和流通业的大发展大繁荣,并逐渐使得上海人拥有了开放、包容的心态,对待新鲜事物都保持宽容、尝试的态度。

上海的交汇,是一种开放式的交汇。作为一个世界级的港口城市、一个以商为主的现代化城市、一个五方杂处的移民城市,近代以来的上海,无论是对内还是对外,都呈现出高度开放的特征。在上海的发展历程中,上海始终是敞开自己的大门,在开放中实现交汇,在交汇的基础上迎来更大的开放,这是上海与其他城市,特别是内陆城市最大的不同。长期生存在这样一种时空环境下的上海人,比较见多识广,眼界开阔,较易形成一种开放的心态,更易接受环境的变迁。

上海的交汇,是一种全方位的交汇,不仅包括人才、资金、信息等要素层面的交汇,还有制度、文化、生活方式等各个领域的交汇。对于资本拥有者来说,上海是一个首选的投资场所;对谋生者来说,上海是一个充满就业机会的地方;对于寻求发展者来说,上海是一个各路英雄的用武之地;对逃难人群而言,上海又是一片"国际绿洲"和"避秦桃源"……这里有的不仅是各色人群,还有这各种各色人所构成的各式各样的商店、夜总会、客栈、咖啡馆和他们特殊的风俗习惯、日用百物,还有大上海所特有的制度环境和大上海的洋派与繁华。

上海的交汇,是一种全球性的交汇,不仅面向长三角或全国,更是广泛吸纳世界各地精华的交汇。上海是一个在中西文化冲撞和交汇过程中,由中外移民共同缔造的商业巨埠,而非中国传统的以政治为首要功能的城市。由于建立了通达全国乃至世界各地的贸易网络,外商和华商纷至沓来,各种类型的洋行和企业纷纷设立。从 20 世纪 90 年代中期开始,上海又逐渐成为一个融商业和工业制造于一体的集合体,成为世界主要的都市工业中心之一,拥有全中国对外贸易的半数和全中国机械化工厂的半数。到 1931 年,外商在沪投资达 11.1 亿美元,占全部外商在华投资总额的 34.3%。

正是由于高度的开放和全方位的交汇,才使得上海能够始终保持竞争的闸门常开不闭,保持源头活水长流不息,保持城市活力日久弥新。

2. 融合

融合,是指将两种或多种不同的事物合成为一体。这种合成,并非仅仅是物理上的合成,更是如同化学般反应,产生了新的物质。

作为典型的移民城市,来自世界各地的国内外移民,走的走,来的来,把全球文化特色带到了上海,使上海文化海纳百川、绚丽多彩,同时也使上海文化流水不腐、生机勃勃。"一市三治"的特殊城市格局,既存在着政治控制、文化管理等方面的缝隙,也为中西文化的共处、交流和融合提供了宽容的环境。此外，上海在中国传统文化格局中，很长时间处于主流文化的边缘地带，这反而使得上海在面对外来文化涌入时，显得更加从容、大度、排斥力较小，呈现主客自便，甚至主随客便的特点。在这几方面因素共同作用下，上海变成了一个世界性多元文化的大熔炉，中西不同文化，在上海大规模地、迅速地、少受约束地导入、接触、交流，和谐共处。而且，相互间不断学习和借鉴，互为补充和吸收，最终融合为具有"海派"特征海纳百川、多元融合的城市新特质。就像费孝通先生所言："各美其美，美人之美，美美与共，天下大同"，从发展自身之美，到欣赏他人之美，再到相互欣赏，最后达到一致和融合。

上海的"融合"，是一种多元、异质的融合，涵盖了从器物、制度到精神，乃至生活方式、审美理念等方方面面。器物层面，从近代西方的照明用具、自来水、通信工具、交通运输工具，到日常生活用品；制度层面，从市政管理制度、教育制度到"三占从二"的议会制度；精神层面，从崇尚自由、民主、平等、博爱，到倡导乐利主义、竞争意识、进化观念；生活领域，从小资情调到吃苦耐劳，从多财善贾到文化繁荣，以及体现各地特色的戏剧、服饰、饮食、风俗习惯等，均被带到上海，在共处一隅中共生共存。

上海的"融合"，是一种包容、同化的融合。无论是国内各地文化还是外国文化，上海的特点始终是"拿来主义"，通过兼收并蓄、博采众长，实现融会贯通、有机融合，形成了海纳百川的"海派"特点。例如，任伯年、吴昌硕等沪上画坛巨匠，法兼中西，不仅深谙国画三昧，而且引入光、色等西洋画技，在吸收融合中开拓新境，兴起海派画风。京、昆、越、淮、评弹等各种地方戏，在上海都能够自由发展，每一剧种又衍生出多种流派，而且广泛延纳西方文化和近代科技，改旧出新，对海派艺术的形成产生了重大影响。作为一种衍生的价值观、文化观，"海派"散发着上海社会的泥土气息，不仅流行于艺术领域，也逐渐浸漫于整个社会生活，如饮食文化、服饰文化等各方面，成为体现沪地区域文化的重要个性特征。

1934 年，《新中华》杂志以"上海的将来"为题征文，曾留学法国、日后成为北京大学教授的曾觉之，从不同文化的并存、融合和新文化的产生角度指出：人们常常讽刺上海是四不象，不中不西，亦中亦西，无所可而又无所不可。这其实正是将来文明的特征，将来文明要混合一切而成，在其混合过程中，当然表现无可名言的离奇现象。文章还认为，"上海将产生一种新的文明，吐放奇灿的花朵，不单全中国蒙其光辉，也许全世界沾其余泽，上海在不远的将来要成为文明中心之一"。

从世界文明体系中，凡是能持久屹立于世界城市之林的全球性城市，都有一共同点，即都具有开阔的胸襟、开放的心态，都能广泛吸纳各种文明之精华。而且，城市愈是多元异质，也就愈能进行深层次交流和熔炼。面向未来，上海要跻身"全球城市"之列，首要的一点就是要不断深化和强化其多元融合、开放包容的城市基因，只有不断扩大对外对内开放，才能以更加宽广的视野，学习借鉴世界先进城市经验，积极主动参与国际竞争和合作。只有不断增强城市包容能力，才能推动各种资源汇聚和多元文化交流，在保护弘扬传统优秀文化、传承创新地域特色的同时，增强上海城市魅力和软实力，提升城市的国际影响力。

3. 创新

创新是借助现有的知识和物质，通过改进或创造新的事物、方法、元素、路径、环境，提出有别于常规的新技术、新思维和新理念，从而更有效地满足社会需求、推动经济社会发展的行为。

上海的资源禀赋条件，决定了上海必须依靠持续的创新，才能创造和维持其独特优势；商业城市、海港城市的开放、流通与辐射，使得上海成为全球新事物、新观念的汇聚地；移民城市带来的多元、异质与融合，则为上海的创新提供了潜在的基础和肥沃的土壤。也正是由此，上海形成了创新的传统，自近代迄今，上海在全国就是最具创新能力的城市。别人没做的事，敢先去试；别人没走过的路，敢先去探。改革、创新、争先的理念，已经深入人心，成为城市的"基因"，流淌在血液中。

上海的创新，是一种崇尚科学、崇尚现代化的创新。在古代历史上，上海就在天文、地理、医学、农学、水利工程、造船、纺织、制盐等方面，出现过相当一批科学人才和能工巧匠。进入近代以来，由于多种因素的交互作用，上海逐渐成为中国最大的科学技术中心，西方近代科学中数、理、化、天、地、生等许多学科的新知学理首先传入上海，然后通过上海再传到中国其他地方。这里是中国科技力量最为雄厚的地方，最具权威性的《科学》杂志办在这里。这里是中国使用新式机器最为集中的城市,具有上百年历史的江南造船厂被誉为中华第一厂,是中国工业的摇篮,也是中国工业技术的发祥地。此外,上海还有一大批设备、技术堪称全国一流的机器厂、兵工厂、造船厂、纺织厂等。1949年以后,上海的科技水平,在全国有"半壁江山"之说,新中国许多高科技含量的企业、发明创造都与上海有关,诸如世界上第一个人工合成蛋白质结晶牛胰岛素、我国第一艘万吨级远洋轮、第一台万吨水压机、"长征四号"火箭、"风云一号"气象卫星、"神光"高功率激光装置等等,这些世界闻名的科研成果,都具有重大理论价值或实用价值。

上海的创新,是一种敢为人先、敢闯敢试的创新。敢为人先,就是勇于破旧立新而不是安于现状,敢于冲破传统观念和习惯做法的禁锢而不是畏首畏尾、瞻前顾后。敢闯敢试,就是敢于做别人没有做过的事,敢于走前人没有走过的路。上海在古代、近代都是相当敢为人先的。明代徐光启勇于与利玛窦等西方传教士交往,吸收西洋文明,甚至加入天主教,在当时是需要非凡勇气的。近代上海如任伯年等人以营利为目的的商业画,刘海粟率先使用人体模特儿,周信芳等人的机关布景,建筑领域的石库门,等等,更是领先全国,敢于突破陈规旧俗,开风气之先。在企业管理和市场拓展领域,上海的创新更是发挥的淋漓尽致。新中国第一股飞乐音响的成功上市、新中国第一家中外合资商业零售企业第一八佰伴的成功之路、全国唯一的上海黄金交易所、中国第一个海关特殊监管区域外高桥保税区、第一个以中国城市命名的国际组织上海合作组织、第一家上市股份制商业银行上海浦东发展银行、开创政府门户网站先河的"中国上海"门户网站等等,均肇始于上海。

上海的创新,还是一种灵动机敏、与时俱进的创新。上海不仅对市场需求反应敏捷、应变能力强,而且对大环境、大趋势等时局变化异常敏感,能够不囿于传统而与时俱进。洋务运动时期,上海是洋务企业集中的城市。戊戌变法时期,上海是维新变法宣传中心。辛亥革命时期,上海是酝酿革命、鼓吹革命、发动革命、支持革命的基地。五四运动时期,上海是《新青年》的发刊地,是弘扬科学民主的重要阵地,是支持学生爱国运动最为有力的城市。抗日战争时期,上海先是淞沪抗战,悲壮激烈,而后是不屈孤岛,再放异彩。计划经济时代,上海是实行计划经济楷模,是邓小平所说的改革开放的"领头羊"和时代先锋(熊月之,2003)。在全面深化改革的今天,上海则被赋予当好全国改革开放排头兵、科学发展先行者的重任。

上海城市的创新虽已走在全国前列,但与纽约、伦敦等全球城市相比,上海有待努力的地方还很多。上海要当好全国改革开放排头兵和科学发展的先行者,已经到了"不依靠科技创新和体制机制创新,就没法前进"的阶段。今后的上海,必须进一步树立创新理念和转型思维,运用科学方法,冲破一切妨碍发展的思想观念,改变一切束缚发展的做法和规制,革除一切影响发展的体制机制弊端,立足上海现实,顺应时代潮流,不断开拓促进先进生产力、先进文化发展的新途径、新道路。

4. 明达

"明达"的本义,是指明白通达,对事物道理有明确透彻的认识。将其引申到对上海城市特质的描述,则是对上海城市强调开明法制、推崇秩序规范、注重理性务实、讲求豁达谦和的共性总结和升华。

上海"明达"特质的形成,离不开"一市三治"格局下对西方文化、观念和制度体系的导入,离不开移民城市所形成的"陌生人社会"氛围,也离不开长期以来商业化生活方式的熏陶。

上海的明达,首先强调开明、光明正大、诚信守法。近代上海租界,实行比较严格的法治。延续至今,上海的政府部门,不论是新中国成立之前还是之后,都更能摆正自己的位置,将其权力限制在合适的范围之内,强调照章办事。从个体角度看,工业化、商业化的社会,不太讲究个人出身、家庭背景,比较重视个人的能力、信誉,强调做事情要放在明处,明明白白,光明正大。这种历史,形成了上海人重视法规、重视契约的传统。外商普遍认为,与上海人打交道,谈判比较困难,但是一旦谈判好了,上海人比较能够忠实地履行协议。

上海的明达,推崇讲秩序、重规范。人口高度密集是上海城市最大的特征,常住人口 2 400 万,流动人口近 900 万,主要聚集在 600 平方公里的主城区,在这样一个特大型城市里,没有健全的制度体系和行为规范是不可想象的。如果说在中国能够有一个城市会率先实现依法治市,上海必然将是最有希望、最具实力的备选城市之一,因为它有着上百年的规则底蕴。直至今日,上海城市管理的特点就是热衷于建立各种规章制度、办法措施。一旦遇到什么新情况,上海人的倾向是先调研,再制定针对性的管理办法,而市民也会自觉遵守规则,他们会抱怨责任人,但一般不会责怪规则。有时候经常看到上海男人在街上吵架却不打架,有人说这是一种非男人表现,其实是上海基因在起作用。因为上海男人知道,一旦动手很有可能遭到规则的惩罚,而吵架不会违反社会规则。

上海的明达,注重理性与务实精神。"理性"是指讲究科学方法、科学态度,强调对事实的识别、判断、评估并进而调整人的行为使其符合特定目的。"务实"则是指讲实学、办实事、重实效、求实惠。从人的才智看,自明清至近现代,上海涌现出大批科举人才、科技人才,强调言必有据、尊重逻辑,注重面向社会、关心现实;从城市的日常生活看,上海人重视实利和实用,精明活络,精于算计,追求精致精美的格调生活;从城市治理看,非常注重在调查研究基础上再做决策,如早在民国时期,上海市政府就使用大批专门科技人才,搞大上海计划。改革开放以后,先后组织开展了三次上海"城市发展战略大讨论",对涉及城市建设的重大举措、涉及市民切身利益的重大政策,主动征求专家和市民意见。这些,都是理性务实特质的具体体现。

上海的明达,讲求豁然大度与大气谦和。不怕批评,勇于自我批判,是一百多年来上海城市的一个非常突出的优点。移民社会的双重认同,即既保留原籍认同,又有上海认同,促成了上海城市自我批判的机制。这种机制,使得上海城市更经得起批评,更有韧性,使得上海城市可以在一阵又一阵的批评声中,在"有则改之,无则加勉"的健康状态中,一身轻松地可持续发展。另一方面,上海作为移民社会还有个突出特点,就是对与己无关的事情,对于纯属于私人的事情,不爱管,也不爱打听,这是一种大气谦和、自主、冷静的表现,但有的时候也容易被误解为冷淡、不热情。

1.4 促使城市基因有效发挥作用的条件分析

城市基因概念的引入给我们深刻地认识和理解城市的过去、现在以及未来可能走向打开了一扇窗户。探究城市的基因能有效挖掘城市有机体潜在的特质,使人们对城市的整体感知更加深刻,对城市发展进程的引导和控制行为更加合理。

正如我们在研究中所指出的,城市的基因要想在城市未来发展中起到积极作用,需要一定的外部条件。这些条件既包括合理的城市战略定位、较高的城市规划水准、适当的城市治理模式、也包括适当的公共政策。没有这些外部条件,好的城市基因不能够被传承和发扬,坏的城市基因也不能够抑制和排除。

1.4.1 合理的城市战略定位

城市战略定位是决定城市基因演变的重要因素,对城市基因发挥作用具有重要意义。城市定位是根据自身条件、竞争环境、需求趋势及其动态变化,在全面深刻分析有关城市发展的重大影响因素及其作用机理、复合效应的基础上,科学地筛选城市地位的基本组成要素,合理地确定城市发展的基调、特色和策略的过程。城市战略定位会改变城市的人群结构,推动城市功能的变化,促进城市治理模式转变,改变市民生活方式,从而强化或弱化开放包容、精明务实等城市显性表现,从而推动城市的开放性和精细化运行。如 19 世纪40 年代,开埠造就了上海开放包容的特征,促进了上海利用外部资源快速发展。改革开放后,特别是浦东开发开放以来,上海重回改革开放前列,上海按照国家的战略部署,上海积极推进从工商业城市向经济中心城市的转变,提出建设"四个中心"社会主义国际化大都市的战略定位,又一次激活了开放包容、敢为人先等优良基因,并使之焕发出新的活力。未来,上海需要合理的城市战略定位,如全球城市战略定位,以保持开放包容、精明务实等优良基因,扩大这些基因对于上海城市开放式发展的推动作用。

1.4.2 较高的城市规划水准

城市规划是城市基因演变的外在因素,对城市发展方向起着调控作用。德国著名的历史哲学家、文化史学家斯宾格勒曾经说过:"将一个城市和一座乡村区别开来的不是它的范围和尺度,而是它与生俱来的城市精神和独具匠心的城市个性"。城市规划工作的核心是维护和壮大城市基因的驱动作用,不断引导城市的健康、活力、特色化发展,围绕这一核心的规划才是科学、高效的。城市规划作为对城市运转过程的一种介入和引导,应该顺应城市在特定阶段的生命力需求,对城市有机体内部存在的各种复杂系统进行整合和调整,使其运转更为顺畅。城市规划应根据不同对象、不同时间城市所存在矛盾的特殊性,通过有效的方法维护城市内部各构成要素和系统的异质性,即特质基因的继承与放大,并加强其相互间的固有联系,控制并适度引导这些基因之间的相互影响,鼓励增强城市运行能量的矛盾运动,控制和减少削弱城市能量的矛盾运动,并在这一过程中不断调适与外界的关系。具体来说,城市形态和功能布局要顺应城市地理区位、自然环境与资源禀赋条件,城市的产业布局、空间组织与设施配置要顺应城市人群和机构的行为模式特点。同时,城市的街区设计、建筑风貌塑造要注重同城市文化、精神特质的挖掘和保护相结合。如上海城市规划中对于外滩西洋建筑的保护会强化市民对于开放包容的认同,强化某一城市基因对于城市发展的推动作用。未来,上海需要在考虑全球趋势的背景下,制定具有更好水准的城市规划,强化开放包容、敢为人先等基因的正面作用。

1.4.3 适当的城市治理模式

当前,不论是城市的跟风热愈演愈烈,城市建设模式的雷同性日趋增强问题,还是城市管理者过分追求高增长而导致的空气质量下降、噪声污染、人口剧增、资源紧张、交通拥挤、社会保障和基础设施压力陡增等"城市病"问题,抑或是城市形象的同质化抑制了城市独特的精神文化优势的发挥的问题,都与城市治理不当、缺乏公众参与密切相关。破坏城市基因稳定与传承的治理缺陷主要表现为"人治"浓于"法治"的传统治理价值观问题,政府职能转变不到位、非政府组织发育缓慢的"强政府、弱社会"问题,以及传统封闭、形式单一的城市公众参与机制问题。未来,要促使上海城市基因更好发挥城市发展的内部决定性作用,首先应积极转变治理理念,强化法治、平等、协商、参与、互动、合作等价值理念和机制,形成市民正常表达利益需求、维护市民利益、社会依法监督参与的法治框架。其次要明晰政府与市场、社会的边界,深化政府职能改革、强化市场作用、培育社会力量,破除制约城市多元化网络治理体系的制度瓶颈。三是扩大公众参与城市战略与事务决策的渠道,规范参与机制,把公众参与上升到城市规划决策以至一切决策的最初出发点和最终目的高度上来,促使公众真正关心、支持和参与到城市发展进程中。

1.4.4　恰当的公共政策体系

同城市治理、城市规划等问题类似,城市公共政策的制定与执行情况同样也影响城市基因作用的发挥。公共政策制定和执行过程中的出发点不当、制定方法不科学、执行不到位等问题,往往会抑制城市基因的特质表现,扭曲城市基因的作用方式。如计划经济时代对城市人口、物资调配方式、生产组织模式的严格控制,很大程度上抑制了上海开放包容、敢为人先等基因特质的有效发挥,使城市整体功能布局和开放程度发生扭曲,进而影响了城市整体在科技、经贸、社会等领域的发展进程。改革开放后,公共政策导向向市场经济的转向,极大释放了上海原有的特质基因,使得城市迅速恢复并迸发出强大的生命力。因此,在重大公共政策研究、制定与执行过程中,应充分了解并尊重城市自身的基因特质,以最大程度激活城市基因自发性驱动力的视角来制定政策,这样才能最有效发挥政策的调控效果、降低政策推行成本。如在制定人口与移民政策时,要基于城市长期形成的要素流动特质,既要考虑目前如何解决实际问题,更要具有前瞻性的思维,将控制人口规模与促进以人才为载体的要素流动双重目标融会贯通。在制定经济与社会管理相关政策时,要将城市长期积累形成的市场意识、公民意识有机融入,真正培育和塑造出与城市目标相适应的经济和社会组织模式。在制定科技创新与创业相关政策时,要深刻理解支持城市开拓创新精神特质的本底环境要素,重视科学研究、技术研发和产业化要素在市场体系中的运行机理和配置模式,搭建适当公共平台与交流沟通机制,最大程度激活官产学研介各类机构共建创新体系的积极性。

第 2 章　上海城市的发展轨迹

　　城市或区域的发展轨迹研究是战略基础性研究的重要组成部分,通常是战略研究厘定战略周期、描绘战略愿景等一个重要的切入视角和立论依据,也是国外知名智库开展区域、城市战略研究是经常使用的方法之一。如亚洲开发银行的《2050 年的亚洲》回顾了 1700 年以来亚洲的发展轨迹,作为展望2050 年亚洲的参考依据。对一个城市而言,如果说城市基因决定了城市发展的基础、潜力、底蕴、精神以及各项内在构件,外部环境影响了城市发展实现突破和跨越的路径选择,两者综合作用的具体结果和外在表现便体现为城市的发展轨迹——特定背景下城市沿着既定的发展主线形塑的发展历程。如果将城市看作一个有机体,城市的发展轨迹就可以看作对城市发展历程、发展脉络的梳理,也可称为城市的发展路径或城市的发展道路。城市发展轨迹研究主要尝试从时间维度来考察一个城市的生长与变化,透析背后的主线、规律和特征。

2.1　城市发展轨迹的概念内涵

2.1.1　相关概念辨析

1. 轨迹

　　"轨迹"一词最初是用在数学中的概念,指点在空间的位置随时间连续变化而形成的曲线。根据《辞海》收录的条目释义,轨迹是指:(1)一个点在空间移动,它所通过的全部路径叫做这个点的轨迹;(2)轨道(指天体在宇宙间运行的路线);(3)比喻人生经历的或事物发展的道路,如"诗篇记录了诗人一生的轨迹"、"文章勾勒出了汉字发展的轨迹"等。"轨迹"作为数学术语,英文单词通常译作"locus"、"trajectory",指"可变点或物体按一些特定条件移动出的曲线或路径"。根据《英汉大词典》(第 2 版)[①]释义,轨迹在物理、电子等领域还

---

① 陆谷孙主编:《英汉大词典》,上海译文出版社 2007 年版。

可译为"trail"、"orbit"、"track"、"pathway"等,原意一般为天体运行的轨道或物体运动的路线,也可寓指事件、思想的一连串、一系列演变路径。

现代社会现实生活中,对"轨迹"一词的运用要广泛得多,如发展轨迹、思想轨迹、经济轨迹、社会轨迹等,多用来形容思想、言论或社会等某一方面发展的历程,这属于对"轨迹"的显性表述方式。而在许多领域中,对某一现象的演进过程虽然没有明确使用"轨迹"的概念,但其描述也属于轨迹的演绎,如产业结构演进、城市嬗变、形态变迁等,不妨将其称为隐性的轨迹描述方式。这两种轨迹式的描述一般围绕某种主要要素分层次、分阶段逐步展开,如人生发展轨迹可以围绕重大事件要素,经济学轨迹可以围绕学派观点要素,产业结构演进可以围绕产业配比关系要素等,并将其作为轨迹推进的主线索。根据主线索在不同阶段呈现的相异特征,可将此轨迹按时间或逻辑顺序划分为若干阶段,分别描述各个阶段的矛盾、问题、实践和特征。

2. 城市发展轨迹

城市或区域的发展轨迹研究是战略基础性研究的重要组成部分,通常是战略研究厘定战略周期、描绘战略愿景等一个重要的切入视角和立论依据。从概念上看,如同一个人的成长和发展一样,我们完全可以将一座城市看作一个有机体,描述其成长的轨迹、路径。在勾勒城市的发展轨迹时,如同描述人的成长和发展轨迹,我们往往借助若干个关键的时空节点、标志性事件,分阶段、有重点地描述,使这一轨迹能够代表性地再现这个有机体的生长和发展历程。因此,城市的发展轨迹作为一个抽象的、综合的概念,可以看作对城市发展历史、发展脉络的梳理,近似于勾勒城市的发展路径或城市的发展道路。

城市是一个庞大、复杂的巨系统,描述城市的发展轨迹,应当立足三点认识:首先,城市的轨迹是客观存在的。它是一系列历史事件合力作用的结果,这一结果又是下一阶段城市发展的基础和起点,一定程度上预示着城市未来发展的途径。其次,城市的发展轨迹是高度抽象的。它并不像是"点在空间的移动痕迹"可以被感官感知,而是作为城市发展的脉络而存在,这一脉络是基于一系列城市演变事实的外在而抽象出的内涵部分,是城市发展的深层表征。最后,城市的发展轨迹是综合的。它是政治、经济、文化、生态等多方面的综合,并且是有生命力且处于不断的发展,且包含了生产力与生产关系、经济基础与上层建筑的各范畴的所有方面。因此,综合地考察、正确认识城市发展轨迹必然是对城市发展脉络的感知与把握,必然是对城市不同侧面全方位的综合抽象考察。

从具体层面看,城市发展轨迹可看做特定时空背景下,政治、经济、社会、文化、生态、空间等多个轨迹的糅合,这种糅合是高度抽象的,并且沿着城市发展的主线进行。研究一个城市的发展轨迹,我们首先是根据城市发展主线上的若干个关键节点进行"断代",继而考察每个阶段城市所面临的主要矛盾和问题,城市有机体为解决这些矛盾问题选择的突破方向,做出的重大实践,形成的标志性事件,进而在政治、经济、社会、文化、生态等多个方面展现的特征和成效。城市成长、发展不同的阶段环环相扣、有序链接,上一阶段主要矛盾与问题解决或应对以后,则进入下一个新的阶段,城市发展又面临新的问题和矛盾,做出新的抉择,履行新的实践,实现新的突破。周而复始,形塑出一条既有诸多城市同一时空背景下的共性特征,同时又体现自身鲜明特色的发展轨迹(图 2.1),从而使一个城市经历兴起、发展、繁荣、衰退或再度繁荣、复兴的过程清晰展现出来。立足城市的发展轨迹,可以很好地明确当前所处的发展阶段,研判未来的发展走势和战略方向。

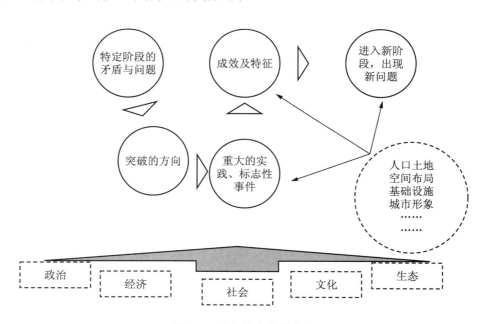

图 2.1　城市轨迹推进路径

纵览全球城市发展史,不难发现十分有趣的一点,许多城市基因相似,但发展轨迹和生命周期却各不相同。正如《纽约时报》曾经以中文标题刊发的《从开封到纽约——辉煌如过眼烟云》一文中指出的,"公元前 2000 年之前世界上最重要城市是伊拉克的乌尔,公元前 1500 年之前,也许是埃及的底比斯……公元前 500 年是波斯的波斯波利斯;公元 1 年是罗马;公元 500 年前后也许是中国的长安;公元 1000 年是中国的开封;公元 1500 年是意大利的佛罗伦萨,公元 2000 年是纽约;到了公元 2500 年,上述这些城市可能一个都不再能挨上边儿。"因此,与城市基因不同,城市的发展轨迹更具特殊性和多样性。研究城市发展轨迹,对于把握城市发展规律,破除城市发展瓶颈,明确城市发展战略,不仅是一个非常充满趣味的命题,同时对开展城市战略研究也具有重要的理论和现实意义。

2.1.2 基本内涵特征

城市作为一个综合体,是多种要素的共同结果,它的发展轨迹是客观和共性的。同时,城市作为一个复杂的有机体,它又是多元的和个性的。因此,每个城市的发展轨迹各有特点,需要着重考察的维度也不尽相同。研究上海城市发展轨迹,从内涵特征上既有普遍性和综合性的一方面,如上海作为一个特大型城市,其在特定阶段的发展轨迹,各种要素如经济、社会、文化、空间等进行关联、撞击与反射的综合结果,与全球范围内其他所有城市在很多方面是相似的、共通的;同时,还要突出上海城市发展轨迹的独特性和典型性。如上海是一个襟江带海的港口型城市,是最大的发展中国家的特大型城市,上海城市发展经历过进入全球化和脱离全球化的逻辑性断裂转折,同时又与国家战略部署相辅相成等诸多方面。具体则可以概括为上海城市发展轨迹的普遍性、特殊性和典型性三个方面:一是上海城市发展轨迹的普遍性。上海城市的发展离不开全球一体化、世界城市化、世界发展重心转移以及中国"大国崛起"等与纽约、伦敦等城市发展相似的一般性背景。如投放到整个世界城市化发展历程中去,20 世纪 50 年代以来世界的城市化进程大大加快,城市地域空间及其影响范围发生了根本的变化,包括大城市和特大型城市发展成为重要趋向,上海的城市发展恰逢这一阶段[①]。此外,将上海的城市发展寓于整个中国的发展历程中,无论是在计划经济时期,还是在社会主义市场经济时期,上海作为中国经济体制改革全面展开的标志,在全国经济格局中有特殊的地位和重要性,中国崛起甚至成为世界第一经济体无疑将为未来上海城市发展提供最为坚实的支撑。二是上海城市发展轨迹的特殊性。从全球范围观察,上海作为一个港口城市,崛起成为最大的发展中国家的首位城市;从国内视角来看,上海的城市发展发生过制度、定位等方面的逻辑性断裂和转折,同时每个阶段的发展又与国家战略部署相辅相成。这些都是上海城市发展轨迹自身特性所在。三是上海城市发展轨迹的典型性。总体上看,契合世界城市化、亚洲与中国的复兴、"城市,让生活更美好"等人类社会面临的共同问题及解决之道等 21 世纪城市化进程和发展理念,以上海作为一个城市载体和城市样本,展现未来国际国内城市发展的轨迹,探讨未来城市发展的道路,是具有典型性的(王战,2014;周振华等,2014)。

2.1.3　已有研究综述

1. 轨迹与城市史基础研究综述

在整个 20 世纪中,关于城市史的研究成果层出不穷,内容主要涉及以下几个问题:(1)近代城市史研究的基本内容和线索;(2)近代城市化的动力问题;(3)城市史研究的类型和线路。上海历史以其独特的魅力,持续地吸引着众多史学研究者。已有研究总结了近代上海城市发展时的规律与特征,其中包括:因商而兴,以商立市;全方位的开放给城市带来活力;典型的近代崛起的城市,传统习气较小,现代化色彩强烈;受西方影响最大,从器物到精神,从行

---

① 1800 年全球城市只有中国的北京市超过 100 万,达到 50 万人口以上的城市只有 6 个。1900 年全球人口超过 100 万人口的大城市达到 16 个,其中伦敦城市人口超过 500 万。1950 年百万以上人口城市达到 83 个,其中纽约人口超过 1 000 万,1980 年迅速增加到 222 个,2000 年达到 411 个,20 个城市人口超过 1 000 万,呈现明显的上升趋势。1950 年时发展中国家没有 1 000 万人口及以上的特大城市,发达地区也只有 1 座,但到 2000 年发达地区和发展中地区分别拥有 4 座和 15 座。我国大陆人口在百万以上的特大城市,1950 年时只有 9 个(北京、天津、沈阳、大连、上海、南京、武汉、广州、重庆),1994 年时,有 33 个,2000 年时,有 37 个,到 2006 年时,全国百万人口以上的城市达 113 个,截止到 2014 年 3 月 19 日,我国百万人口以上的城市已达 142 个,其中 1 000 万人口以上的城市有 6 个。

为方式到价值观念,乃至语言风习,无不受到西方广泛而深刻的影响;在外侵内乱、天灾人祸频仍的近代中国,上海独能保持相对安定,为城市发展创造了有利的环境等。尤其是每当国内发生较大动乱,内地发展陷于停顿时,上海却往往由于保持其独特的安定环境而获得超常的发展。他们把这种现象称为"潮汐现象"或"孤岛效应"(张仲礼,1990)。黄美真、张济顺(1991)提出,只强调外力对上海城市近代化的作用,不仅夸大了中国社会自身的停滞与保守,忽视了上海社会内部存在的对近代化的要求与动力,而且还说明未能以上海崛起后的综合社会结果和效能来剖析内外因素之间的关系。他们认为,以传统经济为基本结构的前工业社会港口,是上海近代化的基础。只是在西方入侵的强力刺激下,其潜力被激发又被扭曲。他们主张应当把基础因素与外力作用视为一个综合辩证的历史过程,从中寻找上海近代化的动力。

2. 世界城市轨迹研究综述

(1)纽约、伦敦和东京。

杨一博、宗刚(2011)从分析纽约由小部落发展为世界城市的过程入手,根据纽约城市地位的变化将其发展过程分为四个阶段:早期的重要港口城市(1609—1820年)、国家经济中心(1820—1870年)、世界城市地位的初步形成(1870—1945年)以及世界城市地位的强化与确立(1945年至今)。同时他们还指出纽约发展过程的三个着力点:地理优势为基础、人力资源发展是动力、产业结构调整是关键,并进一步提出纽约城市凝聚力的缺失是今后纽约维持世界城市地位的主要障碍。刘波、白志刚(2012)根据伦敦在地方政府一系列改革措施下的发展历程,将伦敦世界城市建设分为初始阶段、发展阶段、领先保持阶段,指出伦敦成功实现了从世界文化古都向可持续发展的世界城市的转变。沈金箴(2003)分析了东京由一小城堡历经国家政治中心、国家政治经济中心到最终演变为现在的世界城市的过程,认为东京世界城市的发展过程有四个特点:以创新为源泉的雄厚综合经济是东京成为世界城市的基础,国家信息中心的角色是其成为世界城市核心功能的关键,以国家战略要求为发展主旨是东京得以发展成为世界城市的重要保证,再塑全球竞争力是东京保持其世界地位的手段。

（2）新加坡、香港和北京。

韦运雪（2006）将新加坡的经济发展轨迹分为四个阶段：1965—1970 年的起步期、1971—1980 年的工业化时期、1981—1990 年的国际扩张期与 1991—2004 年的调整转型期。在每个阶段，作者都指出了政府致力于解决的问题、制定的战略与突破重点，并从新加坡政府每个子阶段的人才策略出发，寻找线索获得启示。马莉莉（2011）从产业内分工的视角研究世界城市的发展，将国际分工演进与香港成为世界城市的进程相联系，从而近代以来香港城市化的发展阶段被划分为转口港发展时期（19 世纪 40—20 世纪 40 年代末）、工业化发展时期（20 世纪 50—70 年代末）和服务化发展时期（20 世纪 80—90 年代后期）。

表 2.1　香港世界城市发展历程

时　　期	国际分工背景	香港参与国际分工的方式	香港在国际分工中的角色	香港经济驱动机制	香港世界城市功能
转口港发展时期	殖民体系下产业间分工主导	自然资源类产品进口贸易	内地初步参与国际产业间分工中转基地	转口贸易	自然资源类产品基础上联接相关国家间经济
工业化发展时期	产业内分工主导	承接劳动密集型产品生产	国际产业间分工的直接参与者	外向型工业化驱动	劳动密集型产品基础上与对手国相互联系
服务化发展时期	产业内分工主导	内地劳动密集型产品转口贸易，中转国际投资	内地参与国际产业间分工中转基地	转口贸易、地产金融共同驱动	劳动密集型产品基础上联结相关国家间经济

资料来源：马莉莉（2011）。

汪先永等（2006）按照经济发展动力机制的不同，将北京发展分为四个阶段即要素驱动阶段（1953 年以前）、投资驱动阶段（1953—1998 年）、创新驱动阶段（1999 年开始），指出北京从消费推动到生产推动再到科技成为经济发展主力的发展线索，并以此为基础，指出北京未来发展应高度重视和切实抓好自主创新能力的建设。

在全球城市向前发展的主流中，同样存在发展停滞或倒退的城市的特殊轨迹。根据新玉言(2013)对于巴西城市化过程的介绍以及由诺玛·伊文森(2010),可将里约热内卢的发展概括为以下阶段:1763—1808年,以殖民经济为主的南部贸易和出口中心;1809—1960年,以移民经济为主的商业、官僚机构和初级工业活动的中心;1961年至今,以过度城市化为特征的城市发展的停滞与倒退。在拉美、非洲及印度的一些城市,存在着由于城镇化过程中市场机制的过度放大、工业化严重滞后所导致的虚高城镇化模式,社会问题丛生与社会风险累积,贫民窟蔓延等一系列"城市病"问题,拉低了部分城市的发展水平,这些城市发展将长期处于停滞或倒退阶段。

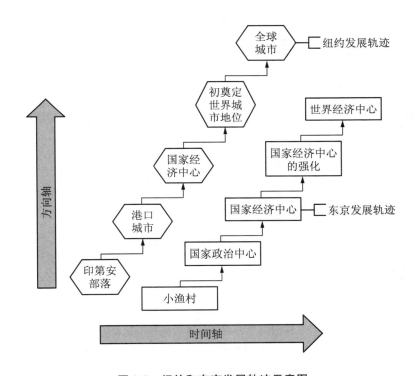

图 2.2　纽约和东京发展轨迹示意图

3. 对于上海城市轨迹研究的探索

张仲礼等(1991)指出近代上海城市的发展大体分为三个时期:1843—1911年、1912—1927年和1927—1949年。每一时期都有一些影响城市变化和发展的关键节点和标志性事件,包括租界设立、华洋杂居、公审公廨的设置、《马关条约》的签订、东南互保、地方自治、辛亥起义、拆除城墙、一次大战、特别市的设置、"一·二八"与"八·一三"事变的发生、日军占领租界和租界收回、日本投降和上海解放14个节点。研究指出近代上海城市的特点主要体现在：近代崛起、西方影响程度最大、近代化起步最早、中国最大的港口城市和多功能经济中心城市、全国文化中心、移民城市、富有反帝反封建斗争传统和畸形发展的城市等方面。周振华等（2010）以重大事件为主要抓手，着重分析和重现了上海经济、政治、文化等方面发生的决定性变革，以此对上海的近代化进程做出清晰的梳理。俞克明、黄金平等（2011）将解放后的上海发展和建设分为三个阶段并分析了上海发展转型的阶段性特征及影响。

表2.2　上海城市嬗变及展望

时　间	定　位	特　点
1949—1978 年	工商城市的上海	建立了完善的强有力的计划经济体制 在曲折中持续前进，保持了较快的发展速度 奠定了规模较大的工业基础 培养了适应计划经济要求的干部队伍 树立了服务意识、追求卓越精神；滋生了"大上海优越感" 城市建设严重滞后
1979—2009 年	中心城市的上海	投融资体系机制改革与建设良好运作 产业间与产业内结构调整并行 基础设施建设颇具成效 市场体系建设从封闭到开放，从传统到现代 生产力布局与城市空间持续优化
2010—2039 年	全球城市的上海	实现由国家级总部经济向洲级和世界级总部经济转变

资料来源：根据周振华等（2010）整理。

表2.3　解放后上海城市发展的历史阶段及特征

时　间	总体特征	主　题	主　要　内　容
1949—1952 年	改造中发展	催生新上海	控制稳定市场；建立国营经济的经济基础；整顿社会秩序
1953—1977 年	建设中发展	建成综合性工业城市	确定上海工业建设方针；建立工业基地；建立科学技术基地
1978—2008 年	转型中发展	重新定位经济中心城市	发挥两个扇面的作用；推进浦东开发，建设经济中心城市；加快现代化国际大都市建设

资料来源：根据俞克明、黄金平等（2009）整理。

2.1.4 主要研究内容

综合来看,已有研究从不同角度对近代以来上海的城市发展进行了详细的梳理和深入的探析。本研究立足已有经典研究基础之上,重点把上海的城市发展寓于全球化进程中,从这一新的角度整理上海开埠以来城市的发展轨迹。之所以将全球化作为梳理上海城市发展轨迹的特定背景,主要基于两个方面的考虑:首先,正如一个人的发展离不开其成长背景一样,开埠以来上海的发展轨迹离不开全球化的进程。1843 年开埠,恰逢东西方碰撞交汇,全球化进程深化的新阶段,中国因战争失败而割地赔款打开国门被迫卷入全球化恰成为上海城市现代化发展的起点;1990 年浦东开发开放后上海得以二次崛起,无疑与上海能够顺应中国改革开放大势,积极谋划再次进入全球化密切相关。其次,上海城市发展曾经脱离过全球化,可以说这是上海城市发展轨迹的特殊所在。新中国成立以后,上海城市发展受到西方国家的战略遏制、经济封锁和国内实行计划经济体制等国内外环境共同影响,与全球化发生了脱离。沿着首次进入全球化——脱离全球化——再次进入全球化这一背景和线索,梳理上海城市发展轨迹,有助于我们从新的视角找出上海城市发展的关键节点并进行阶段划分,进而总结各个阶段的典型变化、标志性事件及其对这个城市发展的影响。

具体来看,本研究将主要分为四部分:本节为基础研究,重点是城市发展轨迹的概念内涵、研究综述和基本思路;第二节在张仲礼等(1996)、熊月之和张生(2008)、周振华等(2008)等已有经典研究基础上,从全球化视角出发,概括勾勒开埠以来上海城市发展轨迹,重点总结阐述上海城市发展所经历的主要阶段、主线和规律。第三节将改革开放以来上海城市发展划分为三个阶段,先对上海改革开放以来再次进入全球化的主要转变及影响进行总括性介绍,接着依次对每一发展阶段面临的主要矛盾与问题、突破的方向、重大的实践和主要特征进行辨析和梳理,结合全球化进程对上海城市发展轨迹进行系统性阐释;最后是简要的总结。

2.2 开埠以来上海城市的发展轨迹研究

上海宋代成镇,元代设县,明代筑城,在中国城市史上并不算悠久。在开埠之前,上海优越的襟江带海的地理位置并没有为上海带来多少优势,上海在中国古代灿若明星的众多城市中,并不是特别耀眼(张仲礼等,1991)。以1843年为例,中国超过30万人口的大城市有北京、苏州、广州、杭州、成都等,并不包含上海;甚至在长江下游地区,上海的地位也不是很高,无论是政治、经济还是文化方面,其地位都在苏州、杭州、南京之下。如果上海的城市基因决定了其发展的基础、底蕴和潜力,上海的崛起却是从近代才开始——只有近代海运发达之后,襟江带海的区位和潜力才充分释放出来。可以说上海的发展与全球化之间存在密切的联系,之后其经历的过程、发生的重大变化也都与全球化进程息息相关。

上海的现代化进程是全球化逐步深入的过程,全球化逐步深入则伴随着上海现代化程度的加深。弗里德曼(Thomas Loren Friedman)在其著名的《世界是平的》一书中,将全球化划分为三个阶段:"全球化1.0"主要是国家间融合和全球化,开始于1492年哥伦布发现"新大陆"之时,持续到1800年前后;"全球化2.0"是公司之间的融合,从1800年一直到2000年,各种硬件的发明和革新成为这次全球化的主要推动力;而"全球化3.0"中,个人将成为主角,软件的不断创新,网络的普及,让世界各地包括中国和印度的人们可以通过因特网轻松实现自己的社会分工。

不难发现,从全球化1.0时代以国家融合为标志转向2.0时代以企业之间融合为标志,这正是整个上海城市现代化进程中最为关键的一个半世纪(图2.3)。从趋势上看,无论全球化是深化、还是式微,都将深刻影响上海城市发展的未来——因为如果未来全球化是个体层面之间的融合,融合所发生的关键场所最大可能将发生在全球城市、世界级城市群等这些关键性枢纽和集中式、网络化区域,这也正是"美国2050"等战略研究将巨型区域(Mega-Region)、大都市区作为体现未来代表国家参与全球竞争、体现核心竞争力动力引擎的原因所在。

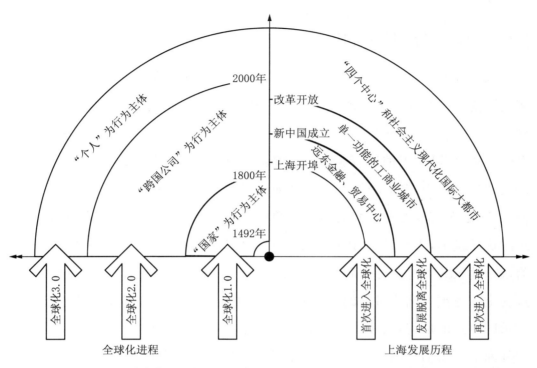

注：全球化阶段划分参考托马斯·弗里德曼（Thomas Loren Friedman）的《世界是平的》（湖南科学出版社 2006 年版）。

图 2.3　全球化进程与上海发展历程示意图

　　根据与全球联系的紧密程度，上海开埠以来的发展呈现出了颇具代表性的"进入全球化—脱离全球化—再次进入全球化"的阶段特征。这种联系的紧密程度又是与中国的发展密切相关，相应体现为国家对上海战略地位、功能角色和城市定位等方面变化和调整。具体而言：上海自开埠起至新中国成立前，为首次进入全球化阶段；从新中国成立之初到改革开放前为发展脱离全球化阶段；改革开放之后为再次进入全球化的阶段。沿着上述阶段，上海开埠以后迅速从最早的一个江南县城至近代崛起成为最大的港口城市、最大的多功能中心城市（航运中心、贸易中心、金融中心、商业中心），全国的文化事业中心等；随后受内外环境变化和客观约束，城市轨迹发生断裂转折，成为单一功能的工商业城市和全国最大的综合性工业基地，改革开放以后建设"四个中心"和社会主义现代化国际大都市，未来则致力于建设成为具有全球资源配置能力、较强国际竞争力和影响力的全球城市。

2.2.1 开埠至新中国成立前的上海:首次进入全球化

该阶段的时间跨度大致为1843—1948年。从世界范围来看,从上海开埠到建国前这段时间是全球范围内现代公司大量诞生,西方先发地区由农业国向工业国转变,工业化带动城市化的高潮时期。从1825年第一台商用蒸汽机诞生开始,蓬勃发展的航海业和国际贸易,依托轮船、铁路、汽车和飞机为代表的交通技术出现质的飞跃,不断加快着全球化的进程和深度。这一阶段的上海,基于远东市场在全球贸易格局中的重要性,充分利用自身港口城市全球交汇的优秀基因,因港设县、以商兴市,一举奠定了上海在全球格局中的地位,成为远东地区的贸易中心、商业中心、金融中心以及交通和信息枢纽、文化重镇,成为全球范围内屈指可数的大型城市。从国内来看,开埠以前,由于清政府闭关锁国政策的推行,仅开广州一港对外贸易。同时设置诸多管理条款,严格限制外商在华活动。因此,开埠以前上海并不具备进入全球化的实质。上海全球化进程启动还要等到被迫开埠时开始,该时期上海的发展还仅是利用后发优势进行的有限赶超,是封建城市与近代城市并存。

上海开埠至新中国成立前参与全球化的进程几经波折,具体如图2.4所示,有以下几个阶段:1843—1910年,随着条约口岸的开放与外国资本的入侵而造成新的生产力以及新的生活方式,堪称上海进入全球化的准备与奠基时期,速度较缓;1911—1936年,随着上海资本主义经济的迅速发展,辛亥革命、五四运动带来了意识形态、价值观念的革命性碰撞与更新,是上海实质性参与全球化的加速时期;1937—1941年,由于公共租界的中立,上海出现了短暂的"孤岛繁荣",继续参与全球化进程;1941年以后,上海经济在日本和汪伪政权的控制下,一蹶不振,全球化进程受阻。全球化是一个从异质走向同质、从多元向一元收敛的过程,也是一个新旧势力交织分化、走向高度整合的过程。从而该时期的上海,在传统与现代的交织,中西碰撞与内外驱动力的影响下,随全球化而来的现代文明在上海已占据主导地位,它所创造的新生态元素也在量与质上不断积累、扩大、深化,中国传统正日益整合于现代化进程之中,西方

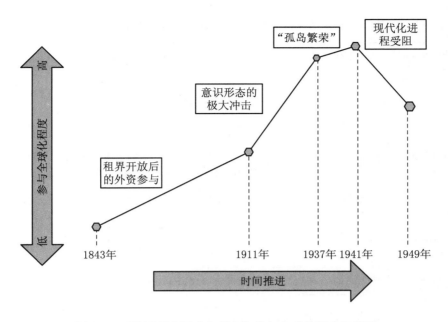

图 2.4　开埠至新中国成立前上海参与全球化程度示意图

现代器物与精神正化于上海市情之中,从而开创了一个全新的上海城市发展模式,这于表 2.4 所罗列的本时期参与全球化进程的主要时间节点和标志性事件可见一斑。

2.2.2　计划经济体制的上海:发展脱离全球化

此阶段的时间跨度大致是 1949—1977 年。从全球范围来看,这一时期的世界格局有三个特点:(1)国际分工继续深化伴随着世界市场继续扩大;(2)世界范围内交通运输和通信业的变革减少了世界政治、经济、文化交流交往的天然障碍,世界可通达性取得质的突破;(3)世界范围内产业结构的变化加深,国际分工层次和水平提升。国际范围内继第一次国际产业转移后,二战后的英、美国内产业结构作出重大调整,传统产业转出到日本和德国,造就了德国、日本经济强国,催生了随后亚洲"四小龙"的经济奇迹。然而,就中国与上海而言,新中国成立后受特定的历史背景条件影响,上海城市发展的轨迹发生了逻辑断裂性的转折。上海在此阶段的发展明显地脱离了全球化。一个标志性的说明即:上海本时期的发展,宏观上,独立于西方以布雷顿森林体系为

表 2.4　开埠后至新中国成立前上海城市多功能经济中心建设

多功能中心	时　　　间	标　志　性　事　件
航运中心	1860 年	长江对外开放,北部沿海几个城市开放,长江航运业和北洋航运业迅速发展
	1872 年	轮船招商局成立,这是上海第一家中国资本的轮船公司
	19 世纪 70 年代	上海已形成远洋、长江、南部沿海等比较齐全的航线,成为中国与外部世界最大的物流通道
	20 世纪初	上海已形成内河、长江、沿海和外洋四大航运系统
	1931 年	上海港进出口船舶吨位已名列世界第七
外贸中心	19 世纪 50 年代	上海取代广州,成为中国外贸中心
	1860—1900 年	上海进出口总值平均占全国一半以上
	20 世纪 20—30 年代	上海在全国的对外贸易和对内埠际贸易中处于特大中心地位,外贸在全国外贸总额占比达到 40% 左右
金融中心	1847 年	英国丽如银行等外资银行纷纷在上海设立分支机构
	1897 年	国人在上海开办的第一家民族资本银行——中国通商银行,从事发行钞票在内的各种业务
	19 世纪末	上海银行数量位居全国之冠,在中国境内的中外银行总部大多集聚于此,功能齐全且融资量大
	20 世纪 20 年代	中国银行、中央银行、交通银行等一批重要的银行相继把总行移到上海
交通与信息枢纽	1871 年	第一条国际水线从香港铺设到上海,上海到英国伦敦、日本长崎的海底电线接通
	19 世纪 80 年代	上海北可以经日本与俄罗斯通报,南可经香港与欧美通报
	1984 年	中国电报总局从天津迁到上海
	1895 年	上海在国内的通报范围,北到北京,东北到山海关,西北到西安,西到汉口,西南到泸州,南到广州
工业中心	1860 年	外国人在上海设立了十多家工厂,其中 14 家船舶修造厂
	1865 年、1889 年	江南制造局和机器织布局成立
	20 世纪 30 年代	上海工业已占据全国的半壁江山

基础所勾勒出的国际经济合作的体制框架;微观上,独立于西方以英、美国为代表的跨国公司的全球布局。此阶段的上海在封闭环境下自成体系,是一个曲折的发展过程。

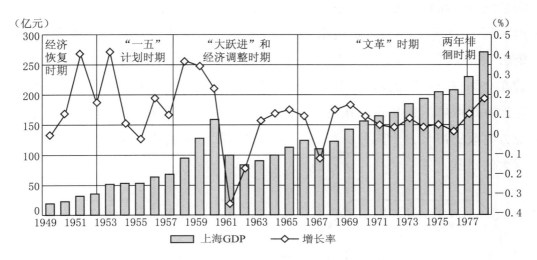

图 2.5　计划经济体制下上海的发展成果

　　根据周振华(2010)等研究,上海此阶段发展脱离全球化,是国内外两组环境共同作用的结果(图 2.6)。冷战时期,我国受到西方国家的战略遏制、经济封锁的影响,中国对外贸易、国际资金融通等方面都无法广泛展开。上海在近代所形成的港口城市、对外贸易中心、金融中心、东西文化交流中心的功能都不可能再现。在国内层面,新中国亟待复兴,中央提出了"以农业为基础、工业为主导"的发展方针,上海作为当时全国工业基础最好的城市,重点发展工业及形成全国制造业生产基地,无疑是当时国家战略的体现和要求。随后实行的传统计划经济体制,更是强化了上海的制造业生产中心的功能,使上海成为一座较典型的单一功能的工商业城市(以工业为主、商业为辅)。但值得注意的是,虽然上海在这段期间的发展脱离了全球化的进程,但其在整个国家背景和战略部署下,围绕"工业中心城市"的定位,城市发展仍取得了重大突破。尽管全球贸易、航运、金融等功能发生了调整,但上海改革开放之前已经成为全国最大的综合性工业基地——1952 年上海国民生产总值中,第二产业占 52.4%,第三产业仅占 41.7%;到 1978 年,第二产业的比重上升为 77.4%,第三产业仅占18.6%。工业增长值中又以重工业为主。1952年上海工业总产值中轻、重之比为79.1：20.9,1978年变为49.3：50.7。其间上海改建、扩建、新建了一批冶金、机电、仪表、化工等骨干企业,为中国的工业发展作出了重大贡献,上海建立的一批科研基地,在原子弹、导弹、人造卫星研制方面也发挥了重要作用。到1978年,上海钢材、机床、棉纱等工业年生产能力在全国占很大比重,钢占1/5,均占1/4,缝纫机占2/3,手表占9/10。自行车、手表、缝纫机等上海货在全国享有很高的声誉。根据《上海财政税务志》,从1959年到1978年,上海地方财政收入平均占全国的15.41％,最高时达17.49％（1960年）,而上海地方财政支出仅占全国的1.65％。作为国家的工业化中心城市,上海做出了巨大的贡献。

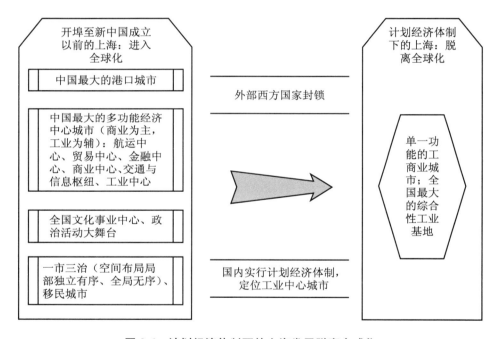

图2.6 计划经济体制下的上海发展脱离全球化

2.2.3 改革开放以来的上海:再次进入全球化

时间跨度为1978年至今。改革开放以来,上海以开放促改革、以改革促发展,不断冲破传统计划经济体制的禁锢与束缚,解放了生产力,重新开始融入经济全球化的大趋势,拓展了新的城市功能。反观国际环境,从60年代后期起由微电子技术带动的信息和通信技术创新开始加速发展,以空间技术、原子能技术和计算机技术的利用和发展为主要内容,引发全球范围的信息革命,该过程及影响至今仍在持续。这种变化大大加速了生产力的发展,深刻地改造了生产过程与管理体制,实现了生产全球化、信息网络化和经营虚拟化,也极大地改造了上海的生产体系与城市布局。与此同时,经济一体化,以跨国公司全球布局引领的全球价值链与产业链也推动世界越来越"平",上海再次进入全球化,显著特点之一便是从开埠时期全球化的单向传递到本时期全球化与上海发展的双向联动。本时期全球化对于上海来说不只是为上海发展提供的背景条件,同时也是上海主动寻求发展的重要取向。上海积极参与全球化浪潮,逐渐明确了从工商业城市到 2020 年转型成为全球经济中心城市的战略方向。本阶段城市发展的特点主要表现为:(1)通过完整而强大的市场体系,吸引与集聚了国内外大量资源要素,并具有明显的内敛型与沉淀化特征,从而使城市规模迅速扩张,凸显出较强的经济实力与静态配置效率。(2)通过在"调整中发展"与"发展中调整",服务业打破长期滞后局面而快速发展,产业结构迅速高度化,服务业与制造业"双轮"驱动,支持了连续 15 年的两位数经济高增长。(3)城市面貌焕然一新,城市设施基本配套,城市形态大为改善,具有较强的经济集聚功能,形成大量的财富创造活动。(4)吸引了大量跨国公司地区的总部、金融机构和研发中心入驻,形成了具有鲜明特色的产业集群和一批具有较强实力和竞争力的企业集群。(5)与周边地区的合

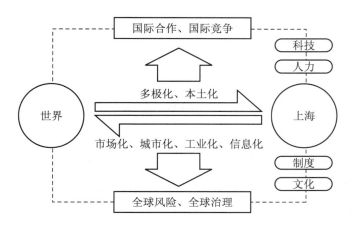

图 2.7 上海参与全球化互动

作与竞争程度增强,依然保持着"中心—外围"的关系,强调中心城市对周边地区的辐射作用。其中,突破 20 世纪 80 年代"改革滞后、开放不足"的客观约束,以 1990 年浦东开发开放为标志,上海开始全面对接全球资本,成功踏上了二次崛起之路。

值得指出的是,本阶段上海发展是有章可循的,即上海所制定的历次发展战略和城市规划对指引城市正确发展发挥了积极作用。表 2.5 即显示了改革开放以来,上海再次进入全球化过程中,城市的定位和规划方向的演变,为城市的发展和转型指明了方向,逐步推动城市功能实现了从工商业城市向经济中心城市的重大转变。

表 2.5 第三次全球化浪潮下上海城市定位演变

年　份	上　海　城　市　定　位
1986	太平洋西岸最大的经济贸易中心之一
1991	社会主义现代化国际都市
1992	远东地区经济、金融、贸易中心之一和国际化城市
1996	国际经济、金融、贸易中心之一和国际经济中心城市
2001	国际经济、金融、贸易、航运中心城市之一和社会主义现代化国际大都市
2006	国际经济、金融、贸易、航运"四个中心"
2009	国务院强调推进上海加快现代服务业和先进制造业,建设国际金融中心和国际航运中心的建设
2011	具有全球资源配置能力的国际经济、金融、贸易、航运中心,基本建成经济繁荣、社会和谐、环境优美的社会主义现代化国际大都市

总体来看,适应经济全球化、世界城市化发展的一般规律,在国家的统一部署下,上海的城市发展立足时代特征、中国特色和上海特点,走过了一段不平凡的发展历程:人口从 1949 年解放时的 502.92 万人增至 2013 年常住人口总数为 2 415.15 万人,实有人口超过 2500 万人;GDP 从 1949 年的 20.28 亿元增长到 2013 年底的 21 602.12 亿元;地方财政一般收入从 1949 年的 0.08 亿元猛增到 2013 年的 4 109.51 亿元,一跃成为中国最大的经济中心和首位城市。特别是改革开放以来,在计划经济体制向中国特色社会主义市场经济体制转轨的过程中,后发先至、率先引领,以经济发展为主旋律,城市的体制机制、社会、文化、空间形态和功能布局等都取得了长足进步。

2.2.4　全球化背景下上海城市发展的主线与规律

从不同的视角切入,可以梳理出城市发展不同主线及相应规律、特征。全球化背景下,1843年上海开埠成为城市现代化的起点,整个城市发展经历了从被动、单向、浅层到主动、双向、综合的转化,转化过程既体现出大城市成长与发展的共性特征,与伦敦、纽约、北京、天津等国内外其他城市相似或相通,同时又演绎出迥异于其他城市的个体特征。我们要在两类特征的交织重合中勾勒上海城市发展的轨迹,并找寻蕴含其中的主线和规律。

1. 上海城市发展的主线

城市发展的主线,即某城市在某一阶段期限内,由于实践发展所客观形成的外在痕迹所隐含的内在逻辑,以一致性和稳定性表征。不同的城市,在不同的阶段甚至相同的阶段都有不同的发展主线。对上海而言,总结自开埠以来的参与全球化的历程,可以说城市发展有一条鲜明的主线,是国内其他城市所没有的。即:自开埠以来,上海在经济活动中,作为中心城市的功能和地位始终未变。即使经历转折变化,也仅是功能多少(贸易中心、商业中心、金融中心;工业中心)、范围大小(国内、远东)的调整。因此,在经济功能方面,始终未变的中心城市的城市定位,作为上海城市发展轨迹的一条主线可以说是贯穿至今。

表 2.6　中心城市的上海地位和功能演变

时　期	地　位	主　要　特　点
1843—1948年	远东中心的上海	1933年,上海的工业产值要占全国工业产值的51%,工业资本总额占全国的40%,产业工人占全国的43%。全国著名银行总行有80%设在上海,上海银行公会会员银行的资产总值33亿元,占全国银行资产总值的89%。同时期,上海的金融市场也比较健全,除货币市场外,还有证券交易所、标金交易所和外汇市场。上海市场的黄金交易量仅次于伦敦和纽约;外汇市场成交量巨大;汇丰银行是英国在华资本的中心,也是英国在远东地区金融的重要据点
1949—1977年	国内中心的上海	1977年,上海生产总值占全国的7.19%;财政收入占比17.43%;进出口总额占比15.68%;存款和贷款余额占比分别为19.3%和8.61%;图书出版数占比9.86%;卫生机构数占比3.11%
1978年以后	经济中心的上海	以2000年为例,上海生产总值占全国的5.09%;全社会固定资产投资占比5.68%;境内上市公司占比9.57%;图书馆出版数占比4.05%。2008年底,上海外资法人银行总数达17家,占全国的58.6%;另外,上海集中了全国1/3的外资保险公司,一半以上的合资券商、合资基金管理公司

资料来源:李功豪(2010)、《新中国五十五年统计资料汇编》、《上海统计年鉴》。

透过表 2.6 不难发现,结合全球化的进程,可从两个方面认识上海城市的发展主线:首先,上海城市的发展是伴随着量的变化和质的提升的。量的变化主要体现在上海参与全球化的规模和程度,以及经济总量、人口规模、建成区面积等的显著提升。质的变化体现在上海参与全球化的主动性和互动性,以及自身经济结构、城市空间、人文精神和社会风貌的转变。其次,上海城市的发展始终伴随着"中心城市"这一明确定位。换句话说,无论是远东层面还是全国层面上海作为中心城市的地位和功能始终没有变。开埠至新中国成立前,上海崛起成为远东著名的国际金融、贸易中心、银行数目和业务总量居亚洲之冠;新中国成立至改革开放前夕,虽然上海在传统计划经济体制下,失去了融入全球化的机遇,但上海作为当时全国工业基础最好、设备最优的城市仍然成为全国最大的工业基地和传统工商业城市;改革开放以后,突破体制束缚的上海通过一系列的努力,把握住全球化和信息化两大机遇,迅速恢复国际经济中心城市的地位,由传统的全国经济中心和国际大都市向全球城市嬗变。

因此,上海参与全球化,可以说与生俱来并自始至终便形塑了自身中心城市的战略地位,而这与城市的内在基因应当说不无联系。这一主线的两个方面具有可延展性,即随着时间的推进,上海的综合性建设将持续性地伴随质、量的转换,作为建设中的"四个中心"城市,相信未来在外部环境具备的条件下,完全有可能在中心城市的范围、功能、地位上得到充分延伸和提升,崛起成为全球城市。

2. 上海城市发展的规律

沿着上述轨迹和主线,可以对全球化背景下上海城市发展的规律有着进一步的认识。国际经验表明,全球性或区域性中心城市都具有如下基本特征:优越的地理位置。世界范围内以优越的地理位置为前提,以经济、文化的积累为条件,继而崛起成为世界城市的案例不胜枚举。如纽约、伦敦、东京,都是作为港口城市或航运中心崛起。上海的城市发展除了蕴含上述基本规律外,对比国内其他城市,与全球交汇、多元融合、理性明达、创新争先的城市基因相呼应,上海沿着参与全球化的这条轨迹,重点体现出四个基本的规律特征(图 2.8):

首先,上海城市发展是开放引领式的。"闭则塞,开则通",是上海开埠以来的发展实践所验证的真理。每次开放参与全球化进程,上海的城市发展就会释放出巨大的能量,展现出超强的适应性、引领性,迅速实现崛起;从远东的金融、贸易、工商业中心,最大的港口城市到国内以工业为单一功能的内向型生产中心城市转向多功能的外向型经济中心城市,开放促进改革,开放引领发展,开放可以说是上海城市发展最显著的规律特征之一。

其次,上海城市发展是充分市场化的。外资在上海开埠后的进入,首先在租界范围内显现其作用,其后以租界为中心不断向外扩展。在不断深入全球化的过程中,上海有选择地吸收国外经济成分的营养,其中最主要的是放开市场,实行国家宏观调控下的社会主义市场经济体制。对市场的认识也由其对资源配置的基础性作用,提升为决定性作用。

第三,上海城市发展是集聚辐射型的。全球化体系中,中心城市一般为公司(全球性或区域性)总部的集中地。作为经济、金融和商务中心,这些城市还对于交通和通讯基础设施具有更高的要求,以满足各种资源"流"(如信息和资金)在全球和区域网络中的时空配置。

第四,上海城市发展是充满创新性精神的。上海海纳百川式的包容精神,成就了文化熔炉式的精神格局。上海是国内移民数量最多、基础设施最为完备、生活方式最为现代的城市之一。

上述主线和规律基本构成了开埠以来上海城市发展的主要内容和特征,即:以优越的全球交汇的地理位置为前提,借助形成的强大的集聚辐射功能,以开放引领发展、以市场激发活力、以创新孕育潜能,使城市有机体得以良性运作,恒久不衰,最终表现出螺旋上升的总的发展轨迹。上海城市发展的这一规律,将影响和决定上海作为全球城市崛起与其他城市不同操作方式和实现途径(周振华,2010)。

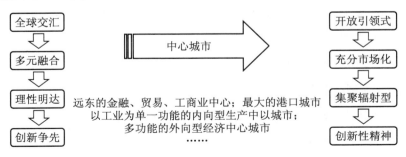

图 2.8　上海发展的主线与规律

2.3 改革开放以来上海城市发展的阶段和特征

改革开放以来,上海再次进入全球化进程之中。该时期无论从上海面临的国内外环境还是从需要解决的自身矛盾来看,上海的发展都进入了一个更深层次的变革阶段。计划经济体制转向市场经济体制、传统的农业社会转向工业社会的中国经济双重转型(厉以宁,2013)过程中,上海后发先至、率先引领,以经济发展为主旋律,以浦东开发开放为契机,上海参与全球化程度更深、融入层次更高、开放格局更广,城市体制机制、社会、文化、空间形态和功能布局等都取得了长足进步。深刻认知上海这座城市发展、城市生长的路径机理,对未来 30 年发展战略具有重要启示。鉴于目前对开埠至新中国成立前、新中国成立后计划经济体制下的上海,已有大量研究进行了精辟阐述、充分演绎,接下来本部分将重点对上海改革开放以来的这一发展阶段进行划分,以更好地厘清上海再次参与全球化以来所发生的显著变化和主要特征,并作为近代以来上海轨迹研究的补充和延伸。在将改革开放以来上海城市发展轨迹划分为三个阶段基础上,先对改革开放以来上海城市发展的主要转变总括性介绍,接下来针对三个阶段分别从矛盾与问题、突破的方向、重大的实践和主要的特征四个维度进一步具体阐述上海城市发展的轨迹。

2.3.1 改革开放以来上海的城市发展

1. 改革开放以来上海城市发展阶段的划分

按照轨迹概念内涵的界定,选择 1978 年改革开放、1992 年邓小平南方谈话及党的十四大召开明确上海战略定位和 2001 年中国入世与 2002 年上海申博成功三个关键转折点,进一步划分为三个阶段:1978—1991 年,稳定保全国阶段;1992—2001 年,改革促发展阶段;2002 年至今,发展促转型阶段。

(1)稳定保全国:1979—1991 年。

上海再次进入全球化之初,可以说是以稳定为前提的。20 世纪 80 年代改革开放的初期阶段,改革内容主要以经济体制改革为主。由于上海在全国经济格局中举足轻重的战略地位,整个 80 年代上海体制改革的进度并没有处

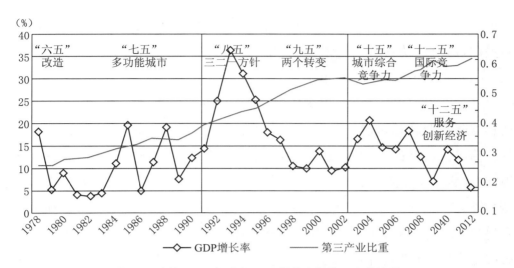

图 2.9　上海 1978 年以来 GDP 增长率及第三产业比重

在全国改革开放格局中的最前沿。相反,上海作为计划经济的大本营,是中央财政的主要来源,是国有企业最为集中的地方之一,实际上充当了全国改革开年的"后卫"角色。该阶段相对于迅速崛起的广东等省份,上海接触全球化相对滞后和保守,但辩证地看这是符合上海城市发展路径客观实际的选择。1979 年至 1990 年的 12 年间,上海 GDP 总值年均增长 7.45%,低于全国平均水平的 8.72%,1978 年上海国内生产总值全国第一,到 1992 年则降至第九。到 1990 年中央宣布开发开放浦东,上海城市发展才迎来了再次对接全球化的历史性、战略性机遇。

(2)改革促发展:1992—2001 年。

20 世纪 90 年代,上海开启了改革开放实质性启动的全新时期。1992 年,邓小平在视察南方重要谈话中,对上海提出"一年一个样,三年大变样"的要求。同年 10 月,中共十四大提出:"以上海浦东开发开放为龙头,进一步开放长江沿岸城市,尽快把上海建成国际经济、金融、贸易中心之一,带动长江三角洲和长江流域地区的飞跃"。按照邓小平的重要指示和中共十四大提出的战略要求,上海对原第八个五年计划纲要作了修订,把 1992—1994 年作为上海大变样的三年,1995—1997 年作为上海大提高的三年,1998—2000 年作为上海大推进的三年。经过实施"三年大变样"、"三年大提高"和"三年大推进",实现了经济大发展,城市面貌大变样。这个时期上海人民积极探索具有中国特色、时代特征、上海特点的发展新路,妥善处理好改革、发展、稳定三者之间的关系,形成成功的系列探索和创举。

（3）发展促转型:2002年至今。

进入新世纪以后,经济全球化趋势加深、科学技术日新月异、全球要素流动和国际产业转移速度加快。随着中国加入WTO,上海的发展更容易受到全球政治经济波动的影响,特别是2008年全球金融危机爆发和国际贸易投资新规则酝酿,中国作为一个新兴发展中大国快速崛起,城市经济社会发展面临许多新的机遇与挑战。面对新形势,上海的使命感和忧患意识增强,积极主动做出一系列战略性调整以适应快速变化的内外环境。经过20世纪90年代的建设,上海城市面貌已大为改观,但要成为现代化国际大都市和能够与纽约、伦敦、东京等比肩的全球城市,还有很长的距离。这一阶段,上海借力世博会的举办,围绕提升城市综合竞争力,创新驱动、转型发展,聚焦"四个中心"建设,城市软硬实力和参与全球化广度、深度、高度都迈上了一个新台阶。近期中国（上海）自由贸易试验区落地,为打造中国经济升级版和上海改革开放新高地,参与全球化背景下的新一轮国家、地区、城市竞争提供了良好的战略平台和历史机遇。

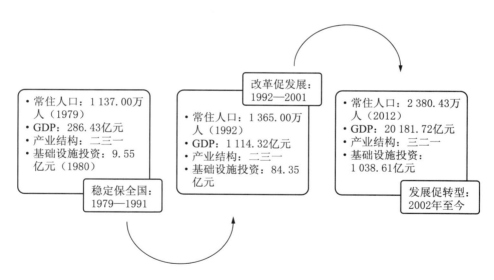

图 2.10　改革开放以来上海阶段划分和主要突破

2. 改革开放以来上海城市发展的主要转变

概括来看,改革开放至今上海城市发生的主要转变可归结为以下几个方面：

（1）从计划经济到市场经济，体制机制日臻完善。

新中国成立初期，国家按系统接收旧中国遗留下来的官僚资本，将其转变为社会主义国营经济。当时私营工业占比较大，1949年为上海工业总产值的83.1%，政府既让其积极发挥在恢复生产、繁荣经济中的作用，又利用行政手段和经济手段打击其投机活动，稳定物价。从1953年开始，上海经历了"三大改造"时期，至1956年上海基本完成了农业和资本主义工商业的社会主义改造，组织生产，供应能源和原材料，控制人口等任务，建立了极其完整的强有力的计划经济体制。这在复杂多变的国际国内形势下是相当有效且具有其历史必然性的。

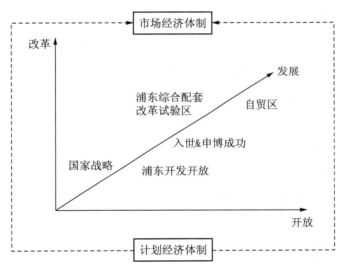

图 2.11　上海从计划经济体制到市场经济体制的转变

到了改革开放之后，特别是在整个中国由计划经济转型为社会主义市场经济以后，在计划经济体制下形成的习惯、特点就不那么适应已经变化了的形势，且严重滞后的城市建设和城市管理水平，更是在很长时间里制约了城市经济的发展，影响了人民群众的生活。以1978年为始，改革开放在赋予上海新的发展活力的同时，也启动了上海城市新的转型过程。上海在80年代的经济体制改革，主要是改革高度集中的计划管理体制和价格管理体制，对国营企业放权让利，扩大企业自主权。90年代的浦东开发开放更是以倒逼改革的方式，促进了社会主义市场经济的发展，经过产业结构调整、旧城区改造、社会管理水平的提升、文化视野的拓展，上海逐步合理化其城市空间、产业布局，城市现代化水平也实现了跨越式提升。进入新世纪之后，上海按照中央为上海的定位，紧紧抓住国际金融中心和国际航运中心建设两个重点，有序推进，不断向"四个中心"的目标迈进，加快建设社会主义现代化国际大都市。

（2）从生产经济到服务经济，产业结构优化调整。

1949 年以前，上海就成为了远东最大的工商业城市。从 1953 年开始，尤其是城市工商业的社会主义改造基本完成以后，城市的发展方针被定位在建设全国最大的工业基地。经过 20 多年的建设，上海形成了包括 157 个生产门类、15 个工业部门的较完整的工业体系。20 世纪 70 年代末以后，根据形势变化、目标任务和国家战略的新要求，上海城市进入新的发展转型阶段。随着改革开放的不断深入，上海开始了从全国最大工业基地到全国最大的经济中心城市的转型，国际经济、金融、贸易中心以及航运中心，"四个中心"功能不断强化。新世纪上海城市的转型为国民经济拓展了新的发展空间，一是经济总量不断扩大；二是经济结构趋于合理；三是服务经济加快发展。此外，上海全面启动的 20 个服务业集聚区和洋山深水港、外高桥、浦东空港和西北综合等 4 个现代物流园区建设，引进来自 30 多个国家和地区的 1 500 多家创意设计企业。此时上海的城市经济已经形成服务经济为主的配比结构相对合理的状态。

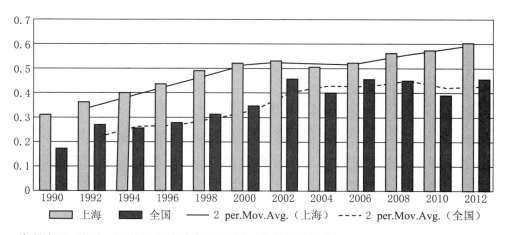

资料来源：《新中国五十五年统计资料汇编》《上海统计年鉴》。

图 2.12 上海与全国第三产业产值比重对比及变化

（3）从相对封闭到全面开放，城市发展融入全球。

新中国成立之初，中国首先要解决的就是经济发展和政权稳固的问题，实行高度集中计划经济体制有其时代必然性，同时也造成了中国相对封闭的城市成长环境；另一方面，美国等西方国家对我国实行战略遏制与经济封锁，中国对外贸易、国际资金融通、先进技术交流等方面都无法广泛开展，也使现代的上海相对封闭。改革开放后的30年，上海以开放促改革、以改革促发展，不断冲破传统计划经济体制的束缚，极大解放了生产力，实现了城市的复兴与再生，拓展了城市功能。特别是20世纪90年代以来，以浦东开发开放为契机，实施"东西联动"的发展战略，发展资本市场、吸引外资等制度安排，成为连接内地与融入世界经济的重要桥梁。在产业结构调整优化的过程中，实现经济高速增长，逐步演化为一座以金融、贸易和航运为支撑的多功能经济中心。以2009年的全球金融危机和2010年上海世博会为契机，上海的发展又面临一个历史性的重大转折。一方面，国际金融危机冲击使上海自身深层次的矛盾更加突出，必须转变经济发展方式；另一方面，后危机时代国际经济、金融格局调整以及上海世博会所带来的机遇，又为上海城市功能提升、新的跨越提供可能。

（4）从中心聚核到圈层布局，空间结构有序拓展。

上海解放初期，上海市行政区域总面积636.18平方公里，其中市区面积82.4平方公里。狭小的空间难以适应城市总体发展的需要。1950年以来，上海政府做出一系列城区调整，逐步扩大中心城区范围，且对于城区空间的布局也做出了进一步的调整。

一是行政区划趋于稳定。上海自解放后的行政区划变动如表2.7所示。从1949年到2011年，上海行政区划的设定从外并内合的大调整阶段逐渐趋于稳定，并逐步完善。

二是功能布局趋于合理。20世纪90年代，"一个龙头、三个中心"的城市发展战略定位明确，上海开始实施经济结构战略性调整，并按照"多心、多层、组团式"的城市形态重新布局城市空间。城市核心区、内外环线间的地区、外环以外的广大郊区分别确定功能布局。进入21世纪，为实施建设现代化国际大都市和"四个中心"的目标，上海规划了"一主四副"多核心中心城区布局。

表 2.7　上海城区空间变化轨迹

发展阶段	时　间	主要调整内容
1949—1978：外并内合大调整阶段	1949	30 个市辖区，其中 20 个市区，10 个郊区
	1950—1956	原黄浦区与老闸区合并为黄浦区；撤销嵩山区，大部分并入卢湾区；常熟区并入徐汇区；闸北区和北站区并称闸北区；四川北路并入虹口区；多次调整杨浦区区界
	1958	东郊、东昌 2 区合并成立浦东县；上海、川沙、金山县、青浦县、奉贤县、闵行县、嘉定县、松江县由江苏划归上海市
	1960	提篮区并入虹口区
	1961	浦东县撤销建制
	1964	撤销闵行，并入徐汇；宝山并入杨浦等，最终设立 10 个市区，10 个郊县
1978—1999：局部整合，趋于稳定	1980	设立吴淞区
	1982	恢复闵行区
	1988	撤销宝山县和吴淞区，设立宝山区
	1992	撤销上海县和原闵行区，设立闵行区
	1992	以川沙县全境、原上海县三林乡和黄浦、南市、杨浦三个区的浦东部分，设立浦东新区
	1992—1999	撤销嘉定县、金山县、松江县青浦县，设立嘉定区、金山区、松江区和青浦区
2000 年至今：优化调整、趋于完善	2000	黄浦区和南市区合并成立新的黄浦区
	2001	撤销南汇县、奉贤县，设立南汇区、奉贤区
	2005	宝山区的长兴、横沙两乡划入崇明县
	2009	南汇区划入浦东新区
	2011	撤销卢湾区，并入黄浦区

资料来源：根据张仲礼等（1991）、周振华等（2010）、地方志等资料整理。

这一模式一直持续且不断演进，按照这一脉络，根据上海"十二五"规划，未来上海将重点发展中心城区的"十字轴"和沿江、沿海产业带，并将郊区新城作为建设重点。

三是城镇体系趋于协调。根据《上海市 1956—1967 年近期规划草图》，上海提出建立近郊工业备用地和开辟卫星城的构想并付诸实施。这些卫星城镇和市郊工业区的建立，改变了封闭式的单一的城市布局结构，形成了多层次的组合格局。在改善城市空间布局的基础上,2006年上海进一步提出统筹城乡协调,推进"1966"全市城乡体系建设,从人口、产业、环境、资源、基础设施等诸多要素出发,对上海市域范围进行的一次更全面更综合的重新整合布局,既有利于城市功能的发挥,也促进了城市现代化和城乡协调发展。

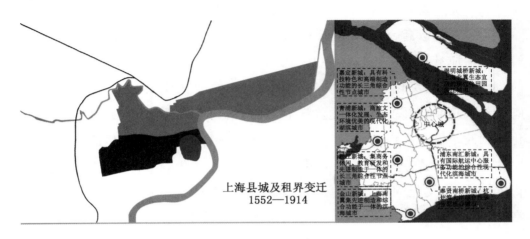

上海县城及租界变迁
1552—1914

图 2.13　1914—2014:一个世纪之后的上海

（5）从单位本位到以人为本,社会治理不断优化。

从解放初算起,上海的社会形态,是从统一划齐转变为多元民主,社会管理模式的阶段性特征,则从最初的单位本位转变为社会自治。1949年解放到1977年近29年的时间里,上海能够在发展资金有限、国外空间被封锁的情况下,在计划经济体制的运作下,从一个工业化水平比较低的近代工业城市转变为一个门类比较齐全、加工业比较发达、轻重工业比重较为适当的综合性工业城市,离不开高度集中、以"单位本位"为主要特征的社会管理模式的形成。那时,具有劳动能力的劳动者被组织到不同的单位中,由单位给予他们社会行为的权利、身份和合法性,满足他们的各种需求,代表和维护他们的利益,每个单位几乎都发展成为具备经济、政治、文化等多重职能的小社会。1978年起,随着上海向社会主义市场经济体制下的国际经济中心城市转型的不断推进,社会流动性增强,越来越多的"单位人"变成"社会人"。上海开始从发展社区、培育社会组织、增强基层民主三方面入手,增强社会自治的能力。20世纪90年代,随着社会主义市场经济体制的建立,社区服务内容日益丰富,改善居民生活、扩大就业机会、建立社会保障社会化服务体系、大力发展服务业成为社区服务主要内容。进入新世纪,适应市民"安、居、乐、业"的要求,上海全面加强社区建设和管理,推进社区事务受理服务中心、社区卫生服务中心、社区文化活动中心建设,社会治理不断优化。

(6)从传统单一到开放多元,城市文化日趋繁荣。

改革开放以后,文化领域改革的本质,就是从传统计划经济体制下的发展模式向适应社会主义市场经济发展要求的转变。从80年代中期到21世纪之前,上海运用市场化筹资机制,初步完成城市重要文化设施建设,同时推进政府文化管理职能转变,组建文化产业集团;中共十六大之后,上海成为全国文化体制改革试点省市之一,开始构建文化宏观管理新体制和塑造文化市场新主体;2006年之后,上海的主要任务是推进公共文化服务体系、文化产业和文化市场体系、文化创新体系建设的体制机制改革创新。对外开放政策的实施,密切了上海与国内外的联系,从国内市场到国外市场都实现了重大转变。如1980年上海杂技团首开国际商业性演出,1986年举办当时中国唯一的国际性电视节、国际友好城市电视节。进入新世纪,上海文化的发展融入了更多的国际现代元素,形成了中外文化荟萃交融的繁荣景象。经过30多年的努力,上海的新闻舆论、公共文化服务、政府文化管理、文化投入机制等方面都实现了良好的转变,从计划到市场、从单一到多元。

(7)从工商城市到中心城市,城市定位显著提升。

改革开放以来,上海从到单一功能的工商业城市、全国最大的综合性工业基地、"四个中心",再到未来建设成为具有全球资源配置能力、较强国际竞争力和影响力的全球城市,上海城市的定位显著提升。上海在80年代充当了改革开放的"后卫"角色,城市老化,结构僵硬、财力匮乏,经济增长速度落后于全国平均水平,在全国的总量排序中逐渐后移。90年代初,中央决定开发开放浦东新区,中共十四大决议又进一步提出要把上海建成"一个龙头、三个中心"的目标,上海进入大跨步开放、加速改革与发展的新阶段。上海在中国经济发展发展中的地位与功能作用相应发生重大变化。上海作为中国长江流域经济开发、开放的龙头地位开始显现,国际国内大公司、大财团、大企业纷纷抢滩上海,上海国内金融、证券、房地产市场中心功能凸显。2001年2月,上海市第十一届四次会议又进一步提出要把上海建成国际经济中心、金融中心、贸易中心和航运中心的新目标。这一战略定位,既为上海拓展了新的发展方向,又对上海面向新世纪的发展提出了更高标准。在2006—2011年,上海根据这一定位,突进科教兴市主战略,加快建设国际经济、金融、贸易和航运中心的建设。至2011年,上海"四个中心"框架基本形成:跨境贸易人民币结算、股指期货、"三港""三区"联动等取得重要进展,金融市场直接融资额占国内融资总额比重预计达到25%左右,上海港国际标准集装箱吞吐量位居世界前列,港口货物吞吐量保持世界第一,上海关区进出口总额、服务贸易进出口总额占全国比重均超过1/4,经济中心城市的集聚辐射功能明显提升。根据中央对上海"到2020年基本建成社会主义现代化大国际大都市"的战略定位,"十二五"规划中制定上海未来五年的发展目标和发展规划,从此上海的发展将在更高的起点上向前推进。

2.3.2 1978—1991:稳定保全国

1. 矛盾与问题

改革开放以来,虽然上海的城市战略定位和发展思路在80年代开始调整,但由于全国改革开放初期的重点不在上海,同时受原有陈旧的城市运行机制牵制,上海在80年代初期经济发展仍举步维艰,作为计划经济重镇的上海各种矛盾日益激化。集中表现为三个方面:一是改革开放大幕开启,上海扮演"后卫"的现实处境。进入20世纪下半叶,经济全球化进程进一步加快,日本、亚洲"四小龙"收获全球化开放红利,相继迅速崛起。1978年中共十一届三中全会后,我国以四个特区成立为标志,拉开了改革开放的大幕。但受国家改革"风险最小化原则"(在经济落后地区的改革开放取得逐步成功经验的基础上,再不断向经济发达地区推进,这样才能使风险最小化)。上海成为了全国改革开放的"后卫",新旧体制交织特别是计划经济体制的各种弊端,致使上海城市基础设施滞后,经济增长缓慢,经济效益下滑,外贸出口徘徊不前等矛盾日益凸显。

二是城市谋求重新定位,发展变轨遇到重重障碍。新中国成立直至80年代初,上海距离历史上远东地区的金融、贸易中心,与世界经济紧密联系的开放型、国际化城市的定位与面貌渐行渐远，逐渐呈现出一个工业的上海，工业为主导，第三产业严重萎缩。以1982年的数据为例，上海第三产业比重为22%左右，较1952年时的46%下降了24%。这与当时国际上很多大城市已经历的由发展工业到发展服务业转型，成为综合性多功能城市的趋势背道而驰。当20世纪80年代的上海，开始谋求重新成为多功能的经济中心城市，必须从以工业为主的单功能城市进行发展变轨，振兴老工业基地与同时期的香港、东京和深圳新开放的城市相比，面临的挑战更多，调整的难度更大，城市面临基础设施滞后、环境污染严重、内外资源不足等无法回避的现实问题。

三是效益税负矛盾突出，内外开放缺乏战略支点。1984年以前，中央对上海的财政收入实行"统收统支"，即上海每年上缴中央的财税占地方财政的87%。国家给上海的基建投资约占上海上缴国家的7.38%，而其中非生产性投资仅占上缴国家的1.23%。在这种情况下，上海的工业设备难以改造、更新，又缺乏与国际先进技术的交流，导致上海工业始终只能在低层次、粗放型水平上增长，生产的增长已受到工厂技术装备的老化和生产空间饱和的双重束缚。当时，上海财政税负重，主要是集中在浦西的工业企业，浦东如果不能开发开放，发展空间和产业结构上效益与税负的矛盾将无法得到缓解。

2. 突破的方向

面对80年代的尴尬处境和窘迫现实中的各种矛盾与问题，上海顺应中国改革开放，发展外向型经济对接全球化的大势，谋定而动，积极寻求城市发展突破，具体表现为（图2.14）：

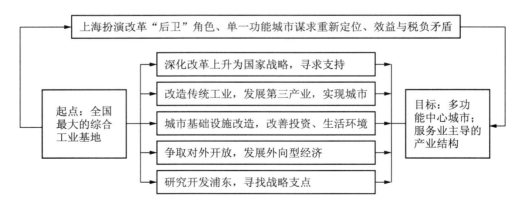

图2.14　20世纪80年代上海城市发展谋求五大突破

（1）寻求国家战略支持。

整个 20 世纪 80 年代，上海围绕振兴老工业基地、扩大外资开放、财税政策支持等重大问题，中央、地方联动，从 1984 年提交、国务院 1985 年批复的《关于上海经济发展战略的汇报提纲》，1985—1988 年国务院又连续批复同意的《上海进一步开放初步方案的请示》《关于上海市扩大利用外资规模的报告》和《关于深化改革，扩大开放，加快上海经济向外向型转变的报告》，到 1990 年浦东开发开放的国家战略——国家层面对上海在财政政策、外贸政策、外资外汇政策、税收政策、土地政策等方面给予了大量的支持和倾斜，一系列重大战略部署在推动上海发展、突破城市瓶颈等发挥了积极作用。

（2）改造振兴传统工业。

根据《关于上海经济发展战略的汇报提纲》确定的方向和国务院的精神，上海加快了产业结构调整的步伐。如在种植业方面，采用"稳粮、调棉、保菜、发展饲料和市场需要的经济作物"的调整方针；在工业发展方面，按照经济发展战略提出的"四少两高"（耗能少、用料少、运量少、"三废"少和技术密度高、附加值高）的要求进行调整；最为典型的是，跳出传统的工业内部改造工业、发展工业的框架，率先提出要通过培养和发展第三产业推动城市发展，金融保险业、房地产、旅游、信息咨询业等发展开始起步。此外，通过建立三大经济技术开发区，城市开始对"退二进三"的产业结构调整战略进行探索。

（3）改善城市基础设施。

结合"六五"、"七五"计划目标，上海改造老港区，规划新港区，完善铁路枢纽、改善民航条件，加速电信设施建设，使交通、邮电事业先行一步。"六五"期间，按照标本兼治、综合治理的方针，在继续加强交通管理、大力整顿交通秩序的同时，积极搞好道路建设；"七五"计划的地方固定资产投资安排加大了基础设施投资比重，并开始打算利用外资进行基础设施建设，加快建设步伐。通过利用外资着手建设地下铁道、黄浦江大桥、东区污水截留排放工程，以及开发浦东等项目。

（4）积极利用引进外资。

1980 年上海利用外资迈开了探索的步伐。根据"六五"计划目标，上海搞好利用外资和技术引进工作，有重点地进行 40 个行业、1 000 家工厂技术改造,以促进生产部门提高技术水平,进一步扩大对外贸易;建设闵行出口工业区和虹桥涉外区,为世界各国和港澳地区的金融界、实业界发展与上海的经济合作,创造条件。"七五"计划进一步指出,该期间要更有效地扩大利用外资,开拓新的局面,重点是加强城市基础设施骨干项目、扩大出口和"替代进口"、重大技术改造、旅游与文化设施等第三产业的急需项目。

（5）谋划浦东开发开放。

从 20 世纪 80 年代初期开始,上海市委、市政府对上海未来发展的方向探索研究,并形成了北上、南下、西扩、东进等多种方案。经过比较论证最终选择了东进方案,即跨越黄浦江,开发开放浦东,建设现代化、国际化新城区,既有较大空间承接浦西人口和产业转移推进浦西改造振兴,又有利于在有一些工业化、城市化基础的广大农田上直接进行多功能开发,形成上海多功能经济中心城市的功能区,更可以依托临海和港口条件,构筑连接对内对外经贸的枢纽。从 1985 年国务院对《关于上海经济发展战略的汇报提纲》批复到 1990 年 4 月 18 日,党中央、国务院在上海向国内外正式宣布开发开放浦东的重大战略决策。浦东开发开放从最早的拓建空间,变成了对外开放的重大国家战略,对引导上海新一轮发展乃至中国改革开放都发挥了关键性作用。

3. 重大的实践

围绕上述方向,这一时期上海城市发展可谓是"谋定后动、稳中有变",城市发展的重要实践和标示性事件主要体现在如下方面:

（1）率先设定 GDP 量化指标,提出大力发展第三产业。

一是 GDP 作为首要指标。1984 年,上海在《关于上海经济发展战略的汇报提纲》中首次提出了 GDP 考量方法和发展第三产业等开创性的举措,国务院在批转中给予肯定,指出要把上海对全国四个现代化贡献作为评定上海工作的主要标准,即把 GDP 作为首要指标。根据这一要求,"七五"设定实现 1990 年 GDP 在 1980 年基础上翻番目标,而同期的工农业生产总值增长 92%。二是改造传统工业。上海选择 14 项技术含量高、经济效益好、能出口创汇或替代进口的产品,作为全市重点工业技术改造项目。通过吸收引进国外先进技术,组织会战攻关,促进汽车、通信、电站、计算机、家用电器等产品的升级换代,提高在国际国内市场的竞争能力。在此基础上,上海进一步调整产品和产业结构,关停一批技术装备和产品落后的企业,发展石油化工、钢铁等新的支柱产业。三是大力发展第三产业。从《关于上海经济发展战略的汇报提纲》酝酿到正式实施,上海逐步明确了发展第三产业的意义和思路,开始重点发展国内贸易、金融保险、信息咨询、饮食服务、旅游、房地产业等。1990年,实现了工农业生产总值比1980年翻一番的目标;通过调整产业结构,第三产业在国民生产总值中的比重从1980年的21%提高到31.9%。

表 2.8　上海服务业分行业相对 GDP 的增长情况(设 GDP 增长率为1)

年　份	服务业	交通运输、仓储及邮电通信业	批发和零售、贸易、餐饮业	金融保险业	房地产	社会服务业	卫生体育和社会福利业	教育文艺及广播电影电视业
1952—1978	0.59	0.95	0.38	1.02	2.25	0.58	0.89	0.91
1978—1990	1.56	1.66	0.78	2.4	2.76	1.64	2.18	1.85

(2) 对外开放初见成效,市场建设领先一步。

第一,体制机制释放。1985年后,上海市相继制定并出台了《上海市鼓励外商投资的若干规定》、《上海市中外合资经营、中外合作经营企业、外资企业的申请和审批规定》及实施办法等地方性政策法规。重点引进先进技术,扩大出口创汇,实践中以引进"两头在外"的加工工业性项目居多。1988年,根据国务院有关加快和深化外贸体制改革的要求,全面推行外贸承包经营责任制,初步形成放开经营、多家经营的外贸体制,1989年上海外贸首次突破50亿美元大关。以计划单列、自借自还方式直接向国外集资32亿美元的"94专项"的实施,促进对外开放的领域从工业扩大到农业及相关行业、基础设施建设、技术改造以及第三产业。第二,重大载体支撑。1986年至1988年,如表2.9所示,闵行开发区、虹桥开发区和漕河泾开发区3个开发区先后获批为国家级经济技术开发区后,按照统一规划、分期实施的原则进行滚动开发,经济效益逐渐显露。闵行开发区已成为中国单位面积企业利润、上缴税收和工业增加值名列第一的工业开发区;虹桥开发区已发展成为中国唯一以外贸中心为特征集展览、展示、办公、居住、餐饮、购物于一体的新兴商贸区和商务区;漕河泾开发区在全国国家级开发区中发挥了"排头兵"作用,成为全国国家级经济技术开发区和高新技术产业开发区中发展速度较快、技术含量较高、经济效益较好的开发区之一。

表 2.9　上海三大开发区概况

开发区	区　位	面　积	规划定位
闵行开发区	位于上海市的西南部,黄浦江上游,距市中心 30 公里	3.5 平方公里	开机电产业、医疗产业;轻工业产业开发区
虹桥开发区	地处上海市区西部,东起中山西路、西至古北路、北临仙霞路、南界虹桥路。距市中心人民广场 6.5 公里,离虹桥国际机场 5.5 公里	0.65 平方公里	上海新兴的商贸中心
漕河泾开发区	上海西南面,东至桂林路(含邮通设备厂),南至漕宝路(含中科院生命科学研究院),西至新泾港,北至蒲汇塘	14.3 平方公里	国家级高新技术产业开发区

第三,市场体系建设。中共十一届三中全会之后,上海的市场建设开始萌芽。上海开始试办的重点是消费品、生产资料市场,另外房地产市场也开始启动,金融市场和技术市场的发展取得了一定成果,在形成要素市场方面走在了全国前列,如表 2.10 所示。

表 2.10　20 世纪 80 年代上海市场体系建设重要事件及影响

时　间	市场体系建设重要事件	意义及影响
1979 年	上海房地产市场启动	商品房交易开启
1981 年	上海率先成立了国内第一个外汇交易市场	开启了我国外汇交易的新时代
1984 年 9 月	上海第一个个体服装市场在华亭路诞生	极大地丰富了上海市民的生活
1984 年 3 月	上海率先试办了人才市场,设立了上海市人才交流服务处和上海市人才银行	为上海城市发展储备了重要的人力资本
1986 年	上海试办了全市第一个劳动力市场	迈出了劳动力市场化要素定价的第一步
1987 年	上海制订了《上海市土地使用权有偿转让办法》	土地改革制度新探索
1988 年	人民路开设各种生产资料商店	为小企业生产经营提供了便利
1990 年 12 月	上海证券交易所成立	重新确立上海在全国资本市场的地位,标志着中国证券市场迈出了从无到有的第一步

（3）城市建设弥补欠账，调整生产力布局。

第一，基础设施改造。该时期，上海开始探索重大工业基地设施建设新模式，重点解决交通瓶颈问题。80 年代初，配合全国第五届运动会在上海举行，拓宽上海中心通向江湾地区的四平路、黄兴路、邯郸路等干道，改造江湾五角场地区的排水系统。同期，建造漕溪路、大连西路和真北路等一批车行和人行公交工程，使车辆与行人、机动车与非机动车分流。1988 年底，上海建成穿越黄浦江底的第二条隧道——延安东路隧道，1989 年 5 月通车；同时辟通中山南路，打通和拓宽北京路、定西路、延平路、河南中路等原有的堵头、瓶颈路段，提高道路交通通行能力；在浦东、拓宽改建浦东南路、浦东大道，新辟东塘路、江海路、海徐路等道路。与此同时，南浦大桥于 1988 年 3 月 31 日开工建设。

第二，生产力布局调整。如表 2.11 所示，80 年代上海中心城区工业开始向郊区转移；开发区建成雏形；从单中心的二元结构向多中心的生产力布局转变。80 年代初上海提出了积极调整第二产业，大力发展第三产业，恢复上海在远东地区的经济、金融和贸易中心的战略构想，然而当时在市中心区大量级差效益较高的、适合于发展第三产业的用地都被工业和居民住宅所占据，工业企业难以就地得到改造，第三产业缺乏应有的发展余地，因此更提出了调整产业布局严重不合理状况的迫切性。经过 10 多年的努力，上海工业布局已得到局部改善。

表 2.11　上海工业布局变迁情况（1982—1990）

	企业数与工业产值				占总规模比重（%）			
	工业企业数		工业产值（亿元）		企业数量		工业产值	
	1982 年	1990 年	1982 年	1990 年	1982 年	1990 年	1981 年	1990 年
全市总计	8 368	13 220	636.7	1 515	100	100	100	100
市区	4 873	6 226	500.5	1 000	58.2	47.1	78.6	66.7
核心区	1 719	1 513	137	370	20.7	11.6	19.3	9.0
中心区	2 940	3 813	643	1 000	35.1	28.8	51.8	41.6
边缘区	204	1 500	221	1 356	2.4	6.7	7.4	14.6
浦东新区		1 272	169	690		9.6		11.2
郊区	3 495	5 722	345	845	43.3	33.2	22.8	19.5

（4）外迁人口回流，社会文化发展焕发活力。

第一，人口规模的变化，外迁人口回流。在 1978—1986 年间，因贯彻执行了"上山下乡"知识青年可按有关规定回城和职工退休后可由外地子女顶替的政策，大批知识青年回城成为该时期人口迁入的主要原因。这些都十分清楚地显示了在当时有关政策影响下的迁入特征。总之，上海市区人口迁移的原因构成，无论是迁入还是迁出，都随当时的社会、政治、经济等因素制约，特别是随政策因素的改变而改变，这是建国以来人口迁移的一个重要特征。

表 2.12　上海市区人口迁移的四个阶段（％）

时　　期	平均每年总迁移率	平均每年净迁移率
1950—1957 年	170.9	11.2
1958—1967 年	41.8	−14.7
1968—1977 年	32.8	−16.9
1978—1986 年	36.0	13.4

资料来源：张开敏等（1990）。

第二，多元社会互动，社区管理模式的制订与实施。该时期，随着计划经济体制向市场经济体制的逐步转变，劳动自主性和工作选择性增加，从而社会流动性增强，越来越多的"单位人"变成"社会人"，单位本位的社会管理模式已难以有效发挥组织、服务、动员个体的作用。上海开始从发展社区、培育社会组织、增强基层民主三方面入手，增强社会自治的能力。为了建立起以地域性为特征、以认同感为纽带的新型社区，上海首先以发展社区服务为开端，优化社区已有行政组织的社会管理和服务功能，发展民间服务组织队伍，推动社区服务逐渐走向社会化。

第三，文化资源整合：增强文化集聚力和文化辐射力。体制的转变，开放程度的加深，视野的开阔为使得上海文化重现生机。百业复兴的大环境里文化创作活力焕发，新作不断涌现。话剧《于无声处》、电影《祖国啊，母亲》及歌剧舞台艺术片《江姐》等与广大观众见面，谢晋、赵焕章、吴贻弓等导演的电影成为这一时期中国电影的扛鼎之作。同时，与海外的文化交流开始快速发展。1980 年上海杂技团首开国际商业性演出，产生国际反响。1986年，上海首次采用国际通行的电视节形式进行国际文化交流与合作，举办了当时中国唯一的国际性电视节——国际友好城市电视节（1988 年更名为上海电视节）。

（5）明确目标，多项举措治理生态环境。

"七五"计划指出，要充分重视并做好环境的综合整治，并明确了目标即到 1990 年，全市污染排放量仍要继续控制在 1982 年的水平，部分指标争取有所改善，局部地区环境质量有所提高。要重点治理和田地区的环境污染。为此，上海采取多项举措治理生态环境，主要包括：第一，启动污水处理工程，防止水体污染的进一步恶化，为今后改变水体环境奠定基础。配合新住宅区的建设，新建龙华、曲阳、天山等 3 座污水处理厂和 23 个排水系统工程，提高居民聚居区的污水处理能力和防灾能力。1986 年起，对黄浦江上游水源保护地区的水污染物排放实行总量控制，并且根据国外的经验推行排污许可证制度，即在控制地区允许排污总量的前提下，企业之间可以将部分排污指标有偿转让；另外通过企业的空间调整对水污染进行集中治理；1987 年黄浦江上游引水一期工程建成通水。1988 年 8 月，国内规模最大，投资达几十亿元的城市污水治理一期工程（苏州河截流工程）开工建设，并于 1993 年建成通水。第二，通过建立"无黑烟区"等方式来改善大气环境，局部提高城市空气质量。1981—1985 年期间，上海率先实现烟囱不冒黑烟的试点工作，并且采取了由点带面的操作策略，即在黄浦区"两街一场"（即南京路、中山东一路、人民广场）和静安、原南市两区率先创建烟囱不冒黑烟区。在试点取得经验以后，开始全面推进基本无黑烟区建设，并逐步建立起一套基本无黑烟区的管理方法，到 1985 年 12 月全市 12 个市区实现基本无黑烟。随后上海市颁布了《上海市烟尘排放管理办法》，根据这个地方性的法规，上海基本无黑烟区建设逐步发展为上海第一期烟尘控制区的建设，并创建了"烟尘排放达标街道"。第三，注重郊区的环境污染防治，保护郊区的生态环境。自 20 世纪 80 年代起，上海不断加强防治郊区环境污染的监管和法制建设。1982 年开始通过发放生产许可证的方式，对郊区乡镇企业中的电镀、热处理、锻造、铸造 4 个行业进行专项治理。1986 年又以市政府实事项目的形式对郊县主要城镇饮用水源开展综合整治，并且积极推进"无黑烟镇"的建设；以及对畜禽场开展污染的综合治理等；1986 年 8 月颁布了《上海市乡镇企业环境保护管理办法》。

（6）浦东开发开放战略提出并初步实施。

1990 年 4 月,党中央、国务院作出开发和开放浦东新区的战略决策后,在《中共中央关于制定国民经济和社会发展十年规划和"八五"计划的建议》中,明确写上了"认真搞好上海浦东新区的开发和开放,是今后十年的一项重要任务"。党中央作出浦东开发开放的重大战略决策后,使上海从改革开放的"后卫"走向了前沿,以开放促改革的各项探索全面推进。第一,建立全国最完备的市政基础设施。积极采用国际上先进的综合交通体系、先进的通信网络、多气源优质燃气、安全干净饮用水等。第二,建立全国最大的商务办公中心。分布建设 300—400 万平方米的大型建筑,集聚数百家海内外金融机构、商贸机构、购物中心、展览中心、会议中心等。第三,建立全国开放度最高的综合自由贸易区。在浦东外高桥地区要建设 10 平方公里的保税区,大力开展转口贸易,形成我国最大的处于"境内关外"区域性国际贸易中心。第四,建立全国最先进的出口加工基地。在张江地区建设高科技园区,在金桥及其他工业小区形成具有市场竞争性和高技术附加值的出口加工区。第五,建立全国配套服务条件最好的质量生活区。浦东新区生活小区的建设,按照平均每户籍人口达到城市综合用地 100 平方米、城市公共绿地 20 平方米、人均住房一间房、居民电话号线基本普及,同时,实行市政公用设施的集约化管理,大大提高人均医疗卫生、文化娱乐和商业服务网点的配套水平。经过一年多时间的规划启动,1992 年已取得实质性进展。当年浦东新区创造国内生产总值 91.5 亿元,比上年增长 21.2%,完成固定投资总额 75 亿元,比上年增长 1.5 倍,浦东新区陆家嘴、金桥、外高桥 3 个重点开发小区的建设已全面铺开,进入了实质性开发。

4. 主要的特征

（1）以体制是释放为背景的全国性的同步发展。80 年代的上海以市场化初期的体制释放为大背景,GDP 增速与三次产业结构得到了全国同步性的调整。从 1978—1991 年,上海 GDP 从 272.8 亿元增长到了 756.2 亿元,年均递增率为 7.4%,其中第三产业创造的年均增长 10.4%,高于第一、第二产业的 2.2% 和 6.4%,占全市 GDP 的比重也相应从 18.6% 提高到 31.9%,占全市 GDP 的比重中每年提高近 1.1 个百分点。但是,这一时期的调整中并无显现大都市的任何优势。1980 年上海第三产业占 GDP 的比重同全国平均水平一样都是 21% 左右,到 1990 年也只是同步提高到了 31%。这种调整完全是因体制改革过程中制度释放所带来的。

表 2.13 上海三次产业结构与全国比较(1980—1991)

年份	国内生产总值	上 海 市			全国平均		
		第一产业	第二产业	第三产业	第一产业	第二产业	第三产业
1980	100	3.2	75.7	21.1	30.1	48.5	21.4
1985	100	4.2	69.8	26.1	28.4	43.1	28.5
1990	100	4.3	63.8	31.9	27.1	41.6	31.3

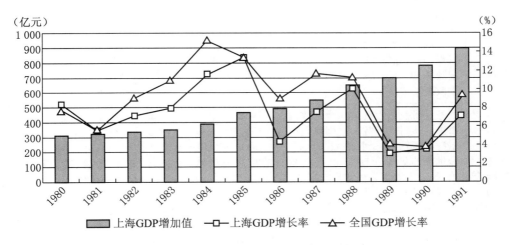

图 2.15　上海 GDP 增长率与全国比较(1980—1991)

(2)稳定保全国:上海从开放滞后到具备赶超的基础。80 年代的上海运行在以开放促改革的道路上,从对外贸易体制改革和搞活经营起步,历经了吸收外资的积极探索、稳步发展,逐渐完成了从受限开放条件滞后到奠定率先赶超基础的转变。80 年代以来,到 1990 年底,外商直接投资项目累计 910 个,工业性项目 717 个,占总数的 78.8%。上海引进技术和设备、利用外资的技术先进型和出口型的企业有:宝山钢铁、大众汽车、金山石化、耀华皮尔金顿浮法玻璃、贝尔电话、施乐复印机、三菱电梯、联合毛纺织、永新彩色显像管和环球玩具等。这些项目的建设,从整体上提高了上海工业的水平。同时,虹桥、闵行、漕河泾等 3 个经济技术开发区的建设,也有比较大进展,区内投产运营的企业取得较好的经济效益。特别是 1990 年浦东开发开放战略的正式提出,成为撬动上海城市发展的战略支点和肩负国家使命对接全球化,引领 90 年代改革开放全局的战略引擎。

表 2.14 "六五"、"七五"以来上海城市发展及阶段特征

时　　间	标 志 性 事 件	特 征 表 现
1982 年	1982 年 11 月"六五"计划中提出:要特别注意发挥沿海城市在扩大对外经济技术交流中的作用。除广东、福建继续实行特殊政策和灵活措施外,要给上海、天津等沿海城市更多的自主权,使他们能够利用自己的优势,在引进和消化技术、利用外资、改造老企业和开拓国际市场等方面,发挥更大的主动性和积极性	1982 年到 1983 年,达成补偿贸易和国际租赁 160 项、利用外资 6 892 万美元,批准外商直接投资项目 17 个,协议吸收外资 1.14 亿美元
1983 年	国务院批准在上海引进技术改造中小企业的扩权试点,同意在"六五"计划时期的后 3 年,给上海一定数额的外汇,支持上海引进技术,加强工业的技术改造	1984 年,建立了 51 家外商投资企业,吸收外资 3.84 亿美元,比前 5 年总和增长了 2.4 倍;1985 年,批准建立 94 家,吸收外资 7.11 亿美元。来上海投资的外商发展到 15 个国家和地区,特别是美国、西欧来投资的增多。外商投资的行业广泛,涉及工业、建筑、农村水利、交通、卫生体育、商业饮食、宾馆、办公楼等,其中旅馆大楼外商直接投资集中,外商投资结构上出现了非生产项目大大超过生产性项目的现象
1985 年 3 月	国务院批复了上海进一步开放的方案,明确了上海市进一步对外开放的范围除老市区外还包括:(一)上海市所辖 10 个县的城关区;(二)上海市人民政府批准的集中安排工业、科技项目的重点卫星城镇;(三)上海市人民政府批准的在所辖农村中利用外资建设的以发展出口为目标的农、林、牧、养殖业生产项目及其加工项目。在此范围内的技术引进项目和利用外资建设的生产性项目,均可按照国家对沿海 4 个开放城市和沿海经济开放区规定的有关政策,享受有关的优惠待遇	
1986 年 8 月	国务院批复同意上海市扩大利用外资规模。批准上海在"七五"计划期间可以在国际金融市场直接筹措资金,自借自还,用于加强城市基础设施建设,加快工业技术改造,增加出口创汇能力,发展第三产业	从 1980 年到 1986 年间,上海的进口大幅度增长,由 2.4 亿美元增加到 14.8 亿美元,但出口却连年下降。出口下降的主要原因是全国外贸体制进行改革以后,各省、市、自治区陆续自营出口,外地货源剧减,加上上海本地货源增长较慢
1988 年 2 月	国务院批复同意上海《关于深化改革,扩大开放,加快上海经济向外向型转变的报告》,除批准上海实行财政基数包干外,还进一步放宽了上海的外贸经营自主权	到 1988 年底,经正式批准的国外合营企业共 32 家,总投资 3 000 万美元,其中上海方面投资 1 830 万美元。这些企业分布在 13 个国家和地区,行业以轻工、纺织、手工业和饮食服务业居多,占 64%

2.3.3 1992—2001:改革促发展

进入 20 世纪 90 年代,特别是邓小平南方谈话后,浦东开发开放国家战略加速实施,上海开启了主动参与全球化的二次崛起之路。空前良好的国内外重大变革为上海参与全球化提供了历史性机遇。从国际看,冷战结束后的世界处于政治、经济格局重组,和平与发展成为主流,全球经济一体化进程加快。世界经济增长重心正在向亚太地区转移,中国经济自改革开放以来长足发展,渐成世界经济的新增长极。从国内看,1992 年初邓小平发表南方重要谈话,全方位、宽领域、多层次改革开放大格局加速形成。1990 年浦东开发开放国家战略提出,1992 年党的十四大报告明确上海"一个龙头、三个中心"的战略定位,邓小平同志提出"思想更解放一点、胆子更大一点、步子更快一点"的要求和希望"一年变个样,三年大变样"的嘱托。

表 2.15　20 世纪 90 年代上海面临的国际大环境

	表现、趋势及影响
国际政治	● 冷战结束,两极格局向多极格局转变,国际关系带有双重结构特征:全球范围缓和与地区层次动乱并存;国际间合作对话加强与各国争夺优势地位激化交叉展开;地中海环域及前苏东地区动荡与东亚地区稳定鲜明对照 ● 经济优先成为影响国际关系发展的主导因素,综合国力竞争代替军备竞赛,成为大国较量的主要形式,经济强国、经济集团代替军事强国、军事集团成为国际斗争的主要角色,经贸谈判代替军控谈判成为国际谈判的主要内容
世界经济	● 经济全球化进程加快,体现为生产、资本、科研、消费、经济政策作用全球化推进。东亚以不同于西方的发展模式迅速崛起 ● 世界贸易进入更高层次竞争,双边、区域、多边三种贸易体制交织发展,1993 年底乌拉圭回合谈判结束,达成关贸总协定 40 多年来内容广泛、意义最重大的全球多边贸易协定 ● 国际投资方式与流向明显变化,FDI 迅速增长,尤其跨国公司成为主要形式 ● 发展中国家吸引外资竞争激烈,开始由政策优惠程度的竞争,过渡到包括潜在市场、富有效率的经济体制,稳定的宏观经济环境,完善的基础设施,健全的配套能力等在内的整体环境的竞争
新技术革命	● 以微电子、计算机、现代通信、生物技术、新材料等为代表的新技术革命,已成为世界性大潮流,酝酿着新产业革命,高新技术产业迅速崛起 ● 发展中国家一方面国际竞争压力加重,另一方面面临加快先进技术引进、消化、吸收和创新,最大限度利用新技术革命成果,制定科技发展战略跨越式发展机遇

资料来源:《迈向 21 世纪的上海》课题领导小组(1995);蔡来兴(1995)。

顺应国内外发展形势,上海在这一历史阶段,从全国最大的经济中心城市向国际经济中心城市跃升发展,城市发展的视野、理念、定位、战略开始从国内拓展到国际层面,城市建设以浦东开发为支撑大推进,城市运行以改革促发展为主线,城市管理以规范、服务和现代化为趋向,体制机制改革突破,领先示范,灵活处理改革、发展、稳定关系中破解矛盾、解决问题、推动发展,向开放型市场经济转型得到实质性推进。城市真正走上从工商业城市向经济中心城市转变、二次崛起的快速发展轨迹,城市发生了全方位的历史性变化。

1. 矛盾与问题

(1)传统体制遗留和历史欠账积累的矛盾。

随着浦东开发开放战略的加快实施和上海融入全球化加快,城市发展新旧体制机制矛盾凸显,由于沉重的城市历史欠账,破旧立新进一步发展面临重重困难。体现在:国有企业的资产负债率高、冗员多、社会负担重,企业转制与改造任务仍很艰巨。国企改革要下岗分流和安排再就业人数达到100多万,占全部国企员工的1/3。城市交通、环境治理等有待进一步改善,城市基础设施建设和旧区改造任务十分繁重。与浦东开发提出"国际化、枢纽化、现代化的世界一流新城区"和十四大报告提出上海要建设"国际经济、金融、贸易中心"的战略定位极不相称。

(2)改革开放和城市发展中出现的新问题。

1992年以后上海经济下滑的势头扭转,城市发展滞后有所改善,但动力不足、活力不够,经济发展质量与结构等深层次矛盾未根本解决,新问题出现。一是经济增长速度与其他沿海地区还有差距,且主要靠投资拉动,经济效益和效率下降。原有传统工业地位下滑,新的产业优势尚未形成。二是经济的结构性矛盾突出,二、三产业结构失调,第三产业长期萎缩,国有与民营经济比重、竞争力失衡。上海国有经济比重大、国有企业数量多,国企员工人数达300万左右,但总体活力不够,生产效率、经营效益低,与外商、民企激烈竞争中多数工厂面临转产、破产、倒闭。三是开放度不足,出口导向性的外向型经济进展缓慢,外贸出口徘徊不前。此外,产业结构与布局调整带来的劳动力转移和动拆迁安置,城建与企业改造资金短缺,城市管理、社会治安等方面存在薄弱环节。

（3）国际国内环境形势变化带来的新困难。

90 年代国际国内环境形势变化给上海发展带来了新困难。一是国际产业转移与全方位对外开放,国内沿海省区及部分内陆地区工业化步伐和经济起飞加快,国内区域激烈竞争格局显现。二是 1997 年亚洲金融危机爆发后,国内经济增长进入下滑区间,呈现有效需求不足,市场疲软的态势。旧的条块管理体制下形成的"诸侯经济"痼疾未除,地方保护、行政垄断,外资外贸竞争和地区经济竞争加剧,产业结构趋同问题严重。三是 90 年代长三角与珠三角对外开放齐头并进、辐射内地,按照党的十四大要求以浦东开发开放为龙头,发挥上海中心城市和长三角首位城市功能,总结 80 年代上海经济区经验,形成统一、合理、有序的区域分工,实现上海与长三角地区一体化发展面临巨大挑战。

2. 突破的方向

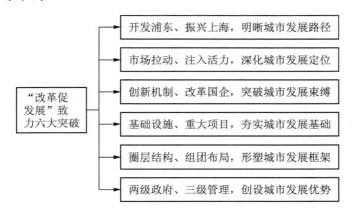

图 2.16　20 世纪 90 年代上海城市"改革促发展"六大突破方向

面对 90 年代的这些矛盾与问题,上海以改革促发展为主线,从六大方面予以化解和突破,如图 2.16 所示。具体来讲:

（1）开发浦东、振兴上海,明晰城市发展路径。

从理论和战略高度破解如何利用浦东开发开放历史性机遇,寻求改革开放新突破及振兴上海、顺利迈向 21 世纪等一系列 90 年代上海城市发展的重大命题,逐步完善实施规划,明晰发展路径。如 1991 年编制了《浦东新区总体规划》,1992 年以后上海市委、市政府确定了浦东开发开放五大战略,即金融贸易、基础设施和高新技术产业化"三个先行"的战略;多元化筹集资金的战略;以政策为第一推动力的战略;东西联动、城乡一体化的战略;综合管理土地资源的战略。1990—1995年,特别是1992年后按照"一年一个样,三年大变样"目标要求,城市基础设施建设实行"大推进"(如图2.17、2.18所示)和贸易兴市策略,城市现代化建设和旧区改造全面展开,初步形成对内对外开放的新格局。与此同时,高举浦东改革开放的旗帜,加快浦东开发开放步伐,形态开发(1990—1995)和功能开发两阶段(1996—2000年),培育浦东新区增长极。

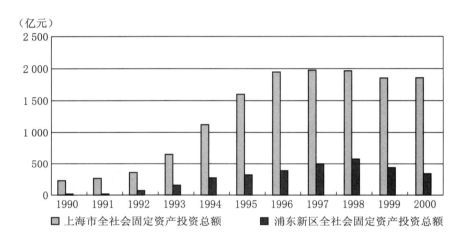

图 2.17　浦东与上海固定资产投资规模(1990—2000)

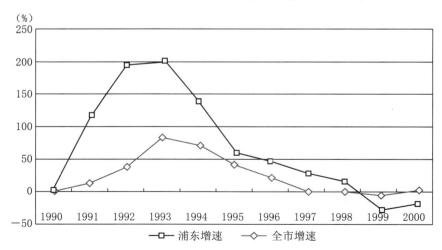

图 2.18　浦东与上海固定资产投资增长速度(1990—2000)

（2）市场拉动、注入活力，深化城市发展定位。

现代市场体系是社会主义市场经济体制的重要组成部分和现代经济运转的基础性制度，为此，上海以浦东为核心功能区域，加快市场化步伐，率先建立了包含商品市场和要素市场的相对完整的大上海市场体系，特别是重点抓住证券、金融、产权、房地产、生产资料等各类要素市场建设，为上海城市发展注入活力。1990年成立上海证券交易所并正式运转，1992年以后则从商品市场重点突进转向要素市场并举，成立上海融资中心、人才服务中心，逐步完善上海期货、产权交易所，1996年将十大要素市场迁入浦东陆家嘴金融贸易区以利用浦东开放大氛围、新环境加快发展。与此同时，依托沟通国内外资金流、商品流、技术流、人才流和信息流的现代大市场体系建设，推进"企业、市场、社会、政府"四位一体的整体配套改革，基本形成符合国际通行规则的市场经济运行机制，聚焦国际经济中心城市集散、生产、管理、服务、创新五大功能目标，充分发挥市场机制对资源配置的基础性作用和上海市场配置资源的中心作用。

（3）创新机制、改革国企，突破城市发展束缚。

主要体现在三个方面：一是创新城市土地开发机制，突破开发区资金筹措和使用束缚。浦东立足现有土地市场框架进行运行机制创新，提出了"资金空转、批租实转、成片开发"的滚动开发模式，运用企业化开发形式，动员和利用国内外投资和银行贷款，"土地资本与金融资本、社会资本、产业资本大规模深层次地结合起来"，陆家嘴（600663）、外高桥（600648）、浦东金桥（600639）、张江高科（600895）相继上市。二是创新城市建投融资机制，突破城建资金不足、发展缓慢束缚。按照"建管并举、重在管理"的要求，大胆探索城市建设投融资新机制，以1988年成立城市建设基金会为标志，拉开了城市投融资管理体制改革的序幕。进入90年代，上海以政府财政为担保成立新的上海久事公司、上海城投等十几家投融资公司作为政府融资主体，使原来由政府直接举债进行城市建设的单一投资方式转变为依托投资公司平台融资，在全国较早地吸纳了国际组织及外国政府贷款，较早地采用BOT、TOT等方式集中、运营、管理民营、外资等各类社会资本，促使这些公司逐步成长转型为具有战略引导功能的控股型投资集团公司，服务上海长远发展。三是改革国企，突破市场微观基础活力不足的束缚。国企改革是上海90年代深化改革的重头戏,有序推进国有企业改革和国有经济布局调整,国企改制、改造、改组和加强管理紧密结合,进行股份制改造和现代企业制度建设,塑造有利于转变经济增长方式的微观基础,初步奠定了多种所有制经济共同发展格局。1996年以后推动国企实现"三个转型",即传统工业转都市型工业、市属工业转区属工业、转为多种所有制,市政府得税、企业得利、职工就业。加大资产重组力度,推行现代企业制度建设,建立"五个机制",推进"五个加强"。为国企、民企、外企营造竞争环境,激活企业这一城市发展的微观主体。

专栏　　　　90年代深化改革:应运而生的上海久事公司、上海城投公司

上海久事公司、上海城投公司的产生、壮大与发展是上海90年代城市基础设施建设和公用事业领域深化改革,创新投融资体制机制,取得良好效果的最好见证。

1986年8月5日,国务院以"国函(1986)94号"文批准上海采取自借自还的方式,扩大利用外资,以加强城市基础设施建设,加快工业技术改造,增强出口创汇能力,发展第三产业和旅游业,这些政策统称为"94专项"。

上海市政府尝试成立专门的经济实体,对"94专项"进行统一的资金筹措,1987年上海久事公司(与"94"谐音)应运而生。1990年同上海实事公司合并后组成新的上海久事公司。公司成立之初,积极履行政府投资主体职能,筹措外资16.9亿美元,先后投资建成了南浦大桥、地铁一号线等五大项目。目前二级企业共有12家,包括:上海交通投资(集团)、上海巴士公交(集团)、上海强生集团、上海申铁、上海国际赛车场、上海久事国际赛事管理、上海都市旅游卡、上海久事置业、上海久虹土地、久汇地产发展等公司,另有投资参股企业36家。所属成员企业共200多家,员工8万多人,主要集中在公交行业。截至2011年底,公司合并总资产3 150亿元;总部总资产1 444亿元。

上海市城市建设投资开发总公司(简称上海城投)成立于1992年7月,聚焦"交通拥挤、住房紧张、环境污染"三大矛盾、提高城市综合竞争力、确保城市安全运营作。形成路桥、水务、环境和置业四大业务板块,拥有两家上市公司和23家直属单位,两万多名员工。至2011年年底,公司资产总量为3 004亿元,净资产为1 308亿元信用等级为AAA级。两家上市公司和23家直属单位。成立以来,完成了外滩通道、黄浦江越江桥隧"申"字形高架路网、中环线、长江隧桥、崇启通道、虹桥枢纽配套道路、老港四期、南市水厂改造、苏州河综合整治、松江泗泾保障房等重大工程。

资料来源:根据上海久事公司主页http://www.jiushi.com.cn/和上海城投公司主页http://web.chengtou.com/公司简介整理。

(4)基础设施、重大项目,夯实城市发展基础。

1992年以后浦东开发战略带动,上海推出了"一年一个样,三年大变样"

的发展计划，先后启动实施了一大批重大项目，推进城市建设升级。首先，浦东新区市政基础设施和重点小区的基础开发快速实施。提前完成了以交通、能源和通信项目为主的"八五"计划第一轮十大重点基础设施工程及各项配套设施项目，改建工程南浦大桥、杨浦大桥、杨高路拓宽改建工程、外高桥港区、浦东煤气厂二期工程、通讯工程、外高桥电厂、内环线浦东段、合流污水工程浦东段和凌桥水厂相继建成并投入运营。1995年后浦东功能性基础设施开发推进浦东国际机场、地铁2号线、浦东信息港、深水港、外环线、世纪大道、黄浦江观光隧道和东海天然气等新一轮十大工程，浦东新区迈向新世纪重要标志的"三个一三"（即一线三港、一道三区、一高三大）建设进度加快。其次，1990年地铁1号线破土动工，1995年建成投入运营，实现了上海轨道交通零的突破。此后2号线、3号线相继开工建设建成，上海中心城区形成了快速立体交通格局，沪宁、沪杭高速上海段相继建成，增加了对长三角的辐射通道。再次，启动苏州河水污染治理等生态环境治理及城市绿化重点项目。以"1520"工程[①]为突破口，促进上海信息中心的框架建设。

（5）圈层结构、组团布局，形塑城市发展框架。

随着浦东新区的催生，上海从90年代起开始谋划、布局具有世界一流水平的中心城市格局。为此，推进浦东浦西联动发展、城市中心与郊区功能分工，充实城镇体系，多层次城市开发，优化生产布局，拓展城市空间，致力主城——辅城——郊区城市——集镇组成的"多心、多层、组团式"的城市形态布局，并与长江三角洲地区城市共同组成中国最大的城市群。第一，浦东浦西联动发展，开发区优势互补。1993年9月亚洲开放银行贷款的杨浦大桥建成通车，与1991年12月通车的南浦大桥跨越黄浦江，打破了浦东和浦西的空间阻隔，加快了人口、物质、信息的流通。浦东国际机场1999年建成通航，与浦西的虹桥机场分工合作，"一市两场"国际和国内并举的架构初步奠定了上海航空枢纽的地位。1992年浦东新区从原规划面积350平方公里扩大为522.7平

---

① "1520工程"1996年启动，已于2000年提前一年实现，包括1个ATM宽带信息主干网络平台，5项骨干工程（上海信息交互网、上海国际经贸电子数据交互网、上海社会保障网、上海社区服务网、上海金卡与收款系统），以及20个涉及行政决策、城市规划、财政税务、工商管理、就业培训、人才引进和公共信息服务的重点信息应用系统。

方公里,同年 7 月,成立张江高科技园区。浦东新区陆家嘴、外高桥、金桥、张江四大开发区与浦西 80 年代成立的虹桥、漕河泾、闵行三大开发区,功能分工、产业互补,集约利用土地,优化城市空间,组成上海开发区中的国家队,成为上海 90 年代经济增长新节点。"九五"初期,形成了"1+3+9"工业布局①。第二,改县设区,充实城镇体系,上海区县行政区划趋于稳定完善。第三,明确市区与郊县发展定位,"市区体现繁荣与繁华,郊区体现实力与水平"。变 80年代关停并转"三废"污染严重企业被动调整为主动布局,90 年代提出"退二进三"思路,推进中心城区工业向郊区扩散,中心城区以发展现代服务业为主,工业进一步向郊区扩散,中心城区与郊区差异分工。进一步指出郊区要逐步实施"工业向园区集中,农业向农场集中,居住向城镇集中",原"三街一场"商业老格局升级为"四街四城"②,有计划建设形成 CBD、商业街城并存,市级与区级商业中心协调,分地区、分层次的商业新布局。第四,正式确定中心城区范围,合理引导人口空间布局,初步呈现大都市区空间特征。1992 年后利用越江向黄浦江东发展的机遇开发浦东,改变上海的人口和产业布局长期集中在浦西老城区,人们的居住和工作空间极为狭小局面③。1993 年起开始在城乡结合部规划建设外环线,总长 99 公里,总投资 175.44 亿元,至 2003 年竣工。外环线环内的陆域面积约为 630 平方公里,覆盖上海浦西 9 个老城区、浦东新区大部分及宝山、闵行两区的一部分,上海的中心城区以外环线为界正式确定,与日本京都中心 23 区面积相当(622 平方公里),略小于纽约市的面积(约 800 平方公里),为上海向国际化大都市发展提供了空间基础。

(6)两级政府、三级管理,创新城市发展优势。

90 年代上海通过城市管理体制变革以适应上海改革开放的新局面和城市发展的新形势,体现在:一是浦东率先行政管理体制突破,推出"小政府、大社会"管理模式,引导服务政府转型。1992 年,浦东在调整"三区两县"行政区

---

① "1"指浦东新区,"3"指闵行经济开发区、漕河泾新兴技术开发区和上海化学工业区,"9"指郊区工业园区,即崇明工业园区、宝山城市工业园区、嘉定工业区、青浦工业区、松江工业区、莘庄工业区、金山嘴工业区、康桥工业区和上海市工业综合开发区(原奉浦工业区)。

② "三街一场"即南京东路、淮海中路、四川北路和豫园商场,"四街四城"指南京路、淮海中路、四川北路、西藏中路和徐家汇商城、豫园旅游商城、新上海商业城、铁路上海站不夜城。

③ 1993 年中心城区面积仅为 280 平方公里,人口密度高达 22 134 人/平方公里。

划的基础上建立浦东新区管委会,政府通过"管委会"的模式直接参与经济活动,包括海外融资、外商谈判、土地批租、项目引进等,精兵简政,为国内众多开发区借鉴和应用。开发区体制设计上,陆家嘴、外高桥、金桥、张江等四大功能区形成"管委会—开发公司"的架构,管委会作为政府派出机构,行使相应的政府职能,开发公司作为经营性机构直接参与基础设施建设、项目投融资等,"两个牌子,一套阵容",行政手段与市场机制度高结合;开发公司推动国有资本的战略性调整,形成了一批以开发区为载体的功能性国资公司或国资投资控股公司。与管委会体制相配合并衔接国际通行惯例,以"简"政府职能,"减"政府机构为思路形成"小政府、大社会"模式,取消专业性部门、经济管理机构,建立综合性管理机构。以往政府中比例较小的综合性机构,在浦东机构中占有一半以上,转移出的政府职能通过培育社会组织承担。二是探索出特大型城市分级管理体制,城市"软件"管理升级,显现制度优势。90年代上海在探索特大型城市发展模式过程中的取得了一项重要制度创新:构建市区"两级政府、两级管理"和郊县"三级政府、三级管理"的城市分级管理模式,较好地解决了特大型城市不同管理主体间长期存在的责权利相统一,财权与事权相匹配,集权与分权相平衡问题。职能划分明确、功能优势互补的市、区(县)双层发展体系,标志着上海的城市管理进入到了新的阶段。市和区(县)的分工合作,调动了两个积极性,特别是区的积极性,区县承担筹措基础设施部分资金和投资建设任务方面有更大的发挥余地,也增强全市范围内的资源统筹集聚能力。该体制下,区(县)经济逐步成长为上海经济发展的主体,形成了多核、组团式的城市形态布局。

3. 重大的实践

90年代的上海紧抓历史机遇,加快浦东开发,积极对接全球化,通过一系列重大建设和发展实践活动,城市面貌发生改变、地位巩固提升、实力不断增强。这些重大实践涵盖了多个领域多个层次,具体而言,主要体现在经济产业、开放格局、城市布局、体制机制、科技教育及社会发展等七个方面。

(1) 经济中心城市特征凸显。

1992年以来,上海连续十年保持GDP两位数增长,城市综合服务功能增强,经济中心城市特征与地位凸显。从数据看,比如2000年,上海证券交易所上市的股票市价总值和流通市值已分别占全国的 56％和 52.72％,交通通信增加值占全国的 6.3％,外贸出口总额占全国的 10.2％,口岸进出口总额约占全国的 1/4,港口货物吞吐量占全国的 15.9％。

（2）产业结构从适应性调整转向战略性调整。产业结构变化显著,第三产业产值比重首超 50％。

1992 年底,上海市第六次党代会确定上海实行经济结构战略性调整,实施"三二一"产业发展方针,加快第三产业发展,市中心区"退二进三",强化城市的综合服务功能,促进以金融贸易、交通通信、信息咨询为代表的第三产业迅速发展。

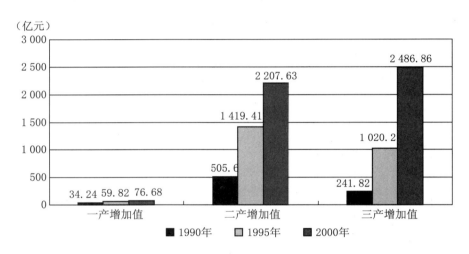

图 2.19　20 世纪 90 年代上海一、二、三产业结构比例变化

"九五"计划"两个根本转变"目标即经济增长方式转变和经济体制机制转变提出后,上海于 1995 年 12 月确立了汽车、高新技术产业、电子通讯设备、电站成套设备及大型机电设备、家用电器、石油化工与精细化工和钢铁六大支柱产业,提出发展电子信息、现代生物与医药和新材料为代表的高技术产业。"九五"期间开发区框架基本形成,1999 年上海第三产业 GDP 占比达到 49.59％,首次超过了第二产业。到 2000 年,第三产业增加值达到 2 282.6 亿元,第三产业比重再次实现重大突破,占 GDP 的比重首次超过 50％,达到 50.2％,对全市经济增长的贡献达到 57.3％。服务范围逐步拓展到全国。同时,制造业与服务业内部结构优化,二、三产业并驾齐驱共同推动经济增长的格局基本形成。工业新高地建设取得重大进展,高新技术工业进一步向工业开发区和高科技园区集中,基本确立六大支柱产业在工业结构中的主导地位,2000年工业六大支柱行业产值占工业总产值比重超过50%,高新技术产业产值占工业总产值比重超过20%。农业开始走上从城郊型农业向都市型现代农业转变的新路。

(3)内外开放大格局形成并不断深化。对外实践方面,以浦东开发开放为龙头,引领全方位对外开放。

"八五"计划安排的浦东新区十大基础设施工程提前完成,陆家嘴金融贸易区、金桥出口加工区、外高桥保税区、张江高科技园区等重点开发区,逐步进入功能开放的新阶段;闵行、虹桥、漕河泾经济技术开发区取得了明显的先发性效益。截至1995年,上海已有"三资"企业13 000多家,200多家跨国公司和154家外资银行及代表处入驻,五年累计外商直接投资的协议金额314亿美元,实际利用外资51亿美元。同时外贸出口总额达到115.7亿美元海关进出口总额达到481.3亿美元。"九五"时期,城市集聚辐射功能进一步增强,五年累计进出口商品总额达到1 717亿美元;引进外资质量不断提高,一批超过10亿美元的大项目落户申城,五年累计实际吸收外资金额突破300亿美元。浦东开发开放进入形态开发和功能开发并举的新阶段,外向型、多功能、现代化的新城区初步形成。对内实践方面,打"长江牌"、"中华牌"和"世界牌",再启上海融入长三角议程。上海按照"立足大局、扩大开放、服务全国、互融共进"要求,多次出台国内合作交流政策,力邀中央部委、兄弟省市、各类企业共同参与浦东开发,进一步加强上海同国内其他省市经济技术合作交流工作。积极发挥浦东开发开放的"龙头"作用,提升上海的集聚辐射功能获得大实质性推进;充分利用国内外两种资源、两个市场,上海成为全国资金流、商品流、技术流、人才流和信息流的集散地和交汇枢纽,成为国内市场与国际市场的连接点,服务全国经济发展的能力进一步提升。到2000年底各地在沪企业已达1.5万家,上海在外省市投资的企业达4 200家。此外,在总结80年代"上海经济区"经验基础上,90年代政府层面推动长三角地区协作议程再启,与民间形成的企业为主体的自觉相互接轨融入相呼应,双重作用促使上海与长三角一体化联动发展。

表 2.16　长三角一体化与上海对内开放、服务全国举措(1992—2001)

时　间	长三角一体化进程	效果、意义
1992 年	1992 年由上海、无锡、宁波、舟山、苏州、扬州、杭州、绍兴、南京、南通、常州、湖州、嘉兴、镇江 14 个市经协委(办)发起、组织,成立"长江三角洲十四城市协作办(委)主任联席会",此后连续每年定期召开会议	浦东开发开放国家战略下,长三角地区协作议程再启
1993 年	《关于外地单位在上海设立办事机构的暂行规定》	
1995 年	《关于促进本市工商企业积极开拓国内市场的若干政策》	
1996—1998 年	全长 274 公里,连接上海、苏州、无锡、常州、镇江、南京 6 个大中城市的沪宁高速建成通车。1998 年,全长 150.7 公里,连接上海、嘉兴、杭州并直通绍兴、宁波的由上海和浙江两省分段建设的沪杭高速,建成通车,成为上海与浙江各城市间加强经济合作和交流的重要纽带	上海与江浙两省主要城市间的交通连接开始全面启动,为长三角崛起和一体化发展创造初始条件
1997 年	上海、无锡、宁波、舟山、苏州、扬州、杭州、绍兴、南京、南通、常州、湖州、嘉兴、镇江、泰州等 15 个城市自愿组成"长江三角洲城市经济协调会"(后又增加了台州市)。协调会设常务主席方和执行主席方。常务主席方由上海市担任,执行主席方由除上海市外的其他成员市轮流担任。协调会 1997 年—2003 年期间,每两年举行一次市长会议(2003 年开始每年举行一次)	推进长三角城市间合作项目实施,协调解决城市间的实际问题
1998 年	上海颁布了《关于进一步服务全国、扩大对内开放若干政策意见》(沪府发[1998]18 号;简称"24 条"政策)、《关于上海市服务参与西部大开发的实施意见》(简称"17 条"政策)	降低外省市区企业进入上海的"门槛"、创造平等竞争的市场环境、服务全国的理念
1999 年	《为各地在沪大企业集团加快方针外向型经济的实施意见》	
2000 年	制定了《上海市国内合作"十五"计划纲要和 2015 年长期规划》	对内合作在规划形式规范指导下进行,具有长期指导意义
2001 年	《上海市人民政府印发修订后的〈关于进一步服务全国扩大对内开放的若干政策意见〉的通知》(沪府发[2001]43 号),对 24 条政策进行重大修改	为各地企业在上海发展创造更为开放、平等、优化的发展环境

（4）城市建设大提速,空间布局优化。

第一,基础设施大推进,城市面貌年年变样。90 年代浦东新区两轮十大基础设施工程,如表 2.17 所示,带动上海加快城市建设,还清了历史欠账,城市硬件规模、质量获得大提升。1991年到2000年,全市用于城市基础设施建设的投资达到3100亿元,相当于整个80年代城市基础设施投资总额的13.8倍,持续高强度的投入建成了一批越江设施、高架道路、地面骨干道路、轨道交通等重大项目,推进了以"三港两路"(海港、空港和信息港,高速铁路、高速公路)为代表的连接国内外功能性的基础设施建设,基本形成了现代化国际大都市的基础设施框架,为上海建成经济中心城市奠定了坚实的基础。与此同时,通过对商业设施的改造和建设,由原先的"三街一场"(南京路、淮海路、四川北路、豫园商场)格局发展为以市级"四街四城"(南京路、淮海路、四川北路、西藏中路;豫园商城、徐家汇商城、新客站不夜城、新上海商业城)商业中心为主

表2.17 "八五"、"九五"期间上海基础建设重大项目

	时 期	项目名称	总投资
第一轮 十大基础 设施建设	"八五"时期	杨浦大桥 南浦大桥 内环线 杨高路拓宽 外高桥电厂 凌桥水厂 煤气厂二期工程 合流污水工程 外高桥新港区 邮电通信工程	220亿元
第二轮 十大基础 设施建设	"九五"时期	浦东国际机场(空港)一期工程 浦东国际信息港 浦东深水港一期工程 地铁2号线一期工程 外环线 世纪大道 黄浦江越江观光隧道工程 东海天然气工程 外高桥电厂二期工程 给排水工程	600亿元

的分地区、分层次商业中心新格局，增添了城市的现代化气息，推进了贸易中心的建设。进入 21 世纪以后以"三港三网三体系"（即空港、海港、陆港和轨道交通网、高速公路网、内河航运网以及加快建立健全能源安全保障体系、生态环境保护体系、城市安全应急体系）建设为重点，全力推进枢纽型、功能性、网络化重大基础设施建设，城市管理网络化全面实施，城市现代化管理水平进一步提高，开始迈向新的发展目标，建设现代化国际大都市。

第二，上海城市城镇体系完善。90 年代上海十大郊区县中八县撤县设区，其中包括浦东新区的成立、嘉定区、金山区、松江区的成立等，如表 2.18 所示。

表 2.18　上海行政区划调整（1992—2001）

时　间	调　整　内　容
1992 年	撤销上海县和原闵行区，合并设立新的闵行区
1992 年	嘉定县撤县，设立嘉定区
1993 年	撤川沙县，与原上海县三林乡和黄浦、南市、杨浦三个区的浦东部分，共同设立浦东新区
1997 年	金山县撤县，设立金山区
1998 年	松江县撤县，设立松江区
1999 年	青浦县撤县，设立青浦区
2000 年	黄浦区和南市区合并成立新的黄浦区
2001 年	南汇县撤县，设立南汇区
2001 年	奉贤县撤县，设立奉贤区

第三，城市建设兼顾生产生活，形成良好布局。1996—2000 年，"九五"期间通过迁建，共调整了 409 个生产点，占地面积 446.96 万平方米，占地面积 446.96 万平方米，企事业单位 379 家。仪电、轻工等 10 家集团，经市政府批准参与土地"空转"与房屋授权管理试点工作，签订了第一批国有土地使用权出让合同共有 2 968 幅土地，面积 2 575.44 万平方米。到 2001 年，已完成 100 多万平方米的都市型园区和楼宇的改建任务。由此，城市建设与生产布局结合，引导居住和生活布局调整，上海城市人口空间布局更为合理。上海开展大规模的住宅建设，主要在内环与外环之间集中，内外环线之间地区成为人口导入区，内环线以内地区和内外环间地区人口占全市人口比重发生互换（图 2.20 所示），两者在 1990 年的比重分别为 38% 和 24.8%，至 2000 年

时变为24%和38.7%,特别是中心城区核心区黄浦、静安、卢湾三区的人口10年间减少了69万余人,使人口密度从54 201人/平方公里下降到40 136人/平方公里。①

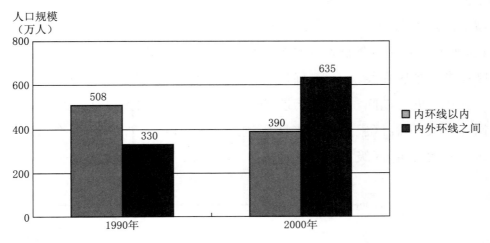

图2.20 1990—2000年上海中心城区人口分布变化

(5)科技教育的战略地位初步确立并奠定优势。

"八五"期间,上海共获得重大科技成果1.02万项;1995年,各类专业人员总量已达121万人。上海预算内教育事业费比"七五"期间增长了1.65倍;五年共培养了26.4万各类专业人才,市民受教育程度发生明显变化,如表2.19所示。初步建立了科技开发和高技术产业化新机制,科技整体实力显著提高。全市甲乙类传染病发病率为历史最低水平,人均期望寿命、婴儿死亡率等指标都接近或达到国际先进水平。

表2.19 上海平均每十万人中不同文化程度人数的变化(1990—2000)

	小 学	初 中	高 中	大专以上
1990 年	22 691	31 596	19 539	6 537
2000 年	18 934	36 803	23 018	10 940

① 数据来自李健、宁越敏:《1990年代以来上海人口空间变动与城市空间结构重构》,《城市规划学刊》2007年第2期。

（6）社会事业和社会保障加快脚步，市民生活质量改善。

如图 2.21 所示，市民消费水平稳步提高，社会保障制度改革加快，"八五"时期形成了以基本保险、补充保险和社会救助为主要内容的社会保障体系的基本框架。"九五"时期，城镇职工养老保险覆盖率达到 98.5%，农村养老保险覆盖面达到 92%。顺利完成了政府机构改革的阶段性任务，咨询、审计、会计、法律等一大批中介服务机构迅速发展。社区建设稳步推进，社会文明程度不断提高。社区在凝聚人心、促进就业、方便生活、维护稳定等方面的作用进一步强化。九五期间，全市各街道（镇）通过发展社区服务项目安置了 30 多万下岗待业人员，社区服务志愿者队伍达到 2 000 多个，创建了 57 个市级文明社区及一大批市、区级文明小区。

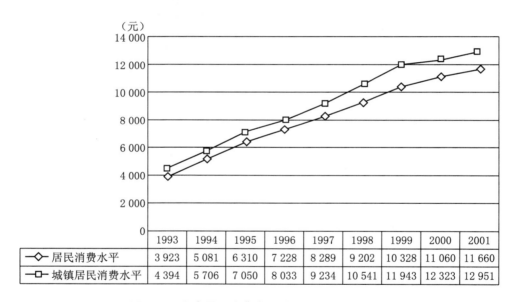

（元）	1993	1994	1995	1996	1997	1998	1999	2000	2001
◇— 居民消费水平	3 923	5 081	6 310	7 228	8 289	9 202	10 328	11 060	11 660
□— 城镇居民消费水平	4 394	5 706	7 050	8 033	9 234	10 541	11 943	12 323	12 951

图 2.21　上海居民消费水平的变化（1993—2001）

（7）体制机制率先改革，发挥示范效应。

20 世纪 90 年代上海城市体制机制的改革、创新与成果成为城市实践中的一大亮点。主要表现在：第一，率先构建现代化大市场体系，建立社会主义市场经济运行机制，经济体制改革取得重大突破。"八五"期间，上海初步形成了以国家级市场为龙头、区域性市场为骨干、地方性市场为基础的市场体系。"九五"时期健全完善了以证券、外汇、期货、技术产权、人才等一批要素市场为核心的大市场体系,十大要素市场迁址浦东影响深远。国企改革和现代企业制度建设激发了市场活力,住房制度改革取得重大进展,住房商品化程度有了新的提高。

表 2.20　要素市场体系建设大事记(1990—2000)

时　间	市场体系建设重要事件	意义及影响
1990 年 12 月	上海证券交易所成立	重新确立上海在全国资本市场的地位,标志着中国证券市场迈出了从无到有的第一步
1992 年 1 月	上海短期资金调剂中心更名为"上海融资中心"	全国最大的同业拆借中心
1992 年 2— 11 月	人民币特种股票——上海电真空 B 股在上交所上市。国内贸易部和上海市政府联合组建的上海金属交易所开始运转。发行股票认购证,后尝试储藏发行模式,施行网上"单一定价,竞价发售"的方法	上海第一家国家级期货市场。上海全国资本市场的中心地位初步确立,直接带动了银行、保险、信托等金融产业的发展
1992 年 11 月	上海市人才服务中心正式成立	上海率先实现从人才流动到建立固定人才市场的跨越
1992 年 12 月— 1993 年 12 月	上海先后成立煤炭交易所、农业生产资料交易所、化工交易所、石油交易所、粮油商品交易所、汽车交易市场和建筑材料交易所 7 家国家级大型商品市场,各类初级批发市场、区域级批发市场 203 个、国家级或引进期货制的批发市场、交易所 11 个	上海全面建设现代市场体系开始,上海商品市场体系形成
1993 年 12 月	上海技术交易所建成	全国第一家国家级常设技术市场,主要进行专利和技术的交易
1994 年 1 月	上海城乡产权交易所正式成立	上海第一家规范运作并与全国产权联网的产交所
1994 年 4 月	中国外汇交易中心在上海正式开业	上海成为中国市场汇率的生产地,外汇市场由地方分割走向全国统一
1994 年 10 月	建筑材料、石油、农资和化工四家交易所合并,成立上海商品交易所	
1996 年 3 月	在原上海城乡产权交易所基础上,成立新的上海产权交易所	发展成为上海全市法定的、统一的产权交易所
1996 年	上海黄金交易市场建立	推出个人实盘交易业务,极大丰富了上海市场体系

时 间	市场体系建设重要事件	意义及影响
1996 年 4 月	上海外高桥保税区生产资料交易市场建立	全国最大的保税交易市场
1996 年 11 月	上海航运交易所正式开业	中国第一个集市场交易管理、市场价格调节、市场信心沟通等功能于一体的国家级水运交易市场,标志着上海向国际航运中心发展迈出了实质性的第一步
1996 年 11 月	全国性资金拆借中心在上海正式挂牌运转	
1998 年 8 月	上海的金属、商品、粮油期货交易所 3 家合并,组建上海期货交易所	交易所投资规模、品种数量、成交量和成交额、辐射范围、参市人数等领先于全国,期货发现功能广泛认可,其中铜的"上海价格",已成为中国国内铜市场的权威报价和全球三大铜定价中心之一
1999 年 12 月	上海技术交易所改组为上海技术产权交易所	产权交易功能延伸至科技成果转化领域
2000 年 10 月	上海钻石交易所成立开张	中国唯一的国家级钻石交易所和钻石进出口交易平台

资料来源:根据《上海改革开放三十年图志(综合卷)》、《上海城市嬗变及展望(中卷)》、《上海通史(当代经济)》、《上海市地方志》等资料整理。

第二,灵活的投融资体制机制改革尝试,支持了城市基础设施建设和公用事业发展。20 世纪 90 年代,上海引入市场机制,突破上海城市基础设施建设主要靠政府财政贷款、企业自有资金和银行指令性贷款的传统计划体制,经过改革探索初步建立了"政府引导、社会参与、市场运作"对内对外全方位、多渠道的筹融资方式,解决市政建设资金缺口或不足问题。1992 年成立了上海城市建设投资开发总公司,城市建设实行"自借、自用、自还"的资金运作方式,不再是政府"通包通揽"。以轨道交通为代表通过投资、建设、运营、监管"四分开"投融资改革,建立了良性循环的体制框架。1992—2000 年筹措城市建设基础资金总量 671 亿元,对外融资 359 亿元。

第三,城市开发机制探索,形成了开发区(园区)为载体的招商引资模式,取得一举两得的效果。从直接效应来说,扩大资金来源,加快城市基础设施建设进度。通过土地滚动开发,政府以垄断土地一级市场的方式,直接从土地批租中获取土地出让金,作为大规模城市基础设施的重要资金来源,不断投入到城市基础设施建设中去,以形成新的级差地租,加快推动区域开发。从间接效应来说,加快了重大项目落地,推动了产业集聚发展。开发区通过"土地空转"的方式,自身融资能力的提升,加快开发区内的基础设施建设进度,为产业发展创造了良好的软硬环境;为引进重大产业项目储备必要的土地资源,为新兴产业的集聚发展提供了载体和动力,同时,高强度的土地开发也带动了基础设施、房地产和金融等行业的快速发展。

20 世纪 90 年代,浦东以开发区为载体改进外资引进模式,引入外资,集聚跨国企业和重大项目,FDI 对浦东经济贡献达到 40%,对高科技产业贡献达到 80%。上世纪 90 年代浦东提出了"资金空转、批租实转、成片开发"的滚动开发模式,缓解了城市建设和开发区先期大规模、高强度资金投入的缺口问题,为国内开发区的建设提供了经验借鉴。到 2001 年,浦东空转出让土地88.6 平方公里,政府投入资本 61 亿元,吸纳 200 多亿元土地合资开发资金,120 多亿元的土地转让收入。[①]

4. 主要的特征

(1)浦东开发引领上海二次崛起,向国际经济中心城市回归。

20 世纪 90 年代,在全球经济一体化进程加快,中国参与国际分工领域日益扩大、与世界经济的联系日益紧密成为新的增长极历史机遇期,上海抓住浦东开发开放为战略引擎,在世界城市之林中开启再度崛起之路。利用独特的区位与交通通信条件,拓展科技、人才等优势,应对空前激烈的竞争,克服时间紧迫、体制束缚、设施落后等众多因素制约,正视并认清了与其他国际经济中心城市差距,发挥浦东开发开放改革率先、开放领先、功能重塑、东西联动、空间拓展、辐射带动六大效应(蔡来兴,1995),积极参与全球分工,对接城市管理国际化、现代标准,"外通大洋,内联腹地"两个辐射扇面的战略枢纽地位,连接内地与融入世界经济的重要桥梁作用获得高度重视并再次显现,终于从 80年代的"沧海探路"过渡到 90 年代的"老马识途",开始回归国际经济中心城市

---

① 参见周振华(2010)。

表 2.21　七大国家级开发区成为招商引资、产业集聚、体制机制改革的载体

成立时间	名　称	功能定位与主导产业	规划面积（平方公里）	所在区县
20 世纪 80 年代	虹桥经济技术开发区	面积最小的国家级开发区,全国唯一以商贸中心为特征,兼具旅游居住和外事活动功能的国家级开发区	0.652	虹口区
	漕河泾新兴技术开发区	微电子、光电子、计算机机器软件和新材料等四大产业,研究开发、网络运行、金融数据、技术创新四大中心信息产业。拥有我国目前最大的生物工程中试基地——中科院上海生物工程研究中心及工业微生物研究所等科研院所。区内航天航空工业骨干研究与生产单位承担了中国首次载人航天飞行"神舟五号"飞船推进系统、电源系统、测控信息系统等重要系统的研制工作	5.984	徐汇区、闵行区
	闵行经济技术开发区	三大主导产业:以轨道交通、电站设备为代表的机电产业;以血制品、常用药物为代表的医药、医疗产业;以食品、饮料为代表的轻工产业	3.5	闵行区
20 世纪 90 年代	陆家嘴金融贸易区	全国唯一以金融、保险和证券及商贸为主要产业的国家级开发区	28	浦东新区
	外高桥保税区	国际贸易、现代物流、先进制造业等三大功能为主的口岸产业	10	浦东新区
	金桥出口加工区	电子信息、光机电、精密机械、精细化工,高科技、高附加值、高出口创汇产业	18	浦东新区
	张江高科技园区	构筑了三大国家级基地(国家上海生物医药科技产业基地、国家信息技术产业基地和国家科技创业基地)的框架,形成了生物医药、集成电路和软件三大主导产业	25	浦东新区

资料来源:作者根据 2014 年 3 月 28 日"上海开发区"(http://www.sidp.gov.cn/)官方网站公开资料整理。其中,2004 年国务院批准漕河泾开发区扩地发展,建设占地 10.7 平方公里的浦江高科技新园区,扩区部分包含漕河泾高科技园和出口加工区两部分。

的发展轨迹。

（2）改革力促发展,市场作用带动,城市发生了全方位的历史性变化。

90 年代上海以构建完整的金融市场框架和要素市场体系为着力点,创新内外资利用方式,改革城市建设、投融资和贸易体制,创造土地开发模式,深化国企改革,实现了经济体制的根本性转轨和产业结构的战略性调整。整个城

市发生了巨大历史性变化——经济体制从传统的计划经济模式转向社会主义市场经济体制,城市性质从工商业城市转向经济中心城市,城市建设从还历史欠账转向建设枢纽功能性设施,经济运行从相对封闭转向对内对外全方位开放,经济发展重心从"调整中发展"转向"发展中调整",各项社会事业发展从量的扩大转向质的提高,城乡人民生活从温饱型转向比较宽裕的小康型,人们的活动方式从"单位人"转向"社会人"。黄菊在参加审议上海"十五"规划草案发言中说,"上海在以江泽民同志为核心的党中央领导下,以邓小平理论指导上海实践,发生了历史性变化,但这个变化是基础性的,而未来发展是功能性、关键性的"。

(3)探索出适合特大型城市特点的发展新路。

90 年代上海利用浦东开发开放契机明确自身资源禀赋优势,定位于由一个发展中大国的特大型城市迈向国际经济中心城市,率先战略研究、探索和实践。以纽约、伦敦、东京等世界城市为标杆,拓展发展视野,在改革中摸索、认清大城市演化和经济产业社会文化发展的一般规律,顺应趋势,积极谋划,1996 年《上海"九五"计划与 2010 远景目标纲要》中提出基本形成具有世界一流水平的中心城市格局。同时,在实践中探索适合中国特大型城市建设、服务、管理模式。沿着 90 年代上海特大型城市的发展新路,各项工作在全球化背景下结合中国国情和上海特点中顺利开展,为城市功能从"三个中心"拓展至"四个中心"奠定了初步基础,为上海抓住中国入世机遇,更大程度上收获全球化红利,依靠长三角腹地在 21 世纪快速崛起创造了条件。

2.3.4 2002 年至今:发展促转型

迈入 21 世纪,经济全球化与区域一体化趋势并行加深,上海深度融入全球化,2002 年底上海获得世博会申办权并于 2010 年成功举办了世博会;党中央、国务院从国家战略的高度先后对上海提出"四个中心"、"四个率先"的目标,2013 年进一步做出建立"中国(上海)自由贸易试验区"重大战略举措。21 世纪的上海处于战略大转型时期,面对金融危机爆发等机遇挑战和日趋激烈的竞争格局,发展促转型成为主基调。新世纪以来上海正是在城市全面转型中找出路,谋发展。

1. 矛盾与问题

（1）城市发展动力不足。

90年代，上海通过深化改革和艰难探索，形成了一系列支撑城市发展的体制机制和方式方法且效果良好。进入21世纪初上海始终保持着良好的发展态势，投资、消费和出口共同作用下经济增长总体保持较高的增长势头。但国际金融危机后，国际形势外部冲击和中国经济运行周期、结构调整内外双重影响下，上海发展的结构性矛盾突出，"三驾马车"拉动经济增长作用极不平衡，主要表现在消费需求增长缓慢，出口波动性大，过度依赖投资拉动。金融危机后投资、出口"双下行"，消费增长缓慢，城市增长动力不足。依赖土地财政、大规模投资和出口导向的发展模式已难以为继，上海亟待转变经济发展方式，寻找持续均衡的增长动力。

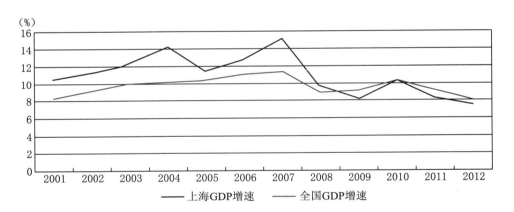

图 2.22　金融危机后上海 GDP 增速放缓

（2）竞争格局日趋激烈。

进入21世纪的全球化与信息化时代，大城市竞争与治理迎来新机遇与新挑战。在信息化带动下，产品内分工快速成长，与产业内分工共存，包括IT产业、传统制造业和服务业在内的整个产业谱系开始从发达国家向发展中国家转移，中国加入WTO更深介入全球经济一体化进程快速赢得全球化红利。上海作为引领当今中国经济成长的核心城市，被视为新一轮外商投资和跨国公司地区总部、研发中心落后的首选之地，获得了直接参与全球生产分工体系，承接国际投资与产业转移的发展机遇。与此同时，一方面国际地位快速上升中的上海被其他国际性大城市锁定,与纽约、东京、伦敦、新加坡等大城市的竞争时代来临①。另一方面,越深地嵌入全球生产网络或全球价值链条,受世界经济波动影响和风险波及的可能性越大,新时期上海面临着加强城市综合治理与提高国际竞争力的更大挑战。

（3）外部环境日趋复杂。

2008年金融危机以来,国际国内形势出现新变化。②从国际背景来讲,全球产业分工格局、贸易格局、世界经济重心与经济力量对比、全球治理结构进入重大调整期。经济全球化将深入发展,但将由发达国家主导进程转向由发达国家和新兴经济体共同主导的格局。全球治理结构出现调整和重构,更多新兴经济体将参与国际规则制定。世界科技革命孕育新突破,"低碳化"和绿色增长趋势日益增强。与此同时,我国经济社会发展面临的资源、环境、就业和社会保障等方面压力持续加大,一些结构性、深层次矛盾进一步凸显,各种社会矛盾和风险日益突出。上海代表国家参与国际竞争、国际规则制定和争夺经济话语权,在工业化与城市化进程中充分发挥助推、引领作用,在区域经济格局调整中有所作为,都将面临着更为复杂的外部环境。

（4）转型发展日趋迫切。

随着发展环境改变和自身发展目标的升级,上海从转型突破到全面转型,改革攻坚、转型发展任务更加艰巨,迫切性越来越高。21世纪头十年形成国际经济、金融、贸易、航运中心基本框架,办好一届成功、精彩、难忘的世博会,实现经济社会又快又好发展一系列奋斗目标,要求上海转型跨越、科学发展,显著增强城市国际竞争力,提升服务全国的能力,提高城市文明程度,改善人民生活。"十二五"时期,上海进入全面转型发展新阶段。智力资源丰富、商务环境较规范、城市开放度较高及世博后续效应释放,为上海未来发展提供了坚实基础。与此同时,资源环境约束趋紧,商务成本攀升,高层次人才缺乏,创新创业活力不足;城市管理和城市安全任务艰巨;老龄化程度加剧,收入分配差

---

① 标志性事件如2003年跨国公司区域总部落户上海,上海的美国商业协会会员大幅增长的同时新加坡、香港会员数量下降。此期间,通用电气三家商业集团、AMD亚太总部从香港迁至上海,IBM和汽车零部件商伟世通从东京迁至上海。

② 参见周振华:《创新驱动 转型发展》,《解放日报》2011年1月17日。

距较大,群体利益诉求日趋多样、协调难度增加等一系列瓶颈制约和突出问题增加了转型发展的难度。上海面临加快推进"四个率先",率先走出一条具有特大城市特点的科学发展之路,加快建设"四个中心",开创社会主义现代化国际大都市新局面的目标任务。

2. 突破的方向

(1)聚焦四个中心,增强城市综合实力。

进入 21 世纪,世界经济领域中国家与国家的竞争开始更多的表现为不同国家的城市与城市之间在世界产业分工和产业价值链中所处位置的竞争。企业和国家不再是仅有的竞争主体,城市尤其是经济中心城市、城市群将对其所在区域乃至国家竞争优势的形成产生重要影响。上海"十五"规划顺应发展趋势,指出 21 世纪初是上海确立社会主义现代化国际大都市地位、全面提高城市综合竞争力的新阶段,以增强城市综合竞争力,发挥国际中心城市功能,作为"十五"期间上海经济社会发展的主线。"十一五"时期,利用筹办世博会契机,积极应对入世过渡期结束新局面,推进实施"引进来"与"走出去"相结合的新开放体系建设,上海进一步以增强城市国际竞争力为发展主线。"十五"至今,上海致力于提高城市软硬实力、综合发展实力和可持续发展能力,促进产业结构升级、改善基础设施等城市硬件,加强城市管理、发展社会文化和提升市民素质。

(2)全力筹办世博,塑造城市崭新形象。

提升城市软硬实力,塑造崛起中的上海大城市形象,把 2010 年上海世博会办成一届最成功、最精彩、最难忘的世博会成为 21 世纪头十年上海城市建设发展的一个着力点。上海利用筹办世博会的契机。一是调整城市规划和城市布局,空间布局兼顾中心城繁荣与郊区集中式发展及新城建设。二是增强城市软实力。培育和凝聚上海城市精神,重视科技和教育,辅助人才,加快覆盖政务、商务、城市管理和社会服务各领域的城市信息大平台和信息港建设。三是以塑造世界城市为目标,以创新城市为路径实施自主创新和集成创新。四是围绕加快"四个中心"建设,以世博会为导向,改善城市硬件设施,遴选启动重大项目,强化枢纽型、功能型,突出体系化、完善网络化,提高城市基础设施现代化水平,构筑上海大都市区框架。

表 2.22 上海五年规划聚焦"四个中心"重大举措(2000 年至今)

	十　五	十一五	十二五
国际航运中心	建设上海国际航运中心洋山深水港。国际标准集装箱吞吐量1 000 万标箱左右,国际互联网普及率50%左右,邮电业务总量350 亿元	基本建成洋山深水枢纽港和上海航空枢纽港	资源配置型国际航运中心为目标,提升航运服务功能,完善现代航运集疏运体系,推进国际航运发展综合试验区建设,营造便捷、高效、安全、法治的口岸环境和服务环境,提高国际航运资源的配置能力
国际经济中心	强化国际性经济中心的集聚扩散功能,力争成为国内外商业机会多、比较成本低的城市	明确以"形成国际经济、金融、贸易、航运中心基本框架"为目标,通过国际金融、航运、贸易中心互动融合,增强经济中心城市的集聚辐射功能	迈向四个中心为目标:落实"四个中心"国家战略,提高全球资源配置能力为着力点,推进四个中心建设,提高经济综合实力,全方位提高对内对外开放水平,全面提升经济中心城市的国际地位,为 2020 年基本建成国际经济、金融、贸易、航运中心奠定坚实基础
国际金融中心	全方位推进上海国际金融中心建设。股票、外汇、债券、期货、基金等市场交易额占全国的份额进一步提高,入驻上海的国外金融机构、跨国公司中国营运中心总数进一步增加,成为全国的资本运作中心和资金营运中心	进一步巩固国内金融中心地位的基础上,成为具有国际影响的金融中心之一	金融中心国际化取得重大突破:抓住我国经济实力和人民币国际地位不断上升的战略机遇,金融市场体系建设为核心,先行先试和营造环境为重点,提高金融中心的国际影响力和资源配置功能
国际贸易中心	实施大口岸、大外经贸战略。从注重出口转变为出口与进口相结合,从注重实物贸易转变为实物贸易与服务贸易相结合。加快"走出去"步伐。预计 2005 年口岸进出口商品总额达到 1 800 亿美元	形成内外贸一体、货物贸易和服务贸易并举的发展格局	基本形成国际贸易中心核心功能:提高市场开放度和贸易便利化水平,加快货物贸易和服务贸易同步发展、国际市场和国内市场相互融通的发展格局,将上海建成具有国际国内资源配置功能、与我国经济贸易地位相匹配的现代国际贸易中心,与国际金融中心、航运中心相互促进、联动发展

资料来源:上海"十五"计划、"十一五"规划、"十二五"规划。

（3）深化改革开放,巩固城市竞争优势。

2005 年 6 月,国务院批准浦东新区进行综合配套改革试点,浦东新区获得了更广泛的自由和创新的动力,进入综合治理和综合配套改革为主的精细化开发阶段,上海制定实施《浦东综合配套改革试点总体方案》;2006年中央进一步提出"四个率先",要求上海"率先转变发展方式,率先提高自主创新能力,率先推进改革开放,率先构建社会主义和谐社会"。2008年"两个中心"国家战略和2013年国务院批准"中国(上海)自由贸易试验区"试点,探索"负面清单"管理等一系列投资贸易体制改革,服务于"打造中国经济升级版"引领新一轮改革开放纵深推进,先行先试,形成"可复制、可推广"模式,发挥示范、辐射、带动作用,深化改革开放中巩固城市竞争优势。

（4）谋求创新转型,引领城市率先崛起。

2006年明确将"增强自主创新能力构建城市创新体系"列为上海"十一五"时期第二项主要任务。2010年上海市委九届十三次全会确立了"创新驱动、转型发展"的战略思路,2012年"十二五"规划指出"创新驱动、转型发展,是上海在更高起点上推动科学发展的必由之路",从根本上化解五个方面的主要问题与矛盾:一是旧的增长动力明显减弱与新的增长动力形成不足,低端传统产业被调整的"快变量"与高端新兴产业培育"慢变量"之间的矛盾。二是地方层面结构转换率先突破与制度大环境不配套之间的矛盾。三是公共服务需求日益增长及战略性产业财政支持需求上升,与经济增长减速、财政收入增速放缓之间的矛盾。四是通过引入外来人口来调整上海人口结构的迫切要求,与城市资源环境承载力和公共服务提供能力之间的矛盾。五是产业升级对人力资本提出的更高要求,与劳动者总体素质仍然较低之间的矛盾。[①]

3.重大的实践

2001年中国入世以来,上海以"发展促转型"为基调,特别是"十二五"规划确定了"创新驱动、转型发展"主线,指导上海深度融入全球化,收获全球化红利,应对内外发展挑战、风险,开展了一系列重大实践活动,主要包括以下七个方面。

（1）从两轮驱动到服务经济为主的新型产业体系,经济实力显著增强。

"十一五"至今,上海致力创新驱动发展,以服务经济为主的产业结构逐步

---

① 参见周振华:《创新驱动　转型发展》,《解放日报》2011年1月17日。

形成,到 2008 年上海服务业产值占 GDP 比重至 53.7％,2012 年则超过了60％,2013 年继续上升至 62％,服务业对上海经济增长的贡献率超过 70％。同时,研发机构、总部经济为主的高端产业布局逐步形成,生产性服务成长为新增长点,高技术产业的地位不断提高,产业进一步融入长三角区域一体化发展。

表 2.23　上海产业转型重要事件、举措一览

时　　间	标志性事件、重大举措
2003 年 12 月	提出"两个长期坚持和两个优先发展","两个坚持"即长期坚持上海产业发展的三、二、一产业发展方针,长期坚持第二产业和第三产业共同推进上海经济发展。"两个优先"即优先发展先进的制造业,优先发展现代的服务业
2001—2005 年"十五"时期	先进制造业与现代服务业融合发展转型,提升工业结构和产业基地能级。新确立信息、金融、商贸、汽车、成套设备、房地产六大支柱产业,积极发展以生物医药、新材料、环境保护、现代物流为主体的四大新兴产业。以信息化带动工业化发展。农业"接二连三",围绕都市型产业,重点发展创汇农业、观光农业、设施农业、生态农业在内的都市农业
2006—2010 年"十一五"时期	"加快形成服务经济为主的产业结构",优先发展现代服务业和先进制造业。把提高自主创新能力作为产业结构优化升级的中心环节,以信息化为基础提升产业能级,促进二、三产业融合发展,努力提高产业国际竞争力
2009 年 4 月	国务院出台《关于推进上海加快发展现代服务业和先进制造业建设国际金融中心和国际航运中心的意见》(国发[2009]19 号);上海出台相应贯彻实施意见(沪府发[2009]25 号),把握历史机遇,应对国际金融危机影响,明确双轮驱动战略,加快四个中心建设
2011 年 1 月	上海"十二五"规划纲要提出"构建服务经济时代的产业体系"即以现代服务业为主、战略性新兴产业引领、先进制造业支撑的新型产业体系,不断提高产业核心竞争力,努力打造"上海服务"和"上海智造"

（2）"四个中心"框架基本形成,城市能级显著提升。

上海金融市场直接融资额占国内融资总额比重预计达到 25％左右,上海港国际标准集装箱吞吐量位居世界前列,港口货物吞吐量保持世界第一,上海关区进出口总额、服务贸易进出口总额占全国比重均超过四分之一,国际贸易中心,口岸贸易中心、国际采购交易中心渐成、上海购物天堂显雏形,经济中心城市的集聚辐射功能明显提升。

表 2.24 "十一五"以来上海"四个中心"建设的标志性事件

时　间	标志性事件	意　义
2006 年 9 月 8 日	中国金融期货交易所在上海成立	对于深化金融市场改革,完善金融市场体系,发挥金融市场功能,具有重要的战略意义
2006—2008 年	上海新增金融期货交易、再保险和大额财险及黄金期货交易	上海形成了门类齐全的八大市场(货币、债券、股票、外汇、基金、期货、保险、票据)组成的金融市场体系
2008 年 5 月 9 日	中国人民银行征信中心落户上海	推动中国特色征信体系建设的一项重大决策
2009 年 4 月 8 日	在上海和广州、深圳、珠海、东莞等城市开展跨境贸易人民币结算试点	迈开人民币走向国际化的关键一步,上海将可能逐步成长为区域性人民币清算中心
2009 年 4 月 14 日	国务院出台《关于推进上海加快发展现代服务业和先进制造业建设国际金融中心和国际航运中心的意见》(国发[2009]19 号)	从国家战略和全局的高度,进一步明确了加快上海国际金融中心和国际航运中心建设的总体目标、主要任务和政策措施
2009 年 11 月 18 日	上海综合保税区管理委员会成立,统一管理洋山保税港区、外高桥保税区(含外高桥保税物流园区)及浦东机场综合保税区的行政事务	"三港三区"联动发展
2013 年 8 月 22 日	国务院批准设立"中国(上海)自由贸易试验区"	国家战略,是先行先试、深化改革、扩大开放的重大举措;是顺应全球经贸发展新趋势,实行更加积极主动开放战略的一项重大举措

（3）空间布局优化,基础设施显著改善。

首先,在基础设施建设方面,初步形成磁悬浮、高速铁路、普通铁路、轨道交通、公交出租、长途客运、航空港等多种交通方式紧密衔接、便捷换乘的国际大都市现代化大型综合交通体系,加快发展城市智能交通系统。分多期建设洋山深水港区,推进完善"三港三区"布局。建设虹桥综合交通枢纽。加强以浦东机场为主、虹桥机场为辅的上海航空枢纽港建设,初步确立亚太地区航空枢纽港地位。其次,在产业布局与城乡体系方面,提出"三个集中"与"1966"城乡规划体系,优化产业布局,形成城乡统筹格局。上海确立了中心城区坚持"双增双减",郊区坚持推进人口向城镇集中、产业向园区集中、土地向规模集中的"三个集中"的发展方针,并将其纳入《上海市城市规划条例》(2003),作为长期发展战略。2003年《上海市城市近期建设规划(2003—2007)》以"三个集中"思想为指导,推动郊区大产业、大项目、大基地建设,制造业向开发区和郊区新城集中,提高郊区城市化水平。2006年,上海"十一五"规划中进一步提出城乡统筹协调的"1966"城乡规划体系,即全市形成1个中心城、9个新城、60个左右新市镇、600个左右中心村,对上海市域范围进行的一次更全面更综合的重新整合布局,促进了城市现代化和城乡协调发展。再次,郊区新城建设形成新格局,功能区域提升。根据上海"十二五"规划,今后上海将大力发展的7个新城是:嘉定新城、松江新城、浦东临港新城、青浦新城、奉贤南桥新城、金山新城、崇明城桥新城。此外,与郊区新城建设呼应,上海市域功能区定位正式明确,四个功能区建设加快。

表 2.25 上海市域功能区定位

市 域	功 能 定 位
浦东新区	推动新一轮城市功能和形态开发,加快发展现代服务业和战略新兴产业,成为"四个中心"的核心功能区、战略新兴产业的主导区和国家改革示范区。
中心城区及拓展区	增强城市综合服务功能,提升现代化国际化水平,成为传承历史文脉,彰显城市魅力、发展服务经济的主要承载区。
郊 区	推进新型工业化和新型城市化,积极发展先进制造业、战略型新兴产业和现代服务业,培育具有全球竞争力的产业集群,建设与长三角联动发展的新城,成为上海发展的新引擎。
崇明三岛地区	加强生态建设和环境保护,推动绿色发展,成为上海可持续发展的战略空间和现代化综合生态岛。

资料来源:《上海市国民经济和社会发展第十二个五年规划纲要》,2011年1月;周振华(2011)。

(4) 长三角明确定位,地区一体化步入更高层次。

通过建成沪苏高速公路(A16)、拓宽沪宁高速公路上海段(A11),增加与江、浙高速公路出口、车道数,建成杭申、苏申外港线等多条Ⅲ级航道,建成沪宁城际、沪乍嘉铁路上海段,建设沪杭城际快速轨道交通、京沪高铁上海段等,"压缩"上海与周边及其他城市的时空距离。长三角一体化进入新的发展阶段,地区合作更加紧密,以上海为核心的世界第六大城市群加速崛起。2010年国务院正式批准实施《长江三角洲地区区域规划》,明确了长三角地区发展的战略定位和发展目标：亚太地区重要的国际门户、全球重要的现代服务业和先进制造业中心、具有较强国际竞争力的世界级城市群。

（5）建设现代服务型政府，城市治理水平显著提升。

全面推进依法治市，力争走出城市现代化管理的新路。基本建立廉洁高效、运转协调、行为规范的行政管理体制。健全完善职责对称、自我约束的政府分层管理机制。人民群众通过各种形式在管理国家和社会事务中的民主参与、民主监督作用进一步加强，深入了解民情、充分反映民意、广泛集中民智的决策机制基本形成。市、区县和乡镇（街道）政府基本实现网上政务。第一，倡行以人为本，引导社会参与，共谋城市繁荣。城市是所有市民的生活共同体和命运共同体。以人为本，对人的关注和重视，始终贯穿上海的转型探索，更好地将发展成果惠及群众，也成为上海建设现代化国际大都市的出发点和归宿点。进入 21 世纪上海进行政府职能调整和创新，2003 年时任市长韩正在市政府第一次常务会议上即提出建设"服务政府、责任政府、法治政府"的基本目标，围绕城市管理模式创新、政府流程改造等，以改革行政审批制度为重点，先后进行四次深化改革，提高行政效能。张江高科技园区成为全国第一个规范实行行政审批与政府服务项目"零收费"政策的地区。第二，保障民生，重点解决居民关注的公共交通、住房、医疗及教育等问题。如图 2.23 所示，城市优先

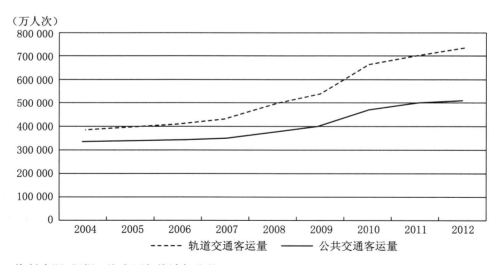

资料来源：根据上海市历年统计年鉴整理。

图 2.23　上海轨道交通、公共交通客运量(2004—2012)

发展满足普通市民出行的公共交通和轨道交通体系,逐步构建分层次、多渠道、成系统的住房保障体系,推行廉租房制度、重启经济适用房建设,进一步放宽廉租房申请准入,推进旧区改造。第三,建设管理一流的现代都市。"十二五"以来,坚持以人为本、管建并举、管理为重、安全为先,积极推广世博城市管理经验,加强依法和长效管理,推进人性化服务、网格化覆盖、智能化应用、精细化管理,努力形成整洁、有序、高效、安全的城市现代化管理格局。积极推进城市管理的专业化、精细化、数字化,提高城市现代化管理水平,行政管理创新与社会管理创新相结合。筹办"世博会"全面征集方案意见,培养市民参与意识,引导城市的不同主体企业、市民共同城市治理,共谋城市繁荣。

（6）文化大都市建设加快,城市文明素质提升。

具体包括,第一,从"文化重镇"转向"中外文化交流中心",城市文化事业取得良好发展时机。2001年以来,上海依靠原有基础,集中打造提升中国上海国际艺术节、电影节、服装文化节、等诸多国际文化交流品牌,形成了中外文化荟萃交融的繁荣景象。2002年上海市第八次党代会正式提出"努力把上海建成国际文化交流中心之一"的文化发展目标,更加有意识地整合已有的各种文化资源,推介优秀的中华文化艺术和外国文化艺术,增强自身的文化集聚力和文化辐射力,增强上海作为中国重要的展示世界优秀文化、汇聚中华一流文化的平台作用得到。建成上海科技馆、东方艺术中心等一批文化教育设施,成功举办F1汽车赛、第48届世乒赛、网球大师杯赛等重要赛事和文化节庆活动。上海城市精神与时俱进中变化、发展、升华。解放以来到改革开放之前,作为重要的综合性工业基地,上海担负着支援全国建设的重任,上海人民在创造出许多"全国第一"、"世界第一"的过程中,形成了"精明强干"的精神气质。改革开放以来,随着上海与国内外交流的日益广泛,上海的包容性、开放度明显增强,"海纳百川、追求卓越、开明睿智、大气谦和"成为上海城市精神的新概括、新体现。第二,从单位本位向社会自治转变,社会管理水平明显提升。上海初步建立起具有特大型城市特点、与城市发展转型趋势相适应的社会管理体制。2001年开始的"社团进社区"工作,培育发展了一大批公益性、福利性的社会组织。2007年开始推出的税收、场地、小额资助等一系列扶持措施,促成了一批面向全社会的公益性社会组织的成长。社会组织通过接受政府委托或参与政府采购,基层民主也随着城乡社区、社会组织的发展壮大和作用的发挥日益增强。社区在"两级政府、三级管理、四级网络"城市建设和管理新体制的建立过程中,初步形成了"党委领导、政府负责、社会协同、公众参与"的治理新结构。

4. 主要的特征

(1) 融入全球化中转型发展,城市实力显著提升。

21世纪以来中国经济持续十几年的高速增长,中国与世界经济联系的紧密程度、人民币国际地位、参与经济全球化与地区一体化及国际事务的能力及影响力明显上升。面对新的历史机遇,该时期的上海在城市竞争时代中借势而起,依托国家实力的跃升,一方面深度融入全球化,收获全球化红利,另一方面城市发展的动力、路径、新的定位等纷纷谋求新的突破,经过十多年的率先发展,经济规模、收入水平、产业结构、城市功能和城市治理水平等显著变化,经济、社会、文化、城市发展不断跃上新台阶。经济发展水平超过人均1万美元,在金融、航运、贸易、技术、信息等方面形成了广泛国内外联系、巨大规模的经济流量,作为长三角世界第六大城市群首位城市优势与地位巩固,中心交融海派文化凝聚力和城市名品国际影响力提升,为到2020年打造世界级经济中心城市奠定了坚实基础。

(2) 增强城市综合竞争力持续贯穿上海城市发展转型过程。

城市竞争力是个多面体,由经济社会文化生态等多个层面综合体现。无论是提升软硬实力,倡导低碳、环保、生态、智慧城市,或是定位宜居、宜商、宜游之都,强调可持续发展、科学发展,最终都呈现为城市竞争力的提升。上海2001年"十五"计划指出"21世纪初,是上海加快建设国际经济、金融、贸易、航运中心的新时期,也是确立社会主义现代化国际大都市地位、全面提高城市综合竞争力的新阶段"。2006年上海"十一五"规划指出"十一五"期间上海国际经济、金融、贸易和航运中心建设取得重要突破,城市综合竞争力显著增强,国际影响力明显提升的五年;进而提出"把增强城市国际竞争力作为'十一五'期间的发展主线","城市国际竞争力是在全球发展的坐标系中城市综合发展实力和可持续发展能力的集中体现,反映在经济实力和产业结构、基础设施、创新能力、城市管理、教育文化和市民素质等多个方面"。2011年"十二五"规划 16 次使用"国际竞争力"概念,聚焦"创新驱动、转型发展"。

（3）"四个中心"建设成为 21 世纪以来上海城市转型崛起的战略支撑。

迈入新世纪以来,上海紧盯"四个中心"目标,积极谋划城市发展之路。"形成国际经济、金融、贸易、航运中心基本框架"是上海形成国际经济中心城市的重要标志,也是增强城市综合服务功能和提高城市国际竞争力的具体体现。加快"四个中心"建设,成为 21 世纪以来上海城市转型崛起的战略支撑。经过多年努力,金融市场体系逐步完善,金融市场功能逐步显现,明确了"一城一带一片三区"的金融发展空间布局;上海海港、空港硬件环境和软实力世界地位大幅提升;国际贸易中心建设加快,近期批准的上海自由贸易区为"四个中心"建设注入新的活力。正如"十二五"规划所指出的,上海"四个中心"的框架基本形成,上海面临努力开创建设"四个中心"和社会主义现代化国际大都市的新局面。

第 3 章　上海发展的现实基础

　　自开埠以来,上海这座港口之城曾以不同的角色登上世界舞台,在全球化的不同时段发挥过不同的作用。细察蜿蜒曲折的城市生长轨迹,可以看出,上海长期积淀形成的城市基因决定了其与众不同的演变路径,也即,无论外部环境如何变幻,上海始终保持了中心地位,一直胸怀世界,积极融入全球化。改革开放以来,尤其是"十二五"以来,上海经济质量和结构效益不断优化,城市综合实力和服务功能进一步提升,人民生活水平和质量得到显著提高,代表国家参与国际竞争的条件更趋成熟。尤其在中国崛起背景下,越来越需要高瞻远瞩,以建设全球城市要求来审视上海的全球化参与、信息化推进、网络节点构建、流量经济扩展、空间布局完善、发展环境优化和国际影响提升等,客观评判上海崛起为全球城市所处的方位基点、实力水平和条件支撑,为科学谋划长远发展提供现实基础参考。

3.1　基于全球城市理论的分析框架

3.1.1　全球城市理论概述

　　全球城市是全球化和信息化背景下,以城市网络化为基础形成与发展起来的具有广泛经济、政治、科技和文化交流联系,在全球经济协调与组织中扮演超越国家界限的、担当关键角色的现代化国际大都市。全球城市是新国际劳动分工的产物,是金融国际化的产物,是跨国公司全球战略的产物,也是受国际非政府组织和跨政府组织激增影响的产物。衡量全球城市的关键点是全球影响力和作用力,而这种全球影响力与作用力是以全球经济的协调和组织功能为基础的,后者又以广泛的外部连通性为前提条件。可见,全球城市的本质特征是拥有全球经济控制能力,这种控制能力主要来源于聚集其中的跨国公司总部。全球城市另一个重要作用是"榜样效应",它不仅是生产与消费中心,也是信息、娱乐及其他文化产品的生产与传播中心,还是国际、国内劳动力及移民的主要集中地。由于经济发达、市场繁荣、就业机会相对多样化及高层次,全球城市吸引了大量劳动力及专业人才。

为此,Friedmann(1986)提出了衡量全球城市的七项标准:主要的金融中心、跨国公司总部所在地、国际性机构的集中地、第三产业的高度增长、主要制造业中心(具有国际意义的加工工业等)、世界交通的重要枢纽(尤指港口与国际航空港)、城市人口达到一定的标准。其后,他又增加了"人口迁移目的地"这一标准,并按照城市所连接的经济区域的大小,重新划分了全球城市层级。Sassen(1991)认为全球城市具有三方面特征:高度集中化的世界经济控制中心,金融及专业服务业的主要所在地,包括创新生产在内的主导产业的生产场所,作为产品和创新的市场。Knox(1995)则从城市功能角度提出了全球城市的判别标准:(1)跨国商务活动,由入驻城市的世界 500 强企业数来衡量;(2)国际事务,由入驻城市的非政府组织和国际组织数来衡量;(3)文化聚集度,由该城市在国家中的首位度来体现。

尽管全球城市可以上述标准来衡量,但在全球城市发展过程中,所处的背景条件、自身基础、区位因素、历史过程等不同,城市基因也不同,这决定了各城市具有特定的路径依赖,结果呈现多样化的发展形态(周振华,2008)。在全球城市崛起过程中,其现实基础及约束条件不仅在很大程度上规定了其发展模式及路径选择范围,而且在本质上决定了其发展的个性特征。

3.1.2 现实基础分析框架

基于全球城市理论,本研究将现实基础定义为上海在全球化参与、信息化推进、网络节点构建、流量经济扩展、产业基础重塑、空间布局完善、发展环境优化和国际影响力提升等方面取得的主要进展。具体说明如下:

1. 塑造实体空间的全球化

全球化是推动全球城市形成与发展的主要动力之一。通过越来越广泛的联系,全球化拓展了城市空间流量的范围,塑造了以城市为中心的空间关系。全球化是由地区经济扩展为推动力,促使新的国际劳动地域分工的形成,并导致文化、政治乃至环境在全球范围内交互影响的过程。全球化还促使了新世界观和文化感知的结合，它是对于全球资源和环境的生态关怀，以及后现代的多元制和多元文化中非阶级化及非中心化世界体系的状态。这种综合加强了全球的联系程度和世界的一体化结构，是全球城市崛起的重要背景。因而，全球化可用全球化指数、吸引跨国公司数、本土跨国公司数、对外直接投资、参与全球协议数等指标来衡量。

2. 构建流动空间的信息化

信息化是推动全球城市形成与发展的主要动力之一。通过加快各种要素流动的速度与效率，信息化增大（扩大）了城市空间流量的容量，带来了城市"流动空间"的构建。信息化通常是指由信息技术产业化和信息资源开发利用及产业化所组成的整个信息革命的发展过程，它反映着一个国家或地区利用信息技术和信息资源的总体水平。信息化改变了城市的空间逻辑，将地方空间转化为流动空间。"流动空间"通过电信网和交通网将相距遥远的地点联系起来，并将其纳入全球空间，同时又把这些地点与大都市区内其他邻近的地点区分开。这种世界范围内的信息化进程，促使多级、多层次的全球城市网络体系的形成。在信息化背景下，现代城市不仅是其所在区域的物资、能源、资金、人才及市场的高度集中点，更是各种信息产生、交流、释放和传递的高度聚合点。信息化水平的高低，可由信息化指数、信息供给和信息消费水平等来反映。

3. 生存发展的网络基础

全球城市是具有最广泛、最密集的全球网络连通性的，因而是全球城市网络中的中心（基本）节点。全球城市网络是指所有参与到全球化进程中来的城市之间所形成的网络，不仅包括全球城市，也包括其他许多介入全球化进程并通过各种要素流和商品、服务流与世界其他城市发生联系的一般城市。所有与外部发生联系的城市均是其网络的一个节点，作为网络系统的组成部分而存在。[①]全球城市网络由物理层和非物理层构成，反映了城市的连通度。前者包括交通、通信等基础设施网络，可由交通枢纽、物流节点、电信节点等来衡

---

① "节点"意味着城市之间持续的相互作用，Taylor 将全球城市网络划分为三个层次：网络系统层，指城市在全球经济中的联系；网络节点层，指城市；网络次节点层，指提供生产服务的全球服务性公司。

量;后者包括交易、交流、组织等社会网络,可由跨国公司总部、全球服务公司数、国际组织数、政府间协议或合作等来体现。

4. 流向扩展的战略导向

流量经济是一种经济发展模式,是指一个地区以相应的平台和条件吸引区外的物资、资金、人才、技术和信息等资源要素集聚其中,并在该地区重组、整合和运作,进而带动各产业部门的发展,进而形成倍增经济能量并向周边乃至更远地区辐射。通过高效、有序和规范的流动,各要素实现其价值,并且通过循环不断的流动,要素流量的规模不断扩大,由此达到该地区经济规模不断扩大、经济持续发展的目标。发展流量经济的主要内容就是开拓"五大流",即物资流、资金流、人才流、技术流和信息流。在实际经济运行中,这五种要素的流动不是各自分离,而恰恰是相互交织在一起的。而且,任何一种要素的流动,都会带动其他要素的流动。组成流量经济体系的构件主要有三项,即流量经济的载体、流量经济的发展平台和流量经济的发展环境。因而,流量经济也可以从这三方面来衡量,即大型企业集团(国内大型企业集团总部、国内金融机构总部或其业务执行总部、国际金融机构和跨国公司的地区总部、国际投资集团)流量经济载体;道路交通设施、港口码头、航空港、信息通信设施,适宜的办公居住场所等等流量经济基础平台,商品市场、资本市场、期货市场、技术市场和人才市场等流量经济操作平台,以及为要素交易和流动提供配套服务的会计师事务所、律师事务所、资产评估师事务所、企业咨询机构等市场中介服务平台;发展流量经济所需的社会、政治、经济和文化等方面的环境条件。

5. 服务经济主导的产业基础

全球城市首先要体现全球先进性与全球协调功能。一个城市的现代服务业越发达,其跨区性功能也就越强,因而全球城市的崛起依赖于服务经济主导的产业基础。作为崛起中的全球城市,其基本职能更多体现在跨区性功能上,特别是全球性功能上,主要表现为跨区域的交通枢纽及物流、人流的集散功能,专业化商贸服务功能,公司总部及国际组织的管理功能,以及科技、教育、金融、信息、咨询等服务功能和创新功能,这种跨区性功能的产业基础便是现代服务部门。而且,基于产业融合的服务经济发展,起主导作用的也是现代服务业发展。这些现代服务部门的共同特征是高人力资本含量、高度专业性、高附加值等。这种现代服务业的主导性发展,是崛起中的全球城市的主要标志之一。因而,衡量全球城市产业发展状况主要是现代服务业在第三产业中的比重、现代服务业内部结构及制造业高级化等。

6. 多层次的空间布局

全球城市具有独特的空间现象。

(1) 空间结构。空间结构是城市构成要素关系组合在空间的分布形式,它是复杂的人类经济、社会、文化活动和自然因素相互作用的综合反映,是城市功能组织方式在空间上的具体反映。基于全球生产链的资本流动、基于规模经济的产业聚集以及土地价格为核心的土地配置的相互作用,基于现代信息技术的推动,崛起中全球城市从传统的单核心圈层结构转向多中心的网络化结构。

(2) 全球城市区域。它是在全球化高度发展的前提下,以经济联系为基础,由全球城市及其腹地内经济实力较为雄厚的二级大中城市扩展联合而形成的。作为城市的扩散效应,这种由点及面的扩展在空间联系上远远超出城市本身。这一"城市区域"的概念,反映了新的可将现有不同管辖权边界的中心城区、郊区、邻近地区乃至其腹地的利益整合在一起的空间范围。在此空间范围中,无论是经济联系还是文化、政治联系,都远较与其他地区的联系更密切。全球城市区域不仅是城市在空间上的扩展,也是在城市功能升级、产业扩散、经济空间联系日趋紧密过程中形成的地域现象。霍尔(Hall)认为,全球城市区域应该具备多中心的圈层空间结构形态:核心是中央商务区;第二层次是新商业中心区;第三层次是内部边缘城市,主要是工商业用地的外围扩展;第四层次是外部边缘城市,由一些交通节点上的城镇组成,成为中心市区与外部的联系点;第五层次是"边缘城镇复合体",在此圈层主要聚集了一些中心市区企业的研发部门;在城市区域的最外圈,则分布着遵循劳动地域分工的专业化次等级中心,其为中心区及其他圈层提供教育、娱乐、商务会展服务等。多中心之间形成基于专业化的内在联系,各自承担着不同的角色,既相互合作,又相互竞争,在空间上形成了一个极具特色的城市区域。

7. 卓越的发展环境

发展环境是全球城市竞争力的重要体现。从广义上说,城市环境包括影响城市发展的诸多方面,如城市治理环境、生态环境、营商环境、人文社会环境等。

(1) 城市治理。政府制度对全球城市崛起的意义,表现为政府对经济的影响度、制定法律规章制度、实施经济调控政策、保持社会政治稳定及政治制度的适应性等方面,关键要素是治理层级结构的制度安排、建立"咨询式政府"以及发挥非政府组织作用,以进一步促进政府决策水平和公务服务能力水平的提高,扩大政府信息化服务与运转的覆盖面,营造一个高效、高质量的政府服务环境,为全球城市的崛起提供有效的制度安排。全球城市的城市治理水平可以从参与指数、公正指数、有效指数、管制指数、法治指数、透明指数、廉洁指数等7个维度来衡量。其中,参与指数是指居民的政治参与、公共事务参与、社会参与程度等;有效指数是指城市治理的有效程度,可以从政府服务供给能力、居民的满意度评价等方面来衡量;透明指数和廉洁指数则直接反映了政府工作的效果评价和城市的文明程度。

(2) 生态环境。全球城市是经济、政治、社会、生态等多方面的共同发展,其中生态环境直接关系到人们的生活质量状况和城市的可持续发展,因而受到越来越多的重视。然而,崛起中的全球城市在强调经济增长的同时,也开始面临资源缺乏、环境污染、生态破坏等严重的环境问题,因此,建设绿色、环保的城市生态系统网络,协调经济发展与生态环境之间的关系是迈向全球城市过程中尤为重要的一步。生态环境可以从空气质量指数、人均绿地面积、可利用水资源量、资源循环利用指数等方面来衡量。

(3) 营商环境。营商环境是指企业在开设、经营、贸易活动、纳税、关闭及执行合约等方面遵循的政策法规所需的时间和成本等条件。良好的营商环境有利于吸引内外资企业群进入城市,在城市中形成大规模、高效率的人流和信息流、资金流、货物流等资源要素的流动,推动城市成为全球城市网络的核心枢纽,提升城市在世界中的地位,助推城市发展成为全球城市。这种助推作用至少可以通过两种渠道来实现。一是促进生产性私人投资。营商环境的改善有利于吸引外资,外资的流入有利于促进增长;不过更重要的是,营商环境的改善有助于国内私人投资的增加,几乎所有的国家,国内私人投资都远远多于外商直接投资。二是增加创业活动。良好的营商软环境有利于降低创业的开办成本,可以为各种商业创意提供更多的实现机会和激励机制,有助于帮助企业家用更好的方法来组织生产和销售产品;更频繁的创业活动有助于促进市场的竞争,产生熊彼特所谓的"创造性破坏"过程。影响营商环境的因素很多,包括自然的、地理的、历史的、经济的等许多因素。但无论如何,政府的影响力量不可忽视。虽然政府对诸如地理、历史等因素的影响力有限,但对于产权保护、市场监管、税赋征收、基础设施提供、金融市场和劳动力市场运行、政府管理(如腐败治理)等方面却可以产生举足轻重的影响,因而在塑造营商环境中发挥着非常关键的作用。世界银行评估各国营商环境的指标覆盖了企业生命周期的 10 个领域:开办企业、办理施工许可、获得电力、登记财产、获得信贷、保护投资者、交税、跨境贸易、执行合同和办理破产。

(4)人文社会环境。城市建设关系到经济、政治、社会、文化、科技各个方面,其中,人文社会环境建设占有重要地位,是保证城市功能充分发挥的基础。城市人文社会环境是指城市生活中与人们政治、文化、教育、医疗密切相关的,一切具有人文社会意义的公共设施和环境。它的涵盖面非常宽泛,是城市环境建设中不可缺少的重要内容,主要包括生产生活设施、文化休闲设施、城市管理、公民精神生活等。衡量指标涉及人口、住房、教育、医疗、卫生、科技、社保、公共安全等。

8. 一流的国际影响

处于核心层的全球城市在全球城市网络中处于最高能级,是能发挥全球性经济、政治、文化等影响力的国际一流城市。全球城市的国际影响力包括以下几个范畴:一是经济实力,包括城市的经济体量、发展水平、经济结构特点等;二是集聚和控制能力,包括对全球资本流动和经营管理的集聚控制能力,以及对国际经济、社会、文化事务的控制力和影响力;三是国际交往能力,包括对国际资源的承载能力、国际化水平和开放度。全球城市还有政治和文化中心的功能。霍尔认为,全球城市应是"主要的政治权力中心、国际最强势政府和国际商贸等全球组织的所在地"。全球城市是全球经济和公共事务的政策决策中心,吸引了许多国际组织、政府机构、思想智库和企业总部聚集在这些城市,经常召开各种专题国际会议,讨论和制定政治、经济、科技等方面的重大公共政策,影响区域和全球经济和公共事务的治理。为此,城市国际影响力可用影响力指数、重大活动举办数量和海外游客数量等来衡量。

综上所述,本研究以建设综合性全球城市为目标导向,以发展为视角,立足当前上海城市转型特点,明确上海崛起为全球城市的现实基础分析框架如图 3.1 所示。

表 3.1　上海崛起为全球城市的现实基础分析框架

领　域	评判内容	核　心　指　标
全球化	全球化程度	全球化指数、吸引跨国公司数、本土跨国公司数、对外直接投资额、国际留学生数、国际游客数、外籍人口比例、参与的全球协议数等
信息化	信息化水平	信息化指数、人均信息供给量、人均信息消费量等
网络节点	网络连通性	基础设施网络:交通枢纽、物流节点、电信节点等 社会网络:国际联系度、跨国公司总部(办事处)数、全球服务公司数、国际组织数、国际友好城市数等
流量经济	资源配置能力(控制与管理功能)	人流、物流、资金流、信息流、商流的规模与结构:游客数、集装箱吞吐量、互联网接口带宽、服务贸易额、进出额、功能性平台机构数(大型企业集团、交易市场、中介服务机构)等
产业基础	产业结构	三次产业结构占比
	产业内部结构	服务经济发展:现代服务业在第三产业中的比重、现代服务业内部结构、制造业高级化等
空间布局	都市空间结构	网络化一核多心结构
	全球城市区域	以全球城市为核心的网络化"多中心"结构
发展环境	城市治理	参与指数、公正指数、有效指数、管制指数、法治指数、透明指数、廉洁指数
	生态环境	宜居指数、环境指数、污染指数、空气质量指数、人均绿地面积、可利用水资源量、资源循环利用水平等
	营商环境	开办企业、办理施工许可、获得电力、登记财产、获得信贷、保护投资者、交税、跨境贸易、执行合同、办理破产
	人文社会环境	教育、医疗、科技、文化、安全等供给水平
国际影响力	城市影响水平	影响力指数、大型赛事活动举办次数、海外游客数等

3.2　上海建设全球城市的现实进展

近年来,上海在全球化参与、信息化推进、网络节点构建、流量经济扩展、产业基础重塑、空间布局完善、发展环境优化和国际影响提升方面取得了新进展,城市发展步入新阶段,为上海建设全球城市提供了更强的实力、更好的条件和更优越的环境保障。然而,与国际大都市相比,上海仍然存在较大差距。

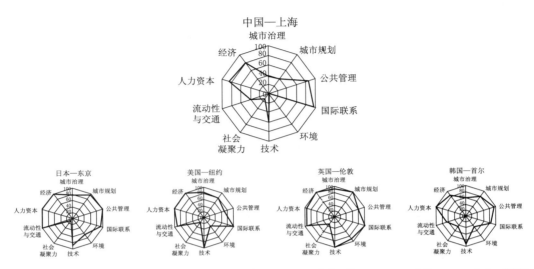

资料来源:The Center for Globalization and Strategy and the Department of Strategy of the IESE Business School,IESE CITIES IN MOTION INDEX,2014。

图 3.1　上海单项表现与东京、伦敦、纽约及首尔的比较

据 2014 年 4 月西班牙纳瓦拉大学商学院与全球化与战略研究中心联手发布的《2014 年 IESE 城市发展指数(ICIM)》研究报告[1],综合排名 20 强的城市中,10 个是欧洲城市,6 个是美洲城市,3 个来自亚洲,1 个来自大洋洲。综合排名第一的城市是东京,它在公共管理与人力资本单项方面也排第一,但社会凝聚力拉了后腿,这是福岛地震和海啸的后果。伦敦是另外一个十个方面都接近满分的城市,在技术和国际联系方面更胜一筹,但在公共管理和社会凝聚力方面分值较低。纽约排第三,在人力资本和经济方面是最重要的城市。韩国首尔排第九,主要得力于经济的繁荣,尤其是总部(三星、LG、现代以及起亚集团等)经济的发展。进入样本的中国内地城市中,北京排 66,上海排 73,广州排 88,天津排 99。主要原因是,中国内地城市在城市治理、城市规划,尤

---

[1]　基于全球 55 个国家 135 城市(其中 49 个为首都),通过对城市治理、城市规划、公共管理、技术、环境、国际联系、社会凝聚力、流动性与交通、人力资本和经济等 10 个关键因素进行评估来衡量这些城市的发展水平。

其是环境方面得分较低。与前三甲的东京、伦敦、纽约以及排名第九的首尔相比，上海无论是综合排名还是单项排名都存在较大差距，尤其在城市治理、城市规划、社会凝聚力、环境、流动性与交通以及技术方面。不过，上海在国际联系这一项上的表现不俗，甚至好于东京和首尔。

3.2.1 全球化参与

"十二五"以来，特别是世博会的召开，上海的全球化加速推进。至 2013 年末，在上海投资的国家和地区达 157 个。在上海落户的跨国公司地区总部达到 445 家，投资性公司 283 家，外资研发中心 366 家。根据 2012 年由科尔尼公司和芝加哥全球事务委员会合作的全球化城市指数（GCI）研究显示，纽约、伦敦、东京和巴黎的全球化程度排名最高，香港，洛杉矶和芝加哥的排名紧随其后，上海排名 21 位，高于法兰克福、巴塞罗那、迪拜，低于纽约、伦敦、巴黎、东京、香港、首尔等，在国际大都市中处于中位。

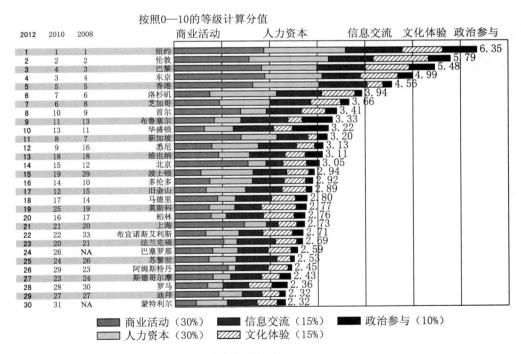

资料来源：科尔尼公司和芝加哥全球事务委员会，2012。

图 3.2　2012 年科尔尼全球化城市指数

近年来,上海更加主动参与全球化。参与层次日益提升,参与空间不断拓展,尤其是,"走出去"步伐在迅速加快,呈现出从利用两种资源、两个市场快速向国际化运营新阶段转变,走出去日益与国际通行模式接轨。一是海外投资增长国际化,近五年来上海对外投资年均增幅超过40%,海外投资进入快速增长通道。二是投资主体国际化,以国企为主、以获取资源为主的投资正逐渐被以民企为主、以开拓市场为主的模式转变,民营跨国企业占海外投资总量七成以上。三是投资目的地国际化,从以非洲、东南亚等不发达地区为主要投资对象的垂直型投资逐步转向以发达国家为主的水平型投资,资本双向流动特征明显,重在获取发达国家的市场和营销渠道、专业人才。四是投资方式国际化,从新设绿地投资为主逐渐转向以并购、增资等国际流行的投资方式为主。五是融资方式国际化。目前上海海外上市企业超过100家,这些企业在海外融资、以国际资金支撑海外业务拓展特征非常明显。

但是,目前上海与全球城市的全球化程度也存在明显差距。例如,人员的国际流动方面,上海的国际留学生数量为43 016位,与东京比较接近,但低于伦敦、纽约、巴黎和新加坡;国际游客数量为851.12万人次,高于纽约的838万人次、东京的594万人次,低于伦敦的1 521.6万人次、巴黎的1 330万人次、新加坡的1 164.17万人次,而且,上海的国际旅游人数占本城市人口的百分比很低,仅为36.3%。此外,外籍人口仅占上海总人口的0.9%,远低于纽约的36.8%、伦敦的30.8%、新加坡的26.9%和巴黎的12.4%。

表3.2　上海与主要全球城市人员国际流动的比较

类　　别	伦　敦	纽　约	巴　黎	上　海	新加坡	东　京
国际留学生数量	99 360	60 791	96 782	43 016	91 500	43 188
国际游客数量	15 216 000	8 380 000	13 300 000	8 511 200	11 641 700	5 940 000
旅游人数占本城市人口的百分比	194.5%	102.5%	112.7%	36.3%	224.6%	45.1%
外籍人口比例	30.8%	36.8%	12.4%	0.9%	26.9%	2.4%

资料来源:罗伯特·保罗·欧文斯(2013)。

3.2.2　信息化推进

城市信息化一般分为初始、扩展、优化和成熟四个发展阶段,各个阶段之间并非截然分开,每一阶段在网络与信息资源、城市管理与运行、服务与社区、产业与经济等方面都表现出相应的特征(吴伟萍,2007)。随着信息化建设重心逐步从最初的设施建设、功能完善、电子政务等领域,转向以"两化融合"为主要内容的经济社会领域,上海信息化进入从优化阶段向成熟阶段过渡期,正朝着智慧城市的更高级目标迈进。

表 3.3　城市信息化的四个阶段

发展阶段	基　本　特　征
初始阶段	信息基础设施局限于点对点的传输模式,引入信息技术的初步应用,对产业和经济的拉动作用弱,城市信息化涵盖业务窄,系统不统一、孤立化,文档初步电子化和单一业务的计算机化,城市的管理与运行基本还停留在各自为政的局面
扩展阶段	随着信息技术的稳固和推广,局部的应用广泛地使用起来,系统林立,部分业务流程实现集成化,并开始围绕市民提供服务。信息基础设施建设快速发展,但应用缺乏全局考虑,各单项应用之间互不协调,投资效益与预期相比常有偏差。该阶段技术标准与业务规范并不统一,信息未能充分共享,政府管理职能条块分割;信息产业初具规模,但对经济和社会发展的拉动力尚未充分显现。随着信息化实践的发展,必须充分考虑在标准和规范基础上的数据集中管理和深度利用问题
优化阶段	网络基础建设已足够支持信息化的要求,对城市信息的分析和知识的生成、应用能力加强,提供多层次用户需求的服务,主要业务流程实现集成、优化;信息要素成为显著的生产要素;"信息孤岛"在技术层面基本解决,进行必要的数据集中或者系统整合。但业务流程的合理性和优化成了最主要的信息化问题,如何通过优化流程来提高管理效益成为关键。它既是信息化发展的飞跃阶段,也是走向城市管理现代化的必由之路
成熟阶段	充分发挥信息技术和信息网络资源的效能,同时业务流程在现有信息技术层面达到最优化,实现资源共享和协同工作。信息化涵盖城市全部社会经济领域,与城市发展相适配,系统化知识应用与服务创造新价值,是新的技术变革前的等待期

资料来源:吴伟萍(2007)。

　　随着信息化应用范围和深度的快速提升,上海与国际发达经济体城市之间的差距不断缩小,这为建设全球城市提供了有力支撑。新华社新媒体中心发布的《智慧城市上海发展报告(2012)》指出,上海智慧城市建设处于发达经济体城市中等、国内先进水平的阶段,在注重面上覆盖、数量推进的同时,上海更强调素质的提高和质量的深化。例如,上海信息化建设已经渗透到城市管理、企业经营和市民生活之中,应用范围已经扩大到城市管理、企业经营、公共服务、医疗卫生、交通出行、文化旅游等多个方面,应用的深度也在不断提升。2013 年,上海口岸税费电子支付系统入网企业累计 44 884 家;推广电子账单

75 万份；发送法人数字证书"一证通"61.9 万张；发放社会保障卡 58.79 万张，累计发卡 1 364.08 万张；中国上海门户网站首页浏览量 2 261 万次，总页面浏览量 56 000 万次；"市民信箱"累计注册用户 427 万人；"付费通"业务平台交易量达 15 755 完笔，交易额达到 99.91 亿元；交通卡销售额 13.09 亿元；银行卡交易额 21 403.08 亿元；数字证书累计发放 394.5 万张；公共信用信息服务平台面向政府部门和信息主体开通试运行，已纳入 54 家单位的信息，归集信息事项 1 014 个，可提供查询数据 2.2 亿条（上海市统计局，2013）。

3.2.3 网络节点构建

近年来，上海基本建成"枢纽型、功能性、网络化"城市基础设施体系，进一步提升了上海的对外连通能力。(1)交通网络。至 2013 年末，全市轨道交通运营线路达到 15 条，运营线路长度达到 538.31 公里（不含磁浮线路）。2011 年全球著名咨询公司理特管理咨询公司发布《城市交通的未来发展趋势研究报告》，报告依据 11 项指标对全球 66 个城市的交通运营状况与完善程度进行了评估，以 100 分表示最佳，结果显示 66 个城市平均得分 64.4 分，其中，上海得分 74.7 分，低于纽约、伦敦、新加坡、香港等城市，但在新兴市场中名列第 1，在全球排名中列第 11，达到了国际中上水平。全球连通性方面，上海还存在一定差距。例如，伦敦希思罗机场开通国际航线直达航班的城市多达 300 多个，首尔为 120 多个，东京成田和羽田两个机场共有 80 个城市左右，上海则不到 80 个。(2)信息网络。进入"十二五"，上海围绕"创建面向未来的智慧城市"目标，大力实施信息化领先发展和带动战略，不断加快信息基础设施建设，升级信息通信基础网络能级，亚太信息通信枢纽地位得到进一步确立，为上海建设全球城市奠定了坚实基础。至 2013 年末，上海已经建成 700 处宏基站和 300 处室内分布系统，覆盖中心城区 190 平方公里；光纤到户能力覆盖家庭数达 803 万户，比上年末增加 123 万户；实际光纤用户达 360 万户，增加 110 万户；下一代广播电视网（NGB）覆盖家庭 536 万户，增加 126 万户；城市公共区域 WLAN 接入热点累计达 2.2 万处，增加 5 000 处；国际、国内互联网出口带宽分别达 650 Gbps 和 3 500 Gbps；各类互联网数据中心（IDC）机架总量达 3.4 万个，增加 4 000 个；数字电视用户达 525 万户，增加 160 万户；交互式网络电视(IPTV)用户达 195 万户,增加 17 万户。

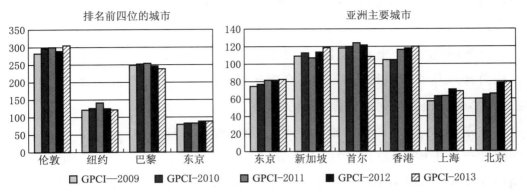

资料来源:日本森纪念财团城市战略研究所。

图 3.3　开通国际航线直达航班的城市数量

与此同时,包括交易、交流、组织等在内的社会组织网络不仅规模增大,能级也越来越高。例如,越来越多的跨国企业将亚太级以上或者全球总部设在上海,上海的跨国企业全球网络日益成型。截至 2012 年末,上海全年新认定跨国公司地区总部 50 家,新设立投资性公司 25 家、研发中心 17 家;跨国公司地区总部累计达 403 家,外商投资性公司达 265 家,外资研发中心 351 家,跨国公司总部机构总数达到了 1 019 家。在数量增加的同时,落户企业的质量和能级也有明显提升。截至 2012 年底,进入上海的跨国企业总部来看,403家是地区总部,占总部机构数的 39.6%。在跨国总部中,15% 左右的为亚太级别以上的总部,落户上海的近 400 家跨国公司地区总部中,约 60 家属于亚太区总部或亚洲区总部。在吸引跨国企业入驻的同时,上海也逐渐成为国内企业总部的集聚地。据统计,截至 2011 年底,在上海的央企多达 2 700 多家,涉及 17 个行业门类,总资产达 2.48 万亿元人民币,占上海市经济总量超20%。此外,上海与其他国际大都市也建立了越来越广泛、越来越紧密的合作联系,国际友好城市数量达 48 个,在国内居于前列。

3.2.4　流量经济扩展

近年来,上海通过集聚功能性载体、建立有效的运行平台、提供合适的运作环境,推动了物资流、资金流、人才流、技术流、信息流的全面流动,加速了诸要素的价值增值和规模扩大,进一步强化了上海国际大都市的综合服务功能,更好地发挥了服务全国、联系亚太、面向世界的作用。

1. 集聚载体

上海围绕"四个中心"建设,引进了一批国内大型企业集团总部、国内金融机构总部或其业务执行总部、国际金融机构和跨国公司的地区总部、国际投资集团,形成了较强辐射力的流量经济载体。

首先,上海积极集聚一批功能性金融机构。2013 年 1—11 月,上海新设功能性金融机构 69 家,总数达 188 家,较 2012 年增长 58%。与此同时,众多国内外金融机构将中国、大中华乃至亚太总部设在上海,并不断升级总部管理权限和扩大业务范围。这些总部型功能性金融机构的落户吸引了大量高层次金融管理和专业人才、中介服务机构和金融服务产业链企业入驻上海,税收贡献、人才集聚、产业带动、技术进步的综合效应开始显现。但是,与全球城市相比,上海集聚的金融机构国际化程度偏低。例如,国际上包括伦敦、纽约、香港、新加坡和东京在内的主要金融中心,其外资银行占比均超过 60%,2011年上海外资银行占比只有 46%。

表 3.4　上海与主要国际金融中心银行机构比较

	银行机构总数	外资银行机构总数	外资银行占比(%)
伦敦(2004)	450	300	67
纽约(2005)	371	321	86.5
香港(2007)	200	132	66
新加坡(2008)	113	107	95
东京(2007)	106	64	60
上海(2011)	160	74	46

资料来源:王家辉(2012)。

其次,上海稳步提升跨国企业总部数量和能级。面对不断上涨的劳动力、土地等成本压力,为了让包括外资跨国公司在内的海内外企业在不断向外转移制造业的同时,将产业前端的设计研发和产业后端的市场营销放在上海,大力吸引跨国公司地区总部入驻已成为上海一项重要的导向性政策。2013 年,上海新增跨国公司地区总部 42 家,其中亚太区总部 11 家;投资性公司 18 家;外资研发中心 15 家。

2. 构建平台

近几年来,上海枢纽设施建设稳步推进,市场体系不断完善,专业服务机构持续汇集,初步形成了一批世界级的流量经济平台。

(1)上海推进道路交通设施、港口码头、航空港、信息通信设施及办公居住场所建设,构建了较为完善的流量经济基础平台。

港口码头方面。上海集装箱吞吐量和货物吞吐量已分别达到全球第一和第二,航运物流规模庞大。但是,中转比例还偏低,全球航运资源配置能力还不够强。2012年上海港集装箱水水中转比例为42.8%,而在中转型国际航运中心新加坡的港口货物吞吐量中,65%以上都是中转运输货物,其中集装箱中转的比重达到85%以上。

表3.5 2013年全球集装箱货物吞吐量前十名

位次	港　　口	装箱吞吐量(万标准箱)
1	上海港	3 361.7
2	新加坡港	3 251
3	深圳港	2 327.8
4	香港港	2 226.5
5	釜山港	1 766
6	宁波—舟山港	1 732.68
7	青岛港	1 552
8	广州港	1 530.92
9	迪拜港	1 364
10	天津港	1 300

资料来源:中商情报网。

表3.6 2013年全球港口货物吞吐量前十名

位次	港　　口	吞吐量(亿吨)
1	宁波—舟山港	8.1
2	上海港	7.68
3	新加坡港	5.58
4	天津港	5
5	广州港	4.6
6	苏州港	4.54
7	青岛港	4.5
8	唐山港	4.46
9	鹿特丹港	4.42
10	大连港	3.334

资料来源:中商情报网。

航空港方面。①旅客吞吐量。2013上海浦东、虹桥两大国际机场全年共起降航班 61.51 万架次,增长 3.1%,进出港旅客达到 8 279.18 万人次,增长 5.2%,旅客吞吐量国内仅次于北京。2012 年按总旅客吞吐量来衡量的世界上十大最繁忙的机场依次为哈茨菲尔德—杰克逊亚特兰大国际机场、北京首都国际机场、伦敦希斯罗机场、奥黑尔国际机场、羽田国际机场、洛杉矶国际机场、巴黎夏尔·戴高乐机场、达拉斯—沃思堡国际机场、苏加诺—哈达国际机场、迪拜国际机场等,其中,上海浦东国际机场排在第 19 位,虹桥机场未进入前 30 位,表明上海的航空旅客吞吐量尚未处于国际领先。②货邮吞吐量。2008 年起,浦东机场超越了韩国仁川、日本成田、美国安克雷奇,已连续 6 年排名全球第三。目前,有 37 家纯货运航空公司通航浦东机场,纯货机通航点达到 57 个,每周全货机超 1 000 班,全货机的货邮比例达到 70%,国际(地区)货邮比重达 88%,全国 58% 的国际(地区)航空货邮从浦东机场进出,进出口货源主要包括高科技电子、汽车、纺织、医药等,总价值超过 3 000 多亿美元。可见,上海浦东机场基本确立了国际货运枢纽地位。

表 3.7　2012 年全球各国机场客运吞吐量排名

排　名	机　　　场	乘客总量	变　化
1	杰克逊亚特兰大国际机场	46 961 939	↑4.4%
2	北京首都国际机场	39 382 786	↑4.8%
3	伦敦希斯罗机场	33 619 971	↑2.2%
4	奥黑尔国际机场	32 849 445	↑2.1%
5	羽田国际机场	31 462 985	↑11.6%
6	洛杉矶国际机场	30 939 390	↑3.6%
11	香港国际机场	27 503 000	↑7.8%
19	上海浦东国际机场	21 901 683	↑10.6%

资料来源:民航资源网。

表 3.8　2012 年国内机场货邮吞吐量排名

名　次	机场名称	货邮吞吐量(吨)
1	上海/浦东	2 938 156.90
2	北京/首都	1 799 863.70
3	广州/白云	1 248 763.80
4	深圳/宝安	854 901.40
5	成都/双流	508 031.40
6	上海/虹桥	429 813.90

资料来源:民航资源网。

（2）上海聚焦金融、贸易和航运中心建设，着力增强市场资源配置能力，在商品市场、资本市场、期货市场、技术市场和人才市场等方面构建了较为成熟的流量经济操作平台。

上海城市发展历程本身就是市场体系不断深化完善的过程。改革开放特别是浦东开发开放以来，上海坚持改革的市场取向，始终把市场体系建设放在优先位置，围绕培育、发展和繁荣大市场推进各项改革，成功实现了从传统的计划经济体制向社会主义市场经济体制的历史性转变。上海市场的种类、数量由少到多，规模由小到大，已经成为我国乃至全球市场体系最为齐全的特大型城市。目前，既有各种商品市场，又有各类要素市场，既有现货市场，也有大宗商品及金融期货市场，市场规模不断扩大，影响力不断提升。

金融方面，市场规模不断扩大，总量跃居全球前列。上海积极抓住全球经济资源重组、人民币国际化进程加快的重大机遇，大力发展债券市场、期货市场，强化上海证券市场的主板市场地位，推动建设国际板交易市场和保险交易市场。2013 年，上海金融市场交易总额（不含外汇市场）交易总额达到 588.87 万亿元，增长 20.9%，股票市场、期货市场规模跃居全球前列。①上海证券交易所。各类有价证券总成交金额 86.51 万亿元，增长 58%，其中股票成交金额 23.03 万亿元，增长 39.9%，股票市价总值、成交金额、筹资额在全球主要交易所中分别排第 7、5、6 位。在 IPO 未开闸的情况下，2013 年共有 154 家上市公司实现股权再融资筹资 2 516 亿元，55 家上市公司完成公司债融资 1 707 亿元，其中，支持战略新兴行业上市公司融资 930 亿元，占上海市场全年融资量的 25%；36 家公司完成了重大资产重组，涉及交易金额合计 737 亿元，新增市值超过百亿公司 5 家。同时，上交所在 2013 年推出货币、债券、黄金、行业 ETF 和高效申赎货币基金等五类核心产品，基金产品线更丰富。全年新增基金产品 87 只，其中 ETF 共 20 只、创新货币基金 6 只。至 12 月底，基金总市值达 3 687 亿元，全年交易量首次突破万亿（达 12 121 亿元）。②上海期货交易所。2013 年总成交金额 120.83 万亿元，增长 35.5%，期货市场成交额占全国期货成交额的比重超过 70%；中国金融期货交易所总成交金额 141.01 万亿元，增长 85.9%。全国银行间货币和债券市场总成交金额 235.3 万亿元，下降 10.7%。上海黄金交易所总成交金额 5.22 万亿元，增长 48%。与全球城市相比,上海金融市场的规模仍然偏小,在全球金融市场中仍然缺乏话语权。例如,伦敦拥有全球最大的金融期货与期权交易市场和全球债券交易市场。伦敦衍生品交易占全球的43%,金融期货与期权交易中心日交易量达5 000亿英镑,超过全球任何一个交易所。并且伦敦券商发行的债券占全球债券发行量的60%,而二级市场70%的交易都在伦敦进行。

表3.9 2010—2013年上海主要金融市场成交情况(亿元)

指　　标	2010 年	2011 年	2012 年	2013 年
上海证券交易所	398 395.73	454 651.56	547 535.22	865 100
上海期货交易所	1 234 794.76	8 690 698.71	891 953.72	1 208 300
中国金融期货交易所	410 698.77	437 658.55	758 406.78	1 410 100
全国银行间货币与债券市场	1 798 225.10	1 966 399.84	2 636 302.88	2 353 000
上海黄金交易所	20 204.96	44 411.23	35 297.25	52 200

资料来源:2013上海统计公报。

表3.10 2013年全球证券交易所交易额排名

排　　名	证券交易所	交易额(万亿美元)
1	纽约证券交易所	13.7
2	纳斯达克证券交易所	9.585
3	日本交易所集团	6.516
4	中国深交所	3.911
5	中国上交所	3.785
6	韩国交易所	1.334

资料来源:新浪财经。

表3.11 2012年上海市主要金融功能占全球的比重

指　　　标	占全球比重(%)
股票市值	4.7
股票成交额	5.3
铜期货交易量	21.6
铝期货交易量	1.3
天然橡胶期货交易量	93.9

注:铜、铝、天然橡胶等商品期货交易量为2013年前十个月数据。
资料来源:2013上海统计公报。

贸易方面。①商品进出口总额偏低,转口贸易发展较为滞后。2013年上海进出口总额为 4 413.98 亿美元,远低于香港的 9 831.66 亿美元,新加坡的 9 801.53 亿美元。而且,转口贸易在新加坡和香港都占据了比较高的比重,港口国际中转率达到 50% 以上,而上海港的国际中转率只有 4%,缺乏保税服务、异地拼箱、多地区多国拼箱、国际联合快运、外贸公共支线的保税运输等多重功能,制约了国际中转和国际转口业务。②服务贸易发展快,但结构仍需进一步优化升级。2012 年,上海服务贸易实现进出口总额 1 515.6 亿美元,同比增长 17.2%,占全国服务贸易进出口总额的比重达到 30.7%。上海服务贸易进出口额占同期上海对外贸易总额的比重提高到 25.8%,比 2008 年提高 7.2 个百分点,对上海开放型经济的贡献度进一步加强,与香港(27% 左右)和新加坡(30% 左右)逐步接近。但是与香港、新加坡等国际大都市相比,上海服务贸易的总体规模还偏小,信息化、知识化、离岸化程度较低,服务贸易创新能力薄弱,服务贸易结构仍需进一步优化升级。例如,承接的离岸服务外包业务的结构层次较低,仍是以基础性的信息技术外包 ITO 业务和非核心的业务流程外包 BPO 业务为主,而处于价值链最上端的知识流程外包 KPO 的业务规模还较小。③社会消费品零售总额不高。2013 年商贸业增加值实现 3 728 亿元,占服务业比重达到 20%,其中批发零售业保持服务业行业增加值规模第一,限额以上商品销售额占全国比重约 15%。2013 年实现商品销售总额 6.05 万亿元,比 2012 年增长 12.5%。社会消费品零售总额从 2008 年的 4 557.23

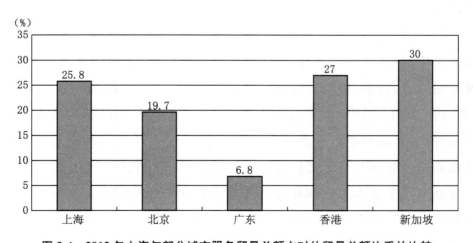

图 3.4　2012 年上海与部分城市服务贸易总额占对外贸易总额比重的比较

亿元增加至 2013 年度的 8 019 亿元,年均增长率在 8% 左右。从国际比较来看,2013 年,新加坡社会消费品零售总额 1 421.26 亿美元,高于上海的 1 304.69 亿美元。④电子商务增长较为迅速,但缺乏在国内外有影响力的电商企业。上海以互联网为依托的新兴贸易模式快速发展,电子商务交易额从 2008 年的 2 700 多亿元增加到 2013 年的 10 560 亿元(其中,B2B 交易额 8 632 亿元,占 81.7%;B2C 交易额 1 928 亿元,占 18.3%),占全国的比重接近 10%,但具备国内外有影响力的电商企业很少。

(3)上海大力推进专业服务业发展,构建了会计师事务所、律师事务所、资产评估师事务所、企业咨询机构等为要素交易和流动提供配套服务的市场中介服务平台。

上海中介服务业起步较早、发展较快,现有 64 个门类,从业人员逾 50 万人,具有较好的基础。其中,运输代理服务、贸易经纪与代理、证券经纪与交易等中介服务主要行业法人单位逾 31 148 个,从业人员 39.97 万人。但是,与国际现代化大都市相比,上海中介服务业在规模总量、服务水平和核心竞争力等方面还存在明显差距。例如,纽约长期吸引了来自法律、会计工程、咨询、公共关系与人事服务领域的高精尖人才,集中了美国 10 家最大的咨询公司、35% 的全美前 100 位法律事务所、多家世界顶级证券公司和会计师事务所,以及 219 家国际银行总部,约有 20 万家企业从事专业服务业,其经济总产出约占全市经济产值的 13%。

此外,近年来上海平台经济发展迅速。上海平台型企业的发展已经有了一定的基础,例如,1 号店作为知名的网上购物平台,为消费者提供便捷的选购及配送服务;快钱、银联支付都已经成长为国内代表性的第三方交易支付平台;东方钢铁、上农批等大宗商品贸易平台,通过开放、即时的撮合交易,形成价格发现机制,已经成为有影响力的定价中心;易贸大宗商品交易服务平台,延伸出大宗商品线上线下交易撮合、支付、融资、供应链的一站式交易服务,年撮合交易额超千亿元。上海有色金属交易中心聚拢国内制造、贸易龙头企业,年交易额突破 5 000 亿元。此外,还有一批电子商务专业服务平台,如丁丁网、大众点评网为消费者提供生活信息服务,钢联电子已经成为国内规模最大的钢铁专业资讯和电子商务平台,上海陆上交易中心也是国内首屈一指的网络物流服务平台等。

3.2.5 产业基础重塑

近年来,上海把经济结构调整作为主攻方向,推进了工业经济向服务经济转变。总的来看,上海初步建立了服务经济主导的新型产业体系,这为建设全球城市奠定了基本支撑。但是,上海的三次产业结构比例、现代服务业的发展水平、先进制造业的升级水平与国际大都市还存在较大差距。

从三次产业结构看,2013 年上海第三产业占 GDP 比重已达到 60.4%,第二产业降到 38.9%,这表明城市发展进入到以服务经济为主的发展阶段。但是,与纽约、伦敦、东京、香港等后工业化城市比较,上海的产业结构调整还存在一定差距。

表 3.12　各城市三大产业占 GDP 比重(2013)(%)

城　　市	第一产业	第二产业	第三产业
上　海	0.6	38.9	60.4
北　京	0.8	22.7	76.5
广　州	1.7	36.8	61.5
深　圳	0.1	46.4	53.5
香　港	0.1	6.9	93.0
纽约(2010)	—	—	92.7
伦敦(2009)	0.0	8.9	91.0
东京(2011)	0.0	12.9	87.1
新加坡	—	23.1	71.0

资料来源:香港数据来源:http://www.censtatd.gov.hk/hkstat/sub/sp250_tc.jsp?tableID=036&ID=0&productType=8;东京数据来源:2012 东京经济年报。

从现代服务业发展来看,2012 年金融业、信息服务业、现代物流业、旅游业、房地产业增加值占上海 GDP 比重达到 40%,现代服务业支撑作用不断增强。在部分领域,如会展面积、会展数量、会展从业人员等,上海目前已超过伦敦等国际大都市。但总体来看,上海现代服务业知识化程度落后于国际大都市。例如,纽约的金融、商务服务、教育服务、卫生保健,伦敦的金融和创意服务,香港的金融、贸易物流和专业服务,均较为发达,现代服务业的知识密集度更高。

表 3.13 2012 年上海现代服务业结构

	金融业（亿元）	文化创意产业	信息服务业（亿元）	现代物流业（亿元）	专业技术服务	旅游业	房地产业（亿元）
总产值	—	7 695.36	3 628	—	597.62	—	2 381.36
增加值	2 450.36	2 269.76	1 233.79	2 242.69	—	1 497.68	1 085.96
占全市 GDP 比重	12.2%	—	6.1%（比上年增长 17.5%）	11.7%	3.11%	4.9%（比上年增长）	4.7%（比上年增长）

资料来源：2013 年上海市统计年鉴。

从制造业发展来看，2011 年上海实现工业增加值 7 230.57 亿元，按可比价格计算，比上年增长 7.5%，全年完成工业总产值 33 834.44 亿元，比上年增长 6.6%。重点行业包括电子信息产品制造业、汽车制造业、石油化工及精细化工制造业、精品钢材制造业、成套设备制造业和生物医药制造业，六个行业共完成工业总产值 21 332.66 亿元，比上年增长 6.5%，占全市规模以上工业总产值的比重达到 66.7%。总体来看，上海的工业结构偏重偏黑，电子信息、汽车制造、石油化工、钢铁占有较大比重。而一些国际大都市，例如，香港主要有食品、烟草、印刷、机械设备等，东京主要有食品、烟草、印刷、化工、金属制品等，工业结构偏轻偏绿。

表 3.14 2011 年上海工业支柱产业的产值及比重

行　　业	产值（亿元）	占工业总产值比重（%）
电子信息	6 755.12	20.35
汽车制造	4 296.82	12.95
石油化工	3 944.10	11.88
精品钢材	1 548.32	4.67
成套设备	3 773.28	11.37
生物医药	745.93	2.25
总　　计	21 063.57	63.47

资料来源：2012 年上海市统计年鉴。

3.2.6 空间布局完善

城市空间结构是城市构成要素关系组合在空间的分布形式，是复杂的人类经济、社会、文化活动和自然因素相互作用的综合反映,是城市功能组织方式在空间上的具体反映。许多城市最初都是从一个中心点发展起来,此后逐步圈层拓展或轴向延伸而成。

1. 上海空间结构正从单核向一核多心转变

随着世博会筹办、郊区新城建设、以重工业为主导的制造业快速发展,上海近十年年均新增建设用地规模超过 100 平方公里,上海城市空间快速扩张。总体来看,呈现如下几大特征(林华、朱春节,2012):

一是中心城的空间格局正在经历转型发展和功能重构的阶段,面临整体功能的提升和诸多地区的城市更新。中心城在现代服务业的设施规模上缩短了与国际大都市的差距,不少规模性指标(如商业和商务办公面积)甚至超过了伦敦、纽约等城市,而且在地标地区的城市形象上也呈现出国际大都市的空间特征。但是以规模与形象为表征的"量变"尚未转化为以效率和品质为特征的"质变",主要表现在中心城功能绩效和宜居品质存在不足。

二是中心城周边地区呈现低效无序蔓延态势。在产业郊区化和人口郊区化的推动下,加之以虹桥综合交通枢纽为代表的一系列重大项目的建设带动,上海多轮保障性住房的建设,中心城周边地区成为中心城人口疏解的主要策略空间和项目投资的热点地区,城市空间格局快速向中心城周边地区绵延拓展。上海中心城周边地区的快速拓展,在拉大城市空间骨架的同时,使得上海的城市空间结构开始呈现出大都市区的发展特征。但中心城周边地区的低效无序蔓延使得各类功能相互混杂、各类建设项目密集建设,将来对环境品质提升和空间整合提出较高的要求。

三是新城发展集聚效应尚未显现。坚持有机疏散的基本理念,上海大力建设郊区新城来疏解大城市人口和功能。但是,目前新城建设尚未达到规划预期,主要反映在两个方面:一是新城人口集聚效应尚不明显,过去 10 年间新城共增加人口约 106 万人,在全市各区域中增量最低;二是新城对区域的辐射带动作用不强,没能很好发挥区域增长极的作用,经济总量上,苏州的昆山、太仓、吴江三市 2010 年 GDP(约为 3 833 亿元)与上海郊区嘉定、青浦、金山、松江、宝山和崇明 6 个区县同年 GDP 总量(约为 3 883 亿元)基本持平。

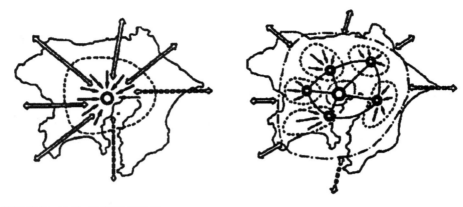

资料来源：林华、朱春节（2012）。

图 3.5　上海一核结构与东京都一核多心结构比较

2. 上海所在的长三角地区已形成全球城市区域的空间雏形

上海所在的长三角城市群面积在六大世界级城市群中居第二位，人口最多，但经济发展水平最低。目前，新城、沪宁沪杭和滨江沿海轴线成为上海城市建设的重点地区，中心城逐渐与其周边地区形成连绵发展的态势，城市格局也随之呈现出轴向延伸与近域蔓延的空间特征。特别是在长三角区域规划的指导下，各地区对接上海趋势明显，正在形成以上海为核心，沿沪宁和沪杭甬线、沿江、沿湾、沿海、沿宁湖杭线、沿湖、沿东陇海线、沿运河、沿温丽金衢线为发展带的空间格局。随着长三角地区区域发展规划的实施推进，城市群集群化、网络化的特征更趋明显，全球城市区域"大都市区—核心城市区—核心功能区"空间层次日益明晰，上海的首位城市地位将更为凸显（张玉鑫，2013）。

表 3.15　六大世界级城市群比较

城　市　群	面积（km²）	人口（万人）	人均（美元）
美国东北部大西洋沿岸城市群	13.8	4 475	46 844
北美五大湖区城市群	76.5	5 400	69 663
日本太平洋沿岸城市群	3.5	7 000	42 820
欧洲西北部城市群	14.5	4 600	32 615
英国城市群	4.5	3 650	39 604
中国长三角城市群	22.0	15 619	8 733

资料来源：张玉鑫（2013）。

3.2.7　发展环境优化

1. 城市治理环境

"十二五"以来,围绕服务政府、责任政府、法治政府、廉洁政府建设,上海着力创新政府管理,着力改进政府服务,政府职能加快转变,城市治理能力得到了增强。

一是上海的社会组织得到了快速发展。社会组织是社会发展水平的重要体现。上海是我国经济社会最快、社会文明程度最高的城市之一,社会组织的数量规模已处于国内领先。但是,与国际大都市还存在较大差距。例如,上海每万人拥有的社会组织数达到 7 家,但还远远少于新加坡的 20 家和香港的 25 家。

表 3.16　国内各城市社会组织规模比较

城　　市	总　　计	社会团体	民办非企业	基金会
上　　海	10 730	3 693	6 897	140
北　　京	7 993	3 392	4 382	219
广　　州	4 738	752	229	—

资料来源:各城市统计年鉴。

二是上海市民对政府的满意度得到了提升。基于参与、公正、有效、管制、法治、透明、廉洁等,研究显示上海的民众参与性较高,政府的有效性得分最高,民众对政府的满意度要高于内地其他城市和香港、台北。政府执法能力、政府办事效率、地方法规条例健全程度、政策法规透明度在内地是最高的,但略低于香港。

表 3.17　政府透明度指数、政府公信力指数

城市	政府执法能力	政府办事效率	地方法规条例健全程度	政策法规透明度	民众对政府的满意度
上海	0.834	0.557	0.894	0.845	0.892
北京	0.713	0.405	0.781	0.711	0.690
广州	0.738	0.374	0.759	0.574	0.691
香港	0.899	1.000	0.947	0.933	0.790
台北	0.442	0.387	0.644	0.612	0.545

资料来源:《2011 中国城市竞争力报告》。

2. 生态环境

《2012 中国绿色发展指数报告》指出，上海绿色发展指数国内排名 26 位，处于较低水平。与纽约、伦敦、首尔等全球城市相比，也差距甚大。可见，上海的生态环境总体还很脆弱。

表 3.18　上海、纽约、伦敦与首尔的生态指数比较

	上　海	纽　约	伦　敦	首　尔
宜居指数	3.5	1.9	4.1	3.3
环境指数	1.9	3.4	2.1	4.3
污染指数	0.2	2.2	2.5	2.7

一是环保投入有待增加。虽然上海全社会环境保护投资逐年增加，但环境保护投资相当于 GDP 的比重却连年下降。2012 年上海、香港在环境保护方面的投资分别为 92.91 亿、67.12 亿美元，2012 年上海环境保护投资相当于 GDP 的比例为 2.83%，高于深圳，低于香港的 3.3%。

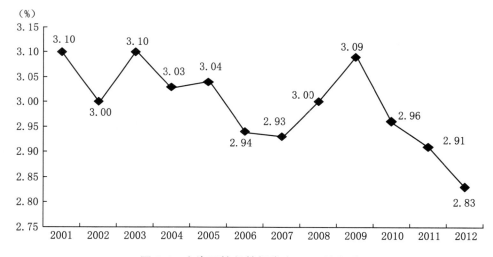

图 3.6　上海环境保护投资占 GDP 的比重

二是空气质量有待改善。与纽约、东京等全球城市相比，上海的大气污染还比较严重。全球特大城市空气污染指数显示，上海的空气污染指数达到 1.1，而纽约、东京空气污染指数只有 -0.2、-0.3。

三是能源资源利用水平有待提升。2012 年上海的能源消费量为 11 362.15 万

吨标准煤,是北京能源消耗量的1.5倍。上海人均能源消耗为482.97千克标准煤,而纽约这一指标只有123.2千克标准煤。上海供水总量为309 704万吨,分别是北京、深圳供水量的1.5倍,上海用电总量为13 534 500万千瓦时,高于北京、深圳和广州用电量,是香港用电量的3.14倍。2012年上海天然气消耗4 725 144吨,分别是香港、新加坡天然气消耗量的2.28倍、4倍。

四是城市绿化有待加强。上海总体绿化面积较大,但公园绿地面积和建成区绿化覆盖面积却较小。2012年,上海城市绿地面积达到124 204公顷,仅低于广州的130 544公顷,分别是北京、深圳绿地面积的2倍、1.3倍。但是,建成区绿化覆盖率(已由1990年的12.4%增加到2012年的38.3%)尚低于北京的46.2%和广州的40.5%。此外,上海公园绿地面积16 848公顷,低于国内的北京、广州、深圳等城市。城市人均公园绿地面积仅为13.29平方米,在四个城市中亦为最低。

3. 营商环境

营商环境一直是上海的传统优势。自1843年开埠以来,上海的法制化、国际化等建设就处于国内前列,并不断与世界先进水平接轨,为上海建设全球创造了必不可少的有利条件。例如,出入境贸易方面,上海大力推动贸易便利化发展。目前,上海海关已实现分类通关关区全覆盖,目前上海口岸约有83%的出口货物和80%的进口货物以低风险验放方式通关,此类货物单证的海关平均作业时间由改革前的15分钟缩短至7—8分钟。在分类通关改革基础上,2012年8月1日上海海关开始实施通关作业无纸化改革试点,截至2013年4月底,上海关区纳入无纸化的报关单已占同期报关单总量的27.3%,平均通关时效由原来的半天缩短至30秒以内。同时,上海海关探索建立新型海关监管模式,推进海关特殊监管区功能拓展。积极助推飞机和船舶融资租赁业务发展,大力促进期货保税交割、保税仓单质押、维修检测等新型贸易业态发展。海关特殊监管区作为推进贸易便利化的"制度创新池",目前在上海最为集中,共有5类10个。2010年全球贸易便利报告披露,世界贸易便利指数排名中,排在前三位的分别是新加坡、中国香港和丹麦,其贸易便利指数分别为6.06分、5.7分和5.41分;中国排在第48位,贸易便利指数为4.32分。上海虽然在贸易便利化方面走在全国前列,但与排名靠前的发达经济体相比仍有很大差距。

与全球城市相比,上海的营商环境仍存在一些尚待提升之处。2013 年 10 月世界银行发布的《2014 年营商环境报告:理解中小企业规管》显示:在过去一年间,多数经济体的政府明显加快了改善营商环境的步伐,全球营商环境整体得到改善。全球共有 114 个经济体推出 238 项营商法规改革措施,较上一份报告中列举的 108 个经济体实施的 201 项增加了约 18%;在整体营商环境排名中,新加坡连续第八年位列全球排名榜首,其次是中国香港、新西兰、美国和丹麦,中国的营商环境在全球 189 个经济体中排名第 96 位,远远落后于新加坡、美国等发达国家和地区。[①]与全球城市相比,上海的营商环境仍存在不少短板,例如,从航运发展环境来看,对航运企业征收的税负较重体现在购船关税、营运税费和所得税等方面。购船关税方面,中资船东购买国际船舶在国内登记,需缴纳高达 27% 进口关税和进口环节增值税,远高于其他航运中心。营运税方面,我国船公司营运税费包括营业税、所得税、车船使用税、城建税、教育附加费、印花税等 6 项,不仅名目繁多,且税负过重,高税费导致我国远洋船队过半在境外注册方便旗。航运从业人员的个人所得税方面,上海亦处于绝对劣势。曾有统计数据表明,以 1 万吨左右的外贸杂货船为例,中国港口的港口使费远高于日本、韩国、新加坡和越南,每艘次港口使费平均要高出 5 000 美元左右。而且包括上海在内的中国港口,具有全世界领先的装卸效率,但并没有最高的船舶出入港效率,原因是繁琐、官僚和低效率的行政管理制度造成通关效率低下,最终导致船期损失。

4. 人文社会环境

上海是我国现代化程度最高的城市之一,城市文明日趋成熟,人文社会环境相对比较优越。

首先,教育比较发达。根据国际教育调研机构发布的结论:在数学,阅读和科学素养方面,上海青少年的表现是全世界最好的。在所有三个科目中,上海学生所表现出的知识和技能水准,高出相当于诸如美国、德国和英国同辈学生至少一年的教育水平。可见,上海青少年教育处于全球领先水平。但是,上

---

① World Bank Group Corporation, Doing Business 2014,www.doingbusiness.org,2013. 10.

海的高等教育虽然国内领先,但与国际大都市相比还存在很大差距。

表 3.19　上海与波士顿、纽约等城市人口受教育程度比较

人口受教育程度	上　海	波士顿	纽　约	洛杉矶	华盛顿	旧金山
本科学位人口比例(%)	7.2	23.4	20.1	20.4	23.3	32.1
研究生学位人口比例(%)	1.2	19.3	14	10.4	29.2	20
本科以上学位人口比(%)	9.4	72.7	34.1	30.8	52.5	52.1

资料来源:《国际城市发展报告(2014)》。

其次,医疗卫生资源位居国内前列,服务水平较高。每万人医生数和注册护士数,以及医疗卫生机构和床位数,国内仅次于北京。上海的人口预期寿命处于较高水平,达到 82.41 岁,高于北京、广州、香港等城市,表明上海的人民生活水平和医疗保障水平得到了稳步改善与提高。

表 3.20　2012 年各城市医生数、注册护士数、每千人口卫生技术人员数(人)

城市	医生数(每万人)	注册护士数(每万人)	每千人口卫生技术人员数	医疗卫生机构	医疗卫生机构床位	每千人口医疗卫生机构床位
上海	55 797	63 245	10.50	3 465	109 612	7.86
北京	82 192	95 202	15.51	9 974	100 167	7.94
广州	37 442	44 700	—	3 510	70 400	—

资料来源:各城市统计年鉴。

表 3.21　各城市人口平均预期寿命

城　　市	总　计	男	女
上海(2012)	82.41	80.18	84.67
北京(2010)	80.18	78.28	82.21
广州(2011)	80.01	77.22	82.98
香港(2012)	—	80.7	86.4
台北(2012)	82.66	80.00	85.33
新加坡	82.3	79.9	84.5

资料来源:各城市统计年鉴。

其三,科技环境良好。2012 年上海本科生毕业人数为 84 714 人,分别是香港、新加坡毕业人数的 4.8 倍、6 倍。科技意识方面,2012 年上海市专利申

请总量为 82 682 件,专利授权量为 51 508 件,发明专利授权量占专利授权总量比重达到 22.1%。与香港、新加坡等城市相比,上海的专利申请量分别是香港、新加坡专利申请量的 6 倍、43 倍,同时,2012 年上海的专利授权量为 51 508 项,分别是香港、新加坡专利申请量的 9 倍、60 倍。

表 3.22 上海与香港、新加坡主要科技指标比较

主要科技指标	上 海	香 港	新加坡
全社会 R & D 经费投入(百万美元)	11 066.12	148.16	7 448.5
全社会 R & D 经费投入占 GDP 比重(%)	3.37	0.73	2.1
R & D 人员(万人)	20.88	2.53	4.49
研究与开发机构数(个)	205	108	846
专利申请数(项)	82 682	13 633	1 913
专利授权数(项)	51 508	5 550	855
高新技术产值(亿美元)	1 111.562	18 060.85	—
高新技术产品出口额(亿美元)	904.64	16 243.32	—

资料来源:上海市、香港及新加坡 2012 年统计年鉴,《国际城市发展报告(2014)》。

其四,文化供给充足、氛围浓郁。"十二五"以来,上海加快文化基础设施建设、充分激发市场文化活力、全面提升全市文化软实力。2013 年,全市有市、区(县)级文化馆、群众艺术馆 27 个,艺术表演团体 189 个,市、区(县)级公共图书馆 25 个,档案馆 37 个,博物馆 115 个。全市共有公共广播节目 21 套,公共电视节目 25 套。有线电视用户 681.8 万户,有线数字电视用户 518.6 万户。全年生产电视剧 53 部,共 1 925 集;动画电视 7 158.5 分钟。全年共出版报纸 13.16 亿份、各类期刊 1.62 亿册、图书 3.37 亿册。摄制完成 27 部故事片。成功举办首届市民文化节,市民参与人数达到 2 900 万人次。实施公共文化服务人员三年万人培训计划,年内培训 2 600 人次。

其五,平安城市建设取得进展。城市安全状况是关系到人们基本生存状态的极为重要的方面。近年来,上海大力推进平安城市建设,构建了高效城市应急处置体系。目前,上海的治安、交通好于北京、广州,但火灾、食品安全问题还比较突出。

表 3.23　各城市社会安全状况

城市	刑事案件立案数（每万人）	火灾事故发生数	交通事故发生数	每万辆机动车死亡人数	食品总体合格率（%）
上海	135 682	4 469	2 256	—	94
北京	145 724	3 409	3 196	1.77	95.29
广州	56 505	1 036	2 664	3.64	99.06
香港	1 061	—	—	—	—
台北	1 506.8	137	76	—	—

资料来源：各城市统计年鉴、广东统计年鉴。

3.2.8　国际影响提升

近年来，上海更加主动地提升城市的国际影响力。但总体来看，上海目前还是区域城市，尚不具备国际影响力。例如，广州大学广州发展研究院发布《国际化大都市影响力指数及国际比较》报告（2013）认为，全球最具影响力的国际大都市依次是纽约、伦敦、巴黎、东京、香港、新加坡、芝加哥、华盛顿、洛杉矶、首尔。在分类指标排名中，纽约的经济辐射力和人才集聚力最强，伦敦的文化传播力最强，巴黎的国际吸引力最强，法兰克福的环境承载力最强，中国香港的制度创新力最强。在前十位城市中，欧美占据七席，亚洲城市占据三席，反映了欧洲与美国城市仍然是引领世界的影响力中心，而亚洲经济体城市化发展成果显著。东京、香港、新加坡是亚洲城市的翘楚，代表亚洲最国际化的城市进入世界级国际大都市之列。中国的七个城市中，香港的国际影响力（72.93 分）遥遥领先，世界级大都市名副其实；北京（56.07 分）、上海（54.42分）、台北（46.44 分）紧紧追赶，均跻身亚洲排名前十名，进入第二梯队或第三梯队前列，已是区域级国际化大都市；广州（35.35 分）与深圳（33.96 分）各有千秋，位居第三梯队中游水平，还在努力成为区域内重要国际化城市。具体来看，上海缺乏国际影响力表现在以下方面：

一是尚未集聚国际组织。通过举办世博会等重大活动，上海增强了国际组织的进驻意愿。中国上海世博会期间，一共有 49 个国际组织参展，其中有 7 个国际组织成为世博会论坛的协办方。世博会结束后，世界卫生组织、国际电信联盟、联合国防止荒漠化公约、世界产权组织等在上海设立亚太总部的意愿增强。可见,上海在吸引有全球影响力的国际组织方面尚处于破题阶段。

二是尚未形成全球经济影响力。"十二五"以来,面对复杂多变的国内外经济形势,上海经济保持了平稳较快发展。经济增长的质量与效益明显提高,全市生产总值年均增长 8.8％、2012 年突破 2 万亿元,地方财政收入从 2007 年的 2 103 亿元提高到 2012 年的 3 744 亿元。上海的经济体量已居于国内领先地位,2011 年人均 GDP 为 85 373 元(约 13 524 美元),达到了国际中上等富裕国家水平。但是,从国际来看,上海的经济体量、人均 GDP、财政收入等远低于纽约、伦敦、东京等国际大都市。而且,由于国际金融中心、航运中心、贸易中心配置国际资源的功能偏弱,上海尚不具备全球经济控制和管理实力。

表 3.24　GDP、人均 GDP 及增长率(2011)

城　　市	GDP(亿元)	GDP 增长率(％)	人均 GDP(元)	人均 GDP 增长率(％)
上　海	20 181.72	7.5	85 373	5.7
北　京	17 879.4	7.7	87 475	4.8
广　州	12 423.439 0	10.9	97 588	8.7
深　圳	11 505.529 8	20.1	110 421	17.1
香　港	16 299.36	5.3	227 816.5	4.1
纽　约(2010)	79 463.95	4.65	415 775.2	—
新加坡	16 122.15	4.89	280 035.5	2.72

资料来源:新加坡数据来自 2013 国际统计年鉴,深圳增长率根据原始数据计算出来。

三是尚未形成全球教育影响力。中国社会科学学院于 2013 年发布的《中国城市竞争力报告》中显示,上海在知识城市竞争力排名中高于广州,低于北京[1]。另一方面,上海与其他全球城市相比,则存在明显差距。英国高等教育调查组织 QS(Quacquarelli Symonds Limited)对外公布了 2014 年度全球 50 大"最佳求学城市"排名[2],巴黎连续第二年排名第 1,伦敦位居第 2,新加坡则跃至第 3,香港排名第 7,东京排名第 17,北京排名第 18,纽约排名第 21,上海排名第 35。

---

[1]　知识城市竞争力是指培育学习氛围的城市,排名的依据是人均教育支出、大学指数等 10 个指标。

[2]　最佳求学城市排名根据五项指标,即学生的组成及国际化、经济负担、生活质量、雇主评核及在 QS 全球大学排行榜的名次予以综合评估。

四是尚未形成形成全球文化影响力。与全球城市相比,上海的差距比较明显。例如,上海没有世界级遗产,伦敦、巴黎均有 4 个,纽约、东京各有 1 个。电影节方面,上海的电影节数量仅为每年 2 次,远远少于巴黎的 190 次、伦敦的 61 次、纽约的 57 次和东京的 35 次。上海的海外游客量也远低于国际大都市。

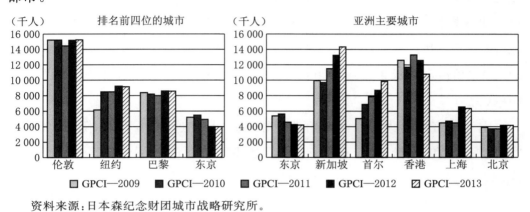

资料来源:日本森纪念财团城市战略研究所。

图 3.7　各城市海外游客数量

3.3　上海崛起为全球城市的主要潜力

如前所述,上海通过积极参与全球化、大力推进信息化、构建枢纽型网络节点、扩展流量经济、构建服务经济产业体系、完善空间布局、优化发展环境和提升国际影响力等,强化了上海国际大都市的综合服务功能,更好地发挥了服务全国、联系亚太、面向世界的作用,进一步增强了高端服务功能,初步成为具有国际影响力和竞争力的大都市,这为上海崛起为全球城市奠定了良好基础。但是,上海建设全球城市的现实进展也表明,与纽约、伦敦、东京等综合性全球城市相比,上海在全球化程度、流量经济等级、产业先进性、发展环境优越性和国际影响力等方面还存在不小差距。为此,上海需要进一步抓住机遇,着力挖掘城市潜力,才能崛起为全球城市。

3.3.1　区位腹地支撑

全球城市的形成通常需要诸多经济腹地支撑,这往往以城市群的形态呈现。城市群主要指城市在空间上相互地集聚在一起,而全球城市区域里的城市都是高度国际化、全球化的,是全球导向的,而且对外对内的联系是互相交织在一起的,同时也成为全球的产业平台。

从已经相对成熟的全球城市伦敦、纽约、东京来看,全球城市无不具有明显的区位优势。这些大多处于重要的国际交通枢纽,拥有较为发达的口岸、港口和机场资源。如纽约位于大西洋沿岸城市中间点,纽约港港阔水深,终年不冻,海岸线长达近600英里。良好的区位便于形成吸引要素集聚和功能扩散的强大网络,也构成了全球城市崛起的初始禀赋,并且具有不可替代和不可复制的特性。

上海与资源富集的长江三角洲相邻,通过长江连接中西部内陆,处于我国"黄金海岸"和"黄金水道"的交汇点,具备得天独厚的国际经贸区位优势和国内辐射优势。上海港是中国最大的枢纽港,是世界第一大海港和亚洲第一大航空港,具有良好的深水港资源。

上海通过增强在区域腹地的辐射和服务能力,进而扩散到更广阔的区域,是增强控制和决策能力、崛起为全球城市的基本路径。同时,长三角腹地整体实力的稳步提升也有利于上海吸引更多信息、资金、人才、物资等流量经济的集聚,增强上海对长江流域乃至全国的辐射和服务功能。

放眼未来,上海的经济腹地很可能扩容,发展潜力将进一步释放。中国社会科学院发布的《中国城市竞争力报告》指出,伴随长三角的区域广化和深化,一个覆盖上海、江苏、浙江、安徽40个城市的"超级经济区"已经浮现,有望带动中国区域经济格局发生重大变化。报告指出,从空间维度看,随着城市数量的增多和空间范围的扩大,长三角在6年后将形成以上海为中心,北至连云港、徐州,西至安庆、六安,南至温州、丽水,包括沪苏浙皖40个城市的超级经济区。据估计,沪苏浙皖一市三省的人口达到2亿,地域面积34万平方公里。从时间维度看,长三角以上海为中心的"两小时经济圈"的空间范围不断扩大,到了2020年将覆盖上海、江苏、浙江全境,以及安徽除亳州以外的40个地级及以上城市。届时,所有城市与上海之间的最短往返通勤时间将控制在四小时内,能实现当日工作往返。

3.3.2 智慧城市建设

20世纪80年代以来,以信息技术为核心的新科技革命带来的信息化,正通过信息技术的广泛应用及网络效应在世界范围内展开,迅速改变着城市的政治、经济、文化及景观等各个方面,并对原有的城市要素进行着快速的重新塑造和组合,逐步建立起城市综合信息网络。信息化促进了物流、人流、技术流和资金流的聚集和扩散强度和速度,使各种"流"将空间上距离遥远的地域联系在一起,并引发交易革命。在信息化改变城市的过程中,城市的空间逻辑发生了转化。城市从地方空间转化为"流动空间",城市之间的相互作用并不受物理距离的限制。基于"流动空间"的中心城市,实际上成为了信息网络传输的节点。

可见,信息化是形成全球城市的基础条件和重要推动力。一方面,在信息化背景下,"流动空间"通过电信网和交通网把城市联系起来,并将其纳入全球空间,从而为形成全球城市提供了坚实的基础。另一方面,由于信息化的发展速度是非线性的,进入信息化的城市的发展速度越来越快,呈现加速度方式发展,最终确立所处的枢纽和主干信息节点的地位,更有助于发展成为全球城市。近年来,互联网技术的日益成熟并得到广泛应用,逐渐成为全球城市连通外界的重要渠道,不仅把新经济的各种产品(信息、知识和交流)从产地运送到市场,进一步缩短了城市之间的距离,同时承载着信息流、资金流和商流的"流动",为建立城市"流动空间"提供了强大的支持。在互联网的作用下,传统的"地理空间"逐渐向"流动空间"演变,引起全球资源要素配置方式发生改变,导致城市能级发生相应调整。

而且,信息化与全球化相互交汇作用,将继续使越来越多的城市卷入全球经济关系之中,成为基于网络结构的全球化城市。当代的全球城市是世界城市网络体系的基本节点,拥有大量对外的网络关系,通过资金流、劳动力流、商品流、服务流、信息流与外部发生密切联系,高效地配置全球资源要素。在这样的背景下,全球城市在世界城市网络中的层次直接决定于全球城市的全球网络连通性或网络化联系的程度,信息化在其中起着关键的支撑作用。

在信息化浪潮下,上海加快推进智慧城市建设。2011年,上海发布《上海推进智慧城市建设2011—2013年行动计划》。通过三年的持续推进,目前上海基本形成了"基础设施能级跃升、示范带动效应突出、重点应用效能明显、关键技术取得突破、相关产业国际可比、信息安全总体可控"的局面,上海在光纤到户覆盖能力和用户规模、WLAN(无线局域网)覆盖密度和规模、城域网出口带宽、高清电视和高清IPTV用户数、三网融合试点业务用户规模等走在全国前列。同时,智慧城市也促进了云计算、物联网、新能源材料等高新科技的发展,为战略性新兴产业在物流、医疗、建筑、环境、社区等方面的深化应用催生出一大批新生业态。上海智慧城市建设已经迈入新的阶段。平均速率连年翻番的城市光网,正推动上海朝着更"智慧"的方向前行:"智慧政务"、"智慧行业"、"智慧社区"等智慧应用,推动信息技术在城市管理、公共服务、经济发展、市民生活等领域的广泛运用。与此同时,上海电信在IPv6、云计算、高带宽应用等新型信息技术和业务方面的创新,也推动着城市光网朝着更宽、更快、更智能的方向发展。

未来30年,信息技术的应用范围和应用水平都将出现巨大进步,并继续改变全球资源要素的流速、流向和流量,深入推动世界城市网络体系和城市形态发生变化,这将加速上海全球城市的崛起。尤其是,伴随互联网的快速发展,移动互联网、物联网、车联网、云计算等新一代信息技术日趋成熟,共同推动城市形态向智慧城市演变。上海作为崛起中的全球城市,已经成为世界城市网络体系的次节点,在一定程度上控制与承载着互相依赖的资源要素、金融和文化的流动,信息化水平的高低不仅关系到上海城市功能作用的发挥,决定着城市的综合竞争力,还将是上海崛起成为全球城市的关键支撑。

3.3.3　城市功能提升

一个城市在全球城市网络体系中所处的位置,与其城市经济流动性的能级水平直接有关。城市经济流动性能级水平表现为城市服务功能、城市现代化水平、城市经济增长方式和城市影响与控制力等方面。由于流量经济具有流动性、规模化、开放性、协作化、网络化和电子化等特征,是通过组织各种要素的有序、高效和持续不断的流动来发展经济的,所以全球城市必须吸引各种要素大规模地集聚,并高效率地运作,再向周边地区辐射,形成规模越来越大、效率越来越高的要素流,流量经济发展便成气候。

为此,弗里德曼根据城市在全球经济和空间体系中的作用,把城市分为四个不同层级。其中:(1)"全球金融节点"城市是能发挥全球性经济、政治和文化影响的全球性的城市,集中了远远超出常规比例的世界上最重要的经济机构与组织(如国际金融机构、跨国公司总部和国际性服务业机构等),发挥着全球性的战略作用与影响。(2)"跨国节点"城市是一些经济实力雄厚、功能相对齐全,能够在世界上几个主要地区和国家的经济、政治、文化及社会生活中发挥主导作用的城市,既是国际资本和商品集散中心,国际经济、政治、文化、信息中心,同时也是国内经济与国际经济的结合点。(3)"重要的国内节点"城市是一些迅速发展起来的国家和地区的首要城市,多数为各国家的首都或本国的政治、经济、文化学术中心,联系外部世界的窗口,也是带动国内各类城市融入世界城市体系的前卫力量。(4)"地区性节点"城市是一些在国内某一经济区域范围内发挥重要作用的主要城市,在区域范围内发挥着集聚与扩散的功能,从而成为该区域的经济中心。弗里德曼的这一世界城市网络中的层级结构体系,强调城市节点的权重与大小,即联系性的强弱程度决定了不同城市的地位与职能。联系性较弱的城市,只能在其所在地区形成区域性的地位与职能;联系性较强的城市,会超出其所在地区形成全球性的地位与职能。因此,与外部的连通性和协同性程度,直接反映其城市的能级水平,从而决定其在全球城市网络体系中所处的位置。

金融中心方面,上海是亚太地区最具成长性的金融中心城市,具备成长为全球金融节点城市的潜力。新华—道琼斯指数的成长发展二级指标从资本市场成长性、经济成长性、创新潜能储备三个子要素出发综合了 45 个国际金融中心城市在这些子要素上的评价结果,得出了成长发展要素排位。结果显示,2013 年上海排第一位,而且这已经是上海连续四年排名第一。该指数同时还对金砖国家金融中心的金融创新程度进行了评价。上海的得分高于其他城市,排在五个城市之首,得分排名向后依次是约翰内斯堡、圣保罗、孟买、莫斯科。

表 3.25　新华—道琼斯指数金融中心成长发展排名前 10 位的城市

排　名	2013 年	2012 年	2011 年	2010 年
1	上　海	上　海	上　海	上　海
2	香　港	纽　约	香　港	香　港
3	伦　敦	伦　敦	东　京	北　京
4	纽　约	香　港	纽　约	纽　约
5	新加坡	北　京	新加坡	东　京
6	北　京	东　京	北　京	伦　敦
7	东　京	新加坡	伦　敦	新加坡
8	深　圳	深　圳	迪　拜	迪　拜
9	巴　黎	巴　黎	首　尔	巴　黎
10	迪　拜	法兰克福	深　圳	深　圳

　　航运中心方面,上海具备崛起为全球航运节点城市的潜力。一是邮轮母港建设渐入佳境。目前在国内,上海、香港、天津等几大城市都有建设"邮轮母港"的潜力,但相对而言上海的优势更强一些。例如位列世界 500 强之一的 ABB 公司是全球领先的电力和推进系统供应商,提供了全球大约 50% 的船舶电力系统和 80% 的吊舱式推进系统,目前将旗下核心技术 Azipod.C 生产基地从芬兰迁至上海,实现了该公司最高端船舶产品中国"本土化"的战略,这无疑将大大增加上海邮轮经济的发展潜力。二是航运服务功能显著提升。目前在沪的与国际航运相关的外资机构达到 250 家。全球十大国际集装箱班轮公司、九大船级社分别在上海设立了总部、区域总部或分支机构。海事仲裁、运价交易、保险公估、航运咨询等国际航运专业服务机构相继在上海建立。非双边海运协议关系国在华设立独资公司、航运经纪人准入制度也是首先在上海取得突破。

　　贸易中心方面,上海具备崛起为全球贸易节点城市的潜力。上海目前已经初具国际贸易中心的基本条件,外贸总额、港口货物吞吐量、集装箱吞吐量位居首位,上海正处在国际贸易中心建设的关键阶段。来自美国麦肯锡全球研究院的《2025 年全球最具活力的 75 座城市》报告显示,上榜的 29 个中国内地城市中,上海排名第一(全球最具活力的 75 座城市的排名主要标准是 2025 年的城市 GDP 较 2010 年的增长量)。报告预测,上海到 2025 年,人口将达到 3 090 万,GDP 将超过 1.1 万亿美元(约 7 万亿元人民币),较 2010 年增长

344%,增长 8 615 亿美元。另外,上海位于长江三角洲城市经济群,这是巨大的经济发展动力来源。长江三角洲是世界第六大城市群,上海是中国最大的经济中心,又是长江三角洲的龙头城市,对国内、国外市场都有着庞大的辐射。这些要素综合形成一股强大的"磁场",使上海成为亚太地区最具经济活力、最具成长潜力的全球城市,是亚太地区外商投资首选目的地,同时也是跨国公司在中国内地设立总部的首选目的地。特别是,自贸试验区将利好国际贸易中心建设。中国(上海)自由贸易试验区推进是上海国际贸易制度突破的关键之举,将在未来放大上海既有优势,弥补上海的不足之处。自贸试验区涉及投资、创业、营运、金融、财税等方面的制度创新与设计,将建立与国际投资和贸易规则体系相适应的行政管理体系,培育国际化、法治化的营商环境,这将极大地释放经济活力,推动上海贸易转型升级。

3.3.4　产业转型升级

与全球城市相比,上海产业结构不够优化,产业能级偏低,在资源配置和功能培育方面仍有较大差距,处在向"高端功能"培育和"全球资源"集聚的转型阶段。

第一,金融创新能力明显偏低。金融产品尤其是金融衍生品不够丰富,人民币产品创新能力不足,这在一定程度上是受现有体制所限,目前,金融产品还是审批制度,伦敦、纽约等成熟金融中心是市场化的产品创新机制。金融开放度还不够高,这主要与人民币国际化进程、资本项目尚未开放有关。同时市场准入门槛很高。目前,一些外资机构在上海仍以设立代表处为主,部分业务开展仍受制度约束;民间金融机构进入市场的限制更多;除此之外,一些国有企业跨行政区域展业也存在政策壁垒。

第二,航运服务业目前基本上停留在下游产业,大量的人力、物力和财力主要集中在码头装卸、货物运输、代理业务和劳务服务等劳动密集型领域,缺乏高层次的现代航运服务产业。(1)在航运经纪业务方面,2009 年上海的二手船舶交易额为 25 亿元,而香港的二手船舶交易额为 80 亿元,伦敦的二手船舶交易额为 1 223.46 亿元,上海地区的二手船舶交易额仅为伦敦的 2.04%。2009 年,香港注册的航运经纪公司为 35 家,伦敦注册的航运经纪公司为 400

家。而截至 2013 年 1 月，上海注册的航运经纪公司为 17 家，在数量上远远落后于香港和伦敦。(2)在海事仲裁方面，作为航运法律服务的高端产业，国际海事仲裁历来是海运贸易的软实力标志，截至 2013 年 12 月 18 日，上海海事仲裁案件数量为 104 件，同比增加了一倍；争议标的为 12.75 亿元人民币，同比增加 12%，两项指标均创历史新高。但 2009 年，香港和伦敦的海事仲裁案件数量已经分别达到 429 件和 3 684 件。2013 年上海海事仲裁案件数仍不足 2009 年香港的 24%，仅为伦敦的 2.8%。(3)在航运金融方面，以 2010 年航运保险费用为例，全球海上保险市场规模约 250 亿美元，伦敦航运保险费用收入占全球市场份额的 20.1%，东京占 10.6%，上海仅占 1%。(4)在船舶融资方面，上海的航运金融衍生品交易还未取得突破。当前，全球船舶贷款规模约 3 000 亿美元，全球船舶租赁交易规模约 700 亿美元，航运股权及债券融资规模约 150 亿美元。而全球船舶贷款、融资业务几乎被全球公认的三大船舶融资业务中心——伦敦、汉堡和纽约掌控。世界上许多规模庞大、享有商誉的海损理算公司、国际上主要的保障及赔偿组织都在香港开设代表处或办事处。相比之下，上海在相关领域涉足较少，在全球的市场份额不足 1%，这与上海港货物吞吐量世界第一的地位是不相称的。(5)在国际航运组织方面，波罗的海国际航运公会上海中心、波罗的海航交所上海办事处已相继落户浦东。国际海上人命救助联盟亚太中心、中国贸易促进委员会上海海损理算中心、亚洲船级社协会中韩联合秘书处也明确即将落户上海，上海在航运功能性机构建设方面取得新的突破，但数量上仍显不足，香港和伦敦入驻的国际航运组织分别为 10 家和 48 家。

第三，在总部经济方面，发展总部经济可以为区域发展带来多种经济效应，如税收效应、产业乘数效应、消费效应、就业效应、社会资本效应。大批国内外企业总部入驻，可以提高区域知名度、信誉度，促进区域政府提高服务质量，优化商务环境，完善城市基础设施和人居环境，推进多元文化融合与互动，加快城市国际化发展（毛翔宇等，2013）。2013 年，上海新增跨国公司地区总部 42 家，其中亚太区总部 11 家；投资性公司 18 家；外资研发中心 15 家。但是与北京相比，仍有一定差距。2013 年，北京已有 48 家世界 500 强企业总部，首次位居全球城市第一，拥有 47 家世界 500 强企业总部的日本东京则退居第二。而且约 60％ 入围世界 500 强的中国企业的总部集中在北京,包括三大石油企业、三大电信运营商、四大国有商业银行等。上海则只有 8 家企业进入 500 强,分别是上汽集团、宝钢集团、交通银行、绿地集团、太平洋保险、浦发银行和百联集团等。

虽然现在上海总体上仍停留服务经济的初始阶段,但是未来上海推动产业转型升级存在现实可能性。一是将继续深化"四个中心"建设,上海将迎来现代服务业大力发展的重大机遇。二是国家加快打造长三角经济升级版,上海的龙头地位进一步强化。三是以跨国公司为主导的全球化将深化具有较强综合实力的大都市在全球的战略布局,上海将因此扩大对全球其他地区的主导力和影响力,逐步成长为全球城市体系中的领袖城市,成为代表国家参与国际竞争的重要力量。四是未来世界服务业将加快向东部转移,发达国家特别是国际大都市产业结构向服务业的转变,进一步延伸了全球城市在全球的触角,全球城市掌握了金融、信息、研发、专业服务等高端现代服务业,从而进一步提升了在全球产业分工中的地位,这将促使上海承接国际转移,加速服务经济高度化发展。

3.3.5 人力资源开发

全球城市是人才国际流动与集聚的交汇点,同时,能否成为全球范围内人才流动和集聚枢纽成为现时代全球城市的主导因素。全球人才枢纽是在人才自由流动基础上建构起来的全球人才网络中因人才高度集聚形成的对全球人才流动配置、集聚等具有中心功能、关键作用、重要影响的核心节点。形成中的全球人才枢纽,一般经历极化、嵌入、融合、形成与重构阶段。而要成为崛起的全球人才枢纽,必须培育人才竞争优势、嵌入全球人才网络、搭建世界级事业增值平台、营造宜居活力人才生态、建构具有竞争力的人才治理模式。

目前,上海的国际化、高端化、专业化人才不足。未来,上海将从建设全球城市的战略高度出发,借鉴发达国家全球城市人才管理的经验和模式,充分利用自身的优势,进行人才战略谋划,重点引进创新型人才、高端服务人才和领军型经营人才,实现人才构成的全球化、人才素质的全球化和人才流动的全球化。届时,上海将以建设"全球人才港"为目标,建立与完善三大体系和三大机制,推进全球城市建设①,上海既可能获取人口结构优化的红利,也能获取全球人力资源迁移带来的红利。

3.3.6 营商环境优化

当前来看,上海的发展环境与国际大都市还存在很大差距。但是,未来在全新的全球投资贸易时代,中国向全世界投资、贸易伙伴呈现的不再是低成本的地价、廉价的普通劳动力、各种财税优惠政策,而是用国际化法治化的营商环境展现吸引力。特别是上海自贸区试验区建设为全面提升营商环境,推动上海发展成为全球城市提供了重要机遇。《中国(上海)自由贸易试验区总体方案》在总体目标中明确提出要"着力培育国际化和法治化的营商环境"。而且,上海当前正在以自贸区为依托,率先构建国际化法治化营商环境。

一是努力营造有利于企业健康发展、有利于市场秩序稳定有序的市场主体准入环境。例如试行注册资本认缴登记制、放宽注册资本登记条件、试行"先照后证"登记制、试行年度报告公示制等,同时优化企业设立流程提升试验区登记效能。同时强化工商部门市场监管和行政执法的职能作用,探索建立与国际高标准投资和贸易规则体系相适应的市场主体监管方式。强化部门间协调配合,形成监管部门分工明确、沟通顺畅、齐抓共管的工作格局,增强监管合力,提升监管效能,共同营造统一开放、公平诚信、竞争有序的市场环境。

二是进一步完善对外投资环境。例如,一直以来,国内企业开展对外投资活动,涉及的审批部门较多,时间较长,企业往往错过海外竞标良机。私募股权机构也常常遇到同样问题。自贸区设立后,上海市政府出台了自贸区《境外投资开办企业备案管理办法》以及《境外投资项目备案管理办法》,允许企业境外投资采用备案制。同时区内还将引入托管银行机制,可以掌握股权投资企业境内募资和境外投资情况,在减少事前审批的同时,强化事中、事后监管,把试验区打造成私募股权企业"出海"的大本营。

经过半年多的运行,上海自贸试验区已经在投资贸易便利化、金融创新、

---

① 三大体系:一是专业化、国际化、网络化的人才服务体系;市场化、协调化的人才结构体系;多层次、全方位的人才市场体系。三大机制:一是海外人才集聚长效机制;二是创新人才和领军人才营造机制;三是柔性人才流动管理机制。运用法律手段和市场规则,促进人才合理流动。

服务业开放和政府监管等方面取得了突出的成果。围绕国务院方案中明确的试点要求,2013年上海自贸试验区重点推进了制度创新、服务业开放、功能拓展和法制保障等四方面的工作,其中,制度创新主要涉及投资、贸易、金融和综合监管四个领域,有些领域取得的效果超过预期,比如,对外商投资实施负面清单管理后,90%的新设项目改为备案制,超过负面清单设计时备案项目占比85%的预测目标。随着自贸区建设的深入推进,上海的营商环境将得到全面提升,进而为企业经营、发展以及全球资源要素在上海的快速、高效和自由地流动创造了良好的外部环境,为上海建设成为全球城市提供了重要的推动力量。未来,随着自贸区建设形成可复制可推广经验,上海将大大提升营商环境。

第 4 章　上海发展的优势与劣势

随着上海在全球化参与、信息化推进、网络节点构建、流量经济扩展、空间布局完善、发展环境优化和国际影响提升等方面取得显著进展,上海崛起为全球城市的现实条件日益成熟。但与此同时,上海与纽约、伦敦、东京等全球城市相比,总体发展上仍存在较大差距。为此,有必要立足上海发展的现实基础研究,以全球城市视角聚焦网络联系、空间结构、国家战略、资源配置、环境保障等领域,进一步剖析上海崛起为全球城市的优势劣势。

4.1　网络联系

全球城市是世界城市网络的主要节点,具有发达的全球网络联系。因而,上海崛起为全球城市是否具备优势,首先需考察其城市网络构建及其全球连通度。

4.1.1　概述

全球城市网络推动和承载各类资源要素向全球城市流动和集聚,包括以"全球服务公司"为核心的跨国机构网络、以"功能性平台"为核心的功能平台网络和以"城市基础设施"为核心的物理网络。在全球资源要素的流动过程中,以"全球服务公司"为核心的跨国机构网络对全球资源要素的流动和集聚起控制和支配作用;以"功能性平台"为核心的平台网络对全球资源要素流动和集聚起着不断增强的引导作用;基础设施网络尤其是以互联网为基础的信息通信网络,对全球资源要素的流动起着物理支撑作用。这是因为,经济全球化与信息化交互作用,推动各种经济资源打破国家界限在全球范围内快速流动,持续改变城市的空间逻辑,即从地方空间转化为流动空间。其中,不断深化的经济全球化塑造了"以城市为核心"的经济空间关系,日益普及的信息化进程构建起新的城市"流动空间"。两大空间承载着城市之间资金、劳动力、商品、服务、信息等资源要素的流动,为全球城市实现节点功能提供了必要条件。

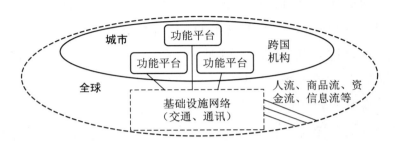

图 4.1　城市的对外网络

　　高度发达的对外网络是上海连通全球的必要条件,它支撑资金、劳动力、商品、服务、信息等资源要素在上海流动和集聚,为上海崛起为全球城市提供了关键支撑。经过多年的发展完善,目前上海基本建成"枢纽型、功能性、网络化"城市基础设施平台,打造了一批涵盖商品市场、资本市场、期货市场、技术市场的高能级资源要素配置平台,集聚了一大批为商流、信息流、资金流、物流等提供专业化服务的企业平台和跨国公司。

　　近年来,上海对外网络连通度快速提升,为上海建设全球城市创造了有利条件。Taylor 曾于 2006 年对亚洲城市的网络连通度进行计算,结果发现:2000 年,上海的网络连通度居于全世界第 31 位,远低于纽约、伦敦、巴黎和东京等全球城市,2004 年上海的网络连通度上升到了第 23 位,增长速度位居世界前列水平(Taylor Peter J., 2010)。目前,上海的网络连通度已经与伦敦、巴黎、纽约处于同一水平。例如,2014 年 4 月,西班牙纳瓦拉大学商学院与全球化与战略研究中心联手发布的《2014 年 IESE 城市发展指数(ICIM)》研究报告显示,上海在国际联系方面表现不俗,甚至好于东京和首尔,在全球城市网络方面为上海建设全球城市造就了明显优势。

4.1.2　基础设施网络

　　基础设施网络是上海建设全球城市必不可少的物理条件,涉及交通设施、港口码头、航空港、信息通信设施等。其中,信息通信设施的作用在全球化和信息化背景下愈加凸显(尤其是信息不均衡布局背景下),不仅支撑着信息流在城市间快速流动,而且引导着资金流、技术流和服务流向城市集聚和扩散。总体而言,上海的城市基础设施比较先进,为上海建设全球城市提供了重要的基础保障。从国内来看,2011 年发布的《中国城市竞争力报告》显示,上海的基础设施竞争力排名第 1 位。从国际来看,2012 年 12 月美世咨询公司的"2012 美世城市基础设施排名"显示,上海排名第 86 位,跻身于世界前 100 名。

首先,上海基本建成枢纽型、功能性、网络化的交通基础设施,为国内外人流、商品流向上海集聚和扩散提供了重要通道,为上海建设全球城市创造了有利条件。水运方面,上海地处长江入海口,拥有发达的水路网络、港口和码头,能够实现与长江流域城市的高效便捷连接。海运方面,上海具有世界级的港口码头,上海港基础设施发达,其吞吐的货物量在全球处于领先水平。据上海国际航运研究中心发布的《全球港口发展报告(2013)》显示,上海港以 3 361.7 万标箱的成绩雄踞榜首,稳居全球第一大集装箱港之位。空运方面,上海有两大国际机场,旅客和货邮吞吐量均处于领先水平。浦东、虹桥两大国际机场 2013 年的旅客吞吐量分别排在全国的第三和第四位,2012 年的货邮吞吐量分别排在全国的第一和第六位。上海有发达的陆路交通网络,能迅速连接长三角地区和国内其他区域。上海不仅拥有连接西部区域的 312、318 和 320 等三条国道和串起南北区域的 204 国道,而且拥有连接周边城市的京沪、沪宁、沪杭等高速公路和连接南通的跨江隧道以及跨越杭州湾大桥等,此外,还拥有上海站、上海西站、上海南站三个客站以及通往全国的火车、高铁、动车等轨道交通网络。这些发达的交通网络在长三角都市圈内以至全国范围内形成了巨大的物流、人流、资讯流、资金流、技术流,具备明显的"连接国内、通达全球"的连通优势。

其次,上海信息通信基础设施发达,在国内处于领先水平,为全球的信息流、资金流和服务流向上海集聚和扩散创造了条件。近年来,上海大力推进智慧城市建设,在光纤到户覆盖能力和用户规模、WLAN(无线局域网)覆盖密度和规模、城域网出口带宽、高清电视和高清 IPTV 用户数、三网融合试点业务用户规模等方面走在全国前列。据统计,至 2013 年末,上海光纤到户能力覆盖家庭数达 803 万户,实际光纤用户达 360 万户,国际、国内互联网出口带宽分别达 650 Gbps 和 3 500 Gbps,各类互联网数据中心(IDC)机架总量达 3.4 万个[①]。中国社会科学学院 2013 年发布的《中国城市竞争力报告》显示:上海在中国信息城市竞争力排名中名列第 1 位。比较 2012 年的数据可以发现,上海在最重要的互联网普及率、家庭宽带接入用户数等指标上超过了广州和北京。目前,上海已经成为国内宽带网速最快,国际网速提升速度最快的大城市。根据国内第三方测速机构蓝汛公司(China Cache)以及国外测速机构 Net Index 近期发布的数据,上海已成为全国网速最快的大城市,也是国际上网速提升最快的城市。上海近 4 年下载速度提升了 6.9 倍,远远超过其他国际大都市。未来五年,上海在移动互联网、物联网、车联网、云计算等领域的优势也将日益凸显,这将为建设全球城市创造更加有利的条件。上海智慧城市建设已进入新阶段,正在建设国际水平的通信基础设施,构建基于云计算为基础的开放能力平台,提供贴合用户需求的智慧应用。以物联网、云计算、移动互联网等新兴信息技术为基础的智慧城市将为上海建设全球城市提供新的动力,大幅提升上海在世界城市网络体系中的地位,引导更多的资源要素向上海流动和集聚。

表 4.1　上海通信设施与北京、广州比较

评价指标	上　海	北　京	广　州
固定电话普及率	37.93%	42.68%	44.93%
移动电话普及率	126.38%	153.10%	236.80%
有线电视普及率	15.35%	—	—
互联网普及率	73.5%	70.46%	63.1%
家庭宽带接入用户数(万户)	627	572	563
家庭宽带接入用户普及率	54.1%	—	61.1%
无线网络覆盖率	—	—	66.4%

注:(1)互联网用户普及率和家庭宽带接入用户普及率为根据第六次人口普查调整后的数据;(2)人均数据依据常住人口计算,数据更新至 2012 年底。

4.1.3　功能平台网络

随着平台经济的兴起,功能平台网络在全球城市发展中发挥着越来越突

① 上海市统计局:《2013 年上海市国民经济和社会发展统计公报》,http://www.stats-sh.gov.cn/sjfb/201402/267416.html,2014-2-26。

出的作用,是引导全球资源要素向城市集聚的重要载体。在全球市场中,功能平台网络引导全球资源要素向全球城市流动和集聚,扩大全球城市的国际影响力,维系全球城市在世界城市网络体系的节点地位。具体来看,功能平台围绕商品、资金、信息等要素的优化配置,提供了产品交易、物流配送、资金结算等全方位服务功能,直接沟通了生产、消费、物流、支付等从生产到服务的链条,不仅支撑国内外资源要素在全球城市流动,而且辐射更大的地域范围,对资源要素的流向发挥着强大的引导作用。这种作用主要体现在三个方面:(1)中介作用,为资源要素流动提供有效的对接平台;(2)咨询作用,为加速资源要素流动提供专业化、全方位服务;(3)支配作用,主动引导资源要素的流向、流速和流量。上海的功能性平台类型丰富,要素流动规模巨大,覆盖范围宽广,是上海建设全球城市的重要优势。

从平台形式看,上海既有基于物理空间的商品交易市场,又有基于互联网的网上交易市场,如易贸网、东方钢铁等。从平台类型看,上海既有大量商品交易市场,如上海石油交易所、上海黄金交易所等,又有一些服务交易平台,如上海陆上交易中心等,还有一批门类齐全的金融交易市场,如上海证券交易所、上海期货交易所、上海联合产权交易所、上海市银行间货币市场等。

但是,上海功能性平台在全球的占比仍然偏低,创新程度还不足,是上海崛起为全球城市的一大劣势。以金融市场为例,上海的股票市场、期货市场等已经达到较大的交易规模,但是在全球市场规模的比例仍然偏低,对全球市场的影响力还比较弱小。比如,上海 2012 年的股票交易额仅占全球的 5.3%,这在短期内难以改变。从创新程度上看,受制于国内金融监管制度,上海与国内其他城市一样,其金融创新程度远远低于国外金融市场。随着中国(上海)自由贸易试验区的深入推进,上海的金融创新环境将得到改善,金融创新程度将得到一定程度提高,但尚需较长时间方能实现赶超。

4.1.4 跨国机构网络

跨国机构支配和控制着全球资源要素的流动,是全球城市中的行动单元,构成了全球城市网络结构的"网络次节点层"。跨国机构的数量、规模和能级决定了其支配和控制全球资源要素的规模,进而对全球城市在世界城市网络体系中的地位起着关键作用。按照弗里德曼（Friedmann）和萨森（Sassen）全球城市的基本观点，全球城市网络形成的首要角色或主体是跨国公司和大型全球服务公司，而不是城市本身（周振华，2008）。

近年来，上海跨国机构的数量、规模、质量等都有较大增长，目前，上海不仅集聚了一大批国际性专业服务机构，而且吸引了一批跨国公司的功能性总部进驻上海。上海市经济和信息化委员会相关机构数据显示，上海已集聚跨国公司总部916家，央企总部及功能机构100多家，民营500强企业总部17家，上市公司总部300多家。跨国公司地区总部中亚太级以上总部已占15%左右，越来越多跨国公司将中国区总部升级为亚太地区总部，或设立事业部全球总部。

但是，与东京、纽约等全球城市相比，仍存在较大的差距，是上海崛起为全球城市的一大劣势。从能级上看，上海的总部企业能级较低，主要集中了跨国公司和国有企业的区域总部和功能性总部。从数量上看，上海总部企业数量也远不及纽约、伦敦、东京等全球城市，与北京的差距也在拉大。上海的全球总部企业数量较少。2014年，美国《财富》杂志网站发布世界500强企业最新排名显示，北京已拥有48家世界500强企业总部，超越东京的47家，而上海仅有8家。上海的区域总部企业数量也偏少。2013年，上海新增跨国公司地区总部42家，其中亚太区总部11家；投资性公司18家；外资研发中心15家。据新加坡经济发展局统计，2012年已有约4 200家跨国公司在新加坡设立了地区总部。上海作为国内跨国公司地区总部最集中的城市，2013年底这一数量不足500家。而且，上海的跨国地区总部的跨国指数①也偏低，缺乏核心产品与核心品牌，对全球资源要素流动的控制能力有限，不利于上海建设全球城市。

随着上海自贸试验区的深入推进，全球服务公司和跨国机构将不断云集上海，这可能改善这一不足。2014年7月，上海市政府发布《中国（上海）自由贸易试验区外商投资准入特别管理措施（负面清单）》（2014年修订），新版"负面清单"大幅瘦身，特别管理措施由原来的190条调整为139条，因扩大开放

---

① 跨国指数是指一个跨国公司的海外投资占总投资的比重，这代表其海外扩张能力。

而实质性取消的 14 条新政策中包括航运服务领域 6 条,商贸服务领域 3 条,专业服务领域 4 条,社会服务领域措施 1 条。上海自贸试验区目前的主导产业是国际贸易、金融服务、航运服务、专业服务、高端制造业。随着专业服务领域得到更大程度的开放,更多的专业服务企业和跨国机构将落户上海。

4.2 空间结构

全球城市与传统城市不同,具有独特的空间形态和结构。判断一个城市能否崛起为全球城市,空间结构特征是衡量条件之一。

4.2.1 概述

传统城市的空间结构是将城市承担的为生活、生产、文化、教育、政治服务的多种功能高度地集中在有限的城市空间内,形成城市功能中心,即中心城,并以此单核心为基础不断向外空间拓展。全球城市则不同,其中心城与郊区不再是简单的"核心—外围"的关系,而是"核心—次核心"的关系。全球城市的发展表明,多中心的空间结构是全球城市的重要特征,全球城市崛起越来越倚重全球城市区域及其外围地区的发展。

目前,上海正在逐渐形成与全球城市相适应的空间结构。从城市内部看,上海正在由单核心向多中心圈层结构演变。从经济腹地看,发达的长江三角洲地区正在形成全球城市区域,为上海建设全球城市提供重要支撑。从外围区域看,随着长江经济带战略的实施,上海的经济腹地正向长江流域的中上游拓展。未来,上海将继续联合长江三角洲地区和长江流域中上游的城市群打造"内连长江,外通全球"的空间格局,在亚洲经济最活跃地区塑造一个全新的全球城市区域。

4.2.2 城市空间

上海城市空间正在从单核心向多中心演变。1986 年,上海城市总体规划就提出要改变"同心圆圈层式"发展和"见缝插针"的局面,将中心城、卫星城、小城镇和农村集镇作为一个整体来考虑,争取形成"多中心开敞式"和"组合城市"的布局结构。90 年代后期,上海又提出"一城九镇"的构想,并付诸实施。《上海市城市总体规划》(1999—2020)明确提出形成"中心城—新城(含县城,下同)—中心镇—集镇"组成的多层次城镇体系及由沿海发展轴、沪宁、沪杭发展轴和市域各级城镇等组成的"多核、多轴"空间布局结构。目前,上海已经形成由 1 个中心城区、7 个新城和若干个小城镇组成的城市空间结构。其中,中心城区也在由单中心向多中心转变,现在的中心城区包括多个市级中心(人民广场行政中心、外滩—陆家嘴中央商务区、南京路等商业街和豫园等)和 4 个城市副中心(徐家汇、江湾—五角场、真如和花木)。

但是,目前上海各新城的能级相对较低,节点功能尚不完善,无法担任"次核心"的城市角色,对上海多中心布局的支撑有限。全球城市的崛起,必须改变单核心城市功能,调整成多心多核模式,但在实施中难以见效,东京、首尔等城市曾在这方面有深刻的教训。虽然上海早已实施"一城九核"发展策略,但在实际操作中,没有将"一城九核"建设与轨道交通建设紧密结合起来,未能形成以轨道交通为依托的产业集聚和人口集聚的新城镇,同时,中心城外的建成面积迅速扩大,但新城则明显发展不足。2013 年上海新城建设评估显示,郊区新城建设进展参差不齐,尚无功能健全的新城出现。新城在城市能级和节点功能方面的不足将削弱上海对国内外市场的影响力,降低上海在全球城市体系中的地位,是上海崛起为全球城市的一个劣势。

4.2.3 经济腹地

在全球化和信息化背景下,全球城市通过网络全面融入到区域、国家和全球经济的各个层次中。其中,一个明显的特征就是全球城市与其毗邻的腹地形成了密切的分工联系,呈现出所谓的全球城市区域现象(周振华,2008)。这些全球城市区域已成为当代全球经济的基本空间单位。在这个区域中,作为区域主要核心的大都市和与此内在联系的二级大中城市参与到经济全球化的进程之中,成为高度全球化的城市。其中,大都市在城市形成初期,空间上的表现主要是集聚过程,吸引各种资源要素向城市集中,而发展到一定程度后,经济辐射能力不断增强,辐射范围不断扩大,其扩散作用上升到主导地位,

表 4.2　专家对于上海七大新城现状的研判

新　城	城市性质定位	建设进程
松江新城	长三角重要的节点城市之一,上海西南部重要的门户枢纽,体现上海郊区综合实力与水平、具有上海历史文化底蕴和自然山水特色的现代化宜居新城	建设开发起步较早,城市形态较为成熟
嘉定新城	长三角地区综合性节点城市。其中,主城区建设为嘉定行政、经济、文化中心;安亭地区建设为产城融合的国际汽车城;南翔、江桥地区建设为具有综合城市功能的新型城区	建设进展较为显著,城市框架基本清晰
南桥新城	奉贤区的政治、经济、文化中心,上海服务长三角以及大浦东开发的重要门户枢纽,上海杭州湾北岸地区的综合性服务型核心新城	
南汇新城	具有国际航运中心服务功能的综合性现代化滨海新城	
金山新城	金山区的政治、经济、文化中心,杭州湾北岸地区的核心城市、石化创新产业的硅谷、生产性服务业聚集区;综合功能、中等规模、环境优美的滨海新城	总体规划经历调整,城市框架正在形成之中
淀山湖新城	商旅文一体化发展、生态环境优美的现代化湖滨城市	
城桥新城	上海北翼的中等规模新城;崇明岛域的政治、经济、文化中心;崇明南部滨江城镇产业带的核心;社会、经济、环境高度协调,生态宜居的现代化田园滨水城市	

资料来源:上海市人民政府发展研究中心课题组(2013)。

不断向周边地区扩张。这种由点及面的扩展在空间联系上远远超出城市本身,导致城市区域化。历史经验表明,全球城市不可能在一片落后的区域内独立存在。纵观国内外的全球城市,几乎都存在着与之相互依存的经济腹地。比如,纽约的经济腹地以美国最发达的东北工业区域为主,范围几乎遍及半个美国,香港的经济腹地不仅包括泛珠三角,甚至向南沙扩展。

　　上海的经济腹地覆盖了长三角大部分的地区,其影响腹地包括与其行政区直接相连的直接腹地,以及在泰州、杭州、湖州和绍兴境内的飞地。总体而言,上海的直接腹地包括两部分:核心腹地地区和外围腹地地区。其中,核心腹地地区指与上海行政区直接相连的三角形腹地,范围包括上海市域和苏州的张家港、常熟、昆山、吴江以及嘉兴的嘉善、平湖、桐乡和海宁的部分地区,外围腹地包括长江以北南通的大部分地区和泰州的泰兴、靖江以及杭州湾以南的宁波和绍兴的部分地区(冯婷、张坚,2011)。

无论从区域面积,还是从经济体量看,长三角经济腹地的优势都非常明显,这为上海建设全球城市提供了重要支撑。上海城市面积为6 340.5平方公里,远小于北京,略小于广州,但是,其所在的长三角地区面积达到21万平方公里。从国内看,长三角地区具有面积大,人口多的优势,还具有经济发展水平相对较高的优势。2013年的经济总量已经达到97 760亿元(包括上海),占全国的17.2%,是中国经济最活跃的区域之一。从国际看,上海所在的长三角城市群面积在六大世界级城市群中居第二位,人口最多,经济发展水平最低,具有最大的成长潜力。

发达的长江三角洲地区不仅为上海建设全球城市提供了优质、广阔的腹地空间,而且为上海扩大市场规模、实现产业升级和扩大城市影响力创造了有利条件。具体表现在三个方面:

从市场角度看,经济腹地能有效扩大上海的市场规模,是上海建设全球城市的支撑力量。一方面,经济腹地为上海提供了巨大的市场空间。江苏、浙江等长三角城市的产业发展需要大量的高端技术、服务以及产品等支持,为上海大力发展现代服务业和高端制造业,建设国家金融中心、航运中心和贸易中心提供了大规模的市场需求。另一方面,经济腹地为上海连接广阔的国内市场创造了条件,除了上海在长三角地区的强辐射区域以外,长三角地区日益发达的物流业、咨询业、商贸业等也为上海辐射更远的区域提供了支持,支撑上海辐射范围的扩大,也推动上海崛起成为对全球市场有着巨大影响的城市。

从产业角度看,经济腹地能为上海提供产业升级转移的空间,是上海建设全球城市的配套载体。一方面,经济腹地为上海产业转移提供载体支撑。上海的地理空间有限,一些产业必须转移到周边经济腹地,经济腹地在承接上海产业转移的溢出效应的同时,实质上也为上海腾笼换鸟,产业转型提供了空间,为上海建设成为全球城市奠定了空间基础。另一方面,经济腹地为上海产业升级创造了条件。在全球产业转移的大背景下,长三角经济腹地的产业也在经历产业升级,进而形成对更高端产业的需求,为上海发展高端产业创造市场条件,持续支持上海的产业升级,助力上海增强辐射能力,成为新的全球城市。

从国际影响看,经济腹地能扩大流向上海的资源要素规模和上海面向全球市场的影响力,提升上海配置全球资源要素的能力,是上海建设全球城市的外部推力。一方面,经济腹地扩大了全球资源要素流向上海的规模。随着经济腹地的经济发展和产业升级,大量的资金、商品、信息、人才向长三角经济腹地集聚,其对全球资源要素的配置能力也在不断提升。上海作为与经济腹地相辅相成的中心城市,大量的资源要素也随着经济腹地的发展而不断从全球各地流向上海,扩大了上海资源要素的流动规模。另一方面,经济腹地大幅度提升了上海配置全球资源要素的能力和对全球市场的影响力。随着上海和经济腹地的发展,全球资源要素流向上海的规模进一步提升,上海能够支配全球资源要素的比重也在提高,其对全球市场的影响力因此而增强。在资源要素流动规模不断扩大和全球影响力不断增强的大背景下,上海对全球资源要素的配置能力也随之增强,进而为上海建设全球城市提供强大的外部推动力。

但是,受体制和机制约束,上海与长三角地区城市之间同质化发展突出,竞争大于合作,相互之间的内在联系仍然不足。长期以来,上海作为长三角地区的经济中心城市,长期处于鹤立鸡群的状况,与周边经济腹地之间的互补性较弱,远不及香港与珠三角、北京与环渤海等的互补性。虽然长三角地区的城市国际化程度都较高,与全球高度连通,但长三角地区内部各城市之间的关联性却较弱,城市产业结构趋同,互补性较差,与上海的互补性远没有达到应有的水平。虽然长江三角洲 15 个城市曾于 1992 年建立了协作部门主任联席会议制度,并于 1997 年升格为长江三角洲城市经济协调会,会员城市也陆续扩容到 30 个,但协调会的形式大于实质,不利于长三角地区发展为新的全球城市区域。

4.2.4 外围区域

随着长江经济带建设上升为国家战略,上海的经济腹地正不断向长江流域的上游拓展,这些地区也逐渐成为上海建设全球城市的外围地区。长江是中国第一、世界第三大河流,全长 6 211.31 公里,流经 11 个省、市、自治区,自西向东注入东海。长江流域全长约 3 219 公里,南北宽约 966 公里,流域总面积 1 809 500 平方公里。长江经济带东起上海、西至云南,涉及上海、重庆、江苏、湖北、浙江、四川、云南、贵州、湖南、江西、安徽 9 个省 2 个直辖市,横跨中国东中西部,流域面积占了全国的18%、人口占了全国的36%、GDP占了全国的37%。随着上海国际航运中心建设的深入推进,上海已经成为长江流域对外经济联系的重要门户和和传导枢纽。随着中西部开发战略的实施,沿海制造业加速向长江中上游地区转移,长江水运对于长江流域各省市的社会和经济发展的支撑作用逐渐增强,这将日益扩大上海建设全球城市的外围地区范围,增强上海与外围地区的经济联系。

4.3 国家战略

国家战略和地方行动促成了全球城市崛起。因而,国家战略支持是衡量能否崛起为全球城市的一个重要因素。

4.3.1 概述

国家战略是战略体系中最高层次的战略,是为实现国家总目标而制定的总体性战略概括。其任务是依据国际国内情况,综合运用政治、军事、经济、科技、文化等国家力量,筹划指导国家建设与发展,从而达成国家目标。与伦敦、纽约等成熟的全球城市不同,上海在建设全球城市的过程中,得到了一系列国家战略的强有力支撑,从而更有利于上海通过集聚资源、制度创新和辐射联动来提升在区域乃至国家的首位度和龙头地位,最终增强对于全球资源的配置能力。

4.3.2 功能提升战略

早在1994年,伴随着浦东开发潮涌,国际经济中心城市的战略目标正式写入中共上海市委六届三次会议报告。1995年,上海提出推进国际航运中心建设的战略构想。2001年5月,国务院原则同意《上海市城市总体规划(1999—2020年)》:2020年,把上海初步建成国际经济、金融、贸易中心之一,基本确立上海国际经济中心城市的地位,基本建成上海国际航运中心。2006年3月,胡锦涛在出席十届人大第四次会议上海市代表团讨论时,要求上海做到"四个率先",即"率先转变经济增长方式、率先提高自主创新能力、率先推进改革开放、率先构建社会主义和谐社会"。2009年4月,国务院印发了《关于推进上海加快发展现代服务业和先进制造业建设国际金融中心和国际航运中心的意见》(国发〔2009〕19 号文)。至此,上海"四个中心"的建设上升为重大国家战略。

这一国家战略的实施,一方面为上海建设国际金融中心和国际航运中心指明了方向,要求上海"到 2020 年,基本建成与我国经济实力以及人民币国际地位相适应的国际金融中心",同时"到 2020 年,基本建成航运资源高度集聚、航运服务功能健全、航运市场环境优良、现代物流服务高效,具有全球航运资源配置能力的国际航运中心",同时不断提高制造业的核心竞争力和附加值,全面提升现代服务业和先进制造业的发展水平。另一方面,由于"四个中心"的建设涉及体制、机制、政策、业务等不同领域以及政府、市场等不同部门,关系到我国现代化建设和改革开放大局,需要建立完善的推进机制,以保障"四个中心"建设的顺利有效实施。要实现这一目标,单靠上海的地方力量是远远不够的,只有在中央的统一领导下,发挥国家的制度优势,形成强大的推进合力,才能加快推进上海"四个中心"的建设。为此,国家从全局和战略的高度制定了一系列突破性的政策与制度安排,包括公正透明、体系完备的法律制度,规范公平、有序竞争的市场准入制度,宽松可控的外汇资金结算便利制度,有竞争力和吸引力的税收制度,快速高效、便捷安全的海关监管制度,符合新兴业态与服务模式的工商登记和财会管理制度,信息完备、资源共享的信用管理制度等。

这一国家战略实施以来,上海的国际金融中心建设取得新的进展,金融市场化与国际化程度明显提高,资本市场规模在亚太地区乃至全球位居前列,成为具有国际影响的金融中心之一。国际航运中心建设也取得重大突破,航运服务功能明显增强,港口集装箱吞吐量保持世界最前列,基本确立国际航运中心地位。国际贸易中心建设成效显著,上海成为全国服务贸易的重要基地和进出口商品的重要集散地,在全球贸易中的地位不断提升。在国际金融、贸易、航运中心建设的大力推动下,以新型产业体系为支撑的国际经济中心建设取得重要成果,城市辐射功能全面增强,服务能力全面提高,国际影响力和竞争力全面提升。总体来看,"四个中心"建设已经形成基本框架,并朝着 2020 年基本建成"四个中心"的目标迈出坚实步伐。这些为上海加快形成以服务经济为主导的产业结构,大力提升城市功能,从而崛起为全球城市创造了优势条件。

4.3.3　区域引领战略

为推进上海为龙头的长三角及长江流域发展,近年来国家先后出台了一系列区域发展战略,包括长江三角洲地区区域规划建设长江经济支撑带等,进一步提升了上海在国家战略布局中的独特地位。

1. 长三角地区区域规划

长三角地区区域规划是国家率先编制的区域规划之一。规划范围包括上海市、江苏省和浙江省,区域面积 21.07 万平方公里。规划以上海市和江苏省的南京、苏州、无锡、常州、镇江、扬州、泰州、南通,浙江省的杭州、宁波、湖州、嘉兴、绍兴、舟山、台州 16 个城市为核心区,统筹两省一市发展,辐射泛长三角地区。规划要求该地区发展为:(1)亚太地区重要的国际门户。围绕上海国际经济、金融、贸易和航运中心建设,打造在亚太乃至全球有重要影响力的国际金融服务体系、国际商务服务体系、国际物流网络体系,提高开放型经济水平,在我国参与全球合作与对外交流中发挥主体作用。(2)全球重要的现代服务业和先进制造业中心。围绕培育区域性综合服务功能,加快发展金融、物流、信息、研发等面向生产的服务业,努力形成以服务业为主的产业结构,建设一批主体功能突出、辐射带动能力强的现代服务业集聚区。加快区域创新体系建设,大力提升自主创新能力,发展循环经济,促进产业升级,提升制造业的层次和水平,打造若干规模和水平居国际前列的先进制造产业集群。(3)具有较强国际竞争力的世界级城市群。发挥上海的龙头作用,努力提升南京、苏州、无锡、杭州、宁波等区域性中心城市国际化水平,走新型城市化道路,全面加快现代化、一体化进程,形成以特大城市与大城市为主体,中小城市和小城镇共同发展的网络化城镇体系,成为我国最具活力和国际竞争力的世界级城市群。

为建设这一高等级区域,规划明确了以上海为龙头的发展格局:(1)以上海为发展核心。优化提升上海核心城市的功能,充分发挥国际经济、金融、贸易、航运中心作用,大力发展现代服务业和先进制造业,加快形成以服务业为主的产业结构,进一步增强创新能力,促进区域整体优势的发挥和国际竞争力的提升。(2)沪宁和沪杭甬沿线发展带,包括沪宁、沪杭甬交通沿线的市县。

优化城市功能,提升创新能力,严格控制环境污染重、资源消耗大的产业发展,保护开敞生态空间,改善环境质量,建成高技术产业带和现代服务业密集带,形成国际化水平较高的城镇集聚带,服务长三角地区乃至全国发展。(3)沿江发展带,包括长江沿岸市县。充分发挥黄金水道的优势及沿江交通通道的作用,合理推进岸线开发和港口建设,引导装备制造、化工、冶金、物流等产业适度集聚,加快城镇发展,注重水环境保护与生态建设,建成特色鲜明、布局合理、生态良好的基础产业发展带和城镇集聚带,成为长江产业带的核心组成部分,辐射皖江城市带,并向长江中上游延伸。(4)沿海发展带,包括沿海市县。依托临海港口,培育和发展临港产业,建设港口物流、重化工和能源基地,带动城镇发展,合理保护和开发海洋资源,形成与生态保护相协调的新兴临港产业和海洋经济发展带,辐射带动苏北、浙西南地区经济发展。

为此,规划还要求加快核心区发展。即以上海为龙头,南京、杭州为两翼,增强高端要素集聚和综合服务功能,提高自主创新能力和城市核心竞争力。核心区其他城市要抓住上海优先发展现代服务业和先进制造业的机遇,协同推进产业升级、技术创新和集约发展,增强现代产业和人口集聚能力。推动城市之间的融合,加快形成世界级城市群。

2. 长江经济支撑带

长江经济支撑带成为国家战略后,中国经济发展将形成由沿海珠三角、长三角、京津冀经济圈组成的"T形"结构。与以往的沿海、沿边及西部等区域战略不同,长江经济带战略综合性极强。这条经济带位处国土中心,横贯东西、联接南北、通江达海,而且资源丰富、经济发达,客观上不仅具有缩小东西差距的物质基础,还具有一肩挑两头的区域特征,将成为推动全国经济东西联动和全面振兴的最佳"战略扁担区"和中国经济的新支撑带。

首先,该战略必将推动长三角区域从市场经济体制下的"五流"合作,即人流、物流、资金流、信息流、技术流的合作,逐步走向制度的全面合作①。与过去倚重沿海对外开放不同,长江流域的整体开发更需要对内开放与区域合作,而且在东西双向开放战略之下,长江经济带与依托亚欧大陆桥的丝绸之路经

---

① 参见《长江经济带上海龙头怎么当》,《东方早报》,2014 年 5 月 14 日。

济带相联接,构建了沿海、沿江、沿边全方位开放新格局,因此作为仅次于"沿海经济带"的中国经济增长"第二极",长江经济支撑带战略必将为上海建设全球城市提供涉及综合经济、交通体系、市场体系、产业体系等多领域、全方位的新支撑和新动力。

其次,从区位来看,由于地处长江经济带和中国沿海经济带的交汇点,同时也是长江经济带上最大和功能最为完善的城市,上海原本就在长江经济带中发挥着极为重要的龙头引领作用,长江经济支撑带战略将进一步推动上海利用自身的产业优势、资源优势、区位优势和改革优势辐射和带动整个长江区域的发展,这必将在无形中提升上海的区域首位度,最大限度地发挥其辐射带动作用,从而加快上海建设全球城市的步伐。

再次,长江经济支撑带战略为上海打造"内连长江,外通全球"的全球城市创造了有利条件。一方面,随着长江经济带上升为国家战略,长江经济带各省市正在按照国家部署建设综合立体交通走廊,为资源要素的流动创造条件。比如,近期新开通的沪成渝动车组列车沿途经过上海、南京、合肥、武汉、重庆、成都等4省2市,横跨东中西部,串联起整个长江经济带,不仅拉近了长三角与华中、西南地区的时空距离,方便了旅客出行,同时对三个区域经济交往发展将产生推动作用。另一方面,东部地区很多产业正在向中部地区转移,推动资源要素加快流动。比如,安徽正在发展的皖江经济带,成渝地区目前也在大力发展电子信息等新兴产业,水运成本低、能耗少的竞争优势将加速资源要素沿着长江流域充分流动。

但是,目前长江经济支撑带建设仍存在长江航道、综合交通、产业结构调整和环境保护等一系列问题瓶颈,这对上海崛起成为全球城市造成一定制约。一是通航问题。三峡水库、长江中游荆江河段的"浅"和川江河段的"险"是目前长江航道的三大难题。二是产业问题。长江经济带呈分块单一发展,缺乏相互合作,产业结构日趋相同,出现大量重复建设、资金浪费现象,也使得区域之间出现不良竞争,形成贸易壁垒。三是环境问题。长江环境现状并不乐观,长江沿岸已形成近600千米的岸边污染带,森林覆盖率急剧下降,长江接纳的废水量位居全国各大流域首位,占全国近四成。

4.3.4 开放先导战略

浦东开发开放二十多年来，上海实现前所未有的历史性跨越，靠的是改革开放、先行先试。面向未来，加快建设全球城市更要依靠率先推进改革开放。其中，建设上海自贸试验区既是国家交给上海的重大任务，同时也是上海谋求新发展的关键一招。

上海自贸试验区的核心任务是制度创新，这是在新形势下推进改革开放的重大举措，目的是为全面深化改革和扩大开放探索新途径、积累新经验。要完成好这项任务，难度大、考验多，许多内容涉及改革"深水区"，尤其是政府职能转变，需要主动放弃许多已经习惯的做法，主动探索尚不熟悉、尚不习惯甚至有风险的举措，这就需要上海进一步解放思想、转变观念。同时，自贸试验区不同于以往的特区、新区或开发区，那些多为单边的，以优惠条件引进外部投资，而自贸试验区是双边的，既是外企"走进来"的便利，也为我国企业"走出去"创造条件，因此未来上海必将进一步通过建立符合国际化和法治化要求的跨境投资和贸易规则体系，使试验区成为我国进一步融入经济全球化的重要载体，为打造中国经济升级版作出贡献，这将助推上海成为全球贸易的结算中心和订单中心和全球的投资中心，进而成长为全球经济各种"流"的重要节点，推动全球城市建设。

除了上述国家战略外，上海还得到其他国家战略的有力支撑。例如，浦东综合配套改革试验区先后实施了3轮综合改革"三年行动计划"，推动了200多项改革任务，未来还将充分发挥自贸试验区的溢出效应，进一步拓展功能和扩大开放；张江国家自主创新示范区始终坚持增强自主创新能力不动摇，不断深化改革，在技术创新、产业发展、创新资源聚集、制度创新等方面积极探索，基本形成了协同推进机制，集聚了高端创新要素；闸北现代服务业综合改革示范区进一步加强与国家部委、市相关部门协作，突破市场准入、企业融资、土地资源利用等各方面的体制瓶颈，促进服务业发展。这些在国家层面先行先试的改革必将为上海建设全球城市营造良好的改革开放环境，从而更加有利于集聚和吸纳全球的资源和要素。

4.4　资源配置

全球资源配置能力是全球城市的功能特征。只有对全球经济、科技、教育、文化等资源产生重大影响的城市,才能称为全球城市。

4.4.1　概述

在经济全球化与信息化的交互作用下,各种资源要素全球流动加速。高度开放、广泛连通、密集流动、高效配置的全球城市,在全球资源协调与组织中扮演超越国家界限的关键角色,如纽约,伦敦等(周振华,2014),主导着全球要素资源的流向、流速和流量,形成了全球经济控制力、创新驱动力、教育影响力和文化吸引力。2012 年普华永道和纽约合作组织联合发布了《机遇之都2012》研究报告,报告显示:上海在经济影响力和门户城市两项指标方面,已与伦敦、巴黎、纽约一起跻身世界主要城市前五强,其中,上海在"经济影响力"中名列第五,在门户城市指标[①]上排名第四[②]。

4.4.2　经济控制力

随着新国际分工的出现和全球产业的空间调整,全球城市在全球经济的运行中处于控制节点的地位。特别是随着全球化程度的不断提高,在全球范围内进行资源配置的跨国公司更多地依赖城市体系向各地扩散,呈现经济资源流动的全球化、市场控制的全球化和经济管理的网络化等特征(苏雪串,2010)。

全球城市的发展进一步证明了以服务经济为主导的产业发展是其主要的驱动力,特别是对于那些处于全球城市网络体系中较高层级的全球城市而言,其经济增长更是依靠高度专业化的服务和金融产品的生产,以此集聚更多的人流、信息流、资金流、物流和技术流的自由流动。近些年来,上海产业结构的

[①]　门户城市指标以一系列数据变量衡量城市的全球连通性和吸引力,相关数据包括飞机起降架次和旅客流量、酒店客房数量、吸引国外直接投资领域的优势等。

[②]　参见 http://news.xinhuanet.com/house/2012-10/12/c_123813730.htm。

调整成效较为明显,第三产业增加值占全市生产总值的比重提高到 60%,以服务经济为主的产业结构逐步形成。但是从服务业总量上看,与目前纽约、伦敦、东京等国际大都市 70% 左右、香港 91% 的服务业比重相比,上海仍有较为有明显的差距。同时第三产业占 GDP 的比重也落后于北京的 76.5%。

从服务业的内部结构来看,上海现代服务业发展仍然较为滞后,没有形成现代服务业的专业分工体系,服务业的国际化程度不高,服务贸易不发达。特别是目前许多服务型全球城市的服务业达到了"4 个 70%",即服务业占经济总量达到 70% 左右,服务业从业人员达到 70% 以上,经济增长的 70% 来自服务业增长,生产性服务业占服务业 70%。相比而言,上海的服务经济仍存在一定差距:

一是金融中心建设突飞猛进,但仍存短板。加快上海国际金融中心建设,是促进国民经济平稳健康发展、打造上海和全国经济升级版的需要。经过多年的发展,上海的国际金融中心建设取得了明显进展,金融市场体系不断健全,金融对外开放进一步扩大,金融支持经济转型取得成效,金融机构体系建设稳步推进,金融发展环境持续优化,金融人才产生集聚效应。2013 年,上海金融市场交易总额(不含外汇市场)交易总额达到 588.87 万亿元,增长 20.9%,股票市场、期货市场规模跃居全球前列。但是,与国际金融中心比较,上海仍存在不少短板,如排位偏后,功能型金融机构集聚不足,缺少更为有效的金融服务、产品和工具,金融市场的广度不够、深度不足,金融市场环境建设仍有待进一步提高,金融人才支撑不足,等等。

二是航运中心建设稳步推进,但缺少全球话语权。就目前的发展现状来看,上海作为当今全球最大的腹地港口,在港口吞吐量水平、港口规模等硬实力方面,已基本具备了形成国际航运中心的条件。但上海还不是公认的国际航运中心,对比"具有全球航运资源配置能力"的要求,仍有较大差距,包括仍处于全球航运价值链的低端、国际流动型的航运服务业基础薄弱、高端航运人才严重缺乏等。

三是贸易中心功能初现,但影响力仍有待提升。上海国际贸易中心建设定位于六大功能:口岸货物集散功能、大宗产品交易和定价功能、贸易营运和控制功能、国际展览和跨国采购功能、国内市场流通功能、国际化购物天堂功

表 4.3　上海、伦敦、纽约、香港等城市在全球金融中心指数中的排名

	上　海	伦敦	纽约	香港	新加坡	深　圳
CFCI1	未进前 5	1	2	3	4	未进前 5
CFCI2	未进前 5	1	2	3	4	未进前 5
CFCI3	未进前 5	1	2	3	4	未进前 5
CFCI4	未进前 5	1	2	4	3	未进前 5
CFCI5	未进前 5	1	2	4	3	未进前 5
CFCI6	未进前 5	1	2	3	4	5
CFCI7	未进前 5	1	2	3	4	未进前 5
CFCI8	未进前 5	1	2	3	4	14
CFCI9	5	1	2	3	4	未进前 5
CFCI10	5	1	2	3	4	未进前 5
CFCI11	8	1	2	3	4	未进前 5
CFCI12	19					未进前 5
CFCI13	24	1	2	3	4	未进前 5
CFCI14	16	1	2	3	4	27

资料来源：Qatar 金融组织。

能。目前各功能已经初步显现,但仍然存在一定的瓶颈,包括商业发展后劲不足、市场定价能力相对较弱、贸易运营能力不足、服务贸易领域内部发展结构不平衡、缺乏国际贸易企业主体群、贸易服务体系不健全、专业服务业仍较为滞后等。

4.4.3　创新驱动力

全球城市是创新资源密集的城市,创新驱动是主要的增长动力。上海是我国的创新重镇,正转向创新驱动新阶段。

创新投入。上海的科技活动投入增长很快,但在国内并不领先,落后于北京、深圳,但好于香港、新加坡等城市。资金投入方面,2012 年上海的 R&D 经费投入为 679.46 亿元,占 GDP 比重为 3.37％,上海全社会 R&D 经费投入占 GDP 比重不及北京和深圳,地方财政科技拨款占地方财政总支出的比重也不及北京,但 R&D 经费投入占 GDP 比重比香港、新加坡分别高出 2.64、1.27 个

百分点；科技人力投入方面，2012 年上海市从事科技活动的人员总数达到 38.89 万人，R&D 人员达到 20.88 万人，R&D 人员全时当量达到 15.59 万人年，但研发人力投入不及北京和深圳，远远多于香港和新加坡的 2.53 万人、4.49 万人；科研设施投入方面，上海拥有的研发机构略低于北京。

创新产出。上海的科技活动产出弱于北京，但优于香港、新加坡等城市。2012 年上海共有 51 项获得国家科学技术奖励，占全国授奖总数的 15.1%。其中，获得国家技术发明奖励的有 7 项，获得国家科技进步奖励的拥有 36 项。2012 年上海市专利申请总量为 82 682 件，专利授权量为 51 508 件，发明专利授权量占专利授权总量比重达到 22.1%。在国内城市，2012 年上海的专利授权量较多，但发明专利授权数不及北京，发明专利占专利授权量的比重不及北京、深圳。与香港、新加坡等城市相比，上海的专利申请量分别是香港、新加坡专利申请量的 6 倍、43 倍，同时，2012 年上海的专利授权量为 51 508 项，分别是香港、新加坡专利申请量的 9 倍、60 倍。

创新人才。在全市人口受教育程度方面，上海的本科学位和硕士学位人数占总人数比例分别为 7.2%、1.2%，远远低于美国波士顿、洛杉矶、纽约等城市。基于智力资本与科技创新指标的评分也表明，上海的智力资本与科技创新得分为 1.8，东京为 4.5，香港为 3.7，新加坡为 2.6。因此，上海在智力资本与科技创新方面接近新加坡，但与东京差距甚大。

研发实体。目前上海整个研发力量在全国居于前列，共有 66 所普通高校，253 家国有独立研发机构，403 家市级以上企业技术中心，698 家区级技术中心，基本形成了以国家级企业技术中心为引领、市级为骨干、区县级为支撑的产业技术研发体系。创新成果不断涌现，先后取得碳纤维、先进高强钢、高温超导带材、SOI 晶片、汽车先进制造技术等一批重大自主创新成果，地铁复合盾构等先进装备更是走向国际市场。同时，目前落户上海的跨国公司研发中心占全国近四分之一，其中来自世界 500 强企业的研发中心占比更是达全国三分之一左右，这两个比例均为国内各省区市最高。设在上海交通大学的国际竞争力中心亚太分中心和"知识竞争力与区域发展研究中心"联合发布了《2013 亚太知识竞争力指数》。这一指数是对亚太 33 个地区用 19 个知识经济指标进行的综合评估。在列入排行榜的亚太 33 个地区中，日本东京、韩国蔚山和日本大阪分别位居前三。北京和上海进入前十,分别位列第五和第八位。

产业创新。上海是中国高端制造业的发展重镇,以高端装备为代表的高端制造业其规模呈现快速增长态势,在高端装备制造业领域取得了一系列重大成果,如自主研发成功 1 000 MW 级核电压力容器、蒸发器、控制棒驱动机构、核电用 690 U 型管、AP1000 核岛设备大锻件;世界最先进的海洋科考船之一"科学"号交付使用,能满足现代海洋科学多学科交叉研究的需要。同时,通过聚焦重大专项、重大项目和创新成果,上海形成了一批有特色的高端制造业产业园区,如国家级临港装备产业区、民用航空产业基地、长兴岛船舶与海洋工程装备产业基地、民用航天产业基地等国家新型工业化产业示范基地,成为落实国家战略性新兴战略产业的重要载体,成为推进产业转型升级的重要平台(陈晖,2014)。但是作为后发竞争者,相对于发达国家和地区仍然存在较大的距离,上海还有很大的成长空间。例如产业链关键环节严重缺失,在全球分工中过度依赖加工制造环节和加工贸易、导致研发设计、营销、品牌和供应链管理等高端环节缺失;高附加值的零部件仍大多依赖进口,"高端缺位"的问题仍十分严重;制造企业基本上仍停留在提供产品或产品的附加服务上,而在为行业提供串联、组合、集成化等系统解决方案以及零部件定制服务等方面的能力依然欠缺;对外贸易模式基本上也以是输入中高技术产品和输出低技术产品为主。例如 2012 年,上海高技术产品出口仅占出口总额的 4.4%。而从伦敦、纽约、东京等全球城市的发展轨迹来看,大都经过了一个顺应后工业化过程,从发达的制造业开始,逐步通过研发和营销驱动,实现产业"软化"和高级化的过程。

4.4.4 教育影响力

全球城市的活力能够滋养教育,激发教育的创新意识,同时教育也会通过人才培养支撑全球城市的发展。

改革开放以来,上海基础教育的国际化探索经历了从无到有、从寡到众、从封闭到开放的发展历程,部分区域在推进基础教育国际化方面积累了一定经验。以浦东新区为例,目前已有 12 所国际学校,涉及英、美、日、德、法等国别,基本涵盖从幼儿园到高中的基础教育各学段,外籍学生在浦东新区就读年增长率达 55%。

高等教育方面,上海近年也大力推进,特别是上海纽约大学的建立成为教育国际化最好的案例。作为我国中长期教育改革和发展规划纲要出台后兴办的第一所中外合作大学,同时也是第一所由中国内地一流高校与美国一流高校合作建立的国际化大学,上海纽约大学的定位和目标都"非比寻常",它要把中外合作办学向"高水平、高质量"提升,培养真正具有全球化视野的国际性人才,其本科生将能同时获得美国纽约大学学位和上海纽约大学学位。

但是总体而言,上海教育的国际影响力与国际化大都市定位仍不相适应。到 2009 年,只有一个地区性教育国际组织(APQN)的秘书处落户上海。这意味着上海在国际组织的规则、标准、政策制定过程中丧失了话语权。此外,上海还缺乏有国际影响力的国际教育论坛品牌和能够代表上海教育国际化水平的专业人士。

4.4.5 文化吸引力

在全球化与信息化的推动下,城市不仅是经济、政治中心,也日益成为现代文化创新与传播中心。城市文化的力量正取代单纯的物质生产和技术进步而日益占据城市经济发展的主流。纵观全球,那些国际上有影响的全球城市几乎无一例外都是创意产业和文化产业最集中和最发达的地区,也以富有特色的创意产业而闻名遐迩。这主要基于以下两点原因:第一,进入经济全球化时代后,国家之间乃至城市之间的竞争日趋激烈,任何一种技术、工艺、商业模式的创新都可能在很短的时间内为竞争对手所知晓和模仿,要想始终领先对手,唯一的办法是不断创新。因此,基于创造力的文化创意产业正符合了当今国际大都市之间激烈竞争的特性。第二,全球城市往往土地资源有限,商务成本很高,高成本要求高产出,另一方面,全球城市真正的优势在于人的活力,集中了各种有创造力、有才华的人,并且通过工业制造、金融体系、政策扶持、市场传播等配套体系,把人的创意转化成巨大的社会财富。

近年来,上海加快推介特色学术,创新传播平台,扩大中华文化国际影响力。复旦大学创办了《复旦人文社会科学论丛(英文刊)》(*Fudan Journal of the Humanities and Social Sciences*），这是全国高校首家文科学报英文刊。该刊的出版发行受到教育部和国家新闻出版总署的高度重视，也得到著名国际出版集团 Springer 的高度关注，目前已被全球六大社会科学索引数据库全文收录，成为中国哲学社会科学学术成果在海外有效传播的重要途径。教育部人文社会科学重点研究基地华东师范大学中国文字研究与应用中心，以构建全球最完善的"中国文字数字化专家平台"为基础，坚持服务国家语言文化发展战略，不断扩大国际辐射范围。该中心 2003 年在德国波恩大学建立"汉字文化研究所"，落成欧洲第一座"中国文字数字化博物馆"，引起国际传媒和文化界的广泛关注；2007 年又与韩国联合创建"韩国汉字研究所"，合作创办韩国首家汉字研究学术刊物《汉字研究》，为中国文化、中国文字走向世界搭建了新平台。近年来，上海的创意产业取得了较快的发展，创意产业的总量、年增长幅度、贡献值占全市 GDP 的比重在全国均名列前茅，并且形成了独具特色的"上海模式"，2010 年 5 月 20 日，联合国教科文组织在上海举行"设计之都"授牌仪式，上海由此成为全球"创意城市网络"中的第 7 个城市。

但是，与全球城市相比，上海在全球文化影响力方面仍有一定差距。全球最大旅游评论网站 trip-Advisor 最新的游客调查显示，土耳其的伊斯坦布尔被评为 2014 年全球最吸引游客的城市，中国北京在这份榜单中名列第四，上海排名第十。同时，伦敦的路透社几乎集散了世界所有的金融信息，纽约更是通过全美三大广播网（ABC、NBC 和 CBS），以及《纽约时报》、《华尔街日报》、《时代》周刊、《新闻周刊》等出版物，几乎控制了全国的新闻和娱乐。而中国的大型媒体以及中央级出版社的总部都设在北京，而非上海。在创意产业的国际影响力方面，上海纽约、伦敦、东京等著名国际大都市差距甚远。如早在 2001年，纽约该产业就业人员占就业人口总数比已达 12％，伦敦、东京更是分别高达 14％与 15％，而上海这一指标尚未达到 10％。而且，在亚太地区文化创意中心建设方面，上海与新加坡、香港、首尔等城市仍有不小差距。同时由于上海创意产业融合型的产业发展体系尚未完全建立，而创意产业具有扩散性、交叉性、渗透性和范围经济的特点，因此与伦敦、纽约等创意产业较为发达的全球城市相比，上海尚不具备跨产业、跨市场、跨平台的融合型创意产业体系和完整的创意产业链，导致在创意企业与传统制造企业、创意企业的成果转化与消费市场等方面出现一定断层,创意产业的辐射效应和带动效应未能充分显现出来。甚至与深圳相比,上海在创意产业发展方面也显得活力不足。特别是"文化+科技"的模式已经成为深圳市文化创意产业快速发展的重要经验。腾讯公司的市值已进入全球互联网行业前三名。中国领先的数字音乐先驱 A8 音乐集团、国内目前最大、设备最齐全的数码电影制作专业公司华强文化科技集团等都是深圳文化与科技结合的典范企业。

4.5 环境保障

城市治理环境、生态环境、营商环境、人文社会环境等是全球城市竞争力的重要体现,关系到全球城市的宜居宜商宜业程度,对于上海崛起为全球城市具有重大意义。

4.5.1 概述

近年来,全球城市越来越重视发展环境优化,不断提高城市品质,着力建设宜居城市、宜业城市。其中,城市治理水平的高低涉及能否营造一个高质量的政府服务环境,为全球城市的崛起提供有效的制度安排;生态环境与人们的生活质量状况和城市的可持续发展密不可分,是全球城市的建设目标之一;营商环境关系到企业在开设、经营、贸易活动、纳税、关闭及执行合约等方面遵循的政策法规所需的时间和成本等,其优越程度将影响全球城市高效集聚跨国公司总部和促进中小企业发展;人文社会环境是城市生活中与人们政治、文化、教育、医疗密切相关的一切具有人文社会意义的公共设施和环境,是保证城市功能充分发挥的基础。

上海已是我国现代化程度最高的城市之一,城市文明日趋成熟,人文社会环境相对比较优越。教育比较发达,拥有全球领先的青少年教育,高等教育处于国内领先。医疗卫生资源位居国内前列,服务水平较高。文化供给充足、氛围浓郁,平安城市建设取得进展。但是,与国际大都市相比,虽然上海的发展环境持续得到了改善,但总体上表现为劣势多于优势,是上海崛起为全球城市的短板之一。

4.5.2　城市治理环境

　　清华大学学者从参与、公正、有效、管制、法治、透明、廉洁等维度对北京、上海、长沙、深圳和成都五个城市的治理指数进行了数据计算和结构分析。研究显示,上海的治理指数接近北京,明显高于国内其他城市。也有研究认为,上海的政府执法能力、政府办事效率、地方法规条例健全程度、政策法规透明度在内地是最高的,但略低于香港,而民众对政府的满意度要高于国内城市和香港、台北。可见,围绕服务政府、责任政府、法治政府、廉洁政府建设,上海着力创新政府管理,着力改进政府服务,加快政府职能转变,城市治理水平有了明显提升。但是,与纽约、伦敦、东京等全球城市相比,上海尚存在明显差距。例如,伦敦、纽约、东京等都经历了"城市病"由乱到治的过程,现代城市治理能力达到了很高水准,与之相比,上海仍处于探索提升阶段。

4.5.3　便利营商环境

　　自1843年开埠以来,上海的法制化、国际化等建设就处于国内前列,并不断与世界先进水平接轨,为上海建设全球创造了必不可少的有利条件。然而,与全球城市相比,上海的营商环境仍存在较大差距。2013年10月世界银行发布的《2014年营商环境报告:理解中小企业规管》显示,中国的营商环境在全球189个经济体中排名第96位,远远落后于新加坡、美国等发达国家和地区。与全球城市相比,改善上海的营商环境仍存在不少短板。例如,近年来,上海的生活成本呈现高涨趋势。国际人力资源咨询机构ECA 2013年发布的一份调查报告显示①,委内瑞拉的加拉加斯是世界上生活成本最高的城市,其次是安哥拉的罗安达,挪威的奥斯陆位列第三。在亚洲地区,东京最高位列第十,中国内地的北上广深分别位列全球第15、18、38和第40位。中国四大一线城市北上广深进入了这份榜单前五十,而且与去年相比,四个城市排名均有上升,北京从2012年的第21位上升至2013年的第15位,上海从25位上升至18位,广州和深圳分别从57位和61位上升至38位和40位。此外,香港

---

① 调查共涵盖全球440个主要城市,以生活必需品价格和其他消费指数为基准进行测算。

也从 2012 年的 32 位上升至 28 位。总体来看,北欧的物价水平是毋庸置疑地高,挪威和瑞士分别有两个和四个城市排在前十,丹麦、瑞典、芬兰也均有城市入围前二十;其他欧美大城市当中,莫斯科排在第 12 位,高于中国四大一线城市;而"看起来很贵"的巴黎和纽约曼哈顿仅排在第 29 位和第 33 位,低于北京上海的排名,仅高于广深。由此可见,目前上海的生活成本不仅在国内领先,也高于欧美一些全球城市。

4.5.4 生态宜居环境

总体来看,上海绿色发展水平较低。上海绿色发展指数国内排名处于中后位,与纽约、伦敦、首尔等全球城市相比也差距甚大,上海不仅投入强度不够,而且空气污染较重,能源资源利用水平不高,城市绿化也有待加强。城市的资源消耗和污染排放远远高于纽约、伦敦、东京,上海称得上是今日中国和世界的能源吃客和碳呕吐城市(诸大建,2014)。例如,消耗方面,2012 年上海的能源消费量为 11 362.15 万吨标准煤,是北京能源消耗量的 1.5 倍,上海人均能源消耗为 482.97 千克标准煤,而纽约这一指标只有 123.2 千克标准煤;上海供水总量为 309 704 万吨,分别是北京、深圳供水量的 1.5 倍,上海用电总量为 13 534 500 万千瓦时,高于北京、深圳和广州用电量,是香港用电量的 3.14 倍;天然气消耗 4 725 144 吨,分别是香港、新加坡天然气消耗量的 2.28 倍、4 倍。排放方面,2012 年上海的工业废水、二氧化硫以及工业烟(粉)尘排放量分别为 47 700 万吨、240 100 吨、87 100 吨,远高于北京和深圳。处理方面,污水处理厂集中处理率仅为 84.42%,低于深圳的 94.84%,略高于北京,生活垃圾无害化处理率为 91.4%,低于北京和深圳。

表 4.4　上海市主要年份工业固体废弃物防治情况

指　　标	2000 年	2010 年	2011 年	2012 年
工业固体废弃物产生量(万吨)	1 354.74	2 448.36	2 442.20	2 198.81
工业废弃物综合利用量（万吨）	1 515.90	2 366.90	2 358.11	2 140.36
工业废弃物综合利用率（%）	93.26	96.16	96.56	97.34

资料来源:上海历年环境公报。

总部位于纽约的美世生活质素调查(Mercer Quality of Living Rankings)公

186

布的 2014 年全球宜居城市调查结果显示,奥地利维也纳蝉联首位,瑞士苏黎世位居第二,新西兰奥克兰排名第三,加拿大的温哥华排在第五。中国社会科学院发布的《中国城市竞争力报告 2014》显示,国内"2013 年宜居城市竞争力"前十名的城市依次是珠海、香港、海口、三亚、厦门、深圳、舟山、无锡、杭州、上海。可见,与一些规模和影响力较小的城市相比,纽约、伦敦、巴黎等全球城市在宜居城市排名中并不靠前,上海作为特大城市也如此。但是,与全球城市相比,上海的宜居性排名也靠后。例如,美世此前 2012 年发布的报告显示伦敦排名 38,纽约排名 44,进入前 100 名的亚太地区重要城市新加坡排名 25、东京排名 44、香港排名 70、首尔排名 75、吉隆坡排名 80、台北排名 85、上海排名 95。可见,宜居性差对于上海崛起为全球城市是一个显著劣势。

表 4.5　亚洲、欧洲、北美洲宜居城市排名

	城　市	国　别	洲排名	全球排名
亚　洲	新加坡	新加坡	1	25
	东京	日本	2	43
	神户	日本	3	47
	横滨	日本	4	49
	大阪	日本	5	57
欧　洲	维也纳	奥地利	1	1
	苏黎世	瑞士	2	2
	慕尼黑	德国	3	4
	杜塞尔多夫	德国	4	6
	法兰克福	德国	5	7
北美洲	温哥华	加拿大	1	5
	渥太华	加拿大	2	14
	多伦多	加拿大	3	15
	蒙特利尔	加拿大	4	23
	旧金山	美国	5	27

资料来源:美世生活质素宜居城市调查报告,2013。

第5章　上海建设全球城市面临的机遇与挑战

5.1　全球经济延续温和回升

伴随美国量化宽松政策逐步退出,世界经济进入后危机时代。近期美欧市场复苏较快,但未来仍具有一定不确定性;新兴经济体增速放缓,面临资本流出、经济下滑的新尴尬,但总体上升态势并未逆转。中国经济虽然不像其他新兴经济体那样糟糕,但也延续了下行趋势,并进入由高速增长向中高速增长切换的"新常态"。

5.1.1　全球经济进入调整上升通道为上海提供相对有利外部环境

1. 世界经济将保持低速复苏态势

从经济增长的长周期看,未来10年全球经济将总体处于低增长、低通胀的大周期,这直接决定了未来全球市场将在很长时间维持窄幅震荡格局。发达国家经济有望继续温和复苏,成为拉动世界经济增长的主要动力;主要新兴经济体增速滞缓,结构性矛盾凸显,可能拖累全球经济增长。

导致未来全球经济低速增长的主要原因在于:一是发达国家普遍面临着高负债、高赤字、高失业和低储蓄的结构性问题。二是新一轮产业革命尚处于孕育期,大范围新的领先产业仍处于寻求阶段,关键技术和商业模式创新缺乏实质性突破,还难以形成强有力的新经济增长点。三是全球性人口快速老龄化,全球人口总抚养比将自2015年后开始上升,对储蓄率与投资率产生不利影响。此外,美联储逐步退出量化宽松,乌克兰局势动荡等因素,也进一步放大了世界经济复苏的不确定性(国务院发展研究中心,2012)。

2. 新兴经济体在全球经济格局中的上升态势并未逆转

就全球经济格局而言,新兴经济体不断崛起,发达经济体地位相对下降,仍将是未来 10 年的一个主要趋势。据 IMF 预测,2013—2018 年,新兴经济体 GDP 的年均增长速度为 5.9%,远高于发达经济体 2.3% 的年均增速,在全球经济总量中的占比将进一步上升到 55.1%。

就新兴经济体内部而言,各区域经济增长差异将出现分化。"金砖国家"、"灵猫六国"、"金钻 11 国"等经济体将成为亮点。据 IMF 预测,2013—2018 年金砖国家 GDP 复合增长率为 9.1%,按购买力平价测算,GDP 总量将达到全球经济总量的 31%。

总体看,未来全球产业分工格局中,发达经济体将主要占据产业链高端环节,中低端环节仍将集中在新兴经济体。但随着新兴经济体追赶速度的加快,在工业革命制高点与市场先机的局部争夺中也将占据一定的有利地位,推动全球产业格局多极化发展。

3. 世界经济重心仍将持续向亚太东移

20 世纪 60 年代以来,特别是 80—90 年代以来,全球经济格局的均衡态势被逐步打破,世界经济重心逐渐由欧美转向亚洲,东移态势明显,欧美亚三足鼎立的局面形成且短期内不会出现明显改变(李向阳,2011)。

首先,从经济总量角度看,亚太地区 GDP 在全球经济总量中的占比呈现稳步增长,而中国经济在亚太地区的占比则呈现 U 形走势。特别是 1987 年中国经济在亚太地区的比重达到阶段性低点(1.59%)之后,开始加速上升,截至 2012 年已经达到 11.35%。

其次,从投资和贸易角度看,亚太经济一体化正在加快推进,全球投资贸易重心也呈现明显的东移态势。例如,1970 年以来,亚太地区 FDI 净流入开始呈现缓慢上扬趋势,而中国吸引 FDI 净流入在亚太地区的占比则从 1991 年开始快速上升,最高在 2005 年达到 57.87%,之后虽有所回落,但始终处于 40% 以上。

第三,从全球生产和消费格局看,近年来全球的消费重心、制造重心也在不断向亚太地区倾斜。2011 年中国制造在全球制造业总产值中的占比已达 19.8%,接近 1/5,是名副其实的"全球工厂"。与中国毗邻的日本、韩国,其制造业水平早已领先欧美,印度、马来西亚等国承接国际产业转移的能力正在不断加强,全球制造业格局正在向亚太集中。

展望未来,根据 2011 年亚洲开发银行发布的《亚洲 2050——实现"亚洲世纪"》报告,至 2050 年,亚洲在全球产值中的比重将升至 50% 左右,在全球贸易和投资中的比例也将达到 50%。届时将新增 30 亿人口享受更高层次的生活水平。这将为上海的崛起提供良好的外部环境和广阔的市场空间。

历史经验表明,伴随每一次全球经济重心的转移,必将诞生一个或若干个全球性经济中心。例如,第一次科技革命后,全球经济重心转向欧洲,伦敦借此机遇逐步发展成为全球的经济、贸易、金融及航运中心。第二次科技革命后,全球经济重心开始转向北美地区,纽约凭借其发达的经济以及便利的交通网络,一跃成为另一个全球经济中心。进入 21 世纪以来,亚洲经济,特别是中国经济,在全球经济中的份额不断上升,为上海加快建设全球城市、大力发展高端服务导向的流量经济、不断提升自身经济实力和在全球城市网络中的顶级节点作用,提供了难得的历史机遇和良好的外部发展环境。

另一方面,发达经济体增长面临不确定,新兴经济体增速下滑,各国创新与增长动力低迷,反而突显了中国经济的良好前景,跨国公司更加看重中国巨大的本土市场和人力资源、基础设施、配套产业等新优势,加速将研发、地区总部、先进制造等更高技术含量、更高附加价值的产业活动向我国转移,而上海必将成为外资入华的首选目的地,从而为上海企业提供了海外低成本并购获取技术、研发能力、国际品牌、国际销售渠道等国际资源的难得机遇(赵怡雯、张颖,2009)。

5.1.2 全球产业转移与升级加快增大上海技术赶超难度

后危机时代,全球产业链开始出现一系列新变化,第四次产业转移正在形成新的全球布局。以往的产业转移都是单方向由发达国家向新兴国家转移,而本轮产业转移则出现了双向转移。一方面,劳动密集型以出口或代工为主的中小制造企业由中国向越南、缅甸、印度、印度尼西亚等劳动力和资源更低廉的新兴国家转移,或由中国沿海地区向中国中西部地区转移;同时,也有一部分高端制造业在美国、欧洲等发达国家"再工业化"战略引导下回流。

1. 全球产业转移呈现一系列新特点

后危机时代,全球产业转移的新特点主要体现在:

一是全球价值链的"长度"仍在进一步延伸。其中,通信设备制造业、汽车业、电子设备制造业以及纺织服装业等,其全球碎片化生产的趋势特征越来越显著。

二是全球生产网络在国际分工中的作用进一步加强。联合国贸发会议于2013年开展的一项研究指出,全球贸易中的80%属于全球生产网络内的商品贸易,并且这一趋势仍在继续。

三是配套、连锁产业转移加快。全球产业转移过程由以往的转移某个劳动密集环节,向研发、制造和营销一体化的转移态势转变;产业链的连锁转移使单个企业之间的竞争演变为全球生产体系或全球供应链之间的竞争。

四是产业转移动机发生变化。由以往比较单一的寻求成本优势、获取生产要素等显性动机,向寻求优越的市场环境、舒适的生活环境和全面的产业配套能力等隐性动机转变。

五是"逆向创新"成为跨国公司的普遍战略。伴随新兴经济体的崛起及其财富"东移",跨国公司也在调整其全球价值链分布策略,将更多的创新活动置于新兴经济体,然后将创新性产品再销往包括发达经济体在内的全球市场,从而区别于以往基于发达经济市场需求进行创新性产品研发、生产,进而销往全球市场的模式。

2. 发达国家纷纷推行"再制造化"战略抢占高端制造领先优势

金融危机之后,美国政府先后发布了《制造业促进法案》、《重振美国制造业政策框架》、《先进制造业伙伴(AMP)计划》,希望通过人工智能、机器人以及数字化制造重塑制造业竞争力。欧盟推出了《欧盟2020》、《欧盟交通道路电动化路线图》等一系列"再制造化"的战略部署。德国提出"工业4.0计划",力争通过智能制造和智能工厂在新一轮工业革命中抢占先机。日本通过实施"产业振兴计划",力争打造成"全球最适合企业活动的国家"(国务院发展研究中心,2013)。

从本质上看,"再制造业化"战略是重塑发达国家竞争优势的战略选择。其主要特点表现为:一是发达国家"再制造化"战略不会改变全球发达国家和发展中国家分工格局的演变方向,但可能延缓其高端制造业对外转移。二是发达国家在技术、规模、市场方面的先发优势极有可能导致产业发展的"马太效应",使我国本土企业与跨国公司的差距拉大,增加本土先进制造业赶超发展的难度。三是发达国家"再制造化"战略将调整国际贸易规则,加剧贸易摩擦,特别是在电子信息、装备制造、汽车、精细化工、生物医药等领域,中国与发达国家贸易摩擦会继续加剧。四是发达国家可能会在一些关键领域加大对我国技术输出的控制,延缓我国产业升级步伐。

发达国家"再制造业化"战略对上海建设开放型经济高地提出新的考验。首先,恶化上海外部经贸环境,增加出口结构升级难度,上海进出口企业将会面临越来越大的挑战和生存压力。其次,拉大上海与发达国家在新兴技术领域的差距。"再工业化"与第三次工业革命的结合,将使发达经济体在科技、信息、资本等方面长期积累的优势进一步强化,从而更有可能抢占新一轮经济增长的制高点,主导新型装备、新材料的生产和供应。

面对发达国家制造业回流趋势,上海未来想要建设开放型经济高地,一方面应考虑在转型升级过程中重塑以创新为核心的制造业竞争新优势,加快发展先进制造业;另一方面要通过完善综合配套环境形成集聚优势,巩固现有的一些制造业领域的优势地位(罗文,2012)。

3. 服务业仍然是发达国家经济恢复的主要动力

发达国家"再制造化"战略虽然聚焦于制造业,但同时也纷纷增强对第三产业的扶持力度。此外,"再制造化"不但不会制约发达国家服务业的发展,还有可能催生一些新的高端生产性服务业,从而促进服务业的升级。例如,再工业化过程中的人工智能、机器人和数字制造技术等,都会对生产性服务业,特别是高级生产者服务性市场产生巨大需求,并促使制造业与生产性服务业进一步深度融合,为生产者服务业注入新的增长动力。因此,未来相当长一段时期内,在服务业的全球分工格局中,发达国家在技术研发、品牌营销、法律咨询、金融服务等领域仍将继续占有主导地位。

综合以上分析,从国际产业分工角度看,未来各经济体间的竞争将会日益激烈,各国围绕人才、资金、技术与标准、知识产权、市场的争夺将更加白热化,但彼此间的合作内容和合作方式也将更加广泛多样。对于上海而言,产业发展将面临更大竞争压力,可能陷入"高端技不如人、低端又被转移"的困境。新一轮工业革命将从根本上改变现有的生产方式和产业组织形式,改变国家间的比较优势条件和产业竞争的关键资源基础,进而重塑全球经济地理和国际产业分工格局,这将深刻影响上海产业结构调整演进的路径和进程,对制造业转型升级构成巨大挑战。另一方面,全球产业专业与升级变革亦将为上海加快培育和发展新兴产业、改造提升传统产业、构筑面向未来的现代产业体系带来机遇,如果上海能够充分利用国际、国内两种资源,大力改善创新环境,则不仅能在传统产业实现大幅提升,而且可能在新技术和新产业的国际竞争中争得一席之地。

5.1.3 中国经济进入增长"新常态"倒逼上海加快转型升级

1. 中国迈入全面建设小康社会的关键时期

未来我国经济社会发展将进入人均 GDP 2 500 美元的发展阶段,成为中国实现全面建设小康社会目标的攻坚期。这既是黄金发展期,也是矛盾凸显期,改革开放在广度上已涉及经济、政治、文化等所有领域,在深度上已由单纯追求 GDP 目标转到实现人口、资源、环境统筹协调发展,难度和风险将空前加剧。

这一阶段,东部沿海地区对一般制造业的产业转移和承接基本完成,东中西部地区发展差距扩大,居民收入差距进一步拉大,各种社会问题和矛盾日趋尖锐。因此,贯彻"以人为本"、"提高劳动者素质"、"促进人的全面发展"成为解决民生问题和构建和谐社会的重要内容,促进经济、政治、文化、社会和生态文明等方面的协调发展成为现阶段重要发展任务。

上海在构建全球城市过程中,必须将改革领域从经济向社会、文化、环境等综合性的纵深领域拓展,率先推动全面小康社会建设和构建社会主义和谐社会,为其他城市发展起到引领和示范作用。要改变传统经济发展的路径依赖,深化产业政策和科技创新体制改革,从依靠资本、土地投入转向依靠技术进步,从不和谐与不协调转向和谐与协调,实现城市经济的可持续发展。

2. "三期叠加"成为中国经济新的阶段性特征

当前中国经济的阶段性特征,突出表现为"三期叠加",即增长速度进入换挡期;结构调整面临阵痛期;前期刺激政策消化期。

一是增长速度从高速增长向中高速增长换挡。一方面,人口红利衰退,劳动力比较优势丧失,潜在增速下滑;另一方面,全球化红利趋减,外需和外资将从涨潮转为退潮。

二是结构调整将从失衡到优化再平衡。产业结构方面,未来十年中国将完成从工业大国向服务业大国的蜕变;质量效益方面,将从"吹泡沫"到"挤水分",积极实现有效益、有质量的增长;区域结构方面,将强调从"各自分工"转为"协同作战",在区域一体化基础上,从点到面,逐步构建"一弓双箭"的战略格局。

三是宏观政策将从"大投资"、"宽货币"转向定向调控、精准调整。财政政策方面,要从建设型财政转向服务型财政,通过简政放权,转变职能,削减政府在投融资过程中的主导作用,引导更多社会资本参与公共建设和服务,引导财政资金和社会资本的投资重点从经济建设向服务民生转变。货币政策方面,要从宽松货币走向稳健货币,从总量宽松转向结构优化,从过去整体层面的准备金率和利率调控转变为精耕细作的公开市场操作。

3. 增速换档期产业结构将发生巨变

表面上是增速换档,实质上是动力升级。未来以房地产、重化工业为代表的传统产业集群将越过峰值,产能过剩呈趋势性而非周期性,未来大幅回落不可避免。房地产方面,当前中国房地产市场短期调整叠加了长周期需求峰值,长周期见顶信号明显,未来将面临长期去库存过程。

另一方面,随着人力资本的积累、R&D投入的提高以及部分领域接近技术前沿面,未来中国经济将由要素驱动转向创新驱动,以仪器仪表、医药、环保、汽车、电子等为代表的技术密集型高端制造产业比重将持续上升,同时,金融、信息、科技、商务等生产性服务业和教育、医疗等社会服务业也将得到快速增长。

对于上海而言,"三期叠加"与"新常态"的到来,将倒逼上海必须加快调结构稳增长。调的是花钱买增长的惯性,去的是纯粹投资促增长的沉疴,消化的是过剩落后的产能。特别是在调结构、促转型方面,加快发展先进制造业和现代服务业,已成为重中之重。

在产业结构优化方面,2012年上海服务业人均劳动生产率为19.49万元/人,是全国平均水平的2.3倍。其中,生产性服务业的劳动生产率为全国平均水平的 1.4 倍,流通服务业为 3.2 倍。但是,与制造业相比,服务业生产率缺乏比较优势,难以顺利实现"正向替代",与纽约、伦敦、东京等国际大都市相比,上海的服务业生产率差距还很明显(朱国众,2012)。面对未来"三期叠加"、产业结构加快调整的经济环境,今后上海必须高度重视新生服务企业的发展扶持,积极推动生产性服务业、消费性服务业和混合功能服务业,特别是文化产业的发展,加快形成高度融合、快速反应的产业支撑体系。

5.2 投资贸易格局酝酿重大调整

5.2.1 全球投资贸易格局重大调整对上海建设开放型高地提出考验

当前,亚太地区事实上已经形成了"跨太平洋伙伴关系协定"(TPP)、"区域全面经济伙伴关系协议"(RCEP)和中日韩自贸区并行的区域合作谈判格局。如何平衡、处理好三者之间的关系,对于中国和上海参与推动地区一体化进程、维护自身在亚太区域合作中的主体地位至关重要。同时,由 TPP、"跨大西洋贸易与投资伙伴关系协定"(TTIP)和"服务贸易协定"(TISA)所引领的国际贸易与投资规则的"重构",以及 G7 国家间积极建立自贸区而将中、俄排除在外,都将使得国际投资贸易格局发生新的变化。这种区域经济合作模式的新变化将对上海打造全球投资贸易枢纽功能带来重大影响,对上海加快改善营商环境、提升贸易便利化和投资自由化水平提出更高要求。

1. 美国主导的新型投资贸易谈判将重新划定全球投资贸易格局

美国自 2008 年高调宣布加入 TPP 谈判之后,在过去五年间一直不遗余力的推行新型贸易与投资规则。截至目前已初步形成了以 TPP 谈判为代表的"东线",以 TTIP 谈判为代表的"西线"和以 TISA 谈判及以美式投资协定为蓝本的 BIT(双边投资协定)谈判为代表的"中枢"(王金波,2014)。上述三大谈判一旦完成,将重新划定后西方世界的贸易格局,并重新平衡发达国家和新兴市场的经济秩序,直接决定多边主义的未来是继续"开放的全球性安排",还是"相互竞争的集团"关系。

对中国和上海而言,新贸易规则的快速扩张至少会带来三方面负面影响:一是贸易转移效应;二是受"原产地规则"影响而限制享受优惠关税;三是削弱新兴国家的国际竞争力,譬如需要满足提高环境、劳工标准,保护知识产权等要求。

2. 标准与规则制定成为新一轮国际投资贸易谈判的核心

无论是 TPP、TTIP 还是 TISA 或美国《2012 年双边投资协定范本》(BIT2012),都倾向于在服务贸易和投资准入上相互提供更加宽泛的国民待遇,并以负面清单形式提出对不符措施的保留。以"准入前国民待遇＋负面清单"为核心的第三代贸易与投资规范正在演变成为欧美重塑国际贸易、投资和世界经济格局的战略手段,而 WTO 多边贸易体制则存在边缘化的风险。

作为国际服务贸易规则的新标杆,TISA 除了主张全面给予外资国民待遇外,还将在规则、规范、领域和模式上提出新的更高标准和要求,涉及金融、电信、专业服务、海运、电子商务、信息通信、国企、政府采购、服务业补贴、自然人移动等领域新贸易规则的制定,涵盖全球服务贸易总量的 2/3。同样,作为国际投资领域中标准最高的范本,BIT2012 不仅涵盖了国际投资协定中所有传统议题,如投资待遇的最低标准、最惠国待遇、损失补偿、争端解决等,还纳入了准入前国民待遇、国有企业、劳工、环境、业绩要求等新条款,标准和规则均高于目前正在谈判或已签署的其他自由贸易协定,也高于 WTO 的现行标准(王金波,2014)。

3. 投资贸易格局调整对上海建设全球城市的影响

从新型投资贸易规则的形成和不断升级看,对于上海未来建设全球城市,打造全球投资贸易枢纽功能,必将产生重大影响。

首先,TPP 谈判将使上海周边经济政治环境进一步复杂化。按照 TPP 协议框架,将于 2020 年实现成员内的全部自由开放,而这对上海的对外贸易产生贸易歧视和贸易转移效应。2012 年上海外商投资企业货物进口占总进口比例为 65.75%,出口占比为 67.1%,如果外资企业的母国加入 TPP,那么将导致部分外资企业和资金回流到更具优惠条件的母国或第三国,从而对上海外贸进、出口产生明显冲击作用。

第二,TTIP 谈判达成后,协议中所提出的更高水平的知识产权保护标准会冲击上海的出口贸易,而且,一旦美欧形成并主导知识产权标准及全球贸易新规则,上海的贸易开放利益可能会被进一步削减。

第三，由美国和澳大利亚发起的 TISA 谈判，是全球第一个服务贸易游戏规则。2012 年上海服务贸易实现进出口比重提高到 25.8%，大大高于全国平均水平。如果 TISA 规则达成，不仅会使上海服务贸易处于新的游戏规则之外，被高收入国家市场排斥，而且将不利于培育高附加值服务部门的比较优势。

5.2.2 泛亚自贸区建设加快强化上海投资贸易枢纽功能建设

伴随经济全球化的同时，经济区域化加强正日益成为全球经济发展的一个显著特征。目前，包括发达国家在内的遍布全球的区域性经济合作方兴未艾，北美、欧盟、东盟、拉美等区域性的经济合作已初具形态。经济区域化对于中国和上海尤为重要，未来将进一步加大区域合作力度，推动与日、韩、东盟、俄罗斯、印度等周边国家的全方位合作。上海要把握未来区域经济一体化发展趋势，在巩固欧、美等传统贸易市场的同时，深化与韩国、日本、东南亚等亚太国家在能源、经济、贸易、技术等方面的合作力度，不断扩展对外开放空间，提升城市的国际竞争力。

1. 中国—东盟自贸区快速发展巩固上海区域中心城市地位

2010 年 1 月，中国—东盟自由贸易区全面启动，形成了一个拥有 17 亿消费者、2 万亿美元 GDP、1.2 万亿美元贸易总量的自由贸易区域，同时也是世界上人口最多的自由贸易区和发展中国家组成的最大的自由贸易区。2012年 11 月以来，"区域全面经济伙伴关系协议"（RCEP）谈判在东盟、中国、印度等成员国间持续进行，为提高区域经济一体化程度创造了稳定高效的合作环境。

中国—东盟自贸区成立以来，中国与东盟国家之间的经贸往来呈现出高速发展的态势。主要表现在：一是进一步削减和降低双边的贸易壁垒。使中国企业进入东盟市场的成本得到有效控制，中国产品的比较优势也得到凸显。二是服务贸易领域进一步拓宽，双方在旅游业、金融业、环境保护等服务领域存在巨大的合作空间。三是投资贸易环境不断改善。中国—东盟签署了《中国—东盟自由贸易区投资协议》，相互给予投资者国民待遇、最惠国待遇和投资公平公正待遇，提高投资相关法律法规的透明度，并为双方的投资者提供充分的法律保护。

截至2013年底,中国与东盟双边累计投资额已超过1 100亿美元,特别是中国对东盟的直接投资快速增长。值得一提的是,东盟目前也是中国企业开展工程承包市场和劳务合作的重要目的地,中国设立的中国—东盟投资合作基金,也向东盟提供了优惠信贷,促进了东盟国家的经济发展。

上海在中国—东盟自由贸易区合作中,地位重要,作用独特。其一,上海与东盟已建立完善发达的交通航运网络。如上海和东盟主要城市之间都有固定航班;凭借洋山深水港的航运条件,已同东盟各国港口建立了发达的航运网络,为上海与东盟之间的经贸联系创造了良好的条件。其二,上海企业与东盟诸国已建立了历史悠久的经贸联系。上海对外承包工程额前10的国家中就包括了新加坡、越南、老挝、马来西亚、泰国等国。第三,上海企业在东南亚市场具有良好的商业声誉。上海承包了东盟成员的一些重大工程项目产生良好的影响,有的还被认为是当地的标志性工程。

凭借优越的地理位置、便捷的交通航运网络与发达的金融体系,未来中国—东盟自由贸易区的快速发展,将为上海“四个中心”建设带来重大发展机遇。主要表现在:

一是产业结构上,中国—东盟自由贸易区将为上海发展提供有效的经济互补支撑。上海与东盟国家之间存在着较大的互补性而非竞争性。一方面,2013年上海人均GDP已经达到了89 444美元,虽然仍低于新加坡和文莱,但远高于东盟其他国家。另一方面,上海及其周边地区拥有一大批现代化的高新技术产业,将与东盟各国的劳动密集型产业形成良好的互补合作关系,发展空间巨大。

二是金融体系上,中国—东盟自由贸易区将为上海提供更优惠的金融开放和一体化市场。未来中国—东盟自由贸易区的发展将改善包括上海在内区内各国金融机构对其他国家金融市场的准入,消除金融企业在区内其他国家金融市场上所面临的歧视性待遇,从而为上海金融体系进一步发展提供广阔市场空间。

三是航运物流上,中国—东盟自由贸易区将成为上海建设国际航运物流中心的巨大动力。中国—东盟自由贸易区的构建,使上海所处的地理优势再次显现出来,再加上上海的深水港优势,必将使上海成为中国—东盟自由贸易区的转口贸易中心。

未来上海应加快推进贸易多元化战略,使东盟成为上海新的主要贸易市场。应加快促进中国(上海)自贸区与中国—东盟自由贸易区的辐射互动,与东盟自由贸易区率先试点建立更紧密的合作关系,促进上海与东盟自由贸易区的自由投资和贸易。应加强上海先进制造业产品对东盟的出口,构筑上海与东盟"先进制造业产品、电子产品及原材料"的互补型贸易结构。应充分利用上海服务业的传统品牌,融入现代服务业的管理和技术,积极抢占东盟市场。

2. 中韩自贸区落地将为上海投资贸易和产业升级打开更大空间

2014 年 7 月,中国国家主席习近平访韩,与韩国总统朴槿惠共同签署经贸、金融、环境、领事等多个领域一系列合作文件,有力助推了中韩自贸区谈判取得突破性进展。同时,习近平和朴槿惠还共同出席"韩中经济通商合作论坛",强调"新层次的经济合作",强调要在服务业、新材料、新能源等战略性新兴产业领域加强合作,扩大共同研发。

借助两国紧密相连的地理优势和产业互补优势,中韩建交 22 年来,贸易额年均保持 20% 以上的惊人增速,双边贸易总额净增长 50 余倍。中国已成韩国第一大贸易伙伴国,第一大出口和进口市场。中韩地缘政治关系干净且简单,两国文化交流融合度超过所有亚洲国家,中国需要来自韩国的工业品和终端产品,韩国对来自中国的劳动密集型产品和中间产品也存在巨大的需求。中韩自贸区一旦建成,预计中国的 GDP 将增长 1% 至 2%,韩国增长 2% 至 3%,届时中韩有望形成一个人口高达 13.5 亿、GDP 高达 11 万亿美元的共同市场。

此外,朴槿惠总统正式提议将韩国的"欧亚倡议"和中国的"新丝绸之路经济带"构想结合起来。"欧亚倡议"的核心是利用西伯利亚大铁路、新亚欧大陆桥构建从釜山至欧洲的铁路网,并建立电力网、天然气管道、输油管等能源网络,最终实现将韩国、中国、中亚和欧洲发展为一个经济区域的构想。中国的"新丝绸之路经济带"构想也与此一脉相承,未来如果两个项目能够结合起来,必将实现叠加效应,引领欧亚一体化进程。

上海作为中国最大的经济金融中心和贸易大市,作为"一带一路"的交叉点,自 2010 年度开始,上海与韩国的贸易额度已超过 200 亿元,双方已经建立了密切的贸易伙伴关系,并且较北京、深圳、广州等发达城市占据地理优势。未来中韩自贸区的建立,势必会显著提高上海与韩国的贸易额及投资额,带动两国投资各领域合作全面升级,新技术的引进将促进上海产业结构优化调整,并且中韩自贸区的加速落地将会推动难度更大的中日韩自贸区谈判早日达成协定,为上海提供更大机遇。

不过,由于目前上海对韩进出口贸易结构偏低,一旦取消关税,则从韩国进口高附加值产品如精品钢材、汽车及文化产品等将大幅增加,这将对上海高端制造业升级带来压力。

5.2.3 全球金融中心格局日益走向多元化和专业化

1. 全球性和区域性金融中心的竞争将日趋激烈

近年来全球金融中心格局正在发生重大变化。从地域分布看,区域性金融中心数量大幅增加,区域分布更加广泛。从功能角度看,呈现多元化与专业化并重趋势(唐真龙,2012)。

首先,从数量及分布状况看,根据伦敦金融城研究咨询公司发布的"全球金融中心指数"(GFCI)系列报告,国际金融中心数量已由 2007 年的 46 个,快速增加至 2013 年的 79 个。区域分布日益广泛化,东南亚、中东、美洲和非洲等国家和地区均涌现出许多新兴的区域性金融中心,大大改变了以往金融中心主要集中在发达国家的局面。

其次,金融中心的功能日益向多元化和专业化方向发展。老牌全球性金融中心城市更加注重多元化金融服务创新和良好的营商环境建设。另一方面,以迪拜、日内瓦、卢森堡等为代表的新兴国际性、区域性金融中心迅速崛起,不仅数量快速增加,而且其在专业金融市场上的国际竞争力日益提高。例如,卢森堡和马德里的债券市场,日内瓦、多伦多的财富管理市场,波士顿、芝加哥和旧金山的资产管理市场等(冯军政,2013)。

第三,营商环境建设,特别是政策创新和优惠,已成为国际金融中心提升吸引力的关键。例如,开曼群岛、英属加勒比地区等,往往凭借特殊的经济和地理环境,敢于提供比综合性全球金融中心更特殊、更优惠的政策条件和经营环境,不断增强与其他发达国家金融中心相抗衡的能力(闫彦明,2012)。

第四,从上海周边金融发展环境看,多级竞争异常激烈。北京与天津正在逐步加强合作互补关系,近年来北京已有多家银行后台服务业务转移到天津,同时建立京津快速通道,降低两地通勤成本。深圳一直强调对接香港,通过引入香港特殊法庭,采用案例法而非成文法,更加适应国际通行规则的需要。

全球金融中心格局的演化发展,对上海未来建设全球性金融中心城市提出了更高的要求,主要表现在:第一,上海的差异化竞争优势尚不明显,特别是在金融专业市场上的国际影响力还不够,面向全球市场的特色化和差异化竞争优势还未形成。第二,金融自由化程度不高。以股票市场为例,上海的市场发展程度和开放度远低于发达国家,甚至低于其他新兴市场,不仅上市公司数量相对较少,并且尚未对境外企业开放。与之相比,伦敦证交所海外公司占比超过20%,新加坡证交所海外公司占比甚至高达40.2%。第三,营商环境亟待优化。与伦敦、纽约、香港、新加坡等一线标杆相比,上海在政府监管、税收优惠、经济自由度、金融基础设施、市场准入等方面仍有较大改善空间。第四,在金融基础设施,如建立人民币跨境支付清算系统等方面还亟待突破(高山,2009)。

2. 人民币国际化进程加快助力上海国际金融中心建设

当前,欧洲和美国等发达国家经济陷入低迷、全球金融业中心向亚洲转移等因素为上海国际金融中心的建设提供了很好的机遇,而人民币国际化进程不断加快,更加速推动上海国际金融中心的发展。

人民币国际化对上海建设国际金融中心的影响主要表现在:

一是人民币国际化促使金融市场开放度不断提高。人民币国际化进程有助于加快资本和金融账户货币有序、稳定的开放,实现人民币与外币的自由兑换,推动以人民币为计价、结算的贸易得到快速的发展。当前人民币不断成为与周边国家地区进行贸易计价、结算和支付的手段,这将有利于人民币资本账户的开放和上海区域性人民币结算中心的建设,从而推动上海国际金融中心的建设。

二是人民币国际化有助于增强金融市场的功能。人民币国际化将会促进人民币资本项目的开放,拓展上海金融市场的深度和宽度,从而增强金融市场的各项功能,进而促进上海国际金融中心的建设。

三是人民币国际化有助于改善上海金融中心建设的监管制度。推行人民币国际化则有助于人民币金融支持体系的建设,从而为银行、证券、保险等行业顺利发展多样化的人民币业务提供金融服务的保障,这些也是上海成为国际金融中心重要的基础设施条件。而这些创新的业务过程都需要合理的监管,也就说明了人民币国际化对上海国际金融中心建设具有重要意义。

四是人民币国际化加快上海对外贸易的发展。实现人民币国际化将扩大上海对外投资,进而提升上海在全球的投资地位,上海将获得巨大的海外投资收益,对国外的经济影响力也将显著增强,从而促进上海金融中心的建设。

3. 互联网金融快速发展为上海金融业创新提供舞台

互联网金融是传统金融行业与以互联网为代表的现代信息科技相结合的新型领域,互联网金融的创新和发展正积极的改变金融生态,加剧金融市场竞争,改善资本配置的效率并使资本流动空前加速,也有力地推动利率市场化与金融监管模式的变革。

首先,支付宝、财富通等第三方支付产品相继推出,第三方互联网支付市场规模快速增长。预计 2014 年至 2017 年互联网支付市场交易规模增长率维持在 30％以上,2017 年规模会达到 184 804.4 亿元。

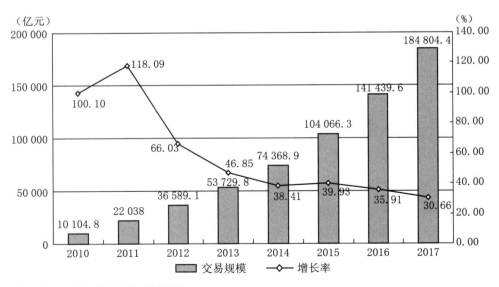

资料来源:大智慧行业经济数据。

图 5.1　2010—2017 年我国第三方互联网支付市场交易规模

其次，各种理财产品层出不穷，如券商综合理财账户、余额宝、定存保、百度理财平台等。互联网有效整合交易、支付和理财等业务，突破了时间和地域的限制，为客户提供一体化、多样化金融解决方案，促进虚拟市场的形成和发展，推动各种理财产品快速发展。

第三，基于网络数据贷款、P2P信贷平台等互联网金融投融资模式快速发展，规模不断壮大。以阿里小贷为例，截至2014年2月，阿里小贷累计投放贷款超过1 700亿元，服务小微企业超过70家，不良率小于1％，其中，2013年新增贷款1 000亿元。

对于上海而言，互联网金融的快速发展能够为上海市民和各类企业提供更有效的金融服务，发展惠普金融。其次，互联网金融本身是一种新型的业态，其发展也会对其他金融服务和其他服务业有拉动作用。重视互联网金融的发展，对上海的产业结构，特别是服务经济的发展会产生重要的影响。最后，互联网金融将极大丰富上海金融中心的内涵，也会对上海金融中心建设起到很大的提升作用。

5.3　区域一体化快速发展

从当前国内区域发展格局看，新一届中央领导正在着力推动丝绸之路经济带、21世纪海上丝绸之路经济带、长三角一体化、长江经济带等区域经济一体化建设，不仅为上海加快建设全球城市区域提供新动力，同时也为提升上海在全国和世界经济中的资源配置力和经济影响力提供新机遇。

5.3.1　长江经济带上升为国家战略利好上海辐射引领功能升级

发挥黄金水道独特优势，建设长江经济带，是新时期我国区域协调发展和对内对外开放相结合、推动发展向中高端水平迈进的重大战略举措。截至2013年，长江经济带涉及国土面积205.5万平方公里，占全国21.4％；人口6亿人，占比接近40％；GDP占全国45％，可开发水电资源占全国48％，内河通航里程占全国52.5％，不仅是连接中国东中西部的"黄金水道"，而且已成为国家主体功能区规划"两横三纵"的主体，和沿海地区共同构成了我国经济发展的黄金走廊。

加快发展长江经济带,不仅可以促进经济发展由东向西梯度推进,缩小东中西差距,又能优化经济结构,形成与丝绸之路经济带的战略互动,打造新的经济支撑带和具有全球影响力的开放合作新平台。对上海而言,长江经济带上升为国家战略,将为上海加快建设航运中心、优化产业结构、增强城市的辐射引领功能提供重大发展空间。

1. 新时期长江经济带的发展定位

将长江经济带建设上升为国家战略,将极大拓展中国经济发展内生空间,将长三角、长江中游城市群和成渝经济区三个"板块"的产业和基础设施联通起来,让各类生产要素流动起来,让沿线市场统一起来,促进产业有序转移衔接、优化升级和新型城镇集聚发展,形成新的经济支撑带和具有全球影响力的开放合作新平台。

表 5.1　新一届政府对长江经济带相关政策部署

时　　间	长江经济带建设主要部署
2014 年 6 月	李克强主持召开国务院常务会议,提出:按照统筹稳增长、促改革、调结构、惠民生的要求,实施定向调控、注重标本兼治,推动经济优化升级,部署建设综合立体交通走廊,打造长江经济带
2014 年 4 月	李克强在重庆召开 11 省市座谈会,研究依托黄金水道建设长江经济带问题,提出让长三角、长江中游城市群和成渝经济区三个板块产业和基础设施连接起来、要素流动起来、市场统一起来,形成直接带动超过 1/5 国土、约 6 亿人的强大发展新动力
2014 年 4 月	习近平主持中共中央政治局会议,提出"推动京津冀协同发展和长江经济带发展"
2014 年 3 月	李克强在政府工作报告中提出:要依托黄金水道,建设长江经济带
2013 年 10 月	国家发改委赴上海、湖北等地调研,听取各地对依托长江建设中国经济新支撑带的意见和建议
2013 年 9 月	国家发改委会同交通部启动《依托长江建设中国经济新支撑带指导意见》起草工作
2013 年 7 月	习近平视察武汉新港时指出,长江流域要加强合作,发挥内河航运作用,努力把全流域打造成黄金水道

2. 未来推进长江经济带一体化发展的重要举措

根据新一届政府对长江经济带发展的顶层设计,未来长江经济带建设将以沿江重要港口为节点和枢纽,建设综合立体交通走廊,统筹推进东中西联动,构建东部省市消费创新、中部省市生产制造、西部省市提供原材料和资源的一体化、开放性经济发展新格局。

未来推进长江经济带建设的若干重大举措主要体现在:

一是依托"黄金水道"加快完善航运物流综合运输体系。开发长江经济带,首先必须充分利用其优越的地理条件,依托"黄金通道",发挥沿线港口作用,统筹航道建设,把主动脉建设强劲。同时辅以快速便捷、立体交叉的陆空交通运输网络,以主带支,以线带面,辐射带动长江干线流域九省二市。以交通枢纽带动大物流,以大物流带动大产业,以大产业带动大城市群,加快构建布局合理、功能完善、衔接顺畅、安全高效的综合运输体系。

二是推动东西联动实现产业梯度转移。未来中央和地方层面将加快出台相应的区域发展和产业规划政策,铁路、水运、航空等交通联通性将不断提升,这些都增强了沿线中西部省份吸引产业转移的条件。另一方面,在国际贸易格局调整、发达国家外需疲软的大背景下,东部沿海企业深入内陆地区开发内需市场亦将成为必然选择。因此,加快建设层次分明、分工合理、集约高效、互动共赢的产业分工体系,将成为未来长江经济带建设的重中之重。

三是加快破除行政藩篱,构建统一开放、竞争有序的全流域现代市场体系。未来沿江省市将进一步加强城市规划、产业布局、项目建设、运输网络等统一规划,打破省域行政藩篱,着力构建统一、开放的区域一体化市场和区域管理体制与合作机制,实现交通畅通、商品流通以及资金的融通,降低产业转移成本和市场交易成本。

四是积极发挥中心城市的引领作用,促进新型城镇化发展。未来将充分发挥长三角地区在长江经济带上的引领功能,积极推广上海全球城市建设、长三角一体化运作的先进经验,大力推进江淮、两湖、成渝经济区等跨江联动的城市群,带动周边新型城镇化发展。

五是强化环保意识促进可持续发展。长江经济带建设将更加注重对资源和环境的保护，通过植树造林、污染防治、兴修水利等有效措施，加强对水土流失、水旱灾害和环境污染等环境问题的综合治理，实现人口、经济、社会、资源、环境的可持续发展。

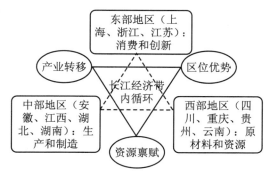

资料来源：中石研究。

图 5.2　长江经济带东中西一体化发展新格局

3. 上海在长江经济带建设中扮演着重要角色

上海地处长江入海口，不仅是陆域文明与海洋文明交汇的结晶，也构成了我国弓箭型江海格局的"箭头"。在长江经济带建设中，上海兼具"黄金水道"和"黄金海岸"的区位优势和现代服务业、先进制造业高度发达的产业优势，理所当然成为长江经济带的龙头。

在此过程中，上海发展面临的机遇在于：一是"黄金水道"航道建设和综合运输体系将不断完善，从而极大助推上海航运中心建设。二是可以充分发挥上海"外通大洋、内联腹地"的先天优势，为广大内陆企业提供与国外市场进行互动对接的信息和交易平台。三是通过联通长三角、长江中游城市群和成渝经济区三个"板块"，可以为上海发达的生产性服务业提供巨大的市场空间。四是长江经济带建设将刺激基础设施投资、带动产业梯度转移，从而为上海企业进军西部提供投资机会。五是推进区域一体化、打破行政壁垒和市场壁垒急需规划引领和制度创新，从而对上海城市治理先进经验、自贸区制度创新成果及长三角一体化的运作模式等带来巨大的"溢出"需求。

5.3.2　"一路一带"加快推进为上海拓展海外市场提供开放红利

"推进丝绸之路经济带、海上丝绸之路建设，形成全方位开放新格局"已被明确写入十八届三中全会通过的《决定》,在国内外受到广泛关注。丝绸之路经济带与21世纪海上丝绸之路建设,将提升上海对周边区域的经济影响力,助力上海打造国际性经济、金融、航运、贸易中心枢纽城市。

1."一路一带"的战略内涵

如今的丝绸之路,相较于古代丝绸之路,无论是涉及领域,还是交流深度,都有了更深刻的内容。从内容来看,"一路一带"除了传统产品的互通外,通信、能源、电网、机械各项产品和技术的互通有无正成为更为重要的内容。除了传统的道路沟通,光纤通途的建立也成为新时代沟通的重要内容。文化与政治的沟通正在日益加深。从区域上看,陆上丝绸之路由于主要面对中亚及延伸的欧亚地区国家,西北五省是重要地区;海上丝绸之路以东海丝路和南海丝路两条线为主,前者是东海起航线至朝鲜日本,后者是从东南沿海出发,以东南亚地区为中枢,连接马六甲海峡以外印度洋沿岸各国。

2."一路一带"的未来政策导向

"一路一带"建设虽然指的是经济带和贸易通道,但21世纪的贸易通道将超出经济范畴,涉及政治、安全、人文、文化的领域,打造国家间的互联互通,让中国能够和周边国家融为一体。"一路一带"建设对于中国与亚欧贸易、文化交流,对内有助平衡区域发展,促进产业转移,具有深远意义。未来30年"丝绸之路经济带和21世纪海上丝绸之路建设的重点,将致力于"五通促发展,共建经济带"。

一是加强政策沟通。周边是我国外交政策的首要。共建"一路一带"的战略构想,是在新形势下继续高举和平、发展、合作、共赢的旗帜,促进共同发展的战略选择。各国就经济发展战略进行交流,协商制定区域合作规划和措施。

二是加强基础设施联通。交通运输是发展的基础,基层设施建设上,"一路一带"重在深化与中亚、南亚、东盟合作,以节点城市、城市群内互联互通为目标,加大对高速公路、铁路、港口航运、航空机场、油气管网、通信网络以及水利设施等相关基础设施投入力度,逐步形成连接东亚、中亚、南亚、东盟的交通运输网络。

三是加强贸易畅通。"一路一带"涵盖东亚、中亚、南亚、西亚、东盟几十个国家,幅员广阔,人口众多,市场规模和潜力独一无二。未来沿线各国将加快推动贸易和投资便利化谈判与协调,削减沿线贸易壁垒、投资壁垒,实现区域经济一体化。坚持陆海统筹、平等合作、互利共赢的原则,加强基础设施互联互通,这将为消费品、旅游、教育等产业提供巨大需求。

四是加强货币流通。推动实现本币兑换和结算,增强抵御金融风险能力,提高本地区经济和金融与一体化程度。加快对外投资,加强境外开发园区合作,加快推进人民币国际化步伐,扩大进口贸易,实现共同发展、共同繁荣。

五是加强民心相通。"一路一带"将成为我国与中亚、南亚、东盟之间开拓新的合作领域、深化互利合作的战略契合点,有利于搁置争议、增进共识、合作共赢,推动构建和平稳定、繁荣共进的周边环境,对于促进国际经贸、文化合作,加强人民友好往来和社会交往,建立国与国之间合作伙伴关系具有重要意义。

3. "一路一带"对上海全球城市建设的机遇

在国内区域协调发展上,"一路一带"的建设将为国内西部地区、东南沿海地区大发展提供新的政策红利,将给上海的经济发展和全球城市建设带来新的契机与机遇。

首先,"一路一带"建设将为上海带来战略定位层面的政策红利。上海处于连接陆上丝绸之路与海上丝绸之路这一广袤区域的连接点上,从西北的新疆、甘肃,到西南的广西、云南,再到东部的浙江、福建,跨度极大的多个地区连接于此。在国家力推、政策驱动、地方响应的背景下,上海将凭借自身交通、物流等良好的基础设施条件,在"一路一带"建设和互联互通中发挥更重要的战略作用。

其次,"一路一带"经济贸易发展将助推中国(上海)自由贸易试验区建设。"一路一带"的持续发展需要若干沿路港口经济区作为支撑。上海要用好自由贸易园(港)区这一区域合作平台,辐射带动区域周边地区自由贸易园(港)区建设。通过探索对外商投资实行准入前国民待遇和负面清单管理模式,推进在更宽领域、更高层次的对外开放,形成引领国际经济合作与竞争的开放区域,培育带动区域发展的开放高地。

再次,"一路一带"将设将为上海金融服务业提供发展良机。"一路一带"基础设施建设需要巨额资金投入,发展金融服务业,既是支持贸易交流的必然需求,同时也符合上海建立更为开放金融业的目标,这也对上海经济、金融中心的功能定位提出了更高的要求。通过谈判加快筹建亚洲基础设施投资银行、上海合作组织开发银行,或另行组建"丝绸之路开发银行"、"开发基金"、"投资基金"、"风险基金"等跨国金融机构等,将为上海国际金融中心建设提供更多发展空间。

最后,"一路一带"建设将带来消费水平和产业结构的升级。随着丝绸之路一体化建设的不断推进,相关港口物流等基础设施建设先行,上海将在深化开放能源、贸易、旅游等利好产业的大潮下获得转型先机。同时"一路一带"规划制定将直接提升周边区域的产业能级,区域能源、贸易、旅游等产业有望受益于深化开放。

5.3.3 长三角打造世界级城市群为上海建设全球城市注入新内涵

通过加强基础设施建设和产业布局优化与升级,未来长三角区域将致力于打造世界级城市群,这将进一步加强同上海的互联互通,为上海建设全球城市提供广阔腹地支撑,而上海则需从规划层面主动加强与长三角城市群之间的对接和互动,着力构建现代化、立体式交通网络体系,加快推进产业对接与分工协作,充分发挥上海在长三角一体化中的中枢协调作用。

1. 长三角城市群及其发展态势预判

截至 2013 年,长三角区域的总面积占全国总面积 4.48％,总人口占比为 11.65％,却创造了 20.80％的生产总值,35.33％进出口总额以及 20.47％的财政收入,已成为我国经济发展速度最快、经济总量规模最大、最具发展潜力的经济板块之一,并跻身世界六大城市群行列。

近年来长三角一体化态势加快,主要呈现如下特征:

一是涵盖范围不断扩大,泛长三角概念趋于成型。长三角涵盖上海市、江苏省和浙江省,主要是由沿江城市带和杭州湾城市群构成。自 2003 年以来,长三角涵盖的范围逐渐扩大,包含的城市也由最初的 15 个逐步发展成为如今的 30 个,形成泛长江三角洲的概念。

表 5.2 长三角城市群范围变化一览

原始地理范畴	上海、苏州、无锡、常州、镇江、南京、扬州、泰州、南通、杭州、宁波、嘉兴、湖州、绍兴、舟山 15 个城市
2003 年 8 月长三角城市经济协调会第四次会议	加入台州
2010 年 3 月长三角城市经济协调会第十次市长联席会	加入合肥、盐城、马鞍山、金华、淮安、衢州
2013 年 4 月长三角城市经济协调会	加入芜湖、连云港、徐州、滁州、淮南、丽水、宿迁、温州,形成包含 30 个城市的巨型城市群

二是政策层面将持续获得国家级战略支持。2008 年 9 月,国务院发布《关于进一步推进长江三角洲地区改革开放和经济社会发展的指导意见》;2010 年 5 月,国务院正式批准《长江三角洲地区区域规划》,提出到 2015 年长三角地区率先实现全面建设小康社会的目标,到 2020 年力争率先基本实现现代化。

三是同城效应将不断加剧,基础设施互联互通水平将不断提高。通过沪宁、沪杭、宁杭等城际高铁,长三角城市群以上海、南京、杭州为中心形成一条工业化走廊。未来高铁、地铁、高速公路等基础设施网络的互联互通将日益紧密,整个长三角区域有望建成"2 小时"城市圈。基础设施联通推动区域一体化,区域经济协同发展又将推动新型城镇化,而新型城镇化则为长三角经济发展提供新的内生动力,激发新的一体化需求。

四是多层次联动发展的"蝴蝶经济"将成为长三角城市群的重要优势与特征。它以上海为蝶身,北边江苏沿江 8 市构成的经济圈和南边浙江环杭州湾 7 市环绕的经济带为两个蝶翼,启动了时代。蝴蝶经济中第一层次是上海核心作为城市,充当长三角其他各市的金融、资本、信息、高新科技、人才、贸易、航运等服务中心;第二层次是以电子信息、服装纺织等产业为核心的苏南和环杭州湾城市群;第三层次是苏中、南京、常州等外围区域,形成独立的产业和物流体系。三个层次形成"长三角蝴蝶经济圈",带动泛长江三角洲区域联动发展。

2. 长三角城市群未来发展的战略定位

根据 2010 年国务院发布的《长江三角洲地区区域规划》,长三角城市群的战略定位是:到 2020 年建成"亚太地区重要的国际门户、全球重要的现代服务业和先进制造业中心、具有较强竞争力的世界级城市群"的战略定位。

第一,建成亚太地区重要的国际门户。立足于上海全球城市建设,此举将直接围绕上海国际经济、金融、贸易和航运中心建设,打造在亚太乃至全球有重要影响力的国际金融服务体系、国际商务服务体系、国际物流网络体系,提高开放型经济水平,在我国参与全球合作与对外交流中发挥主体作用。

第二,建成全球重要的现代服务业和先进制造业中心。围绕培育区域性综合服务功能,加快发展金融、物流、信息、研发等面向生产的服务业,努力形成以服务业为主的产业结构,建设一批主体功能突出、辐射带动能力强的现代服务业集聚区。加快区域创新体系建设,大力提升自主创新能力,发展循环经济,促进产业升级,提升制造业的层次和水平,打造若干规模和水平居国际前列的先进制造产业集群,其将直接助益上海的产业转型和优化布局战略。

第三,打造具有较强竞争力的世界级城市群。发挥上海全球城市建设的龙头作用,努力提升南京、苏州、无锡、杭州、宁波等区域性中心城市国际化水平,走新型城市化道路,全面加快现代化、一体化进程,形成上海与周边城市的互联互通、共同发展的网络化城市体系,成为我国最具活力和国际竞争力的世界级城市群。

3. 以上海为中心建设全球城市区域的策略思考

长三角成为"世界工厂"以及众多企业融入全球生产链,为上海更好地建设全球城市区域,发挥中心城市管控功能,提供高度专业化的生产性服务带来巨大市场空间。通过基础设施建设和产业升级布局,未来长三角城市群将进一步增强对于上海全球城市的产业支撑,凸显上海全球城市的战略地位。

今后上海在建设全球城市过程中,不仅要注重全球城市产业、组织、制度等方面的培育,而且要从全球城市区域角度促进区域城市群建设和带动区域经济发展。一是要着力加强顶层设计,通过编制上海与长三角一体化具体发展对接的相关规划,明确上海在长三角建设中的功能定位、产业分工、城市布局、设施配套、综合交通体系等重大问题,并从财政政策、投资政策、项目安排等方面形成具体措施。二是要着力构建快速、便捷、高效、安全、大容量、低成本的互联互通综合交通网络,促进上海经济对周边区域的辐射带动能力。三是要着力加快推进产业对接协作,形成区域间产业合理分布和上下游联动机制,合作共建全球重要的现代服务业中心和先进制造业基地。四是要着力加大对协同发展的推动,充分发挥上海在长三角地区中经济合作发展中的中枢协调作用。

5.3.4 高铁网络化改变经济地理格局助推上海流量经济发展

高铁时代的来临将彻底改变中国经济地理的分布格局,加快推进区域一体化和区域协同发展。这将一方面助推上海流量经济的发展,实现产业结构优化升级和城市的转型发展,但另一方面上海也将面临经营成本和生活成本高企、部分企业和人力资源等要素外迁的挑战。

1. 高铁网络化将为沿线城市打开巨大增值发展空间

高铁之于今日中国,犹如铁路在 19 世纪末改变美国,必将彻底重写中国经济地理格局,把中国从过去的出口导向发展模式带向内生发展模式。高铁网络化不仅将极大推动区域一体化和区域协同发展,加快新型城镇化进程,而且为高铁沿线城市打开巨大的增值发展空间,对加快要素流动、促进产业升级、改进城市功能、提升生活质量带来方方面面深远影响。

一是"同城效应"加剧推动区域一体化进程加快。快速客运网络大大缩短了城市群之间的时间成本,从时空角度拉近了城市群之间的距离,形成了"1小时"、"2小时"城市圈。"同城效应"不断加快并不断拓展,极大促进了生产力的布局调整和要素资源的加快流动与重新配置。到 2020 年,全国 93% 的人口将能够在一天之内通过陆地交通到达北上广三大城市群,三大城市圈的商务、科技、文化集聚能力将进一步提升,进而有力推动世界级城市群的形成。

二是"边界突破效应"增强加快新型城镇化进程。一方面,通过开行大站直达、站站停等不同等级城际客车,尽可能从中心城区穿过,与城市轨道交通紧密衔接,真正体现城际铁路"公交化"特点,让沿线中小城市也可享受高铁和轨交文明,让城市的生活方式进入农村,有力地改变沿线城镇与农村之间的界限,消除城乡二元结构、推进一体化发展。另一方面,高速铁路的快速发展和网络化延伸,不仅使城市群间关系更加密切,同时也联通了各城市群的中心城市和节点城市,将周边更多的城市融入进来,从而形成新的经济地理格局。如京津、武广、郑西等一批高速铁路的通车运营,使得环渤海、关中城市群、武汉城市圈等区域经济发展方式转变明显加速,新的城市群不断形成。

三是"要素整合效应"强化带来沿线城市产业升级新空间。高铁是运载能力极大的运输工具,对沿线城市而言,在巨大的人流、物流进出过程中,蕴藏着极大的商机。对沿线城市的宏观经济发展而言,高铁投资巨大,基础建设投资直接拉动效益明显,并带动大量劳动力就业。同时,随着交通基础设施改善,商务效率提升将产生巨大的时间价值,经济要素的充分流动将提升城市整体功能,为城市资源和市场的优化组合提供便利条件。从城市产业升级角度看,高铁将促进沿线产业带的形成,特别是促进沿线旅游、商贸业、文化教育医疗等产业的大发展,带动沿线土地增值和房地产市场的繁荣

2. 上海流量经济的发展将得到极大受益

按照铁道部规划,上海将打造成为长三角地区最大的高铁枢纽站,届时将有京沪、沪宁、沪昆、沪汉蓉及沪港高铁(沪杭高铁为其一段)等五条高铁线路连接上海和周边区域。

自开埠至今,在上海160年的经济发展历程中,区位优势和四通八达的基础设施发挥了不可磨灭的作用。作为一个因现代交通而崛起的现代化大都市,上海更应该顺应高铁时代的新趋势抓住新机会。

首先,高铁网络化所带来的巨大人流、物流势必会带动上海的商贸、旅游和配套服务业加快发展。结合上海迪士尼建成开业,以及国际贸易中心能级提升,未来上海商旅文一体化将逐步升级为"文旅商",通过不断创新文化旅游产品,通过持续改进商业模式,将文化、旅游、购物、商务、交通、餐饮等相关产业链有机整合,形成一个个多功能、高效率的城市综合体,实现既能吸引大量海内外游客来沪消费,又能产生巨大社会价值和品牌效应的多重功能。

其次,高铁带来的"同城效应"、"要素整合效应"等,将使上海与周边城市,特别是长三角城市群之间连接更为紧密,不仅可为上海建设全球城市提供广阔腹地空间,共同崛起为全球城市区域,而且有利于发挥上海在金融、信息科技、高端人才等领域的领先优势,在广大范围内进行合理布局和分工,在竞合过程中实现错位发展。

不过,高铁网络化在促进各类生产要素涌入上海的同时,也将凸显上海商务成本和生活成本,导致生产要素双向流动加剧。同时,沿线城市营商环境和竞争能力亦将持续改进,这些都将吸引部分在沪企业和人才重新选址,从而分流到周边区域。

5.4 科技创新孕育新突破

目前,由信息技术主导的产业革命还处在上升期第二阶段,即由创新阶段进入成本竞争和向新兴国家进行产业扩散阶段。为抓住未来科技创新机遇,跨国公司纷纷在全球范围内重组其 R&D 网络,创新系统的国家边界被打破,应用性研发活动正加速向发展中国家转移。这要求上海在向全球城市转型中,要以打造创新型城市为目标,不断增强学习能力和二次创新,加快科技体制改革,不断激发城市创新活力,不断集聚全球创新资源,在全球城市网络和产业分工链条中抢占发展的制高点。

5.4.1 科技革命加快到来催生新产业新业态

2013 年 5 月,麦肯锡全球研究院发布《颠覆性技术》报告,指出未来有 12 项颠覆性技术可能会在 2025 年前后进入实用和产业化,主要包括:移动互联、人工智能、物联网、云计算、先进机器人、下一代基因组技术、自动化交通工具、能源储存技术、3D 打印机、先进材料、非常规油气勘探开采以及可再生能源。它们将彻底改变人类的生活方式和工作模式,产生新的商业模式,显著提升城市的治理能力。其中,最具代表性的技术创新是移动互联、云计算以及围绕大数据的技术应用。

1. 云计算技术高速发展将带动上海科技产业升级

作为一种新型的信息资源利用模式,全球云计算市场保持快速增长势头。据预测,未来几年云服务市场仍将保持 15% 以上的增长率,2017 年将达到 2 442 亿美元。面对庞大的未来市场,世界主要发达国家和公司纷纷制定相关的战略来推进和强化云计算相关技术的研发和商业应用,一个新的产业形态日渐形成。

未来云计算主要发展趋势表现在:一是云计算的标准和技术趋向规范化。研究和制定云计算相关的标准和技术将是云计算大规模占领服务市场的关键。二是云计算的商业应用日益普及化,应用案例逐渐丰富,商业理念开始形成,用户参与和介入的主动性将日益高涨。三是云计算厂商竞争格局将基本形成，解决方案将更加成熟。

上海具备先进的发展云计算的技术、产业与信息化基础。一是良好的信息和网络基础环境，作为亚太国际通信海光缆重要登陆点上海的公共信息基础设施建设领先全国。二是较强的云计算研究与攻关力量。上海交通大学、复旦大学等研究团队对云计算的存储与传输等相关技术具有国内一流水平。三是丰富的在线服务提供和运营经验与基础。以土豆、九城为代表的新兴互联网企业，通过提供在线服务，走在了全国前列。四是提供超级计算的能力与经验。上海超级计算中心是国内第一个面向社会开放、资源共享、设施一流、功能齐全的高性能计算公共服务平台。五是云计算产业联盟、产业基地、产业园的建设已经开始。由盛大集团、中国电信、浪潮集团、华东电脑等55个单位发起的"云计算产业联盟"已正式成立。

根据上海城市发展基础和需求，云计算有望在以下领域率先实现应用与发展，为上海发展云计算产业化提供了重要发展机遇。一是电子政务。通过统一的政务云平台提供服务，从而可以大大节约硬件投入，并在深层次上为信息的共享、跨部门的协同和服务转型提供技术支持。二是智能交通。探索云计算与智能交通的融合，将有力地促进智能交通技术的发展，能够显著缓解上海城市交通问题。三是数字医疗。通过医疗云，创建大医院之间以及纵向资源整合的信息共享与协同服务模式，为新的医疗保健服务模式的诞生奠定信息化基础。四是智能城市管理。借助云计算的存储资源和大规模并行计算能力，推动物联网、传感器等先进的信息技术与城市运行管理相结合。五是研发公共服务。通过云计算可以推动研发公共服务平台的升级换代，也是云计算落地的直接途径之一。

2. 移动互联深入发展催生创新的商业模式不断涌现

作为新一代信息技术的重点领域，移动互联网已成为继云计算、物联网之后最为引人关注的新兴应用技术领域之一。尤其是，伴随着移动终端技术和无线宽带技术高速发展，使得大量基于移动互联的商业创新不断涌现，未来蕴藏巨大市场和应用前景。

未来移动互联网产业发展主要呈现出五大趋势：一是移动互联网超越 PC 互联网，引领发展新潮流。二是移动互联网和传统行业融合，催生新的应用模式。三是不同终端的用户体验更受重视,未来将更加注重轻便、轻质、人性化的用户体验。四是创新已成为改变甚至颠覆移动互联网产业格局的关键因素,迫使移动运营商、终端厂商和互联网企业将技术和商业模式创新作为唯一的生存之道,以企业为主体的创新格局不断深化。

上海是我国移动互联网产业发展的重要集聚区之一。随着"智慧城市"建设的深入,上海率先开展 4G 网络示范应用,移动互联网产业基地——"移动智地"建设已经启动,集聚了一批优秀的移动互联网研发型企业与创新型人才。

对于上海而言,未来面临的移动互联网带来的机遇主要体现在:一是移动互联产业的快速发展,将对上海颇具优势的互联网业务提供商、终端设备商、内容服务提供商、电子产品制造商等多个产业主体带来巨大市场空间。二是运营商一家独大的垄断将打破,更多的信息服务提供商将与运营商合作,将各种传统优势移植到移动互联网产业中,从而加快构建移动互联生态集群。三是在移动互联融合发展过程中,不同产业原有的运作机制、资源配置方式都在改变,将不断产生更多新的市场空间和发展机遇。多个行业主体通过新型终端或者终端中内置应用的方式,加强对用户资源的掌控,努力在消费者心中突出内容和服务价值的同时,淡化移动运营商接入服务的作用。

3. 大数据全面解放生产力为上海智慧转型提供动力

"大数据"已经渗透到当今每一个行业和业务职能领域,成为与货币、黄金、能源资源同列的新型经济资产。通过专业化分析和洞察,从数量巨大和种类繁多的数据中,在有限时间内快速获得有价值的信息,进而将海量的"数"化为决策的"据",发现规律、辅助决策、预测未来,使大数据成为企业发展、国家治理乃至个人生活服务的核心议题,成为新一轮解放生产力、发展生产力的重要技术支撑。

大数据将会促进产品设计流程和商业模式重塑,通过精准定位用户,实现产品的定制化和定价的个性化。大数据商业化模式将成为新一波的创业浪潮和产业革命,例如对冲基金通过剖析社交网络 twitter 上的数据信息来预测股市的表现;亚马逊、阿里巴巴和奈飞(Netflix)根据用户在其网站上的类似查询来进行产品推荐;百度不同的用户以同样的关键字搜索希望得到的结果并不一样;腾讯根据用户所有曾经玩过的游戏记录和行为,动态地为每个玩家设定符合他们兴趣的玩法和任务,最终刺激更多的消费。

大数据将快速推动政府社会管理模式创新,提高政府部门协同能力和办事效率,通过辅助决策工具,从"经验治理"转向"科学治理",真正实现"智能社会"和"智慧城市"。一是推进政府信息资源进一步开放,政府信息开发利用效率倍增。二是真正跨越政府内部协同的鸿沟,大大提高工作效率,降低政府运行成本。三是促进政府和公众互动,让政务透明,帮助政府进行社会管理和解决社会难题。四是提高政府决策的科学性和精准性,提高政府预测预警能力以及应急响应能力。

大数据将会引起人们日常生活方式改变,掌控和逻辑管理我们未来生活的方方面面,包括医疗、教育、购物、家庭照护等。以医疗服务领域为例,微软的"健康存储库"和"谷歌健康"为广大病患者提供医疗卫生档案管理在线服务。此外,社交网络为许多慢性病患者提供临床症状交流和诊治经验分享平台,医院借此可获得足够多的临床效果统计。

上海是中国经济、贸易、金融、航运等领域海量数据的集散地,在挖掘大数据、推广应用大数据方面具备得天独厚的优势。积极运用大数据来加快上海先进制造业和现代服务业发展,改进政府决策支撑智慧城市建设等,均具有重大意义。

上海的机遇主要体现在:一是有利于上海IT产业升级发展。上海的IT产业目前已在人才、技术研发、与国际接轨的信息通信基础设施等方面形成了一定优势,未来上海要充分挖掘本土企业和政府部门所形成的大量本土消费数据和市场行为数据,在特色数据占有方面抢占比较优势。二是有助于重塑上海传统产业格局。那些率先迈入数据密集型、基于知识创新、个性化要求高的行业,如金融、保险、医疗、零售、电信等有机会先行一步。三是有助于辅助政府决策推进智慧城市建设步伐。通过整合跨地域、跨行业、跨部门的海量数据,并运用先进信息技术进行数据挖掘和辅助决策,将特定的知识应用于特定的行业和特定的解决方案之中,有助于真正打造上海智慧城市升级版,大幅提升城市治理能力现代化水平。

5.4.2 创新资源加速流动推动创新生态持续优化

1. 产业技术创新日益呈现集聚化发展

自1999年经济合作与发展组织(OECD)提出"创新集群"概念以来,创新集群已广泛受到世界各国高度重视和实践,成为继"国家创新系统"之后又一重要创新政策工具。它以企业为创新活动的主体和核心,强调与区内研究机构、大学、风险投资机构、中介服务等组织通过竞争协同效应共同参与创新活动,促使产业链、价值链和知识链形成战略联盟,不断向高端发展。

创新集群的发展具有技术集聚化、价值高端化、模式多元化、创新开放化等基本特征。一是技术集聚化,强调通过新技术的集聚和耦合,逐步演变成高新技术的"高地"。二是价值高端化,以价值链为纽带,聚集创新资源,使整个集群不断向全球价值链的高端攀升。三是模式多元化,因创新文化、创新环境不同而形成不同的创新集聚模式,群内合作模式多元化,且能不断衍生新的技术和产品,形成新的产业业态。四是创新开放化,作为区域创新的策源地,带动周边区域繁荣,使周边地区成为创新集群发展的广阔腹地。

上海工业基础良好,科技与人才资源富集,对外开放程度高。特别是近年来,上海已形成了 81 个共 250 万平方米左右的创意产业集聚区,对上海经济的贡献率逐年提高。未来上海要大力发展创新集群,可以充分利用创意产业集聚区,一方面,加强政策法规的引导,创新知识产权保护模式,最大限度地畅通创新集群内知识产权的市场化流转,形成良好的创意内生循环;另一方面,要针对重点发展产业,整合相关创意产业园区的创新资源,形成创新联动和集聚效应,克服小规模园区融资难、研发能力不足等瓶颈制约。

2. 科技创新开放性趋势不断增强

创新需要有效整合和利用全球的科技资源。从国际看,大多数国家都根据本国科技发展水平和发展需要,有选择地对外开放科技计划和项目,在基础研究、重大全球化问题研究等方面,允许拥有外国国籍的科学家、非本国独立法人或外资研究机构及企业参与本国的科技项目研发。

未来国家科技计划对外开放趋势将日益明显。一方面,发达的科技大国或地区,需要吸引全球最优秀的人才为其工作,如欧盟先后制订多项跨国高技术研发计划,通过招标或双边协议形式向其他国家开放;另一方面,部分发达的小国为弥补本国弱项或进一步加强优势领域,也倾向于有选择地开放部分科技计划。此外,部分发展中国家为提高本国科技发展水平,采取专项国际科技合作计划或专门的科学研究中心形式,不断加强跨国科技合作。如印度尼西亚推出"国际合作研究计划",为本国科研人员提供国际合作机会。

上海作为中国开放程度最高、外资研发机构最多的城市,在进一步吸引外资研发机构和国外科技人才来沪发展方面,不仅拥有良好的产业基础和人才资源,而且有越来越多的跨国公司及其在华研发机构都表达了积极参与城市创新体系的愿望。因此,未来上海可在全国先行先试,加快探索科技计划对外开放,加强以国际合作创新驱动本市的转型发展。不过,在此进程中,需采取分阶段、分领域逐步放开的策略,应以开放基础研究和重大全球化问题研究为主,以开放应用研究为辅,应加强对外资机构参与科技计划的审查能力和风险防范能力建设,加强知识产权归属和应用管理。

5.5 全面改革进入新时代

党的十八届三中全会为中国经济未来发展描绘了崭新的全面深化改革路线图,中国经济事实上已经进入"改革 2.0 时代"。最关键的改革领域,首先是改革基本经济制度,提高全要素生产率,包括国资国企改革、财税体制改革、行政管理体制改革和涉外经济体制改革等。此外,还将不断深化人口和户籍制度改革、土地制度和城乡管理体制改革、金融体系改革,同时,保持反腐高压态势,营造更清洁、更高效的经济运行和营商环境。

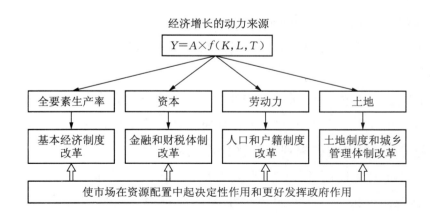

图 5.3 全面深化改革的主要突破口

5.5.1　土地制度改革与深化城乡发展一体化

《国家新型城镇化规划（2014—2020年）》对深化土地管理制度改革、推进新型城镇化和城乡发展一体化，给出了重大政策改革方向。

1. 未来土地制度改革将主要集中在五大突破口

分类管理是国有土地经营方式创新的重要途径，有利于大幅提高各类用地利用效率和土地二级市场活跃度。未来一段时期，土地制度改革主要有以下五方面突破口：

一是改造国有土地储备中心，剥离其经营性职能，专职负责管理公益性、政策性用途的国有土地储备和利用，其功能相当于美国土地管理署。

二是新建国有土地经营公司，或成立国有土地经营基金，按照市场化原则，委任专业的经营团队，负责经营性土地的运作，包括这些土地的抵押贷款以及允许在公开债券市场上由银行代发土地债券。

三是探索实施工业用地的弹性出让和年租制。区别居住用地和基础设施用地的固定出让期限，对新增工业用地的出让探索实行弹性出让制，根据不同产业需要，签订5—30年不等的租期，真正实现党的十八届三中全会《决定》提出的"建立有效调节工业用地和居住用地合理比价机制，提高工业用地价格"的目标。

四是改革征地制度，建立国有土地出让收入的基金制。探索建立国有土地基金，国有土地出让收入在悉数支付抵押贷款和赎回土地债券后，把剩余的出让收入归入国有土地基金，基金用途主要是调剂历年出让收入与支付抵押贷款和赎回土地债券之间的收支差额，地方政府和其他机构都不得随意动用这笔基金。

五是发挥土地利用规划的总领作用，实现经济社会发展规划、城乡建设规划和土地利用规划"三规合一"，以土地利用规划作为"元规划"，严格按不同土地的用途管制，制定城市规划和经济社会发展规划。

上海目前的建设用地3 070平方公里（截至2013年底），约占全市陆域面积45％，距离2020年3 226平方公里的终极规模，只剩下156平方公里的增量空间，未来新增用地供应规模将逐年减少。同时，当前上海用地还存在三大问题:一是大量公共设施用地奇缺(停车问题);二是绿化生态用地不足(雾霾问题);三是资源紧缺的约束条件下,用地水平却不高。

因此,未来加快盘活存量用地,特别是存量工业用地,已经成为制约上海未来城市可持续发展的重要挑战。对于存量转型,必须实行规划先行和计划管理,切实落实"开门编规划"的理念,以确保转型规划落地。必须坚持产业用地服务实体经济的原则,通过系统的政策设计,如缩短年限、限制分割转让比例、规定公共绿地和设施比例、分割节余土地、放开存量补地价、全过程生命周期管理等,来减少甚至杜绝"以产业之名,搞地产之实"的地产开发行为。

2. 推进城乡发展一体化重在体制机制创新

本轮城乡发展一体化将不仅是资源配置的调整,更重要的是生产关系上层建筑制度安排和组织架构的调整,其关键在于体制机制创新。

今后推进城乡发展一体化的重点在于:一是以农村集体产权制度改革为关键。集体产权制度改革涉及社会主义基本经济制度,从党的十八届三中全会《决定》看,涉及三农的改革几乎每一项都与农村集体产权制度改革相关。二是以农村土地制度改革为核心。农村土地制度是农村其他制度的基石,这方面的改革必将引发其他基本制度的相应变化。三是以集体经营性资产的产权改革为重点。首先要培育出和真正落实能够制约集体经济代理人的机制和制度安排,其次要理顺村民委员会与村集体经济组织之间的关系。

上海是国内最早提出并实践城乡一体化发展的地区之一。但近年来,与周边江浙地区相比,上海城乡一体化的发展进程并无显著优势,甚至在一定程度上城乡差距有扩大之势。主要表现为:现有关于农村土地制度的法律法规条款,已经滞后于农村农业改革发展的现实需要;现有公共资源分配仍倾向于中心城区和重点地区;集体经济有沦为"干部经济"的趋向,等等。

未来上海在加快城乡发展一体化方面,应对照党的十八届三中全会、新型城镇化发展规划等精神要求,一方面,针对实践中迫切需要解决的问题开展专项研究,为修订相应法律法规和出台相关政策措施提出对策建议;另一方面,要积极推动公共财政覆盖农村,探索可持续的农民产权权益变现形式,进一步促进集体经济产权开放流动。

5.5.2 财税体制改革:到2020年基本建立现代财政制度

新一轮财税体制改革,将围绕党的十八届三中全会部署的"改进预算管理制度、完善税收制度、建立事权和支出责任相适应的制度"三大任务,有序有力有效推进。总体目标是到2020年基本建立现代财政制度。

1. 预算改革将瞄准"七项任务"

未来改进预算管理制度将主要从七方面推进:一是以推进预算公开为核心,建立透明预算制度。二是完善政府预算体系,研究清理规范重点支出同财政收支增幅或生产总值挂钩事项。三是改进年度预算控制方式,建立跨年度预算平衡机制,推进一般公共财政预算、国有资本经营预算和政府性基金预算之间的统筹。四是完善转移支付制度。五是加强预算执行管理。六是规范地方政府债务管理,推行权责发生制的政府综合财务报告制度,探索建立地方政府信用评级制度,建立健全考核问责机制。七是全面规范税收优惠政策,建立税收优惠政策备案审查、定期评估和退出机制。

2. 税制改革将锁定六大税种

一是增值税。改革目标是按照税收中性原则,建立规范的消费型增值税制度。下一步营改增范围将逐步扩大到生活服务业、建筑业、房地产业、金融业等各个领域,"十二五"全面完成"营改增"改革目标,相应废止营业税制度,适时完成增值税立法。

二是消费税。调整征收范围,优化税率结构,改进征收环节,增强消费税的调节功能。

三是煤炭资源税。推进资源税从价计征改革,逐步将资源税扩展到水流、森林、草原、滩涂等自然生态空间。

四是环境保护税。按照重在调控、清费立税、循序渐进、合理负担、便利征管的原则,将现行排污收费改为环境保护税,进一步发挥税收对生态环境保护的促进作用。

五是房地产税。加快房地产税立法并适时推进改革,由人大常委会牵头,加强调研,立法先行,扎实推进。

六是个人所得税。探索逐步建立综合与分类相结合的个人所得税制,抓紧修订《税收征管法》等。

3. 中央和地方事权与支出责任将进一步理顺划分

清晰界定政府间事权的划分,是调整中央和地方财政关系的重点。未来将在保持中央与地方收入格局大体不变的前提下,合理调整中央和地方收入划分,遵循公平、便利、效率等原则,考虑税种属性和功能,将收入波动较大、具有较强再分配作用、税基分布不均衡、税基流动性较大的税种划为中央税,或中央分成比例多一些;将地方掌握信息比较充分、对本地资源配置影响较大、税基相对稳定的税种,划为地方税,或地方分成比例多一些(傅白水,2014)。此外,还将进一步合理划分各级政府间事权与支出责任,充分考虑公共事项的受益范围、信息的复杂性和不对称性以及地方的自主性、积极性,将国防、外交、国家安全、关系全国统一市场规则和管理的事项集中到中央,减少委托事务,通过统一管理,提高全国公共服务水平和效率;将区域性公共服务明确为地方事权;明确中央与地方共同事权。

5.5.3 反腐高压态势形成并将保持持续

党的十八大以来,作为深化改革的重要组成部分,高压反腐行动得到举国上下高度重视。虽然从短期看,深化反腐将对宏观经济增长带来一定影响,但从中长期发展看,反腐将为中国赢得更为清洁的营商环境,实现更加高效的经济增长。反腐运动成败如何,不仅关系到中国的未来,也将深刻影响未来上海建设全球城市的步伐和质量。

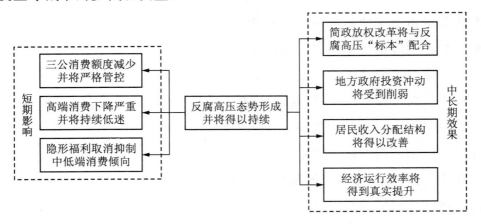

图 5.4 反腐带来的短期和中长期影响

1. 反腐已形成高压态势

著名制度反腐专家李永忠将本轮反腐特点归纳为九个"前所未有",即重视的程度、认识的清醒、反思的勇气、调研的深入、高层的表率、工作的扎实、报道的公开、群众的参与以及成效的明显,都是前所未有。

根据《建立健全惩治和预防腐败体系2013—2017年工作规划》,坚决遏制腐败蔓延势头将成为全面推进惩治和预防腐败体系建设的重要任务。在制度反腐体系尚未有效跟进的情况下,未来惩治腐败的高压态势仍将持续,且将以治标为主,为治本赢得时间。

2. 短期内反腐"去高端消费"将挤压"消费泡沫"

短期看,反腐对经济的直接影响在于抑制消费,特别是通过"去高端消费"、打击"腐败消费"和腐败寻租,挤压"消费泡沫"。并且,随着反腐向基层延伸,中低端消费也将受到波及。

一方面,"八项规定"和"六项禁令"将直接压缩政府三公消费的额度,特别是近期财政部相继出台《中央和国家机关差旅费管理办法》、《中央和国家机关会议费管理办法》等系列新规,使得预算资金支出、计划审批和报销审核将更为严格,地方政府将面临有钱"不敢花",也"花不出去"的境况。

另一方面,除政府直接消费外,由民间买单的"腐败消费"下降严重且未来将长期低位徘徊。可以预见:随着反腐高压态势持续,未来高端餐饮、高端旅游、星级饭店等与政府、企业消费纠葛在一起的"消费泡沫"将被逐步戳破。

此外,反腐对中低端消费也将带来一定影响。中国约有600万基层公务员和大量的事业单位员工,在"八项规定"出台后,各种形形色色的购物卡、油米面消费福利等都将逐渐取消,隐性收入下降亦将降低其消费倾向。

3. 中长期看反腐将带来更清洁、更有效的增长

从中长期可持续发展看,高压反腐将改变地方政府行为模式,减少经济寻租,改善居民收入分配,为各类企业的发展营造更加公平的营商环境,并进而真实提升中国经济的运行效率。

首先,打击腐败寻租与简政放权改革同步推进,将在一定程度上矫正地方政府过度注重投资的行为模式,对基础设施投资的高度重视,将逐步让位于对科教文卫和民生短板的支出,从而促进地方财政支出结构的优化。

其次,居民收入分配结构将随之改善。反腐将沉重打击权钱交易、以权谋私等腐败行为,而这些活动都是构成灰色收入的重要来源。对灰色收入的遏制将会使中国的居民收入分配更加均衡、合理、透明,消费结构也将向中产阶级和中低收入者倾斜。

最后,最为显著的应当是中国经济运行效率的真实提升。依赖于腐败"润滑剂"的短期效率改善是以长期竞争力受损为代价的,并且,短期获利者往往是那些与行政审批相关的垄断行业,如能源、矿产、房地产等,扭曲了整个社会的资源配置。随着高压反腐,腐败行为将得以收敛,市场运行环境将得以改善,曾经需要寻租才能达成的经济交易将通过市场化途径达成,从而有利于降低经济活动的交易成本,激发企业经营积极性。

对包括上海在内的地方政府而言,未来应坚持"标本兼治、综合治理、惩防并举、注重预防"的方针,加快构建惩治和预防腐败制度体系,形成"不敢腐"的惩戒机制;加快推进简政放权改革,消除设租空间,激发市场动力。同时,要加强法治政府、透明政府、服务型政府建设,适当提高公务人员正常的显性福利,预防部分官员"为官不为"、公务人员消极怠工、部门人才流失等问题和弊端。

5.6 人口结构变化增强转型紧迫性

人口结构变化将为上海建设全球城市带来新机遇及新挑战。从全球看,未来 10 年全球人口将继续增长,并出现一些结构性变化:一是城市化人口增多,二是中等收入阶层占比增大,三是人口老龄化加剧。从国内看,中国经济在 2008 年前后越过了刘易斯拐点,并于 2012 年与劳动年龄人口峰值叠加。

5.6.1 未来人口总量增速趋缓拐点将现

1. 人口增长态势延续但速度将趋于减缓

从全球角度看,目前全球人口已经超过 70 亿,但由于生育率持续下降,人口增长的速度已经减缓。根据罗马俱乐部元老级专家乔根·兰德斯的预测,在 2052 年之前,全球人口总量将达到峰值,这是由于不断下降的生育率和不断上升的死亡率两个趋势所共同导致,届时全球人口顶峰水平将达到大约 81

亿,总生育率会逐渐接近1。之后,全球人口会很快以每年1%的速度减少,到2075年前后回落到目前的水平。

中国近十年的人口增长速度明显放缓。根据国家统计局数据,截至2013年底,我国人口数量达到13.6亿。经过几十年的计划生育、人口调控以及社会经济的发展,每年人口增长的绝对数量在逐年减少,人口生育继续稳定在较低水平。从人口自然增长率看,由2002年的6.45‰降至2011年的4.79‰,下降了1.66个千分点。

据上海人口计生部门最新统计,2012年,上海市常住人口达到2 380万人,全市人口总量继续上升,其中,常住人口快速增长,户籍人口增长缓慢。由于人口出生数量增加,人口自然增长率有所上升,2012年上海市常住人口自然增长率为4.20‰,未来五年全市常住人口出生率仍将维持相对平稳增长的态势。

2. 中国适龄劳动力拐点已现人口红利即将消失

2013年,我国适龄劳动力拐点已经突显,劳动力市场开始受到人口逐渐减少所带来的冲击,15岁至59岁的劳动年龄人口达到峰值,随后开始进入退休潮。

数十年来,中国一直受益于"人口红利"。健全的人口结构推动了中国社会经济的长期增长。然而,由于中国的劳动力人口日益老化并逐渐步入退休年龄,中国将和其他许多国家一样面临人口老龄化的挑战。上海是全国首个省级行政区中出现劳动年龄人口负增长的地方。从2004年开始,连续4年上海15—59岁户籍劳动年龄人口的增速放缓,到2007年首次出现负增长。预计2010—2020年间相关劳动年龄人口数还将大幅度减少。到2050年,中国人口结构将从三角形的金字塔形结构转变为更趋向于风筝形的结构。随着年轻劳动力减少,老年人口所占比重上升,人口红利消失。

3. 上海未来人口发展面临五大趋势

立足未来10—20年上海乃至全国的发展背景和趋势,上海人口发展将可能呈现以下趋势。

一是尽管常住人口增速有所降低,但是人口快速增长的态势仍未改变。上海常住人口总量快速增长的态势仍将持续,如不能有效调控,2020年总量

226

将达到 2 800 万左右。

二是人口分布郊区化趋势愈发明显,在空间布局上将继续呈围绕中心城区圈层递减的态势,新增人口将主要集中于郊区,这是产业结构和城市发展格局调整的必然结果。

三是新增外来人口中非就业人口比例可能增大,来沪人员"常住化"更加突出,新生代农民工将逐步成为主流。一方面,家庭迁移将成为常态,举家迁来上海的比例随着来沪时间的增加而增加。另一方面,从趋势上看,在上海长期及永久性居留的外来人口数量将会呈上升态势,流动人口越来越呈现"不流动"的特点。此外,新生代农民工将逐渐成为上海外来农民工的主流。

四是未来新增就业主要来源于服务业,但短期内低端就业还将占相当比重。在一定时期内,上海服务业就业的增长主要还是在传统的消费者服务业中,其中低端就业仍将维持相当规模。长期来看,随着上海转型发展的深入,就业结构将趋于高端化,即传统消费者服务业的比重相对降低,而生产性服务业和中高端服务业的比重逐步上升。

五是整体人口素质将不断提高,但短期内高层次人才比例仍将相对偏低。一方面,上海对各类人才的吸聚力度将不断提高,另一方面,教育资源配置完善和科技研发投入加大,都将带动上海人力资本的积累和增值。但是,与其他国际大都市相比,上海在高层次人才方面仍存在着较为明显的不足,表现为:高学历、高技能人口的数量和比重都比较低,占上海人口增长主要部分的外来人口文化素质相对较低,需要经过长期系统性的教育培训才能显著提升。

5.6.2　人口变化对上海城市和产业发展带来的影响

1. 老龄化少子化将加剧上海社保压力

未来上海劳动力总量仍将保持相对稳定,但老龄化少子化问题将更加突出。在外来人口持续导入态势不变的情况下,未来短期内上海劳动力资源仍相对充足,但劳动年龄人口正由年轻型向老年型发展。同时,受到现有年龄结构及其变动惯性的影响,未来上海老龄化程度将会进一步提高。一方面,户籍人口老龄化高峰将至,另一方面,外来人口中老年人口规模也将逐步有所扩大。此外,上海的少子化问题也将愈发突出,比许多发达国家和地区还要严重。

人口老龄化作为当今世界的普遍趋势，将对未来数十年的全球、中国和上海的经济社会发展产生重大影响。上海自 1979 年进入老龄化，在老龄化程度不断深化的同时，还呈现出高龄化态势，老年人口中高龄人口（80 岁及以上）比重上升明显。2010 年，高龄老人占老年人口比重已超过高龄型老年人口标准的下限，达到 16.9%。

人口老龄化的发展态势将为上海的社会保障体系带来沉重的压力。在养老保险制度方面，强制性社会保险制度的保障将无法跟上生活成本的上涨步伐，且自愿性养老金市场的发展尚不完善。在医疗保险制度方面，目前面临的难题是医疗保障范围有限以及配套资源匮乏，特别是在长期护理方面还存在缺口，而长期护理服务的重要性将随着人口老龄化的发展与日俱增。此外，由农村人口向城市大规模迁移和"四二一"家庭结构（四祖父母、两父母以及一孩）所造成的人口结构变化则弱化了传统的家庭支持网络。

上海能否应对这些挑战将极大地影响到其未来数十年的繁荣程度。更为重要的是，如果无法解决这些难题，则可能会造成严重的成果，比如财政赤字的重负、退休年龄的延迟以及退休人员福利的减少等。

2. 20—30 岁适龄婚嫁青年趋减带动房地产刚需下降

在国家多项政策的调控下，房产投资者逐渐退出市场，而刚性需求购房者开始走向主体。根据产地产预购人群调查：从购房者年龄层看，20—30 岁的购房人群占到总体的 36%；从购房目的了解，年轻人结婚购房占比占购房人群的主流，占比为 26%。所以，20—30 岁的婚嫁青年是房地产市场刚性需求的主力。但随着上世纪 80 年代婴儿潮一代逐渐完成婚育，20—30 岁人口数量呈现逐步下降的趋势，我国房地产市场的刚性需求可能已经达到阶段性顶部。

结合人口、城镇化、人均居住面积等因素测算未来 15 年的房地产市场需求，结果显示，房地产的长期需求并不乐观，呈现稳步下降的态势。房地产行业作为带动国家经济发展的重要行业之一，对于中国经济稳定增长的重要性是不言而喻的。刚性需求减少对房地产及国民经济中相关的建材、设备、机械等许多物资生产部门和服务行业的产品生产和劳务带来不利影响。20—30

岁适龄婚嫁青年人口数量的减少将给上海经济发展带来巨大的挑战。

对于上海而言,一方面未来受过良好教育、具备较高素质的人口增多,将使最为重要的人力资源要素得到明显提升,促进经济增长,同时,中产阶层不断壮大亦将增强市场购买力,对经济增长带来积极影响。但另一方面,人口红利的消退,老龄化社会的来临,将引发一系列不可逆转的趋势性改变,如劳动力成本上升;储蓄率和投资率下降;贸易顺差收窄,外汇占款下降;大规模产业转移,出口低成本优势削弱,外贸增速回落;工业比重下降,服务业比重上升,等等。经济结构和消费结构将受到基础性改变,进而影响到未来中国和上海经济增长的"新常态"。

3. 银发产业催生医疗、健康、养老等高端服务业发展

老龄化给上海经济带来困境的同时,也迎来了银发产业这样的新增长点,尤其是医疗健康和养老行业潜力巨大。

在医疗健康行业,随着经济水平的提高,老龄人口对医疗卫生服务的需求越来越大,导致医疗资源需求和供给的矛盾将越来越突出。在养老行业,上海养老产业仍处于初步发展的阶段,不仅居家养老的需求大大增强,而且社区养老、机构养老的补充和替代作用也越来越重要。而总量不足、质量不高是导致养老院"入院难"的根源。与此同时,独居、空巢、留守、随迁、失独、失能、失智、高龄、高知等大量新老人群,对机构养老需求的快速增长,使得养老床位的供需矛盾更加凸显。2011年末,上海市床位总量达到10.2万张,养老机构631家,养老机构的床位数仅占到老年人口的3%,缺口依旧很大。此外,养老需求还会随着人口老龄化的加速不断上升。

随着上海进入人口老龄化的快速发展期,银发产业未来的市场规模和发展潜力不容小觑,前景广阔,大有可为。加强社会养老服务体系建设,是扩大消费和促进就业的有效途径。庞大的老年人群体对照料和护理的需求,有利于养老服务消费市场的形成。未来5—10年间,银发产业发展潜力巨大。

第6章 上海转型发展中的风险与瓶颈

6.1 城市风险与瓶颈概念及研究意义

6.1.1 城市风险与城市瓶颈

1. 城市风险

目前,学术界对风险的内涵还没有统一的定义,但较为普遍的理解认为,风险是指在某一特定环境下,在某一特定时间段内,某种损失发生的可能性,它是由风险因素、风险事故和风险损失等要素组成的。现代城市风险是对危及城市本体的诸多突发因素及其能量瞬间爆发后破坏作用的概括。

而对城市风险的研究,最初源于德国著名社会学家乌尔里希·贝克提出的"风险社会"理论。1986年,他在其著作《风险社会》中鲜明而突出的将"风险社会"划为人类发展的一个新阶段。贝克指出,风险社会是继工业社会后并传承工业化社会所有危险的一个新社会阶段。与之遥相呼应的是安东尼·吉登斯,他认为现代社会的风险可分为两类:一类是"外部风险",是因为传统或者自然的不变性和固定性所带来的风险,如地震、洪水、海啸等;另一类风险则是"人造风险",指的是由于人类不断发展的知识对这个世界的影响所产生的风险。在战略研究领域,风险主要体现在经济、政治、社会、科技、资源环境等领域。如世界经济论坛发布的《2013年全球风险报告》,指出全球正处于经济、地缘政治、社会、环境和科技五大领域的50项风险之中。

城市风险内涵伴随城市系统的成长而不断演化。结合对贝克风险社会理论的理解,城市风险的演化可分为三个阶段:一是前工业社会的风险。手工业、商业成为城市出现的最重要标志,此时城市风险处于初级聚集阶段,仍以自然物的危害为主,如地震、飓风、传染病等;二是工业化时期的风险。18世纪中期工业革命以来,城市进入了其最迅速、最剧烈的变动期,城市生态发生了根本的改变,该阶段的城市风险开始以经济、社会和技术领域为诱发点,如劳资矛盾、两极分化、失业、腐败、环境污染、生态恶化、核技术威胁等。三是信息化和全球化时期的风险。20世纪中后期以来,世界城市发展再次受到新的变革力量的冲击,新技术革命仍首当其冲,并由经济联系与通信领域的变革带来了全球化。它以一种不同于工业社会的方式,再次改变了城市运行的方式。一方面,信息技术使城市尤其是核心城市的聚集性更强,城市运行更为精密化,也更为脆弱化。另一方面,全球化城市时代的来临标志着风险蔓延的加速,同时,全球与区域地方的治理互动,使得城市的发展与治理变得更加扑朔迷离。城市风险不再是城市发展低级阶段的那种单一事项的城市问题呈现,而是有着复合性、并发性。此外,城市风险另一个特征是突发性,缺乏或根本没有统计学特征,不能预先测知。

2. 城市瓶颈

瓶颈,一般是指在整体中的关键限制因素。瓶颈在不同的领域有不同的含义,如交通瓶颈、产业瓶颈、农业瓶颈、工业瓶颈等等。对于城市瓶颈,至今尚未有统一的定义,在这里将其理解为"制约城市功能拓展和能级提升的关键性限制因素"。以上海为例,城市的功能拓展与能级提升目标,包含近期"把上海建设成为现代化国际大都市和国际经济、金融、贸易、航运中心之一",以及远期"建成综合性全球城市",其内涵涉及全球资源配置功能、网络节点功能、新型产业体系、生活生态环境、城市治理等一系列发展要求。上述目标能否实现,或者以何种方式和程度予以实现,关键不在城市的优势领域,而更取决于城市战略资源和运行机制的"短板"。换言之,对于城市发展目标的设定和实施路径,要充分考虑城市运行基础中那些约束性条件在未来一段时期内的变化情况,是完全消除、逐步趋缓还是进一步趋紧?是否有突破约束的可能和方式?并依据它们在未来相应时期的演化趋势及所能提供的最大承载力,来评估城市发展目标的合理性。

城市发展瓶颈的构成,包含硬、软两个方面。"硬性瓶颈"主要指影响城市发展的关键性战略资源条件的稀缺性,如人口资源、土地资源、基础设施资源、公共服务资源和生态环境资源等。"软性瓶颈"则主要指体制机制约束,重点包括城市经济体制、城市公共治理体系和治理能力等方面,它们的滞后和僵化,将对城市发展驱动力和城市活力的释放带来制约,需要在当前引起足够的重视,并预先规划和实施相关变革。

城市风险与瓶颈,既有相辅相成的紧密联系,又有较为清晰的边界差异。在相关性上,城市风险与瓶颈都蕴含于城市经济、政治、社会、文化、生态等各领域,并随着城市形态的发展而不断积累与演化。同时,引发城市风险的深层次原因,很大程度上源于城市发展的瓶颈约束,而城市风险发生几率的提升,又将倒逼城市瓶颈要素的变革。而在区分性上,首先,在对城市的影响方式上,风险多体现为一种危险状况发生和损失程度的可能性;而瓶颈则更多体现为一种已发生的、确定的约束情形。其次,在对城市的影响程度上,风险一旦转为现实,影响将表现为"破坏性",将对城市发展造成破坏性乃至毁灭性打击,造成经济和社会动荡乃至瓦解;瓶颈的影响则更多表现为"制约性",瓶颈因素通过潜移默化的日积月累,最终因其约束性条件达到满载而造成经济社会发展停滞不前。再次,在城市管理者对待其态度上,对风险主要应持"防范与应对"态度,重点在于提高预判风险几率、化解风险因素和应对风险事件的能力;对瓶颈则主要应持"明晰与变革"态度,重点在于深刻认识瓶颈要素的演化趋势以合理评估发展目标,并在合理合法框架下寻求变革制约要素的方法与途径。

6.1.2 研究城市风险与瓶颈的目的

当今世界,正深处复杂变革之中,全球经济格局、治理体系、科技创新、能源体系等都正在经历巨大变动与调整,各个国家、经济体及城市区域参与全球化的深度、广度与方式亦在发生深刻变革。预判全球城市发展趋势与崛起路径,既有国家和地区的成功经验已不再具备重大参考价值,全球城市目标的构建和发展路径的设计,将更多基于城市自身基础和条件,探索符合自身特点的全球化融入方式和增长思路,寻求城市崛起与可持续发展之新路径。

因此,剖析未来上海最可能实现何种全球城市目标定位,必须先明晰上海现有之发展基础,并以之为依托,结合全球发展演化趋势,通过"量体裁衣"模式寻求最优的崛起路径。而依据"短板理论",决定城市发展基础条件和整体水平的关键因素,往往是其发展过程中的"薄弱环节"——城市风险与瓶颈。对转型中上海城市风险与瓶颈的研究,将主要基于两大目的:一是识别与剖析风险与瓶颈要素,合理评估上海现阶段基础条件与整体水平,并将其作为制定未来城市目标定位的基本约束条件;二是客观反映上海发展面临的现实问题与主要矛盾,分析潜在风险演化趋势、转化为危机的可能性以及应对能力,为提升城市危机防范与化解能力提供决策参考。

6.2　城市风险与瓶颈的研究视角与框架

6.2.1　城市风险与瓶颈的评判视角

本研究重点基于以下四方面考虑展开:

一是在研究对象上,以上海战略性资源和战略驱动力为研判基础。聚焦上海当前所拥有的要素资源及支撑其运转的制度体系,重点基于人口、土地、公共服务、生态、信息网络等战略性资源,及以经济体制与公共治理体系为代表的制度环境对城市未来全面发展的支撑能力进行分析。

二是在研究周期上,以上海 2020 年发展目标为导向,并前瞻远期战略愿景。研究周期重点聚焦当前至 2020 年近期发展阶段,以"把上海建设成为现代化国际大都市和国际经济、金融、贸易、航运中心之一"目标作为发展导向,并结合全球城市发展特点与要求,前瞻远期"综合性全球城市"战略愿景。

三是在评估领域上,以全方位视角考察各类风险与瓶颈对城市发展产生的影响,深入分析各类战略性资源和驱动力形成的约束条件和潜在风险对城市经济、社会、安全、环境、治理等方面所产生的影响。

四是在研究议题上,以具备重要影响力的关键问题进行主题聚焦,重点分析当前现代化国际大都市和崛起中的全球城市所共同关注、影响广泛的风险与瓶颈议题。

6.2.2　城市风险与瓶颈的研究框架

本研究通过议题搜集、议题筛选和议题分析三阶段展开。

第一阶段,议题搜集工作,以内部提炼和外部参考相结合的方式展开。内部提炼基于对近年来上海经济社会发展领域的相关规划、政府工作报告、市委市府常务会议文件、相关政策法规的搜集整理,结合市、区县和街镇的专题走访调研,获取第一手资料,并在此基础上总结提炼出相关备选议题;外部参考重点基于国际智库与组织对全球、区域和国际城市风险、瓶颈的相关分析报告、国内外研讨会交流议题及全球城市相关书籍,获取国内外专家学者对城市风险与瓶颈的主要观点,并对照上海城市发展现实基础,聚焦形成相关备选议题。通过第一阶段工作,共形成风险类备选议题18项,瓶颈类备选议题15项。

第二阶段,议题筛选工作,以分类归并与专家研讨相结合的方式展开。首先,通过制定议题领域框架,对备选议题进行分类归并和进一步筛选,城市风险以经济、社会和城市安全三大领域作为划分标准,城市瓶颈以资源环境和体制机制两大领域作为划分标准。在此基础上,通过专家咨询研讨,对议题进行进一步筛选集成,最终形成城市风险领域议题11项,城市瓶颈领域议题6项。

第三阶段,议题分析阶段,以三分法构建议题分析逻辑。首先,通过定性与定量相结合方式,分析风险或瓶颈现阶段主要表征;其次,运用社会科学与城市研究相关理论和实证方法,探讨形成风险或瓶颈的主要症结;再次,通过横向对比与趋势预测相结合的方式,评估风险与瓶颈发展程度并研判未来发展趋势,为客观认识与积极应对城市风险与瓶颈提供有力参考。

6.3　上海转型发展面临的城市风险

6.3.1　经济领域风险

上海市场是全国市场的一部分,全国经济社会发展过程中的风险必然也反映在上海发展的过程中。当然上海未来面临的风险除了全国都有的共性外,还有上海特有的个性。上海现阶段在经济领域面临的风险主要表现在经济增长、金融体系、投资贸易、地方财政和人力资源五个方面。

1. 经济增长风险

综合考虑上海所处的经济发展阶段,特有的产业结构、对外联系和制度环境特征,较值得关注的经济增长风险主要包括转型失败引发经济失速,以及外部冲击引发大起大落。

(1)转型失败引发经济失速。

上海当前正处于深刻的转型期,并期望通过创新驱动来顺利实现转型,但这一过程也会蕴含转型失败、经济失速的风险。近 10 年来,上海 GDP 增幅一直呈下降趋势,处于经济发展的"换挡期",这既是国际国内发展大环境所至,也与上海主动转型,追求服务业与制造业的高端化密切相关。这虽然可以看成是转型发展中的必须经历的"阵痛",但如果这种"阵痛"持续不退,在产业高端化进程中迟迟寻找不到有效动力,特别是不能在产业升级中注入创新元素,则有可能进入"产业空心化"和经济过度"虚拟化"陷阱,出现经济失速、产业断层以及就业形势、收入分配恶化的后果。

近期,上海经济基本面良好,但也存在失速风险。2013 年以来,上海经济运行平稳,创新转型取得新进展。2013 年经济增速达到 7.7%,比 2012 年提升 0.2 个百分点,在较低的通胀水平上实现了中高速经济增长,同时,工业运行态势进一步改善,产业结构进一步优化,高端服务业发展势头良好。这反映出"营改增"改革和自由贸易试验区建设的效应对服务业发展和创新转型的正面影响逐步显现出来。但也应看到,上海经济平稳增长的基础仍不稳固,深层次矛盾不容忽视。一是经济增长的基础不稳固。反映在固定资产投资增幅波动较大,2013 年前 10 个月全市新开工项目投资下降 7.9%,预示着未来投资后劲不足,且经济增长受房地产业的拉动较大。二是战略性新兴产业增长乏力。2013 年全市战略性新兴产业制造业工业总产值同比上升 1.4%,较工业总产值增幅低近 3 个百分点,电子信息产品制造业、精品钢材和成套设备制造业呈现负增长。三是消费增长后劲不足。2013 年全市限额以上消费品零售额增长 6.4%,同比上年下降 1.1 个百分点,网上商店零售额增幅下降 23.1 个百分点。四是外贸形势依然严峻。2013 年上海外贸出口总额仍处于负增长。与此同时,全球经济复苏仍然充满着风险,国内经济增长依然存在着不确定性因素和下行风险,上海经济发展的环境仍然复杂多变。而从产业孕育成长的规律性特征来看,因为先进服务业以及制造业的发展需要从长计议,并不能立即填补传统、落后以及过剩产能被淘汰后留下的"真空"。十几年来房地产行业的迅猛发展缓解了经济失速的风险,但近期随着房地产市场的进一步冷却,上海的经济发展的支撑力明显不足。

应对上述风险的主要思路,短期来看,依托全面深改和上海自贸区的开放红利,打破制约上海经济发展的制度约束,激活创新动力,激发潜在增长能力,才能维持较高的增长速度。当务之急是加大收入分配改革的力度,打破行业垄断,减少管制,创造有利于各类企业发展的营商环境,确保经济可持续发展。从中长期来看,在欧洲经济增长乏力、美国经济缓慢复苏的背景下,中国将继续成为拉动世界经济增长的第一大动力,上海在适应调整好自身定位的基础上,进入高质量中速增长通道的过程将较为平顺。

（2）外部冲击引发大起大落。

外向型经济由于对国际市场的高度依赖,受世界经济环境的制约较大,往往容易受国际市场波动的影响和国际垄断资本的控制,具有一定的风险性。以外贸依存度指标衡量,上海自 2002 年起外贸依存度突破 100％,并一度呈现迅速上升态势,近年来逐步趋缓,但 2013 年也达到 126％左右,处于全国前列,且长三角和其他地区的对外经贸联系也有很大程度上以上海作为平台开展。因此,一旦遇到外需收紧,必然会使出口增速下降,其冲击会导致经济增速的进一步放缓。在国际市场复杂多变、贸易保护盛行的背景下,外向型经济战略正日益受到约束和挑战,过度对外向型经济的依赖将加大上海经济与外部世界的冲突。以 2008 年美国次贷危机为例,危机爆发后,外需回落促使出口增长放缓、资源类产品价格暴涨压缩了企业利润空间,与此同时,贸易保护主义升温恶化企业外部生存环境,上海经济发展持续多年的高速度被打断,给上海的经济结构调整、尤其是就业带来了前所未有的冲击。

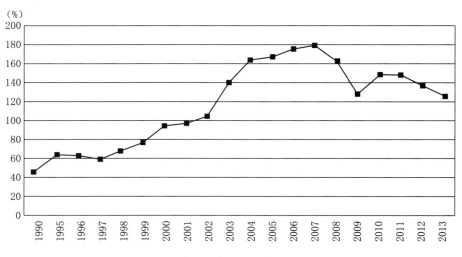

图 6.1　上海历年来外贸依存度变化情况

近期来看,外需仍然是上海经济发展重要推力,但上海外向型经济大起大落的风险处于中低水平。由于美国经济重拾活力,欧洲经济也开始进入缓慢复苏通道,这意味着上海外向型经济发展有了支持点。但值得关注的是,近一段时期,外向型经济的风险还在于上海商务成本上升导致的产品和服务的国际竞争力下降。上海要摒弃那种不惜代价地追求扩大出口和扩大引资的政策取向,坚持以质取胜。对外开放要实现从外延型增量增长转变为质量调整型增长,为上海产业结构调整和经济增长方式的转变服务,为实现上海国际经济竞争实力的提升服务。长期来看,随着上海综合性全球城市功能的逐步确立,资本、信息、服务和技术的对外联系度较当前将有显著提升,在配置全球资源能力增强的同时,受外界冲击导致的负面影响也将大大加剧。上海应在国际经济政治形势预判,以金融、投资贸易为代表的危机防范管理体系上加大投入、提升水平,同时进一步提升对关键领域资源流动的影响力和控制力,以有效防范全球经济环境动荡可能带来的负面影响。

2. 金融体系风险

上海作为全国的金融中心,并正在实现国际金融中心的部分功能,金融机构的总量乃至金融交易量都在全国处于首位,因此,上海发生金融风险的可能性以及一旦发生的危害性都要大于其他省市。上海的金融风险主要表现为金融泡沫、信贷风险、资本外流等方面。

（1）利率市场化风险。

中国利率市场化改革始于 1996 年,并随着我国全面深化改革和中国(上海)自贸试验区建设的深入推进而迈上一个新的台阶。2014 年 6 月 27 日,中国人民银行上海总部宣布将放开小额外币存款利率上限的改革试点由上海自贸试验区扩大到上海市,并择机向全国推广,同时,央行亦有意通过试点扩围,探索存款利率的市场形成机制,为未来人民币利率市场化积累经验,利率市场化改革已势在必行。这必将对上海以及整个中国的未来发展产生重大而深远的影响。

就利率市场化对金融市场和相关行业的影响而言,德勤公司进行的"中国利率市场化之影响与应对策略"研究显示,对于整个金融市场,利率市场化的影响主要表现在六个方面:一是短期内存款利率将呈上升趋势,利息差缩窄可能性大(如图 6.2);二是金融资产价格短期大幅波动,长期稳中有升;三是直接融资市场将大力发展;四是金融产品和工具的创新、运用加速;五是银行间竞争加剧,风险提升;六是金融机构综合化经营趋势加强。对于相关行业、企业和居民而言,利率市场化的影响存在一定差异。银行业方面,利率市场化将对商业银行构成较大的盈利与风险压力,部分商业银行在市场化竞争中将逐步被边缘化,甚至面临倒闭的风险,部分银行则将优化经营结构、提高管理和创新能力、增强客户服务水平,进而提高自身的市场竞争力。保险业方面,一方面,利率的变动将直接或者间接地影响所有类型保险公司的承保收入、业务风险、投资收益、经济价值和资产负债匹配等。另一方面,利率市场化将促使寿险产品预定利率的放开,意味着更大程度地使保险产品价格发挥市场调节的作用,实际上相当于传统寿险产品费率的市场化。投资机构方面,利率市场化对信托业整体造成较大压力,影响信托公司资金来源,且冲击现有业务模式,盈利空间将进一步受到挤压。同时,利率市场化将收窄券商利差收入,提高筹资成本,带动券商多元化创新金融产品的步伐。从中长期来看,利率市场化将引起投资者偏好发生改变,有利于债券市场,尤其是信用债市场的发展。

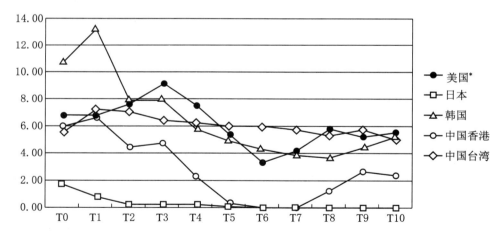

注:1. T0 表示利率市场化完成年,T1—T10 表示利率市场化完成后的一到十年。

2. 美国完成于 1986 年,日本完成于 1994 年,韩国完成于 1997 年,中国香港利率市场化完成于 2001 年,中国台湾利率市场化完成于 1989 年。

3. 美国存款利率是年化的联邦基金利率。

资料来源:世界银行数据库,wind 资讯,德勤中国研究与洞察力中心。

图 6.2　部分国家和地区实施利率市场化改革后名义存款利率变化情况

企业方面,利率市场化后,企业的财务成本和投资收益的不确定性将明显增强,还将面临更多创新和复杂金融工具和服务的选择。居民方面,利率市场化直接影响了居民的储蓄倾向,越来越多的居民将逐渐建立多元化、组合式投资体系的观念,银行的信誉度将成为左右居民选择的首要因素。

上海作为全国改革开放的排头兵和科学发展的先行者,在金融体系改革方面也必将以中国(上海)自由贸易试验区为重要载体,率先进行探索和实践。对于利率市场化工作,首先应在国家的整体部署下,积极落实、高效推进,充分发挥利率市场化改革对国家整体经济和金融体系的正面效应,同时也应动态评估、及时反馈,有效防范对经济体系、金融和相关行业体系可能带来的风险。特别是做好以下几方面风险的防范:一是确保平稳的宏观经济环境,防范短期利率上升对经济的过度刺激。如果宏观经济处于过热时期,放开管制的利率将加速上升,高利率会导致资金配置到高风险项目,产生资产泡沫,加速通货膨胀,反过来对经济造成严重打击。例如,20 世纪 80 年代中期,韩国经济快速增长引起资金需求旺盛,资产价格和市场利率、债券利率迅速上升,而韩国在 1988 年放开利率管制,则更加剧了利率的快速攀升,使得韩国经济在 1989年初迅速恶化,出口停滞,只好宣告第一次利率市场化改革失败。二是保持渐进式改革步伐,防范利率管制迅速解除导致的大幅经济波动。利率市场化改革将不可避免对实体经济和金融体系造成一定的影响。激进式改革可在短期内迅速解除一切由管制带来的扭曲,但极易导致经济剧烈波动。从国际经验来看,激进式的利率改革基本失败,如北欧、南美地区的几个国家。而美国、日本、中国台湾、印度等国家和地区采取了渐进式改革,虽然耗时长,但可避免经济大幅波动以及利率市场化带来的逆向选择和逆向的激励效应,因此成功概率较高。三是资本账户开放需要谨慎进行,防范国际资本投机性冲击带来的金融波动。在存款利率放开以后,各国都出现了利率水平大幅上升的现象,如果提前或同步放开资本账户,国际投机资本为套利而大举流入,国内借款人为节省财务费用也将过度借外债,进而形成政策的叠加效应,在不同程度上加重利率市场化的风险,加剧经济金融波动。20 世纪 80 年代北欧国家(不含丹麦)在利率自由化的基础上,较快地开放资本账户,造成信贷井喷、资产价格泡沫膨胀、大银行丧失市场主导地位、投资崩溃、货币出现投机性冲击,最终导致经济衰退和银行危机。四是进一步完善配套设施和监管体系,防范银行和企业的经营风险和道德失信。在利率市场化后的同业竞争过程中,可能会出现有少数经营不善、甚至还需要退出市场的金融机构。为了保护储户利益和维护金融体系稳定,建立合理的存款保险制度是中国推进利率市场化、保证金融安全的重要制度保障。同时,利率市场化情况下,银行和企业都存在过度冒险的"道德风险",监管部门应该更加全面、有效、审慎地对金融市场和市场主体进行监管,有效控制金融体系的整体风险。

（2）信贷风险。

当前和未来一段时期,我国的信贷风险主要集中于房地产信贷。2013年房地产投资占 GDP 比例高达 16％,对中国经济增长的贡献在 20％以上,土地收入占地方财政 70％以上。房地产市场的蓬勃发展带动了银行房地产信贷业务（图 6.3）。近年来,我国内地开发商平均净负债率超过 70％,有些甚至超过 100％。即使是房地产业上市公司,其资产负债率也一直处于上升通道中（图 6.4）,2013 年第二季度,房地产上市公司平均资产负债率已达 65％,环比上升 2 个百分点,这种情况下,资金链易出现问题。同时,负债率的两极分化提高了整个行业的资产负债水平,可见房地产开发企业抵御金融风险的能力不足。就上海而言,房地产市场是上海经济增长的重要拉动力量,房地产市场的投资占上海固定资产投资的 45.32％,远高于南京（22.48％）与杭州（22.48％）等其他长三角城市。与蓬勃发展的房地产业务相适应,房地产信贷业务也获得巨大发展,成为上海金融业和房地产业的重要组成部分。但与此同时,银行信贷资产的质量在很大程度上受房地产信贷资产质量的影响,出现了许多亟待解决的问题,尤其是信贷风险的大量存在,有待于进行深入的研究解决。一是宏观调控形成的政策风险。收紧的调控措施将对信贷对象产生影响,杠杆效应造成资金链断裂,风险隐患最终都集中到商业银行。二是全球经济环境形成的市场风险。投资和投机性买房造成房价虚高,形成房地产泡沫。三是银行信贷监控管理环节薄弱形成的经营风险。部分银行追求绩效,降低贷款门槛,放松对贷款信贷审核调查,放宽贷款条件,信贷风险度量工具的缺失,造成的不良贷款,是银行信贷风险的重要威胁。

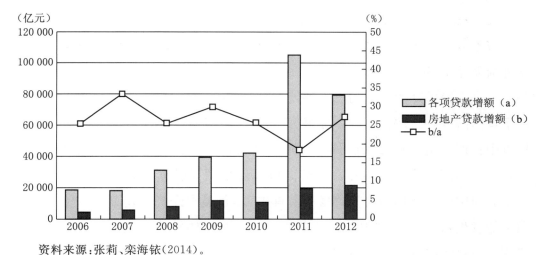

资料来源：张莉、栾海铭（2014）。

图 6.3 2006—2012 年我国房地产贷款在各项贷款中的占比

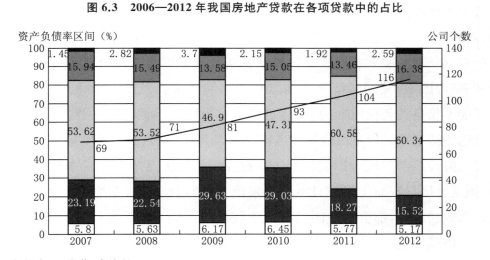

资料来源：张莉、栾海铭（2014）。

图 6.4 2007—2102 年我国房地产业上市公司资产负债率分布趋势

　　由于上海的房地产市场潜在的刚需支撑，以及国家重大战略如自贸区、司法制度改革等首选上海作为试点城市，使得上海的要素资源价格，尤其是土地资源价格总体上呈现上行趋势，加之国家和上海对信贷风险的防范力度的进一步加大，因此房地产贷款风险以及地方债风险近期不会太高。减少信贷风险的抓手在于减少对房地产经济的依赖，促进房地产市场平稳发展，同时做好地方债发行试点工作以及通过扩大民企、外企参与公共服务相关的投资、让社会力量参与公共管理以及反腐败等多项举措，减少政府财政支出的压力等。

（3）资本外流风险。

资本外流风险主要表现在人民币贬值引起的资本外流和移民潮引发的资本外流两个方面。

一是人民币贬值引起的资本外流。2005 年汇改以来，在人民币缓慢升值预期下，境外资本大量流入，在一定程度上支撑了国内流动性。但人民币汇率已接近中长期均衡水平，升值周期助推的境内居民部门境外负债流入难以持续，未来美日经济走势使得国际资本流向可能发生明显转变。而这又是以美日经济走势对中国的外部冲击为背景的。首先，随着美国经济的复苏全球资本的流向可能发生重大转变，即从过去十年流向新兴经济体转为回流经济强劲复苏的美国。一旦资本流向调整，将对上海在内的新兴经济体城市构成连锁冲击。综合考虑美国经济复苏逐渐有力，欧洲和日本短期内难以摆脱低增长和通缩阴影，新兴经济体增长普遍回调，以及"美元作为全球储备货币地位—美联储作为全球基础货币的主要提供者—联邦储备基金利率作为全球金融市场重要的基准利率"等因素，美国经济复苏拐点和美联储政策拐点很可能得到市场确认。这可能不仅是美元长周期的拐点，也是全球金融体系调整的大拐点，而中国成为首选制造基地的根本因素正在迅速改变。其次，安倍经济学主导的日本改革将对上海经济产生较大影响。虽然日益强大的地区竞争者对日本地位提出挑战，但是外国投资商仍然被日本的研发能力、制造技术和品牌所吸引。无论安倍改革成功与否，都会对我国经济造成较大的影响。如果安倍政府改革成功，日元贬值压力最终会通过我国经常账户的恶化传导至人民币，从而促进境内居民部门资本流出。如果安倍政府改革失败，那日本可能出现包括债务危机在内的金融危机，这同样会对上海经济产生巨大冲击。再次，人民币未来 2—3 年缺乏升值基础，而人民币贬值预期可能促进境内资本流出。美国经济复苏增强和美联储宽松政策可能提前退出，或将改变未来国际资本流向，从而对新兴市场货币造成贬值冲击。一旦人民币汇率发生趋势性逆转，则可能刺激境内居民部门更大规模的资本流出，加剧汇率贬值，既在宏观层面上起到紧缩境内基础货币和总需求的作用，也在微观层面增加了境外负债的融资成本和信用风险。

二是移民潮引发的资本外流。改革开放后的 30 年间，中国向海外移民数量可能达 450 万人以上。自 80 年代以来，留学移民、技术移民和投资移民分别构成了三次移民潮的主力,现正处在第三次移民潮中。近年来,新一轮移民潮也同样席卷上海,而且以高收入人群,尤其是企业家为主,这势必引起资本外流。《中国国际移民报告(2014)》的研究表明,2012年,获得经济移民签证的中国内地公民占美国经济移民签证总数的14.2%,其中获得有条件投资移民"绿卡"人数占当年美国发放总数的80.1%。美国移民和公民服务局发布的数据显示,在2013年美国颁发的投资移民签证中,中国人占了3/4以上。与此同时,澳大利亚六成投资移民来自中国。近三年,仅投资移民产生的资本外流就高达150亿美元。

近期资本外流的风险度较高。因为对司法腐败的恐惧、房地产市场的下行预期以及日益加大的反腐力度等都是资本外流风险骤增的诱因。做好房地产调控,稳定房价预期,尤其是加大改革开放和民主法治建设的力度,增加富裕群体的安全感等都是防范资本外流的当务之急。

3. 投资贸易风险

上海的投资贸易风险包括两个方面,一是"引进来"的风险,即上海在吸引外资、发展总部经济过程中面临的风险;二是"走出去"的风险,即上海在进行对外投资贸易过程中的风险。

(1)"引进来"的风险。

虽然上海已经成为我国目前现代化水平最高的城市,也是吸引高端外资、发展总部经济条件最优越的城市之一,但在未来吸引外资尤其是高端服务业、制造业外资依然面临诸多风险。一是全球价值链低端锁定风险。由于缺乏对关键核心技术和品牌的控制,上海吸引的外资质量不高,在全球价值链体系中处于一种从属、被支配的地位。事实也正是如此。上海没有挤进麦肯锡2013年全球大公司(年收益10亿美元以上)总部城市前25强榜单。相比之下,吸引大公司总部最多的25个城市中的20个在发达经济体,东京在这方面遥遥领先,有600多个大公司总部,北京是在吸引大公司总部方面排名最高的新兴经济体城市,它以拥有116个大公司(其中105个是国有企业)总部,在全球大公司总部25强榜单上排名第6,而香港和台湾分别排名第11和第12。二是外资回流、转移的风险。依据科尔尼咨询公司2013年10月发布的《2013年外国直接投资信心指数》,由于致力于实现可持续的、稳定的增长,美国自2001年以来首次登上外商直接投资吸引力的榜首。以通用电气和福特为代表的一些公司已经开始考虑将部分制造基地迁回美国本土,而大约 1/4 的投资者表示打算在未来三年内离开中国。由于劳动力成本持续上升,在榜单上保持了 7 连冠的中国退居第 2 位。上海作为中国吸引外资最多的城市,受到的冲击在未来几年内可能显现。同时,后危机时代,跨国公司全球生产布局正在进行重大调整,从原来的离岸布局向近岸布局转化,无疑,这种近岸化投资的趋势也将减少流入上海的外商直接投资。

(2)"走出去"的风险。

随着上海国企改革的深入推进,"十二五"以来大型国企加快了走出去的力度,可以预期,未来上海企业走出去的步伐将进一步扩大,由此会带来各种风险。据走出去智库(CGG)研究显示,2005—2013 年,中国企业出境投资的984 笔亿美元以上交易中,问题或失败交易达 119 笔,比例超过 10%。据统计,中国企业跨境并购成功的比例仅为 5%。究其原因,中国对外直接投资面临政治、商业、法律和文化等多种风险,语言文化、游戏规则和经营方式的差距都给企业带来挑战。具体讲,一是政治风险,可分为政治暴力风险、征收风险、汇兑限制风险、违约风险、延迟支付风险等。二是商业风险,主要是海外投资开发的产品的(如石油、天然气等矿产品)价格风险,其次是规模不经济,上海企业"走出去"较晚,只能进入西方大公司不愿开发的低回报地区进行投资开发,难以获得应有的效益。最后是融资风险,不少海外投资项目将集中于高风险高债务国家,对这些国家的投资很难在国际金融市场上获得融资,即使获得融资其条件也很苛刻代价也较大。三是社会风险。突出表现为环境保护和应对气候变化要求带来的挑战,目前世界上已签署了 180 多个有关环境和自然资源的公约协议、协定与标准,怎样协调经济发展和环境友好的关系对实施跨国经营的上海公司来说将是一个巨大的挑战。其次,企业在跨国经营过程中可能引发企业文化与本土文化的冲突,给企业经营带来一定损失。

此外,随着"引进来"和"走出去"活动的进一步深化,还隐含着有与新一轮贸易投资规则不相适应的潜在风险。由美国主导的 TPP、TTIP、TISA 等谈判的推进,预示着全球的贸易规则的时代变更,在这轮全球经济"游戏规则"的重构中,中国须尽快抉择,亟须搭建适应国际规则变化的新平台。此外,上海现有投融资体系运转效率目前仍相对低下,主要表现在高储蓄无法有效转化为有效投资、金融资产单调、融资方式单一以及金融市场发展不平衡等方面。这意味着只有加快改革开放，探索扩大自由贸易试验区，才能形成对高标准贸易投资规则的适应能力，并倒逼国内服务贸易开放，通过服务业的发展促进经济转型升级，提升参与高水平国际竞争的能力。因此，在以上海自贸试验区为主要载体的新一轮开放格局中，需要从战略高度推动出口升级和贸易平衡发展。尽快树立规则意识，参与新一轮全球投资贸易规则制定。

上海作为我国改革开放的窗口，特别是在通过实施"引进来"、"走出去"战略来提升自己作为国际大都市对全球经济事务的影响力和控制力的过程中，尤其要关注这个领域的风险。近期，上海企业走出去的风险依然较高。由于未来一段时期代表上海"走出去"的仍然以国企为主，而其管理体制上的固有缺陷，使得国企在在全球布局时往往缺乏成本与效益意识，从而导致"走出去"的收益很低，容易造成国有资产流失，需要加强防范和应对机制建立。而上海"引进来"的风险则基本可控。许多针对中国市场的海外投资基于基础设施的便利性以及高级人力资源的可获得性，尤其是管理与国际接轨的水平，将仍然倾向把区域性总部放在上海。在这方面，利用自贸区的机遇，加大改革力度，尤其建立与国际接轨的投融资体系是上海降低投资贸易风险的应有之策。

4. 地方财政风险

地方财政风险主要体现在地方债务风险上。地方债务的井喷式扩展源自2008年的超常规经济刺激计划，中央政府4万亿投资计划的地方配套需求，以及地方政府纷纷出台各自的经济刺激计划，这需要地方政府借助银行贷款、发行债券等渠道来筹集资金。反危机刺激政策过猛带来的"后遗症"潜藏在经济刺激政策出台后的表面繁荣之下，2—5年后有可能开始显露。造成地方债务风险的原因主要来源于两方面。

第一，财政收入的逐步下降和社会服务需求的刚性提升的矛盾将推高债务风险。虽然上海的公共服务供给质量和效率在全国层面处于领先，但是近年来，随着上海城市人口的激增，伴随着老龄化的日益严重，医疗、教育、养老等公共服务的供给缺口也有扩大趋势，对财政支出造成了极大压力。在现行的财政体制下，土地出让收入已成为地方财政收入的最重要来源（图6.5），也逐渐成为地方政府偿债的主要资金来源。随着新一届政府调高了对经济增速下滑的容忍度,未来几年房地产在经济中的支柱地位将逐渐消解,因此,以卖地收入偿还债务这种方式正在遭遇房地产市场调控的影响,一旦房地产市场萎靡或地产泡沫破裂,债务风险将集中爆发。

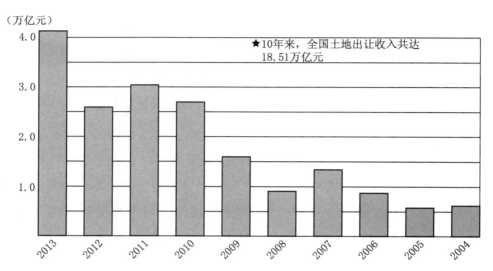

资料来源:同策咨询研究部(2014)。

图 6.5　2004—2013 年全国土地出让收入

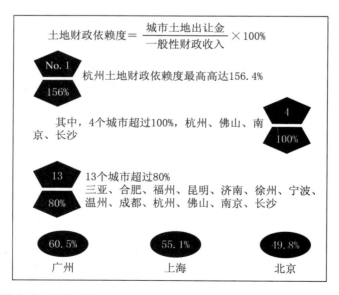

资料来源:同策咨询研究部(2014)。

图 6.6　中国部分城市土地财政依赖度调查

第二,偿债期的集中到来也隐藏着偿债风险。根据审计署的审计结果,2010年底地方债务余额中,2011年、2012年到期偿还的债务占24.49%和17.17%,2013年至2015年到期偿还的债务分别占11.37%、9.28%和7.48%,2016年以后到期偿还的债务占30.21%。从资金缺口来看,2012年后地方政府的资金缺口逐渐增大,即使考虑到借新还旧,2014年以后,地方政府绝对资金缺口(地方可支配收入+新增债务融资—地方支出—还本付息)将逐年增大。中银国际的研究表明,从2011年底起五年期以上的融资平台贷款逐步进入还款高峰期,由此引致的偿还风险需要引起各方的重视。另外,我国未来偿还各种隐性债务的任务或压力也非常巨大,比如偿还货币超发的债务、偿还环境污染的债务。

此外,地方债务扩张也会带来金融体系的信用风险。我国一半以上的地方债务是通过融资平台向银行的贷款,而且该项贷款规模逐年攀升,地方债务风险向金融机构的转嫁导致了地方金融机构财务状况持续恶化。同时,地方政府为了获得贷款,大作土地文章,推高了银行放款的杠杆率,一旦土地政策发生变化,房地产市场泡沫破裂,将对银行业造成严重的冲击。目前我国的金融监管体系尚不健全,这就更加大了银行体系遭遇风险的可能性。有数据显示,地方融资平台的不良贷款比率已达到20%左右,上海的情况可能好于全国许多省会城市,但潜在的风险同样不可小觑。

近期,上海的地方财政风险度属于中等。主要原因是上海的要素资源附加值高,再加上国有经济、外向型经济仍然强大,都可成为上海的财政收入的可资依赖的后盾。上海应该抓住自贸区、浦东综改及司法制度改革试点等机遇,大力进行体制机制改革,合理运用政府、市场与社会的资源配置能力,建立真正意义上的现代城市治理体系,从制度源头解决地方债问题。

5. 人力资源风险

人力资源风险主要表现在劳动力市场失衡、人力资源贬值和人力资源外流三个方面。

(1)劳动力市场失衡风险。

首先,人力资源总体供给充足,但年龄结构存在隐患。上海人力资源供应总体上比较充足,但青年劳动力的供给存在相对不足。其次,知识结构呈现持续优化,但国际化人才明显不足。进入21世纪以来,上海人力资源的知识结构优化进步明显,截至 2012 年,上海市人才总量达到 440.82 万人,具有大专及以上学历或中级及以上职称的人才有 303.01 万人,留学人员总数约 10 万余人,常年在沪外国专家约 8.5 万余人。但是,上海建设国际化大都市所急需的国际化人才仍显不足,特别是具有实际工作经验的技术开发领军人才和服务业高端人才缺口较大,国际人才交流规模仍显不足。此外,人才引进导向不适应产业发展需求也导致人力资本与产业错配。相关调研表明,上海现阶段支撑产业结构转型升级所需的各类中高级专业技术人才和技能型人才相对匮乏,但目前在把握人才的供需状况及发展趋势,使之与产业结构的发展规划相适应方面存在明显的不足,这就导致所指定的人才培养,尤其是人才引进政策明显不适产业调整与升级的需求。

(2)人力资源贬值的风险。

人力资本贬值意味着人力资本投资收益率的降低,对于个体素质的提高、组织绩效的改善以及国家地区的经济发展都会带来负面影响。上海发展模式上的"重人力资本要素功能而轻其效率功能"特征,造成了上海人力资本存量与效益的失衡。主要表现为人力资本在产业间配置失衡、高等教育扩招引致社会人才供求失衡等。上海已持续十多年推进"三、二、一"的产业结构调整,但由于劳动力市场制度隔离、知识技能转型受阻或个体择业偏好等因素,许多人未进入新兴行业参与高附加值的知识劳动。人力资本在产业间的配置,呈现传统行业过剩而新兴行业不足的失衡态势,这会使总体人力资本的生产效率和产出效益达不到应有的更高水平。同时,1999 年启动的高等教育扩招使得十年间上海高等教育的在校人数规模增至 50.29 万人,是 1999 年的近 3 倍,在人才质量上,由于总体教育投资、教育软件投资的水平并未随扩招而有较大的提高,导致高等教育的人才产出质量下降,与上海新一轮发展对高级知识科创人才的培养需求不相适应。

(3)人力资本外流风险。

依据《中国国际移民报告(2014)》的分析,进入 21 世纪后,中国从 1990 年的第七大移民输出国,上升为第四大移民输出国。截至 2013 年,中国海外移民存量已达到 934.3 万人,23 年增长了 128.6%;移民更倾向流向发达国家和地区。他们以知识精英和财富精英为主力军,具有数量大、层次高等特点。中国成为仅次于墨西哥的美国第二大海外移民来源国。中国向美国的移民具有鲜明的人才移民特征,中国已经成为美国最大的人才输出国;中国也是澳大利亚最大投资移民来源国、第二大技术移民来源国。上海是我国人才集中地,高素质的知识精英移民出国的不在少数。毫无疑问,人力资本流失对上海经济将产生负面的影响。

上海虽然面临生活成本日益高企、公共服务相对缺乏等问题,但相对雄厚的经济基础和自贸试验区等历史性发展机遇,加之较为成熟的制度、政策和人居环境,近期对国内人才的吸引力仍然较高,人力资源风险处于中等水平。但随着中远期城市功能定位的进一步升级和主导产业的转型调整,对金融、贸易、科技及相关生产性服务业精英型人才需求将进一步加强,这对人力资源的结构调整将带来一定挑战。需要从现在开始未雨绸缪,一是强化与未来产业发展需求相匹配的人才导向,创造高效透明的公共政策环境;二是健全人力资源市场管理法制,健全人才自由流动和公平报酬法制,大力构建统一规范灵活、国内国际双向开放的人力资源市场;三是优化人居、医疗、教育、文化等城市生活品质、提升城市软实力和对人才吸引力。

6.3.2　社会领域风险

社会领域风险是指由于社会结构、社会制度等方面的原因而引发的社会失序或社会动荡的可能性。总体来看,近年来上海社会经济持续快速发展,社会发展态势良好,社会运行基本和谐。但整体平稳的同时也蕴含着一定的社会风险。社会分化加剧、贫富差距拉大、社会矛盾集聚等社会问题在上海这类国际性大都市层面较易产生,社会转型的复合性特点,又容易使得各种矛盾集聚,进一步加剧社会风险,重点表现在社会结构失衡、利益冲突加剧两方面,此外,伴随着资源枯竭和气候问题的日益严重,另一类新兴风险——代际冲突也开始逐步呈现。

1. 社会结构失衡

上海作为国际化大都市,社会结构相对复杂,在社会结构失衡风险上,主要表现为三方面:收入差距增大、阶层分化与固化以及新二元结构风险。

首先,在收入分配结构上,上海的居民收入差距水平仍处于警戒线之内,但财产性和经营性收入差距较为显著。就全国整体表现来看,根据世界银行的统计,改革开放以来,中国的基尼系数①不断增长,1990年达到0.343,到2000年就已超出国际公认的0.4的标准,达到0.417。国家统计局数据也显示,中国全国居民收入的基尼系数自2003年以来总体呈上升趋势,2008年达到0.491的峰值,然后从2009年逐步回落,2013年为0.473,与2004年水平相当。《2013年联合国人类发展报告》显示,近年来中国基尼系数在人类发展中等水平国家群体中处中游,贫富差距已经突破了合理的限度,由一个收入差距较小的国家变为收入差距较为悬殊的国家。而就上海而言,以城镇居民五分位收入比率②为例来衡量,历年来上海国民经济和社会发展统计数据显示,上海的城镇居民的收入差距水平仍处于警戒线之内,特别是近年来,城镇居民收入不平等程度则呈现下降趋势,这说明出台的调节收入差距政策在城镇地区效果明显。但同时也应看到,2012年上海最高20%居民的平均营业性收入是最低20%居民的13倍,财产性收入则达到15.21倍。尽管由于现阶段城镇居民收入仍以工资性收入为主(2012年上海城镇居民人均可支配收入工资性收入占比在低收入和高收入人群中分别为66.2%和73.2%),因此尚不构成巨大风险,但随着经济水平和收入方式的逐步多元,也应适度警惕收入差距的进一步增大可能。

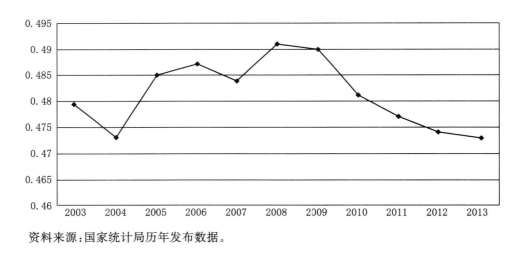

资料来源:国家统计局历年发布数据。

图6.7 2003年以来的全国居民基尼系数变化情况

---

① 基尼系数是经济学中用于衡量居民收入差距的常用指标,基尼指数在0和1之间,数值越低,表明财富在社会成员之间的分配越均匀。国际上通常把0.4作为收入分配差距的警戒线。

② 又称"大岛指数",是指在居民收入五等分中最高20%居民的收入总和与最低20%居民收入总和之比,也可以表示为最高20%居民平均收入与最低20%居民平均收入之比。国际上通常把6.0作为收入差距的警戒水平。

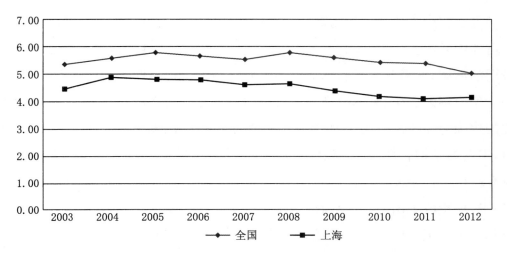

資料來源：根據歷年國家統計年鑒、上海統計年鑒數據分析計算。

图 6.8　2003 年以来全国和上海城镇居民家庭人均可支配收入五分位收入比变化情况

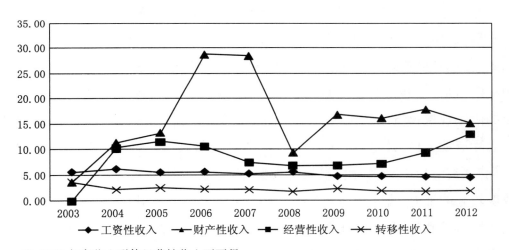

注：2003 年高收入群体经营性收入不可得。
资料来源：历年国家统计年鉴、上海统计年鉴数据分析计算。

图 6.9　2003 年以来上海城镇居民家庭人均各类可支配收入五分位收入比变化情况

　　其次，在社会阶层构成上，要警惕主要群体弱势化、中间阶层发育缓慢、精英群体的结盟等阶层分化与固化迹象。一是社会主要群体弱势化。当前上海社会面临的一个潜在的社会风险就是社会主要群体弱势化，这些群体主要包括产业工人（包括身份依然是"农民"的工人）、农业劳动者、城乡无业失业和半失业者等。尽管对上海市低收入群体占比情况尚无公开发布数据，但常住人口受教育程度也反映出城市居民主要群体的发展能力与竞争力在国内特大城市群体中并不占优(图 6.10)。这类受教育水平和专业性技能掌握程度都相对较弱的群体,如果其生活状态如不能很好地与经济社会发展保持同步,就会出现竞争力逐渐弱化、基本权利得不到保障、对社会的影响力开始减弱等某种程度的边缘化现象。社会上如果开始出现相对集中的弱势群体并具有高能量时,出现的结构失衡、社会解体的风险也就越大(姚亮,2009)。二是中间阶层发育缓慢。社会冲突理论认为,中间阶层是最稳定的社会力量,是社会的缓冲带。从现阶段中国的实际来看,这一阶层主要包括经理层、专业技术人员阶层及私营企业主阶层等群体。统计数据显示,2005 年以来,上海居民收入的分布形态的向平均收入水平集中的趋势增强(图 6.11),中间层次收入在明显提升,2011 年集中于人均可支配收入平均水平的两个收入区间的家庭占全部调查家庭户数比重接近 55％。但总体来看,上海的收入分布仍呈现"洋葱形",尚未形成"橄榄形"分布形态(甄明霞等,2013)。而在西方发达国家,这一比例则高达 80％左右,一支庞大的中间阶层犹如普遍富裕一样,是政治和社会的稳定力量。同时,受转型期社会体制的不完善以及其他因素的影响,社会阶层的固化现象也日见端倪,主要表现为指代际流动和代内流动趋于停滞,尤其在代际流动上极为缓慢,同代交流性减弱,"身份潮"开始回流,"官二代"、"富二代"、"贫二代"、"农二代"现象愈发频繁,这使得社会呈现出封闭性。在开放度较高的上海,青年群体尤其是中间阶层青年群体上升通道相对通畅,但上层"世袭化"和底层"边缘化"现象也较为显著。三是精英群体的结盟。精英群体主要包括政治精英、经济精英和知识精英三大群体,主要包括国家与社会管理者、经理人员和私营企业主、专家学者与高级专业技术人员等人群。目前,精英群体利益结盟的风险已经日益凸显,"学而优则仕"、"商而优则仕"、"学商结合"等都是利益结盟的一些具体表象。究其原因,主要在于经济社会转型期,政治精英仍存在权利过大,市场经济规则又未能系统建立,发展需求与制度体系的错位为经济、政治和知识精英结盟创造了空间。精英群体结盟会扭曲市场经济,会降低社会流动和导致垄断利益的出现;会直接影响公众利益,使本应用于改善民生的公共资源被诸多强势群体联盟侵占;会加深精英阶层与广大民众之间的隔阂,易引发社会冲突。

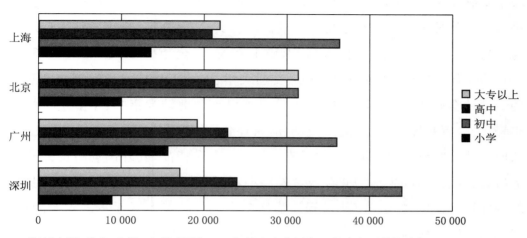

资料来源:北京、上海、广州、深圳 2010 年第六次全国人口普查主要数据公报。

图 6.10　第六次全国人口普查国内主要城市常住人口受教育程度比较

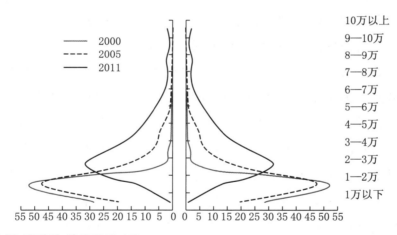

资料来源:甄明霞、陈君君(2013)。

图 6.11　上海城市居民家庭人均可支配收入分布形态的变化

　　再次,在社会群体关系上,要重视外来务工人员与上海户籍居民之间由于"新二元结构"而呈现出的生活隔离与矛盾激化趋势。"新二元结构"是我国城市化进程中新出现的一种社会现象,它是在我国户籍制度基础上,城市外来务工人员因体制因素和自身因素的交织作用,导致其在经济、社会、文化等福利获取方面与城市居民之间存在较大差距而形成的社会群体分隔的社会现象。

上海是我国外来务工人员集中导入地区之一，是进入21世纪以来，随着上海城市基础设施建设的大规模展开，房地产业的迅速崛起和工业新高地的建设，进入上海的外来人口出现了历史性的高峰。到2013年底，全市常住人口总数为2 415.15万人，外来常住人口990.01万人，占全市常住人口的40.99％。2011年，上海市政府发展研究中心、交通大学、上海工程技术大学等分别开展的专题社会调查显示，当前，来沪人员呈现出来源地较为集中、年龄结构相对年轻、受教育程度不高、家庭式流动和"常住化"趋势。特别是新生代农民工开始成为社会特殊群体，他们通常具有"三高一低"①特征，其外出动机已经从经济型转到经济型和生活型并存或者发展型，他们对城市有认同感，但边缘身份的特殊性使他们融入城市的过程面临诸多困境。随着上海逐步进入老龄化，来沪人员已经成为上海城市建设和发展进程中一支不可缺少的重要力量。但是，"新二元结构"也将城市居民分割为两大利益群体，特别是在来沪人员集聚区域，公共服务资源紧张、城市管理压力巨大、社会治安形势严峻以及群体性矛盾风险积聚等问题较为突出，成为上海影响社会稳定和谐的重要隐患。

上述社会结构失衡风险的出现，本质上仍是全球化、工业化和城市化发展背景下，国家和城市在经济转型、社会转轨过程中所面临的发展中的问题，其根本原因可归结为制度因素和文化因素两方面。一方面，现有制度仍存在一定的制度不公、制度缺失和制度失效问题。制度不公易导致贫富差距的不断拉大和社会财富的日益集聚。制度缺失易加剧社会风险的累积，如在传统的城乡二元思维模式下，城市体系对外来务工人员的制度安排极端薄弱，无形中加剧风险。制度的失效给予了潜规则发展空间，易造成脆弱的社会秩序和社会成员随意或不可预期的行为，使得寻租和腐败空间的大量存在，进一步加剧社会不公、阶层固化和利益冲突。文化因素则主要是由于经济增长的短视效应、社会主义核心价值的缺失和社会多元文化的冲突等多重原因，加剧社会焦虑、社会隔阂、阶层对立情绪，由此而所造成的文化的混乱和心理的扭曲更易形成社会结构失衡与冲突。

但总体来看，目前社会结构失衡与分化问题主要仍呈现为一种"趋向"，还

---

① 受教育程度比他们前辈高、职业期望值比他们前辈高、物质和精神享受要求比他们前辈高，工作耐受力却比他们前辈低。

没有"定型",这主要是由于现阶段与市场经济和现代社会相适应的社会阶层结构的发育和成长过程尚未完成,社会各个阶层各个群体之间的利益格局尚未完全明朗化;同时,与市场经济和现代社会相适应的制度和政策安排也尚未形成和实施。就上海本身而言,传承弥久的"明达"基因强调开明法制、推崇秩序规范、注重理性务实,城市治理体系多年来也十分重视法制政府建设、社会体系建设与关切民生问题。因此,上海相对其他城市,对社会结构失衡与分化趋势的遏制作用较为显著。但是,由于上海经济中心地位及国际大都市构成特征,面对转型期复杂多变的发展形势,此类问题的诱发因素依然相对众多,破坏性也将更加显著。所以,当前就应开始重视此类风险问题,处理好市场经济与多元社会的互动关系,通过必要的政策调整和制度安排,平衡社会阶层利益结构阶层关系,从源头强化风险防范。如在对待现在较为突出的"新二元结构"问题,就应在科学预判来沪人口规模和结构演变趋势的基础上,按照国家政策导向、结合上海实际情况,进一步解放思想、改革创新,以完善制度安排为核心,既要积极改善来沪人员公共服务,促进符合条件的来沪人员不断融入上海,又要合理控制人口规模,防止"城市病",实现人口管理、社会管理、公共服务供给"三位一体"联动。

2. 利益冲突加剧

在经济社会转轨的特殊时期,易造成社会利益关系失调和社会行为失范。中国社科院发布的 2013 年《中国社会发展蓝皮书》显示,每年全国因各类社会矛盾引发的群体性事件多达十余万起,事件原因以征地拆迁、环境污染冲突和劳动争议为主。而特大型城市由于人口结构复杂、产业类型众多、利益交往频繁,往往是这些问题的集中之地。加之当前社会基层治理体系与治理能力仍较薄弱,利益疏导、平衡与共识机制尚未健全,上海城市发展过程中各种利益矛盾不断涌现,在现代信息传播组织条件下,因为偶然因素激化放大矛盾、最终导致群体性利益冲突事件的风险在加大。当前,上海利益冲突加剧风险主要在三类矛盾问题上呈现较为集中。

一是征地拆迁矛盾。乘着经济高增长和城镇化的双引擎快车,上海近年来在基础设施建设、产业发展和城市更新等领域都呈现加速发展的态势,伴随而来的征地拆迁也成为特别容易诱发社会矛盾的重要触点。其核心矛盾是随着土地价值大幅上涨,被征地对象与征地主体在补偿标准、安置方案上的利益冲突不断加剧。上世纪 90 年代至前几年,补偿过低是矛盾的主要方面;而随着失地农民和拆迁户所得补偿显著提高,补偿要求过高成为矛盾主要方面的几率正同步日益提高。此外,由于征地拆迁事件受关注度高,极易成为网络舆论热点事件,在一定程度上也激化了征地矛盾。二是劳资纠纷。随着上海经济增长压力或者产业转型升级力度进一步加大,劳资纠纷矛盾将会更加显著。劳资纠纷往往涉及人数较多,情绪很容易失控,如果处理应对不当,极易引发群体性事件,需要相关部门引起高度重视。三是规划与环境问题引发冲突。近年来一些大型基础设施、公共服务项目和产业项目的规划建设引发的矛盾问题较为突出,比如垃圾焚烧场、火葬场、大型变电站和化工项目等选址问题,居民由于对房产大幅贬值、居住环境污染加剧等方面的担心越来越大,非常容易引起集体上访甚至群体性事件。

上述利益冲突加剧风险的出现,本质上仍是社会转型过程中经济、政治、社会的发展结构出现一定失衡而导致,加之相关部门在事件处理过程中暴露出的管理问题、民众维权意识提升与公共决策信息披露的不对称,以及信息化社会舆情高速扩散特性,极易引发社会矛盾冲突。具体而言,导致风险的因素可归结为以下几方面:一是转型过程中社会领域相对于经济增长的发展滞后。改革开放 30 年来,经济建设取得了巨大的成就,但发展过程中曾经片面的以追求经济增长为主导方向,而忽略了社会福利保障、社会公平和教育文化等一些促使社会稳定和健康发展的重要因素。同时,片面追求经济效益的发展导向,也容易使政府在处理企业和民众的利益矛盾过程中,出现价值判断偏离,以对地方经济贡献度来衡量双方应获得的权益保护程度。种种原因使得社会体系进入"结构紧张"状态,社会矛盾比较容易激化。二是民众诉求表达和解决途径不畅,社会基层组织协调控制力减弱。一方面,许多群体性事件的发生,往往是由于群众利益诉求得不到充分表达,积累到一定程度而引发。目前我国体制内法定的利益表达方式相对较多,但在现实生活中,人民群众利益表达空间仍然狭窄。另一方面,社会基层组织控制力呈明显弱化,组织威信减弱。适应现代社会发展和民主法治的管理体制尚未建立,社会组织发育的不足和社会性功能的缺失而致使公众利益表达渠道不畅而引发社会失序的可能。三是相关部门职责不清,法治基础仍然薄弱。由于处于社会转型期,仍旧受计划体制的影响,现行行政管理体制不健全,条块单纯分割,部门之间存在人为的"壁垒"。矛盾问题出现后,信访部门成为某些利益诉求的唯一通道,而信访部门仅仅作为一个通道却无实际解决问题的能力和权限。制度缺乏导致问题长期聚集,成为爆发冲突和酿成群体性事件的导火索。同时,法制建设的滞后,使得矛盾和问题在目前的法律框架内一时找不到相应的解决依据和方法,使得"群体的政治意识远远大于法律意识"现象大量存在。四是舆情信息掌控滞后,预防处置缺乏联动。从已发生矛盾冲突事件来看,有些群体性事件之所以能形成一定规模,往往因为党委、政府及其主管负责部门未及时掌握参与人员的前期动态,缺乏合理预案和协同处置所造成。

目前,上海的人口规模仍在不断扩张,城市功能日益集聚,运行和管理模式则更加开放和复杂化,城市面临各类利益冲突不断加剧的挑战。但我们也应认识到,随着经济与社会发展矛盾问题的日益凸显,党和政府也愈发重视社会体系建设,公平正义价值体系、社会保障体系、社会组织和公共服务体系正在不断健全,矛盾源头正在逐步化解。同时,随着市民知识水平和法制意识的不断提升,选择维护自身利益的方式也更为理智。上海社会调查研究中心复旦分中心 2012 年开展的市民公共安全感调查显示,当自身利益受到严重损害时,大部分上海市民倾向于采用更加理性的交流方式,选择最多的解决办法是投诉(42.01%),其次是依靠媒体或社会力量解决(35.87%)、上访(11.37%)和法律申诉(8.79%),只有极个别受访者会以静坐等方式向政府施加压力(0.84%)。上海社会群体的利益冲突加剧风险总体仍是可防可控的,今后需在加快改革进程、强化法治保障、完善多元共治、强化调研预案等方面多管齐下,进一步拓宽利益表达渠道、明确问责机制、强化社会疏导,营造和谐稳定的社会环境,为上海的可持续发展打下坚实基础。

3. 代际冲突萌发

随着人类经济活动的日趋活跃,资源过度利用和全球气候问题不断加剧,上一代生产和生活方式遭遇新一代群体质疑与挑战,许多国际智库纷纷预言,代际冲突正在演变为一种新型的社会风险,其涵盖领域主要包括代际资源环境冲突,以及代际价值观冲突。

首先,代际资源环境冲突可能面临进一步升级。代际资源环境冲突是指由于前代人不加节制地消耗自然资源,不加以有效保护,致使资源面临枯竭、生态环境质量恶化对后代人造成极大的不公平而引发的代际间冲突。资源环境的过度利用问题发端于工业革命时期,兴盛于二战以后,所造成的环境污染已逐步从暂时性、区域性、潜在性的问题向永久性、全球性、公开性的问题演变,对后代人的生存和可持续发展构成威胁。联合国环境规划署2011年发布的《减少自然资源利用及经济增长对环境影响》的报告指出,如果人类不采取任何措施改变目前的资源利用方式,到2050年全球自然资源消耗量将可能是目前的3倍,地球将不堪重负。上海虽已处于工业化后期阶段,近年来通过发布实施节能减排地方标准,不断加大落后产能淘汰力度,单位生产总值能耗呈现不断下降趋势,但长期面向全球化市场的供给体系,加之跨界环境污染转移,以及生活质量不断提升所带来的能耗增加等问题,资源环境形势亦不容乐观,资源消耗和环境污染已成为近年来影响上海生态环境安全的非常重要的因素。2000年以来,人均生活用能源消耗量增长了1倍多(表6.1)。近年来,以空气污染为代表的环境问题更是愈发严重,2013年上海市空气质量AQI优良率为仅为66%。罗马俱乐部等国际智库研究表明,由资源过度利用导致的代际冲突会从现在开始升级,西方国家会首先面临这一问题,到21世纪20年代在欧洲和美国达到顶峰,然后不可阻挡地演变成某种革命。上海经济中心的地位,使其在经济发展水平位于全国前列的同时,也必将率先面临代际资源环境冲突的考验,必须对此有充分的认识和准备。

表 6.1　主要年份上海平均每人生活用能源

	2000 年	2010 年	2011 年	2012 年
生活消费能源总计(千克标准煤)	290.49	446.28	457.05	482.97
煤　　炭(千克)	87.85	20.67	18.64	17.42
天然气(立方米)	4.53	34.52	37.12	42.01
液化石油气(千克)	13.31	14.65	14.71	14.92
煤　　气(立方米)	97.49	27.88	23.14	16.54
电　　力(千瓦时)	335.05	748.74	753.61	792.66

注:本表按年平均人口数计算。
资料来源:2013年上海统计年鉴。

其次,代际价值观冲突愈发纷繁和显性化。代际冲突不仅代表着不同代之间在公共物品和社会资源的占有和使用上的权利冲突,同时也意味着支撑这些利益背后的意识形态、价值观念和文化偏好上的差异和分裂。尤其在当前中国社会这样一个转型时期,代际之间利益和观念的冲突作为社会结构冲突中一个不可忽视的部分,正在家庭和社会、文化各领域呈现出越来越纷繁和显性化的趋势。一方面,在代际关系上,正经历从后象征文化向前象征化文化的变迁。著名文化人类学家玛格丽特·米德将文化的历史传承区分为三种类型:后象征文化、互象征文化和前象征文化。后象征文化变化迟缓,这种文化代代相传,文化延续依靠年轻人对老一代期望的复制,这是农业社会及新中国计划经济时代的代际关系主要呈现。互象征文化变化相对较快,虽然中老年人仍处于支配地位,但同辈人成为比父母更重要的行为榜样。这种状态在中国 80 年代之后由计划经济向商品经济和市场经济转型的过程中较为明显,青年一代与老一辈所代表的主流社会之间在观念和意识上的分歧甚至对立已经非常明显。前象征文化变化的速度则令人眩晕,这是文化发展的一个全新阶段,代与代之间出现了明显的、普遍的断裂,年轻人对依然未知的将来树立新的权威,年长者不得不向孩子们学习他们未曾有过的经验。90 年代中后期,中国开始有条不紊地迈入市场经济和全球化的进程,在信息技术和消费主义文化的催生下,传统的价值观和主流的政治教化模式在改革开放后出生的一代年轻人这里不费吹灰之力就顷刻间崩盘。年轻人不再费心抗议旧有的观念或体制,甚至不再试图向老一辈解释自己的理想蓝图,而是在自己的世界中自娱自乐、游刃有余。另一方面,代际价值观冲突开始在经济、社会、文化等多重领域不断涌现。在经济领域,创业人群、消费主力都已转移为 80 后,随之而来的是商业逻辑的颠覆性变革,如经济评论人吴晓波将其归结为的"新四化"①。社会文化领域,新生代对主流权威的极尽调侃与挑战案例,则更是不胜枚举。

代际冲突的形成,既有历史变迁的客观性,也有人类自身认识和改变世界

---

① 一是商业的互联网化,企业将重构与消费者的关系并利用互联网工具进行流程再造;二是品牌的人格化,商品将由消费品时代进入粉丝时代;三是消费的娱乐化,自媒体和非严肃风格将日益流行;四是流行的城乡一体化,互联网前提下的物流和信用支付状况将发生彻底变化。

的主观因素。引发代际资源环境冲突,资源的过度消耗是主因,年轻一代的可持续生存主张是诱发点。首先,长期以来,理性经济人假设极大地放大了功利主义倾向,导致民众过度追求物质生活,在经济方面鼓励粗放型发展方式,而且使环境保护在人的行为层面缺乏内生动力。过高的社会贴现率假设及其政策导向刺激人们较早地消耗自然资源,而一旦贴现率高于资源的最大增长率,就很可能导致资源的匮竭。其次,中国长期作为"世界工厂"的全球化参与模式,使得发达国家的高能耗生活方式所产生的过度消耗和环境污染外部性有相当一部分转嫁到国内,服务全球的经济导向付出了国内环境的惨重代价。此外,地区发展的不均衡以及气候问题的全球化趋势,使得本地与外源性环境污染相互交织影响,环境问题如不采取区域乃至全球各国必须协同治理模式,将很难根治。另一方面,年轻一代追求生存、发展与高质量生活环境的诉求日渐突出,一旦民众耐受力逐渐达到极限,而政府体系并不能增加大众福祉,其结果就是社会摩擦和冲突。代际价值观冲突的形成,既是时代变迁的必然,更是全球化的产物。代际关系不仅包含家庭、亲缘的涵义,还包含时代、历史的涵义,形成了两代人在社会境遇和文化观念上的差异和断裂,也为他们之间普遍存在的代际冲突构成了基础。代际问题的出现是现代工业社会或现代性的产儿,从20世纪上半叶开始,不仅欧洲,包括美洲和亚洲在内的现代性长成或开始接触现代的国家都陆续遭遇了代际问题。如美国20世纪50年代所谓"垮掉的一代",60年代爆发并蔓延至全球的"青年大造反"运动。同时,随着全球化成为一种越来越鲜明的历史进程,代际矛盾也逐渐趋向全球化,逐渐成为一种跨越国界、不再仅仅根植于既定疆域或地方情境中的趋势和挑战。资本、技术、商品、服务、劳动力和信息的跨境流动与整合造就了全球青年一代普遍相似的生活背景和社会文化因素,与上一辈生长环境的迥异性愈发突出,代际断裂不断扩大,尤其在经济和社会变革活跃的发展中国家。

面对正在到来的代际冲突风险,需要采取积极正视的态度,并从面向未来的视野出发,重塑理念和行动方向。在理念上,应积极倡导"代际公平",重点包括代际平等、代际自由和代际合作理念。代际公平,即每一代人都应当具有最基本的生存底线,获得最基本的生存权利,它要求尊重和保护各代人的贡献与尊严;代际自由,即每个人都享有自由选择的权利,强调尊重和保护各代人的这个权利和代际差异;代际合作,即社会的发展进步就是依靠每一代人的努力,各代人都需要承担起自己的义务和责任。面对代际资源环境冲突,从现在开始就应做好准备,积极行动、未雨绸缪。在发展理念上走可持续发展道路,注重经济、社会、生态的全面协调发展,积极推行"代间的平等"和代际财富的转移,在代与代之间应有一种责任链的传递和社会契约。在发展方式上应加快转变经济发展方式,大幅降低高能耗高污染项目比重;加强资源环境合理利用和全面保护,提高环境承载力;合理控制人口增长,使人口规模与经济发展和环境承载力相匹配。而面对代际价值观冲突,在这样一个全球化加速和迫切需要改革创新的时代,则更希望将其视为一种机遇。30 年前玛格丽特·米德在论述美国 60 年代的代沟问题时,提出了"代沟的无害化"论点,认为"它给了我们一次以新方式面对变化的独一无二的机会"。这种观点也适用于我们的当下,全球化尚在推进之中,它本身仍然充满了诸多不确定性和不可预测性,但相对而言,年轻一代能够比年长一代更好地了解全球化的规则和未来。我们正在进入一个年长一代向年轻一代进行广泛的文化吸收和"信息反哺"的时代,代际和谐的关键不是无视代沟的存在,而是在两代人之间建立开放、平等的沟通和对话平台,首要是从制度和文化上赋予青年应有的话语空间和资源权力,使之能更积极有效地参与新的经济、社会与文化秩序的建构,激发出新时代巨大能量。

6.3.3　城市安全风险

城市安全风险是指由于未来可能发生的自然灾害、生产与运行不合理、信息泄漏等原因引发的城市运行秩序混乱、生产财产损失的可能性。其中生产和运行安全需要高度关注,但随着上海城市运行体系逐渐完善,各种法律规章制度不断制定,市民素质不断提高,上海城市生产运行安全风险将逐步可控。由于自然灾害与全球大环境相关,因此上海自然灾害方面的仍存在巨大的不确定性。在信息化社会,上海是各种信息产生的源点,也是信息的交汇点,因此信息安全风险也越来越大。这些城市安全风险对于上海建设综合性全球城市具有重要的影响,如果处理不当将会产生灾害性后果。

1. 生产与运行安全事故

随着上海城市规模不断扩大和各种要素不断集聚,城市生产和运行安全脆弱性进一步突出。根据上海社会调查中心复旦分中心 2012 年的调查结果,城市公共安全的综合得分为 3.04 分,属于比较安全的评价范围,但与前两次调查情况相比,有逐渐下滑的态势。威胁城市安全的风险和隐患也日趋增多,包括由生产性企业重大伤亡事故和重大交通事故。

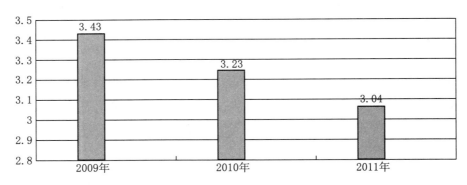

资料来源:陈家华、陈方(2013)。

图 6.12 上海城市公共安全综合评分

上海作为特大型城市,存在显著的脆弱性,城市生产与运行安全风险因素较多。主要来自生产安全、运行安全、恐怖袭击和突发公共卫生事件四个方面。城市安全生产事故、交通安全事故、火灾、公共卫生事故和恐怖袭击等会对城市、企业和市民的生命财产造成重大损失,对公共资源造成极大消耗。同时,城市生产与运行安全事故对市民心理和社会正常运转造成严重负面影响。

城市生产安全方面,近年来,上海市安全生产事故亿元 GDP 死亡率逐年下降,2013 年为 0.057,低于全国的平均水平。但与国际发达国家水平相比仍有较大差距,如折合成人民币,英国亿元 GDP 事故死亡人数为 0.02,日本为 0.05,美国、澳大利亚、法国在 0.04 至 0.06 之间。

城市运行安全方面,交通安全事故和火灾事故是重点风险领域。随着城市交通工具数量的迅速增多,交通事故的发生也日益频繁。据统计,2000 年全国各主要城市的道路交通事故中,城区道路交通事故平均占总数的 64.31％,上海达 80％以上,进入 2000 年后,上海交通事故造成的死亡人数逐渐上升。此外,轨道交通事故对特大城市市民生命财产安全造成重大威胁。如2011年9月27日发生的地铁追尾事故共造成40多人受伤。随着上海市域范围的进一步拓展,未来上海地铁线路还会呈现突破式增长,这在一定程度上隐含着一些轨交事故风险。其次,火灾是威胁城市公共安全最为常见的灾害源之一,且发生频率、规模及损失呈递增趋势。20世纪50年代,全国火灾造成的损失年均不到5 000万元,到2011年火灾造成的直接财产损失高达18.8亿元。上海自20世纪90年代末以来,火灾事故发生频率出现上升趋势,近几年事故造成的经济损失也呈现逐步放大的趋势。随着上海经济的超快速发展,今后相当一段时期内,楼房建设也会急剧增多,尤其是高层建筑和超高层建筑的增加,更加大了火灾扑救的难度,火灾事故可能还会不断增多,造成的人员与财产损失可能更大。

城市公共卫生方面,在特大城市中,人群较为集中,食品安全及流行疾病对城市公共安全具有重大威胁。如自2006年9月初开始,上海市发生多起疑似瘦肉精食物中毒事故,共导致上海9个区336人次中毒。2013年,上海食品安全行政处罚案件共12 395起,全年共报告发生集体性食物中毒事故8起,中毒人数184人(无死亡),中毒发生率为0.77/10万。此外,随着人类科技水平的不断提高,人口流动越来越频繁,流动网络逐渐延伸到世界的各个角落,伴随着社会和自然环境的改变,新的流行病也不断产生,例如SARS、禽流感、甲型H1N1流感等重大流行病也在时刻危害着人类社会。研究表明,在过去50年间,新产生的流行病的数量是原来的5倍。流行病在上海的爆发也对上海城市运行安全具有非常大的威胁。

在暴力恐怖袭击方面,恐怖袭击是极端分子人为制造的针对但不仅限于平民及民用设施的不符合国际道义的攻击方式。恐怖袭击从20世纪90年代以来,有在全球范围内迅速蔓延的严峻趋势。近年来,我国新疆、西藏等地不断发生恐怖暴力袭击事件,甚至在云南省和北京等地也发生恐怖袭击事件。上海作为特大城市,是人群最为集中的区域之一,也是各种大型活动的主要举办所在地,因此也是恐怖分子重点关注的区域之一。

引发城市生产与安全风险的因素,主要来源于三方面。第一,大都市人口总数大、密度高,人员交往频繁,增大了安全事故发生频率。2013年,上海市

表 6.2　上海交通事故和火灾主要事故统计

年份	交通事故				火　灾			
	次数 （万次）	死亡人数 （人）	受伤人数 （万人）	损失折款 （万元）	次数 （万次）	死亡人数 （人）	受伤人数 （人）	损失折款 （万元）
1980	1.1	445	1.01	96	0.08	17	126	457
1981	1.18	507	1.06	119	0.09	33	81	202
1982	0.83	434	0.77	98	0.07	33	76	255
1983	0.73	443	0.7	99	0.06	24	67	533
1984	0.83	503	0.75	123	0.05	21	71	177
1985	0.71	687	0.57	318	0.05	30	74	374
1986	0.84	678	0.62	576	0.06	25	54	790
1987	1.01	811	0.67	959	0.06	51	56	575
1988	0.84	707	0.56	1 117	0.06	58	53	460
1989	0.75	652	0.49	1 137	0.03	30	30	394
1990	0.76	608	0.47	1 345	0.21	45	137	1 868
1991	0.75	594	0.45	1 530	0.17	38	112	937
1992	0.45	591	0.18	2 029	0.17	40	57	2 742
1993	0.81	699	0.29	4 652	0.14	73	128	2 252
1994	1.26	722	0.33	8 337	0.11	51	95	2 378
1995	1.67	788	0.38	12 077	0.11	47	86	2 100
1996	2.01	783	0.44	13 462	0.09	87	96	2 206
1997	2.16	780	0.58	13 682	0.74	51	138	2 639
1998	2.4	781	0.65	15 186	0.72	42	114	2 205
1999	2.61	726	0.78	15 924	0.66	43	90	1 487
2000	4.13	1 492	1.61	20 391	0.52	40	57	1 919
2001	4.21	1 503	1.57	23 883	0.32	31	65	966
2002	4.71	1 400	1.57	30 052	0.6	39	58	1 313
2003	5.42	1 406	1.12	39 721	0.53	47	85	1 724
2004	2.71	1 543	1.13	19 149	0.51	30	47	1 681
2005	0.92	1 393	0.88	7 961	0.43	54	84	1 731
2006	0.66	1 231	0.67	3 292	0.45	45	54	2 292
2007	0.4	1 171	0.38	1 943	0.42	50	45	2 650
2008	0.27	1 100	0.26	1 469	0.35	50	57	14 523
2009	0.28	1 042	0.27	1 226	0.61	63	41	3 990
2010	0.22	1 011	0.19	967	0.57	101	125	22 949
2011	0.21	944	0.18	1 349	0.58	43	46	11 000
2012	0.23	916	0.21	1 488	0.45	39	45	6 924

资料来源：1981—2013 年上海统计年鉴，1981—2013 年上海统计公报。

常住人口达到 2 400 多万人,人口密度远远高于中国内地其他省市,尤其是中心城区人均建设用地面积不到 50 平方米,人口的高度密集增加了交通事故、火灾事件和流行病传播的几率,给城市运行带来较大风险。同时,随着中国经济地位的逐渐上升和越来越多地参与全球安全事务当中,其关注度和影响力不断上升,特大城市也易成为敌对势力的关注对象。第二,社会力量缺乏整合,专业知识缺乏不利于打造共治网络体系。现在各类社会协管力量不少,但部门尚未形成统一、高效的资源组合格局。在社会管理资源的联动机制上,还存在条块间信息系统无法兼容与共享、人员专业化程度不高、社会公众参与意识不强、自组织的程度不高等问题,导致防控力量过于分散。第三,重视应急、预防管理不足有可能增大治理成本并遗留真空地带。当前上海的城市公共安全管理中,政府虽试图从系统上做到整体优化,但明显将更多的注意力放在了应对工作上,“预防为主”的原则更多地存在于理念层面。缺乏强制性规范,缺乏独立的、专业的风险监测与评估机构,缺乏精细化的评估方法,致使评估结果不明确,不能适应决策的需要。

随着上海人口规模不断扩大、城市功能的进一步丰富、国内外人员、信息交往渠道日益多元、国际影响力的不断增大,城市交通、公共卫生、暴力恐怖袭击等领域安全事故可能会有所上升。而随着城市制造业的向外转移,城市逐渐形成以服务业为主的产业体系,城市内的安全生产事故有望降低。但整体来说,虽然上海城市规模不断扩大,但由于城市运行管理的精细化、标准化水平的不断提升,城市生产与运行安全监控、防范与应对能力将逐步健全,总体而言生产与运行安全风险未来将处于可防可控状态。这需要从以下几方面加强努力:一是加强城市安全规划,从源头遏制事故发生。完善的城市规划是防治城市灾难的最基础性的保障,城市公共安全的保障首先需要从安全规划着手,通过安全规划法律化遏制安全事故发生。二是重视社会集体努力,加强社会动员和参与。上海城市生产与运行安全管理从来不应该是政府单兵作战,还应该动员全社会广泛参加。三是建立安全管理网格化系统,提升综合保障能力。要将食品安全和生产安全等功能导入网格化管理,逐步实现整个城市公共安全的网格化管理和规范化运作。四是构建城市公共安全教育培训体系,提升市民安全防范意识。要加强安全管理人才的教育和培养,加强责任部门的责任意识,有效提升城市公共安全管理水平和管理效果;加强民众自我风险评估和社区风险评估,有效规避风险。五是重视城市安全事故预防,加强风险评估和监测。要把公共管理安全防范意识贯穿于公共管理工作的始终,借助科学有效的风险评估与监测体系提高城市公共安全管理应急的长效机制,从根本上达到城市安全稳定的目的。

2. 自然灾害与环境风险

特定的地理环境和城市结构特征,使上海在尽享鱼耕舟楫之利的同时,也备受水患、台风等气象灾害的困扰。根据统计,上海平均3年发生一次洪灾、5年发生一次风暴潮灾。上海的气象灾害主要威胁包括台风、突发性暴雨、城市洪涝、风暴潮和盐水入侵等。一是台风多发。台风是上海地区最常见也是威胁最大的自然灾害,几乎每年都有约2—3个台风影响上海,如2005年的"麦莎"台风,出现台风、暴雨、高潮和局部洪水"碰头"的严峻局面。全市倒塌房屋1.6万间,市区200余条马路积水,5万余户居民家中进水。因灾死亡7人,直接经济损失达13.58亿元。二是突发性暴雨增多。上海特定的地理气候条件,加之城市高楼林立、热岛效应明显,极易形成局部强对流天气和突发暴雨。最典型的是2000年、2001年、2007年、2008年和2013年的几次大暴雨,局部地区1小时雨量超过90毫米。其中2008年的"8·25"暴雨,1小时降雨量最高超过117毫米;2013年的"9·13"暴雨,最大小时雨量超过100毫米的有10个,浦东新区南干线小时雨量达124毫米。三是城市洪涝威胁。由于太湖流域综合治理骨干工程基本完成,上游洪水下泄速度加快,瞬时流量增多,抬高黄浦江水位,近年来,汛期黄浦江上游米市渡水位突破3.5米警戒线的现象屡见不鲜。1999年百年不遇特大梅雨期的30天内,黄浦江承泄的太湖流域洪水总量虽远不及1954年,但水位远远超过1954年。四是风暴潮威胁。风暴潮是发生在海洋沿岸的一种严重自然灾害,主要是由大风和高潮水位共同引起的,在近岸浪的共同作用下往往酿成重大灾害。新中国成立以来上海共经历了14次较大的强风暴潮灾害,引起的风暴潮造成的灾害非常严重。五是盐水入侵。近年来,随着海洋环境和长江径流的变化影响,盐水入侵呈频发态势且开始时间提前、持续时间延长、影响程度严重。如2002年3月上旬,盐水入侵造成陈行水库不宜取水天数长达13天;2006年,长江口共发生12次盐水入侵过程,累计时间达 1 219 小时。

　　此外,近年来随着上海及长三角地区工业化和城镇化脚步的加快,随之而来的环境污染事故也愈加频繁,主要包括大气污染、水污染、水气复合污染、固体废物污染、辐射污染等 5 大类。数据显示,2000—2008 年上海市突发环境事故总计 166 次,且逐年递增,2008 年的突发环境事故数(56 次)是 2000 年(3 次)的18.7 倍。2013 年上海发生了环境污染较为严重的松江死猪事件,上海相关区水域内打捞起漂浮死猪累计达 10 395 头。此外,废物排放量不断增多。整体来说,上海的废物排放量不断上升。1985 年以来,上海工业固体废弃物产生量出现了较快增长,年均增长率达到了 515%,2000 年之后的年均增长率达到了 717%;工业废气排放量自 1985 年的 3 010 亿标立方米增长到 2008 年的 10 436 亿标立方米,增加了 215 倍,23 年间平均增长率为 518%,最近 9 年间平均增长率为 819%。

图 6.13　上海经济增长和环境污染情况

　　从近年来发生的各类环境风险事故来看,上海环境风险主要来源于以下几个方面。第一,区域地理和气候条件愈加复杂,而城市防灾能力部分区域相对滞后。上海位于热带气旋较多的西北太平洋边缘地带,每年约有几十个热带气旋产生,其中有 80% 会发展成台风,台风过境易引发城市洪灾等自然灾害发生,造成大量的人才及财产损失。此外,上海海拔非常低,在潮汐的作用下很容易发生盐水入侵等事件。同时,部分区域的自然灾害防范与治理能力仍比较落后,不能满足防灾减灾的要求。第二,部分企业生产工艺落后、违法排污,政府监管仍存盲点。上海部分企业为减少成本,降低环保投入,甚至进行"偷排",直接导致突发环境事件的增加,例如 2009 年上海嘉定区三甲胺生产废水倾倒事件与 2011 年金山卫镇上海淳中化工有限公司废有机溶剂泄漏事件。而上海在关停部分环境风险突出的企业的同时,往往忽视遗漏化学品的处理,如 2008 年金汇镇原上海山和精细化工有限公司废弃厂区发生三氯化磷储罐泄漏。第三,应急处置能力不强,导致灾害影响程度加大。一些企业环境应急预案流于形式,缺乏演练,一旦发生事故缺乏快速反应能力,自救、互救能力不高。还有一些危化品的运输者常常出现违章行驶,无准运证、超载、超速、疲劳驾驶等违章行为,在发生事故后不及时报告,贻误处置时机,导致环境污染扩大。

环境污染的风险对上海城市安全运行具有重大影响,对城市市民的生命、财产造成重大威胁。首先,自然灾害与环境污染事故对人的生命安全造成重大威胁。如大面积水源地区的污染事件将造成城市用水严重短缺,进而造成城市市民恐慌等事件发生。在风暴潮的直接袭击下,航运、近海施工及海上设施将遭受重大破坏。盐水入侵不仅直接影响到上海城市生活供水和工业用水,也影响到农业灌溉用水。其次,自然灾害与环境污染事故对城市经济健康发展形成巨大威胁。如城市农业的大面积污染不仅对人的生命健康造成威胁,而且影响城市土壤体系和相关产业的健康发展;其他化工企业的泄漏会造成整个行业的重新整治,甚至遏制其行业的发展。

近年来,上海在发展过程中对于环境保护的意识越来越强,随着产业结构的不断调整和环境保护体系不断完善,长期来看未来上海环境污染风险会逐渐降低,但也应积极防范周边环境事故产生的事故影响波及。但由于上海的地理区位不会发生改变,而且人类也无法阻挡大规模的自然灾害事件发生,所以未来自然灾害事件的发生频率并不能准确预测。但随着上海基础设施的不断完善,应急体系的不断健全,未来上海在面临自然灾害时,防范预警与处置能力会有所提升,人员及财产损失程度应处于可控范围。为了降低未来上海城市运行中的资源环境风险,推动上海健康可持续发展,需要在建立上海城市灾害风险识别与评估体系、城市灾害防御体系和区域应急联动和灾害救援机制等方面加强工作。

3. 信息安全风险

信息安全风险是指在信息化建设中,各类应用系统及其赖以运行的基础网络、处理的数据和信息,由于其可能存在的软硬件缺陷、系统集成缺陷等,以及信息安全管理中潜在的薄弱环节,而导致的不同程度的安全风险。特大城市是大量信息产生的源点,也是各种信息汇集于扩散的核心节点。信息安全对于特大城市来说非常重要,同时也存在巨大的风险隐患。

上海信息安全风险主要包括三种类型。一是信息传输故障类事件,具体指网络与信息系统因计算机软硬件故障、人为误操作等导致业务中断、系统宕机、网络瘫痪等情况。上海拥有众多的数据管理系统,掌握了大量系统运作的信息,如果某一环节出现故障,将导致信息堵塞,甚至造成重大的安全事故。如2011年4月12日17:30左右,韩国农协银行计算机网络出现故障,全国1 154个分行的服务中断,客户无法提款、转账、使用信用卡和取得贷款,系统故障持续了数日。二是个人企业隐私信息泄露事件,指的是个人及企业各种身份信息泄露而造成的负面影响和损失。2013年12月19日,中国互联网络信息中心发布《2013年中国网民信息安全状况研究报告》指出,71.1%的网民在过去半年内遇到过信息安全问题,总人数达4.38亿,全国因信息安全事件而造成的个人经济损失达到了196.3亿元。根据《瑞星2013年中国信息安全报告》,2013年是病毒全线爆发的一年,无论是传统的PC端病毒还是针对移动互联网的手机病毒,在总体数量上都有飞跃式的增长。随着手机病毒的不断发展,未来黑客会将传统PC端病毒技术和思想移植到手机系统中,手机病毒在2014年将更加活跃。因此,未来上海大量手机用户信息泄漏的可能性进一步加大。三是不良信息传播扩散事件。谣言、煽动性、欺诈类信息的传播,对于人群非常集中的特大城市上海来说,危害非常大。一条假消息有可能损害一个企业的利益,也可能对某些市民造成重大的心理伤害。对政治、经济、民生、安全等议题不当言论的广泛散播,则会威胁城市的政治稳定和经济社会正常运转。上海互联网信息安全形势不容乐观,2013年上半年,"上海12321举报受理中心"共收到举报信息21 065件,其中欺诈类1 854件、违法出售票据或证件 579 件、非法经营活动 456 件、淫秽色情或暴力 85 件。

上海这种信息安全风险与庞大的人口基数和较高的信息普及率具有直接关系。截至 2013 年 6 月底,上海市网民规模已经达到 1 625 万人,与 2012 年底相比增加 19 万人,上海互联网普及率为 69.2%。与全国相比,上海网民商务类应用使用水平明显较高,其中网络购物、网上支付和旅游预订率分别为 58.7%、54% 和 35.3%。同时,上海在中国经济中的重要地位,以及在全球经济治理体系中地位的不断提升,也决定了其所涉及的金融、航运、科技等关系国计民生领域的重要信息将面临更大威胁。

要应对上海未来存在的信息安全风险,上海需要在法规制定、合理引导等方面做出努力。第一,抓法制,立标准,要创造良好的网络信息安全发展环境。一是建立健全法律法规,加强政府管理协调的能力。通过借鉴美国、德国、法国等国家互联网管理经验,维护信息社会的安全健康发展。二是成立专门机构,主要防范和打击互联网犯罪,并通过立法形式加强网络信息监控。三是引导上海市民提高自己的信息安全意识,遵守法律规章。第二,提升政务信息透明度,健全舆情应对机制。针对网络谣言等有害信息及时做好客观、公正、详实排查与公布,对事件的进展情况和事件的处理过程做及时的报道,提高公共部门公信力。第三,建立信息安全技术创新体系,推动产业化发展。为在新世纪复杂多变的国际环境中确保国家安全,维护社会稳定,必须以创新为目标,抓紧制定并实施信息安全技术创新体系,构建信息安全产业发展战略与相关产业专项,主动提升信息安全防控能力和水平。

6.4 上海转型发展面临的瓶颈约束

6.4.1 资源环境瓶颈

资源环境瓶颈是上海发展面临的硬约束条件,是长期制约上海四个功能发挥的重要因素,也制约上海建设综合性全球城市。尤其是建设用地的稀缺将对上海发展的方方面面产生重要影响,对上海经济发展的方式具有直接影响。随着外来人口的不断增长,上海的水资源、公共服务资源也变得相对短缺,将成为制约上海发展的长期性制约因素。此外,人口老龄化也对上海的创新活力产生一定的负面制约作用。

1. 人口总量快速增长与老龄化加剧

虽然上海拥有大量的劳动就业人口,保证了经济发展过程中了人才要素投入。但近年来人口过快增长和老龄化问题突出成为上海未来发展重要的瓶颈问题,主要表现在人口总量增长过快、老龄化问题日趋严重以及劳动力素质亟待提升等几方面。

首先,常住人口总量增长过快。从统计数据上看,上海常住人口规模快速增长始于 1996 年前后,进入新世纪后,上海常住人口的年均增速又进一步攀升至"十五"期间的 3.17% 和"十一五"期间的 4.06%,2010 年"六普"数据更是达到 2 300 万,大大突破 1 900 万的规划目标。2013 年末,全市常住人口已达 2 415.15 万人。其次,老年人数量持续增加,老龄化问题日趋严重。上海是全国最早进入老龄化的城市,1982 年 65 岁以上老年人口占比就超过联合国 7% 的老龄化标准,1995 年左右达到 12.2% 的高峰,近年随着年轻来沪人员涌入,老龄化程度有所下降,"六普"时已降至 10.2%。2013 年末,60 岁及以上老年人口已达 387.62 万,比例高达 27.1%。但与部分发达国家还有一定差距,日本、德国在 2013 年和 2010 年 65 岁以上老年人口占比已分别达到 25% 和 20.4%,上海目前状况与意大利大体相同。再次,劳动力人口的素质结构有所提高,但总体上仍旧偏低。但是,从国际通用的 25 岁及以上劳动力人口受教育程度这一指标来看,上海与纽约、伦敦、东京等国际大都市相比,仍有较大差距。纽约大都市区在 2005 年时 25 岁及以上人口中拥有学士及以上学位人口比例为 34%,东京和伦敦在 2000 年时的数据分别为 27.1% 和 31%,而上海 2010 年仅有 12.78%。

造成上述瓶颈的主要症结,主要源于以下几点:一是近年来来沪人员规模大、增速快。来沪人员规模大、增速快是导致上海人口激增的主要因素。数据显示,2000—2010 年 10 年间,来沪人员增加了 603.37 万人,占全市新增人口的 87%,年均增速达到了 11.4%,部分年份甚至超过 20%。经济快速发展、生活成本低、公共服务水平高是导致上海人口快速增长的主要原因。二是户籍人口生育率持续下降。户籍人口生育率持续下降是造成上海人口老龄化的主要因素之一。2012 年,上海总和生育率已经降至 0.736 左右,远低于我国平均值(1.6—1.8),也低于西方发达国家平均值(1.7),更低于人口自然更替水平(2.1),成为全球生育率最低的城市。除此之外,人口转变一般规律、科技进步、计划生育政策和海派文化婚育观念都对上海人口老龄化有一定影响。三是产业结构层次较低。产业结构层次低导致上海低层次劳动力数量偏高,但中高端人才数量缺口较大。一方面,产业结构决定劳动力结构。制造业中技术密集、自动化程度较高的先进制造业还处于发展的初期阶段,同时传统生活性服务业的扩张直接导致就业结构呈现低层次、低学历局面。另一方面,上海引进人才主要聚焦顶尖人才,对人才梯队中中高端人才相对关注不足。特别是户口等政策不但没有缓解,近年来反而出现紧缩的趋势,甚至很多博士都难以落户。比如,《上海市引进人才申办本市常住户口试行办法》出台后,前四批符合条件的人数分别只有 42 人、132 人、125 人、159 人,共计仅 458 人,难以形成示范效应和规模效应。

　　人口资源问题对经济社会发展的制约主要体现在以下四方面:一是人口规模持续增长使城市管理和社会服务的压力增加。人口的快速增加对交通、住房、环境、公共设施等给城市管理运行带来了巨大压力,这也是纽约、东京等特大城市发展面临的共同问题。同时,随着老年人口规模的不断扩大,也将进一步增加社会抚养系数。目前上海城镇职工养老保险的赡养率,已上升到1/1.5(约 1.5 个在职职工负担 1 个离退休人员),比全国平均水平(1/3)高1 倍。从长期来看,据复旦大学就业与社会保障研究中心研究团队的测算,包括缴纳率、在户籍和外来人口中的覆盖率等现有状况不变的情况下,上海未来养老缺口依然会呈现扩大的走势,到 2020 年,上海可能会面临 831 亿元的养老金缺口,如果上海财政收入与工资能够保持同步增长,这一缺口将超过当年财政收入的 10%。三是老龄少子化导致城市创新活力不足。由于长期处于超低生育率状态,户籍劳动年龄人口也将出现负增长和日益老化现象。青年人口的大量减少除了造成劳动力资源减少外,还将导致城市的活力不足和创新能力下降。如果延续此趋势,2020 年以后,上海的老龄人口占总人口比例将达到 30%以上。与活力四射的纽约、伦敦等其他国际化大都市相比,老龄化将成为制约上海未来发展的一个重要因素。四是高素质劳动力短缺制约经济社会转型。上海目前的人力资源结构难以满足国际金融、国际航运、国际贸易、现代物流、信息服务、创意产业等现代服务业的发展需求。"四个中心"建设的高层次复合型人才短缺,以金融业为例,2010年上海金融从业人员不足25万人,占总人口1.1%;而纽约金融从业人员有77万人,占总人口3.5%;香港35万人,占5%。而战略性新兴产业方面,目前该领域职工占比仅为27%,拥有核心技术和自主研发能力的工程技术人才和高端研发人才更加匮乏。

近期,上海的人口将步入稳定增长阶段,长期来说增长空间则非常有限。根据相关研究,特别理想的情景下,2020年上海市的总人口规模可能达到的容量为2 850万至3 657万。而且,根据2013年发布的《中共中央关于全面深化改革若干重大问题的决定》,上海已被纳入严格控制人口城市。由于当前上海人口老龄化主要是由于户籍人口的老龄化导致的,而常住人口老龄化会滞后于户籍人口老龄化。因此,上海的人口老龄化现象会越来越严重,长期来说会成为制约城市发展的重要因素。

未来解决上述问题,需要从以下几方面着手:一是管控与引导并重严控上海人口规模,同时积极促进人口的合理流动。首先,要从集约土地使用、优化投资结构、产业转型升级、打击非法居住和非法经营活动以及完善居住证制度等方面控制进入上海的总人口。其次,通过规划、就业、公共服务、人口和家庭政策、人才倾斜政策等方面引导人口合理流动。二是延迟退休与提高生育率缓解老龄化问题。上海当前面临着人口红利消退带来的劳动力短缺的挑战,应该借鉴国外经验,尽早探索更加合理的退休制度改革,充分发挥人力资源潜力。同时,通过一定政策手段扭转极低生育率水平,逐步提高总和生育率,使人口向正常的更替水平迈进的同时降低家庭养老负担。三是全面提高人口综合素质确保经济长期稳定增长。上海总体人口素质与国际先进城市相比尚有较大差距,需要从教育、产业、人才引进与流动机制等方面全面提高人口素质。

2. 建设用地几近极限且结构不合理

上海计划至2020年全市建设用地总规模为3 226平方公里,占城市陆域面积的比重将达到48%,建设用地总量趋于极限规模。人口与建设用地"双高"格局将成为现在以及未来上海人地关系的总特征,它意味着上海人口和土地双双触及"天花板",人地关系调整的弹性空间大大缩小,城市建设用地的主要瓶颈表现在:一是建设用地占比远超国际宜居城市标准。上海现状建设用地占比已达43.6%,而国际大都市建设用地面积一般占城市总面积的比例在

20%—30%之间,如 2005 年大伦敦、东京、大巴黎和香港分别为 23.7%、29.4%、22.7%和 23.4%,即使同为发展中国家大都市的孟买在 2011 年也只有 31%。经济社会发展以及随之而来的人口增量对土地资源的刚性需求,已逼近规划极限。二是建设用地结构不合理。一方面农村建设用地占比较大,且布局分散零乱;另一方面工业用地占建设用地比重偏高,而交通、绿地、公共基础设施和公共服务设施所占比重偏低。三是人地关系存在空间错配。一方面就常住人口、从业人员和建设用地三者的比例关系看,存在着明显的"空间错配"现象:中心城区过密,而郊区则过疏。中心城区用 12.1%的建设用地吸纳了 30.3%的常住人口和 34.4%的从业人员,近郊区用 52.8%的建设用地吸纳了 47.1%的常住人口和 37.6%的从业人员,而远郊区的比例关系则更为失衡,用 35.2%的建设用地吸纳了 22.5%的常住人口和 27.9%的从业人员。

总体而言,上海建设用地紧张,主要原因在于土地利用仍处于粗放状态,土地产出效率偏低,土地浪费与土地紧缺并存。一是土地利用模式仍较为粗放。伴随着常住人口总量的快速增长,上海土地城市化的进程却展现出更为迅猛的速度,人均建设用地基本上呈现为一条线性增长的轨迹,由 1994 年的 112.82 平方米稳步增加到 2009 年的 128.04 平方米。二是城市规划理念尚有欠缺。主要表现为对紧凑型城市用地发展模式提倡力度不足。一方面,郊区新城集约化开发模式尚未形成,近郊呈现出明显的"摊大饼"式的扩张,而远郊则开发强度和综合服务功能不足。另一方面,各类工业园区,普遍存在功能单一,容积率低的现象。2004 年至 2009 年,上海全部市级开发区平均建筑容积率从 0.5 提高到 0.57,而在日本等发达国家,工业区的容积率都规定为 2.0—4.0 左右。三是产业结构高度化不够。城市功能定位和主导产业是影响建设用地结构变化和产出绩效的主要因素。国际大都市的产业转型中,一般都经历了从区域制造业中心到国家制造中心,再到以知识密集型服务业和高科技制造业为主导的全球经济中心的两次大跨越。越是进入后一阶段,土地产出绩效也越高。如果上海现代服务业比重进一步提升,制造业走上创新驱动、内涵增长的道路,则产业用地的效率将大大提高,建设用地的粗放利用状况也会有明显改善。四是土地使用制度有待进一步完善。长期以来,我国一直实行的是城乡土地二元制度,这使得乡村大量建设用地不能正常流转进入市场。

这导致了对土地的低效使用,并使许多已批的土地处于闲置状态。

上海建设用地少且结构不合理对上海城市发展具有极大的影响。首先,建设用地有限在一定程度上限制上海经济规模的快速扩张。由于建设用地有限,上海严格控制一些制造业发展,使得一些好的制造项目向长三角转移,从而在一定程度上降低了经济增长的速度。其次,间接推高了企业生产经营的商务成本,并导致城市运行成本加大,甚至导致基础设施不足和浪费并存等问题产生。

未来,上海建设用地增长空间有限,对于上海经济社会发展的制约是全方位的。近期,上海建设用地增长空间极为有限。根据国务院批复的《上海市土地利用总体规划(2006—2020年)》及市规划国土资源局关于本市区(县)、镇(乡)两级土地利用总体规划编制成果的汇报,至2020年全市建设用地总规模为3 226平方公里,平均每年可新增建设用地不到50平方公里。长期来看,上海的建设用地增长空间更加有限。从全国第二次土地调查结果来看,上海市的建设用地总规模已超过全市陆域面积的40%,到2020年,建设用地占比将逼近50%的极限值,建设用地已基本趋于饱和,但人口的膨胀趋势并未减弱,靠土地扩张来吸纳人口传统发展模式已基本没有空间。可以预计,如果人口增长势头不减,上海的人均建设用地将步入下行通道,人地矛盾开始凸显甚至会激化,人口膨胀会对居民社会福利、生活品质、城市安全乃至就业机会带来直接的负面冲击,并在进入上海所带来的预期收益与负面效用相等的点上逐渐趋于均衡。

要缓解建设用地短缺与经济增长矛盾问题,核心是转变发展模式。一是优化建设用地结构,提升城市宜居水平。加快产业转型,扩大服务业用地规模;推进用地转性,优化建设用地内部结构;用好用足农村建设用地,释放出更大的土地利用空间。二是提高地均产出效益,突破上海发展瓶颈。要加快推进存量土地资源二次开发利用。通过土地置换,闲置厂房租赁回购等途径,进一步淘汰高耗能、高污染低产出的企业,为引进优质项目提供发展空间,同时要建立完善的存量用地监测、监管机制,重视存量土地二次开发跟踪管理。要鼓励企业和各类园区采取多种形式提高土地产出效率。通过政策激励,鼓励有条件的企业适度提高建筑容积率;完善各类工业园区节约集约用地评价指标体系,加强土地集约利用考核评价;对于新建、改建项目及进驻各类园区的项目实行准入制,推动园区用地系统实现总体效益最佳。三是完善城市用地模式,创新土地使用制度。持续推进中心城区的改造与更新,进一步提升中心城区土地复合功能;进一步盘活新城和新市镇的存量土地,高密度开发郊区新城;创新土地使用制度,以高密度紧凑型开发模式为导向,出台地方性法规,通过合理分配土地用途转型所带来的"红利"鼓励现有的二产用地向三产用地转型。四是适度控制人口规模,缓解建设用地紧张。仍然要依靠法律和行政手段,通过"柔性居住证"与"刚性户籍"互为补充的户籍准入制度,在引进人才的基础上适度控制人口规模,以缓解上海作为特大型城市人地关系紧张的局面。

3. 公共服务资源压力较大

公共服务资源主要包括教育、医疗卫生、文化体育、养老服务、基础设施及其他等资源,其中医疗、教育、基础设施和养老服务等公共服务资源压力较大。

一是人均医疗资源不断下降。根据《中国城市统计年鉴 2012》,上海的三甲医院共 35 家,仅低于北京,执业医师和助理医师人数位居全国第二,医院和卫生院床位数位居全国第一。但是,在全国 287 个地级以上城市中,户籍人口每千人拥有的医院卫生院床位数和执业医师与执业助理医师数仅位列第 64位和第 132 位。同时,由于在上海大医院就医的 60% 甚至更多的患者来自上

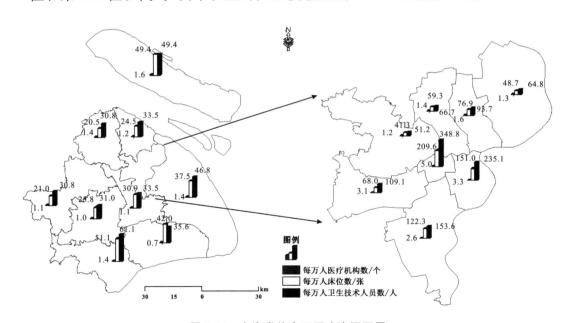

图 6.14　上海常住人口医疗资源配置

海以外的地区，上海的医疗卫生资源就更捉襟见肘。此外，医疗资源分布非常不均衡，中心城区高度集中，郊区人均资源较少，并且这种趋势还在强化。

表6.3 1978—2012年上海市医疗资源配置状况

年份	卫生机构数（个）	医院	卫生技术人员（万人）	医生	卫生机构床位数（万张）	每万人口医生数（人）	每万人口医院床位数（张）
1978	4 823	388	8.50	3.35	5.47	30	42
1979	5 627	394	8.88	3.58	5.56	31	42
1980	6 067	399	9.41	3.92	5.80	34	43
1981	6 337	403	9.57	4.37	5.84	37	43
1982	6 445	408	9.88	4.72	5.93	40	43
1983	6 451	415	10.09	4.87	6.00	41	43
1984	6 318	420	10.24	4.84	6.16	40	44
1985	7 245	405	10.42	4.85	6.02	39	43
1986	7 306	419	10.71	4.91	6.22	39	44
1987	7 330	431	11.00	5.05	6.38	40	44
1988	7 471	444	11.46	5.40	6.79	42	46
1989	7 550	460	11.65	5.73	6.87	44	46
1990	7 690	462	11.84	5.82	6.96	44	47
1991	7 554	463	11.92	5.89	7.01	44	47
1992	7 363	454	11.82	5.88	7.07	43	47
1993	6 077	486	11.53	5.75	7.12	42	49
1994	5 606	497	11.20	5.52	7.20	39	49
1995	5 286	485	11.06	5.37	7.10	38	47
1996	5 200	477	10.95	5.24	7.00	36	46
1997	5 028	474	10.89	5.13	7.00	34	46
1998	4 637	473	10.84	5.03	7.02	33	45
1999	4 620	465	10.81	5.06	7.24	32	45
2000	4 400	459	10.71	4.99	7.53	31	45
2001	3 813	432	10.51	4.85	7.88	30	47
2002	2 422	436	10.16	4.38	8.15	27	50
2003	2 319	452	10.22	4.41	8.44	26	47
2004	2 577	489	10.17	4.38	8.64	25	49
2005	2 527	487	10.35	4.40	9.08	25	50
2006	2 519	505	10.90	4.55	9.44	25	51
2007	2 646	288	12.24	4.88	9.59	26	41
2008	2 809	301	12.77	5.12	9.78	27	41
2009	3 013	296	13.09	5.11	9.97	27	41
2010	3 270	306	13.54	5.13	10.51	22	37
2011	3 358	308	13.91	5.21	10.71	22	37
2012	3 465	317	14.61	5.42	10.96	23	38

注：1. 2002年开始，卫生指标按照新的《中国卫生统计调查制度》统计。其中，医生为执业医师和执业助理医师；护师、护士为注册护士。

2. 2007年开始，医院统计范围按照新的《2007国家卫生统计调查制度》统计，不再包括社区卫生服务中心、妇幼保健院和专科防治院。

资料来源：2013年上海市统计年鉴。

二是教育资源分布不均。近年来,随着上海在基础教育加大投入,结合人口结构的不断演化,上海普通中小学教育资源紧缺的现象得到显著缓解。进入 21 世纪,每个教师负担的普通中学人数呈下降趋势,负担小学人数趋于平稳。但受人群受教育水平的普遍提升、高校扩招和生源分布的日益广泛等因素影响,普通高等学校资源逐步趋紧,每个教师负担的普通高校学生人数增长迅速。同时,教育资源分布也呈现中心集聚,郊区相对缺乏的现象。近郊区的嘉定、闵行、宝山远郊区的松江等每万人小学、中学教职员工数低于全市平均水平,而静安区则位列前茅。

三是养老服务资源非常紧缺。上海老年人口尤其是高龄人口快速增长,对社区养老资源多样化服务提出了新要求。随着独生子女父母陆续进入老龄化,"四二一"家庭逐年增加,家庭赡养负担加重;同时,纯老家庭、独居老人家庭、生活不能自理老人的比重增加,要求养老资源多样化发展,根据老年人的不同需求来配置养老资源。按常住人口统计,2010 年上海每万人养老服务机构数 0.3 个,每万人床位数 44.4 张,远远低于社会对于养老资源的需求。同时,上海的养老资源空间分布不均衡,配置也存在一定问题。中心城区养老机构床位数不足 3%,郊区居家养老服务老人比重尚未达标;城区养老机构设施

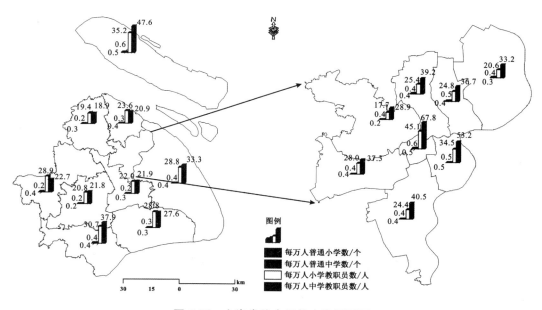

图 6.15　上海常住人口教育资源配置

表 6.4　1978—2012 年每万人口在校学生数、每个教师负担学生数

年份	平均每万人口在校学生数				平均每个教师负担学生数		
	大学生	中专生	中学生	小学生	普通高等学校	普通中等学校	普通小学
1978	46	14	908	789	3	17	18
1979	60	21	719	774	4	16	19
1980	67	24	544	742	4	13	18
1981	78	25	427	713	5	11	17
1982	71	28	451	665	4	12	16
1983	66	30	433	665	4	10	16
1984	74	37	404	686	4	11	17
1985	88	48	391	683	4	12	17
1986	94	55	387	693	5	11	17
1987	97	55	381	706	5	11	17
1988	100	51	355	764	5	11	18
1989	96	49	351	809	5	11	19
1990	90	46	362	826	5	11	19
1991	87	45	379	825	5	12	19
1992	88	47	401	830	5	13	22
1993	95	54	417	845	6	14	21
1994	100	66	468	815	6	15	21
1995	101	76	512	776	7	16	20
1996	102	68	525	734	7	16	20
1997	103	75	500	688	8	16	20
1998	108	81	483	630	8	17	19
1999	119	83	489	556	9	17	19
2000	141	74	494	490	11	17	18
2001	168	73	481	433	13	16	17
2002	194	74	461	393	14	17	17
2003	214	78	427	367	16	16	17
2004	227	77	451	293	15	17	14
2005	234	72	407	283	14	16	14
2006	237	70	362	272	14	15	14
2007	235	62	318	258	14	14	14
2008	235	56	289	276	14	13	14
2009	232	52	273	304	13	13	15
2010	224	47	258	305	13	13	16
2011	218	44	252	311	13	12	16
2012	213	42	248	319	13	12	16

的利用率较高,郊区相对较低,老年人口数量市区与郊区相当,而养老院床位数、护理院床位数二者之比均近似于0.5,郊区机构养老资源相对较为丰富,但入住率不高,嘉定、宝山等区的养老机构入住率不足75%。

表6.5　2010年上海全市各区县养老资源状况

	养老院床位数比重(%)	常住老年人口比重(%)	每百名老人拥有床位数	居家养老服务人数比重(%)	居家养老占老年人口比重(%)
全市合计	**100**	**100**	**2.78**	**100**	**7.27**
黄浦	3.18	2.31	3.84	5.32	16.76
卢湾	1.81	1.63	3.08	3	13.38
徐汇	4.71	6.27	2.09	8.29	9.61
长宁	4.36	3.93	3.09	5.39	9.97
静安	0.96	1.64	1.62	3.38	14.99
普陀	5.06	6.72	2.1	7.3	7.9
闸北	4.45	4.49	2.76	5.59	9.04
虹口	3.76	5.07	2.07	8.29	11.89
杨浦	6.33	7.35	2.4	8.36	8.27
市区小计	**34.61**	**39.41**	**2.45**	**54.92**	**10.13**
闵行	7.75	8.45	2.56	4.58	3.94
宝山	7.68	7.31	2.92	4.45	4.42
嘉定	5.41	4.63	3.25	3.25	5.1
浦东	22.84	20.35	3.13	17.61	6.29
金山	3.33	3.41	2.72	2.77	5.92
松江	3.97	4.23	2.62	2.87	4.93
青浦	4.23	3.25	3.63	2.5	5.59
奉贤	3.97	3.81	2.9	2.77	5.3
崇明	6.2	5.16	3.34	4.28	6.03
郊区小计	**65.39**	**60.59**	**3**	**45.08**	**5.41**

資料来源:根据上海市老龄事业"十二五"规划、2010年上海市老龄事业发展报告、2010年上海市各区县政府报告等整理而来。

造成上述瓶颈,主要症结体现在以下方面。一是社会公共资源的规划及资源配置与人口变动的关联度不够。社会公共资源的增长滞后于常住人口增长。某些普惠型资源由于布点不均,不同区域百姓"贫富"不均,导致公共服务享受不均衡的问题。某些以特定人群为服务对象的公益设施和社会资源按人口总量配置,但由于服务对象居住地域分布不均衡,从而导致资源配置不均衡。二是外来人口的快速增加强化了对社会公共服务的压力。部分地区如松江、闵行、嘉定,流动人口数量已经超过了户籍人口的总量。外来人口快速增长导致的人口总量增长与教育、医疗、养老等公共服务资源有限的矛盾不断强化。三是高质量公共服务资源的服务空间范围较广,不仅为本区域居民服务,而且为全国其他区域服务。我国教育、医疗体制决定了公共服务资源的空间不均衡,这使得大城市高质量的教育、医疗等公共服务资源成为全国的稀缺资源。这种情况在一定程度上加大了上海市公共服务资源的压力。四是社会公共资源整合存在体制和机制上的瓶颈。社会公共资源建设采用分级管理,造成区域发展不平衡。部门利益及区域发展空间的限制,导致新老城区及地域内部发展的不平衡。社会公共资源由各相关社会事业部门具体掌控,分散化的管理体制直接影响了社会公共资源的管理效率。

公共服务资源的紧张,一方面会降低城市生活质量。人均公共服务资源总体减少,将影响市民文化水平的提升、生命健康的保障及恶化生活质量。另一方面,公共服务资源缺乏将制约吸引国际高端人才。国际化高端人才对就业地的公共服务、生态环境等软实力要求往往较高,上海当前相对紧缺的公共服务资源在一定程度上不利于吸引大批国际化高端人才。同时,公共服务资源缺乏制约发展教育医疗服务产业的发展。教育医疗服务业作为服务业的重要内容,也是未来支撑全球城市发展的重要产业领域。上海有限的公共服务资源,尤其是高端公共服务资源的缺乏制约了上海发展教育医疗等公共服务产业。公共服务资源分布不均衡也制约郊区快速发展。上海公共服务资源空间分布不均衡在一定程度上制约了上海郊区的发展,制约上海新城经济要素的快速集聚。

随着上海国际化大都市特性的不断显著、老龄化趋势的不断加剧以及人民生活水平和需求的不断提升,这一矛盾问题还将成为经济社会健康发展的一大制约。对于这一矛盾问题,需要根据未来上海人口发展特点和需求特征,进行合理规划,并强化机制创新,形成人口、社会事业和服务产业协调发展的新格局,有效缓解服务资源压力,并拓展上海服务贸易新领域。一是重视人口规划和研究在公共服务配置中的基础作用。在进行大型规划的时候,根据人口变动状况,及时调整各区域公共资源配置的方向,在资源配置的时候需要考虑不同层次,不同年龄结构、不同需求人口对公共资源的需求,提高公共资源配置的有效性。二是建立公共服务资源管理和服务的创新机制。一要完善"政府主导、社会参与"的供给机制。二要改革和完善市、区公共服务转移支付的机制。三要改革公共服务发展指标的统计、考核与评价体系。四要建立和完善社会资源供给和利用互利共享的机制。三是逐步探索市场化路径,构建政府、社会多级多元服务体系。顺应各类人群的医疗、教育等公共服务需求水平的差异性,探索社会共建模式和市场化改革路径,在挖掘存量潜力的同时引进国内外优质资源,形成基础保障、优质高端服务等相结合的多层次服务体系,在环节供需矛盾的基础上,拓展上海服务贸易新领域和竞争力。

4. 水质性缺水

水质性缺水,是指可资利用的水资源由于受到各种污染致使水质恶化不能使用而缺水。上海被列为全国 36 个水质性缺水城市之一,更是联合国预测 21 世纪饮用水缺乏的世界六大城市之一。随着上海快速工业化、城镇化进程,水体水质主要呈现恶化趋势,直到 20 世纪 90 年代,上海市政府加大水环境综合治理力度,这种恶化趋势才得以遏制,但形势仍不容乐观。上海统计局公布的《2011 年本市规模以上工业企业用水情况分析》显示,2011 年上海仅有 20% 的淡水可供使用,人均水资源拥有量不足 200 立方米,远低于国际公认的 1 750 立方米的用水紧张线,属于典型的水质型缺水城市。

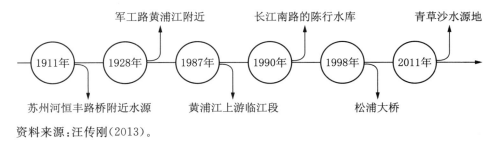

资料来源:汪传刚(2013)。

图 6.16 上海市水源地的变迁

具体来说,上海的水质性缺水主要体现在以下几方面。第一,上海市水资源量丰沛,但排污量大。据统计,上海市多年平均年地表径流量约24亿立方米,并且拥有广阔的外围水域,如长江、太湖、黄浦江等。统计年鉴显示,1995—2010年,上海市年均废污水排放总量基本上在20亿吨左右。虽然工业废水量逐年递减,但城镇生活及其他污水排放量却在逐年攀升。第二,上海市河网水功能区达标率低。除崇明岛和水源地外,上海市大部分区域的水功能区水质目标为Ⅳ类或Ⅴ类,河网水体主要超标项为氨氮、化学需氧量和溶解氧,河道水质污染以有机污染为主(汪传刚,2013)。第三,多数区县水质未达标。在2013年全市水环境质量考核涉及的15个区县中,只有崇明和虹口2个区县所有考核断面的水质均达到所在水环境功能区划的控制标准。

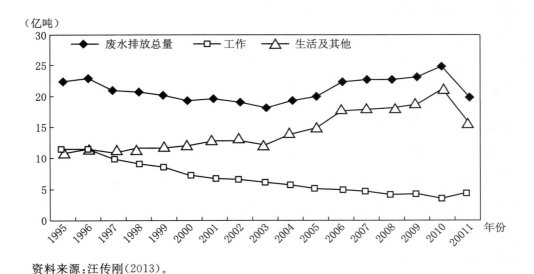

资料来源:汪传刚(2013)。

图 6.17　1995—2011 年上海废污水排放量

　　上海这种水质性缺水的现象与历史因素、排污标准、污水处理设施及上游水质都有密切关系。第一,历史欠账与现实压力双重作用导致水质性缺水。自上海开埠以来,人口迅速增长,1910年人口已增至128.9万人,2013年常住人口2 415.15万人。人口的快速增长与经济发展导致用水量迅速提升,污染物质越来越多。第二,污水处理标准偏低,城市面源污染(亦称为城市暴雨径流污染)严重。虽然上海市污水处理率不断提高,2011年城镇污水处理率已达到 83%，但是排放出的污染物浓度仍较高，加之排放量大，对河网中污染物量的增加贡献率仍较高。暴雨时期，上海地表污染物及污水管道内污染物会进入河道，从而造成污染。第三，污水处理设施能力不足。目前，上海的污水处理设施由污水外排系统和污水处理厂两部分组成，污水处理效率低。污水收集处理率低是上海水质差的根本原因，与国际发达城市相比，上海市的污水收集处理率还有一定的差距。第四，受上游水质影响大。由于上海地处长江口和太湖流域的下游位置，水质很大程度上受到上游来水水质的影响。20世纪 90 年代后期，随着一系列苏州河治理工程的实施，下游水质逐渐变好，上游白鹤断面成为苏州河最差断面，这足以说明上游对下游来水的影响。在饮用水水源方面，尽管上海市在黄浦江上游水源地保护方面做了大量工作，但是对控制太湖流域上游的来水污染却是无能为力。

表 6.6　上海与国际大城市污水集中处理率比较(%)

纽　约	伦　敦	东　京	香　港	汉　城	上　海	
					2005 年	2013 年
100	100	96	70	100	70	85.6

水质性缺水造成的水资源浪费和对生态系统的破坏，其对经济社会发展会产生多方面的影响。第一，水质性缺水制约产业发展空间和生活宜居水平。随着上海人口迅速增长，城市经济规模不断扩大，市民生活对于服务要求的进一步提升，水资源将成为制约上海某些制造业、高端服务业发展和人民生活品质的关键因素。第二，水质性缺水威胁上海地下水资源安全。水质性缺水现象出现后，上海一些被污染的水通过河床沿水文地质条件的薄弱环节，对地下水形成渗透型、越流型和管涌型污染，造成了对供水水质不同程度的安全威胁。第三，水质性缺水破坏河流生态系统。水质污染引发的水环境恶化，会导致一系列负面的生态综合效应，主要是引发对水生动植物生存环境的直接破坏，以及两者复合或迭加对生态系统的影响和破坏。

未来，尽管上海在污水处理设施改进、节水型城市建设等方面将不断推进，但由于历史上污染过多积累、现状排污量大且污水处理标准偏低、城市面源污染严重，加之太湖流域上游省界地区来水水质较差，在短期内上海市水体水质难以明显改观。长期来看,水资源劣化趋势将严重影响城市生产生活环境和生态环境质量,需要引起上海及相关区域的高度重视并加大投入。

针对上述问题,需要采取以下积极措施,以更好地维护该市的水环境安全。第一,将水污染治理的重点放在居民生活及服务业方面。通过技术改造和政策引导,在前端推广各种节水器具、雨水收集和中水回用等节水技术,使上海尽快成为节水型城市。第二,和江苏省合作,预留储备清洁水源。为保障供水安全,应效仿香港和广东在供水合作方面的成功经验,积极与江苏合作,开发长江上游(江苏段)的水源地。上海除了上海自身的努力外,更应当争取中央政府的支持。第三,进一步推进面源污染治理。应进一步加大面源污染治理力度,将化肥农药的使用管理、河道整治改造与经济发展转型紧密结合起来协同推进。第四,进一步推进工厂水污染减排技改。在现行《上海市节能减排专项资金管理办法》(2009年)的基础上,加大对工厂水污染减排技改的鼓励力度,从而进一步减少工业企业排放的COD、氮化合物、磷化合物、重金属等水污染物。

6.4.2 体制机制瓶颈

1. 市场经济体制有待进一步完善

任何发展方式总是由相适应的体制机制作支撑或与之相配套,上海实施创新驱动、转型发展,其面临的经济体制瓶颈包括三个方面。

首先,市场对资源配置的决定性作用不显著。上海前20年实行的是以"增长为导向、政府为主导"的城市治理方式,这种方式在全球城市崛起的起步阶段,能够促进经济快速增长和城市大规模建设,迅速优化投资环境,对吸引跨国公司地区总部、研发中心和国际金融机构等入驻产生较强的集聚效应。但这种方式在一定程度上制约了市场机制的正常运作,而且容易忽略生态、环境、文化、社会福利等众多方面的目标,难以实现城市的全面和谐发展。未来,上海建设全球城市必须建立与国际接轨的规范的制度环境,这样才能够集聚城市发展所需要的人才和其他全球要素资源,从而通过流量经济的扩大增强城市功能。但当前,由于经济体制框架仍有待完善,特别在市场准入、部门管理、政府服务等方面,与国际通行的体制机制框架仍有较大差距,如不加强改革魄力,对于上海迈向全球城市将形成巨大制约。

其次，经济发展过于依赖要素的投入。中国的经济发展过于依赖要素的投入，表现在城市层面就是对资金、土地要素的过度依赖。上海也不例外。从图 6.18 可以看出，1991—2011 年间，上海经济快速增长的年份基本上也是劳动力、资本等要素投入多的年份。与此同时，上海资源要素约束日益突出，一是土地约束日益强化，建设用地几近极限；二是资金约束日益突出，后危机时代外资流向越南等东南亚国家和中西部趋势明显，上海引进外资面临的竞争和挑战加剧；三是廉价劳动力资源后续乏力。有专家预测，随着婴儿潮一代农民工步入中年，我国将于 2015 年前后接近人口红利拐点，廉价劳动力资源充足供给的时代将不复存在。同时，由于近年来以产业链为导向的产业高度化和高级化，上海去轻工业化趋势显著，出现中心城区服务业独占，郊区服务业与资本密集型重工业并行发展的局面，但已有产业在向高端产业链的扩张上起色不大，创新驱动效应释放不足，长此以往，上海未来经济增长恐将缺乏产业支撑。

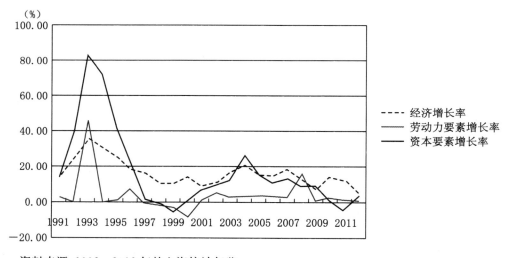

资料来源：1992—2012 年的上海统计年鉴。

图 6.18　1991—2011 上海生产要素投入与经济增长变动

再次，所有制结构失衡。一是国有经济总体布局仍然过宽、过散。上海历来是国有经济比较集中的城市，国有经济几乎涵盖从垄断性到一般竞争性的所有领域。据有关资料反映，约有 46％的全市经营性国有资产分布在除支柱产业、高新技术产业、基础性和公益性产业之外的一般性领域；在一些垄断性行业、社会事业和金融服务业等领域,国有的比重仍然很高;在部分完全可以社会化、市场化的产业领域,仍有一些国有资本不断涌入。这在一定程度上使上海非公经济发展的空间受到挤压,影响了所有制结构调整。这一点从2013年私营经济占全社会固定资产投资的份额及其增长速度可看出来。这一年国有投资占比达35%,比上年(2012年)增加3.9%,而私营投资仅占20%,比上一年下降1.8%。困扰上海多年的私营经济在国有经济与外资夹缝中艰难求生的问题依然严峻。二是国企重组市场化程度不高。国有上市公司在这方面表现尤为突出:一方面,基于特殊的环境和条件,政府仍然拥有大量资产重组的主动权和支配权,价值国有股份的交易又多是面对面的国企内部交易而非面向市场的交易,这使得市场价格机制无法发挥作用以形成公平价格。另一方面,由于相对忽视非公经济对国有企业资产重组的推动作用,造成国有企业难以形成投资主体多元化,难以规范企业法人治理结构,国有企业运行中的固有弊端难以从根本上加以克服。三是非公经济发展环境还需要不断改善。当前上海非公经济发展面临难得历史机遇,但在政策和体制上仍然受到不同程度的限制,主要表现在:非公企业在市场准入、项目立项、融资支持、资质评定和参与国有企业改组、改造等方面,还存在不公平待遇;为非公经济服务的社会中介组织和体系还不够健全,满足不了非公企业发展的需要;部分非公企业体制落后,崇尚家族化管理,对建立现代企业制度不热心,缺乏科学的决策机制和完善的法人治理结构。

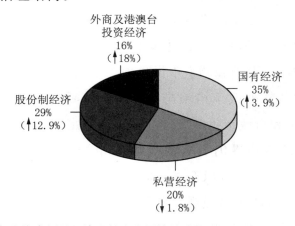

资料来源:2013年上海市国民经济和社会发展统计公报。

图6.19 2013年全社会固定资产投资及其与2012年相比的增长速度

随着《中共中央关于全面深化改革若干重大问题的决定》的深入推进与加快落实，以及上海在国资管理、审批制度改革等方面采取的一系列率先探索与实践，上海的社会主义市场经济体制正在不断健全与完善进程之中，相关体制约束将逐步放松。但也应看到，在不断演化的全球化和信息化趋势下，面向未来上海构建综合性全球城市的发展目标，上海的经济体制改革应更加注重与国际规则和制度的接轨，更有效支撑上海对全球经济事务的控制和影响需求，并借助自贸试验区、浦东综合配套改革试验区等载体进行率先实践，逐步确立在全球经济治理体系中的节点定位。

2. 城市治理体系与治理能力有待提升

在全球化时代，治理逐渐成为衡量全球城市诸多指标中的核心内容，特别是在城市转型过程中，城市治理体系和治理能力是一个城市的制度和制度执行能力的集中体现，两者相辅相成。自 2000 年 9 月以来，上海转变政府职能，深化行政审批制度改革，下放审批权限、审批标准化等工作加速推进，城市治理结构的制度性框架的不断完善，经过 6 轮审批权限清理，已逐步进入标准化行政审批权的阶段。总体而言，上海城市治理体系和治理能力总体表现尚佳，并具有独特优势，是适应国情、市情和发展要求的。但随着城市功能的不断提升，当前的治理体系与治理能力仍暴露出一些问题，与支撑全球城市高效运行所需的治理体系要求仍有较大差距。

在转变政府职能，深化行政审批制度改革方面，近年来上海市制定政府职能转变方案，完成部分政府机构改革，推进行政审批制度改革，2000—2012 年 6 轮清理取消调整审批事项 2 237 项，取消和停征 368 项收费项目，2013 年推进行政审批制度改革，取消和调整审批事项 153 项，率先清理行政审批涉及的评估评审，政府职能转变改革措施与行政审批事项精简力度位居全国前列。但在政府职能定位和行政审批制度方面仍存在一定问题，主要表现在：一是政府、市场和社会的责任边界仍不清晰，下放给市场和社会的力度还不够，对市场、社会如何参与治理方式认识不清。职能转变过程中虽然考虑要充分发挥市场和社会组织的作用，减少对微观事务的干预，却依然存在缺位与越位并存现象。如一些部门仍重视对企业、社会组织的事前审查，而对市场规范和事后监管却较为忽视；一些部门下属公益类和经营类事业单位，以及事业单位办企业过多,经营管理机制违背市场精神,对如何培育社会和购买社会组织服务方面的思路不是很清晰;大多数部门明确提出了购买社会服务,但对运作模式和成本核算规则却较少考虑。二是职责与权限归并调整的多而真正取消的少,审批事项仍然过多,剩下的则都是"难啃的骨头"。经过十数年的改革,行政审批项目大幅减少,但保留的仍然很多。一些部门数量上审批事项精简超70%,但大多为合并整合,真正取消、下放和转移的少。同时,就实质而言,改革在一定程度上是一个先易后难的过程。越往后是相对含金量越高的权力,在权力部门化、部门利益化存在的情况下,调整、协调部门之间的利益关系是非常困难的,很容易引起部门的抵触。改革越到后面越难改,都是"难啃的骨头"。

在提升城市治理能力方面,现阶段我国在行政效率方面仍处于中等水平,民主法制进程仍在深化完善中,投资贸易与营商环境与国际通行规则还未能有效接轨,治理能力与行政效率提升仍有较大空间。瑞士洛桑管理学院《全球竞争力年鉴(2013)》显示,在全球55个工业化和新兴经济体中,中国全球竞争力处于前20名左右,但近年来政府效率排名有所下滑,处于中下水平(表6.7)。上海近年来从"瘦身"瘦权力逐步转向"塑形"塑效能,积极开展行政审批标准化试点,着力提高行政效率,推进政府信息公开,提高公务员依法行政与群众工作能力,强化责任追究和效能监察,勤政廉政建设进一步加强,行政效能测评位居全国前列。但与其他国际城市相比,上海在政府协同利益相关方和公众共同参与城市管理、政府行政效率、电子政务应用水平等方面仍有不少缺点和不足,在西班牙纳瓦拉大学商学院与全球化与战略研究中心发布的《2014年IESE城市发展指数(ICIM)》排名中,上海综合排名第73位,其中城市治理位列第36位,位于全球135个城市的中上等水平(表6.8),但与前三甲的东京、伦敦、纽约及第九名的首尔都有很大的差距,距离实现"责任政府、服务政府、法制政府"的目标仍有差距,还需在能力政府打造上付出更多努力。

表6.7　2009—2013年我国竞争力排名与政府效率指标排名

	2009年	2010年	2011年	2012年	2013年
竞争力排名	20	18	19	23	21
政府效率排名	15	25	33	34	41

资料来源:瑞士洛桑管理学院《全球竞争力年鉴2013》。

表 6.8　2014 年 IESE 城市发展指数代表性城市相关指标排名

城　市	综　合	城市治理	公共管理
东　京	1	14	1
伦　敦	2	6	28
纽　约	3	10	36
巴　黎	5	17	87
大　阪	8	14	7
首　尔	9	23	8
北　京	62	36	22
上　海	73	36	20

资料来源:西班牙纳瓦拉大学商学院、全球化与战略研究中心《2014 年 IESE 城市发展指数》(IESE CITIES IN MOTION INDEX 2014)。

　　上海现阶段的治理体系,是在国家和地区发展的大环境中逐步演化形成的,是由国家和地区的历史传承、文化传统、经济社会发展水平决定的,具有其合理性、客观性和必然性。但同时也应看到,面向未来全球城市的发展目标,城市治理体系和治理能力确已成为我们需要正视的瓶颈问题和约束条件。出现这种状况,除了客观条件所致外,政府及相关利益群体主观上的认识差距也是重要原因。一方面,对政府形态与城市功能演化规律理解不足。国际大城市的发展经验提供了一个基本的结论:城市形态的跃升需要政府形态的跃升,确立城市政府在治理体系中的主导作用是促使城市可持续发展的重要条件。当代世界社会经济发展越来越多元化、社会组织力量不断壮大,公民政治参与的要求持续增长,在这种情况下,寻求计划与市场协调,集权与分权结合,政府与社会共治的新城市治理体系成为时代的必然。尽管各国城市政府的治理模式不尽相同,其治理理念却有相通之处,即以强化公共服务为导向,引入市场化的竞争机制和企业化的经营管理方法,通过多种集团的对话、协调与合作,最大程度地动员和利用公共资源,实现政府与社会组织的合作治理。另一方面,是自我改革意识与动力不足。以行政审批制度改革为例,以往改革进程的相对滞后,很大原因在于"动奶酪"的改革中,不少官员和机构的"寻租动机"难以割除,不是所有条块的政府对自己都能下"狠手",特别是既缺乏竞争者和制衡者也缺乏必要监督的条件下,相应的改革也举步维艰。这也是新一届政府上台后,坚定要用"壮士断腕"的决心推进改革的原因之一。如果对上述问题没有清醒认识和深刻理解,直接关系到上海经济与社会的可持续发展和率先实现现代化目标的达成;关系到上海建设现代化国际型大都市进程与最终实现;关系到长江三角洲区域的整体发展,进而关系到整个中国现代化的进程。

上海在中国经济社会发展中的地位、使命以及上海自身发展要求,决定了上海城市治理体系与治理能力需要不断完善,需要依据城市发展形态的要求,通过政府的改革与创新,形成新的管理积聚,并由此带动新的要素积聚。在当前条件下,治理体系的改革和治理能力的提升,必须跃出体制内权力配置这个平台,以政府、市场和社会之间的权力配置为平台,从而使强势政府向能力政府转型。能力政府,是政府能够有效运用公共权力与制度资源,协调政府、市场与社会,整合社会资源,最大限度创造公共物品的政府。在政府、市场与社会这个平台上,通过管理积聚培育有能力的政府,是一项系统的政府建设与发展过程。在这个系统工程中,政府、市场与社会是这个工程的建设平台,管理积聚是这个工程的建设路径,建立服务政府、责任政府和法制政府,是这个工程的价值定位和工作目标,中国(上海)自由贸易试验区、浦东综合配套改革试点等区域是测试载体。只有通过这样的系统工程,上海政府的形态才能得以有效的跃升,从而为整个城市形态的跃升提供前提与保障。

第 7 章　上海前进中的转型

7.1　上海城市转型的背景与意义

7.1.1　上海步入全面转型新阶段

沿着发展轨迹,站在新的起点上,面对新的机遇、挑战,立足自身优劣势条件,全球城市都经历过发展转型的重要过程,冲破重重困难障碍和风险瓶颈,焕发出新的活力,实现新的成长和蜕变升级。但是也有一些城市的发展转型不成功,从此便陷入衰退之中。因此,一个城市的发展转型阶段非常关键,必须予以高度重视。

经历以 1990 年浦东开发开放为起点的高速增长阶段后,"十五"伊始,上海就开始率先尝试和探索城市转型,思考城市新一轮发展的方向,并在"十一五"期间确立了"以服务经济为主的产业结构"的经济产业转型发展方向,寻求从工商业城市转向经济中心城市,推进现代化国际大都市建设(周振华等,2006)。"十二五"期间上海更是率先提出了"创新驱动、转型发展"的发展主线,形成城市转型的高度共识,强调创新驱动、转型发展是上海在更高起点上推动科学发展的必由之路,并指出改革开放是城市转型的强大动力、结构调整是城市转型的主攻方向,改善民生是城市转型的出发点和落脚点,统筹城乡发展是城市转型的重大任务,节约资源和保护环境是城市转型的着力点,依法治市是城市转型的重要保障——上海城市发展开始步入全面转型的崭新阶段。

"十二五"以来,上海城市转型发展的步伐明显加快,呈现全面启动的良好态势,在城市功能、经济结构、社会民生、深化改革开放等诸多领域取得了显著的突破和进展,但同时经济增速下滑、增长基础不稳固、改革碎片化、民生压力较大等深层次的挑战和矛盾也不容忽视。充分认识城市转型的长期性、艰巨性和复杂性,充分认识城市转型不断呈现的诸多非常规、非线性、非典型的新变化以及不断涌现的新问题、新要求,成为一个重要命题。因此,参照纽约、伦敦、东京等全球城市所经历的转型过程和经验教训,面对特大型城市转型这一个永恒的课题,在统一的框架和维度下,分析评估当前上海正在经历的这一转型过程、最新进展和前进走向,研判上海完成城市转型的时间阶段和预期目标,无疑对深化推进城市转型发展以及开展面向未来的新一轮战略研究都将具有十分重要的理论和现实意义。具体来看,清晰认识和研判城市前进中的转型,我们重点尝试通过总结回顾和梳理评估,回答以下三个方面的问题:

● 上海城市转型总体进展情况如何? 各个重点领域推进主要有哪些显著的突破、成效或特色?

● 从工商业城市向经济中心城市转型的过程中,上海城市转型的动力机制、路径模式是怎样的? 还存在哪些差距和需要突破的瓶颈,最终转型能否顺利完成并达到预期目标?

● 到 2020 年,上海能否顺利完成现阶段正在推进的城市转型,发展成为多功能的经济中心城市,为崛起成为全球城市奠定坚实基础及条件?

7.1.2 城市转型助推城市发展

1. 上海城市转型的背景分析

(1) 城市转型及其类型划分。

城市转型具有十分丰富的内涵,面临发展阶段、城市属性和外部环境条件等方面的相似和差异,转型发展既体现出特定的规律和共同点,同时也会存在较大的差异和不同之处。总体来看,城市转型是指城市在各个领域、各个方面发生重大的变化和转折,它是一种多领域、多方面、多层次、多视角的综合性、全方位转型(周振华,2010;魏后凯,2011)。

从类型上看,按照不同的维度和领域,城市转型可以归结为不同的路径、模式及范围,并体现出不同的特征、规律和要求。如按城市的大小规模,一般可以分为特大型城市转型和中小城市转型;按照模式进行划分,可以分为危机转型、整合转型和制度转型;从转型发生的领域来看,一般可以分为经济转型、社会转型、生态转型和空间转型等特定领域转型,以及各个领域同步推进、整体转变的城市全面转型。从转型涉及的内容来看,又可分为城市发展转型、城市制度转型和城市空间转型三类(魏后凯,2011)。

表 7.1　城市转型的类型划分

	经济转型	社会转型	生态转型
发展转型	经济发展转型	社会发展转型	生态发展转型
制度转型	经济制度转型	社会制度转型	生态制度转型
空间转型	经济空间转型	社会空间转型	生态空间转型

从历史视角看,任何一个城市几乎都经历过多次不同维度或领域的转型,并在前进中的过程中长期持续下去。转型可以推动城市在面临外部变量和条件发生重大变化时,及时进行功能、结构、方向等方面的调整和转换,通过持续不断的转型实现新生和跨越式、可持续的发展。如纽约、伦敦、新加坡、香港等可以说都已经数度转换经济结构,先后以加工制造业崛起、现代服务业繁荣为代表,推进产业结构梯次演进,在转型中实现了新的发展,分别成为顶级的全球城市或洲际级的中心城市。反观美国底特律和匹兹堡等工业城市,城市发展明显滞后、衰落,原因便在于没有及时实现成功的结构转型。

(2)现阶段上海前进中的转型。

从概念内涵上,现阶段上海所正在推进的城市转型,应当是在新的全球化、信息化和城市化背景下,一个特大型城市面对国际国内环境所发生的深刻变化,面对发展动力大转变、经济结构大转换、城市功能大提升、社会结构大调整、开放格局大变化、区域关系大整合的历史性转折期,特别是经历过 2009 年全球金融危机和 2010 年中国上海世博会后,城市开始率先推进,寻求经济结构、社会结构、城市功能、空间布局、发展机制等同步转变的一次城市前进过程中的重大转型。

从时空方位来看,梳理自 1843 年开埠以来上海城市 170 余年的发展历程,现阶段上海前进中的转型可以看作是第三次重要的、整体性的转型(周振华,2010;魏枢,2014)。第一次是指在开埠 1843 年至新中国成立前的阶段。随着上海从一个滨海县城发展成为远东著名的国际大都会,成为中国最大的港口城市和远东的工商业、金融和贸易中心,在经历过 20 世纪 20 年代城市高速发展的黄金时期后,由于国内外经济形势的急遽变化,受世界性经济危机全面爆发所波及,城市人口和规模急剧扩张等,上海城市经济发展开始趋于衰落。对此,当时的国民政府提出了"大上海计划",尝试重点从空间、功能等领域的转型进行突破,以解决和应对上海城市高速发展所累积的严重问题以及外部环境变化带来的严峻挑战。但"历史没有给予上海太多的时间,随着第二次世界大战的全面爆发,上海第一次城市转型黯然落幕"(魏枢,2014)。1949年新中国成立后上海在计划经济体制下,在国家战略部署下,城市发展方向从新中国成立前的综合性城市逐步转向单功能为主的工商业城市,这可以看做上海城市经历的第二次重大转型。从城市转型本身看,上海从过去远东的金融、贸易、商业中心,转变成为了中国最大的综合性工业基地,而由于城市发展集中在生产领域,忽略了基础设施、城市公共服务功能的建设完善,造成了城市发展的"历史欠账"。这次转型也是以经济体制转型为显著标志。

现阶段上海前进中的转型作为第三次全面性的重要转型。应当说主要是经历过改革开放以来,特别是1990年浦东开发开放以来上海城市二次崛起的高速增长阶段,成为全国的经济中心城市后,随着城市发展逐渐进入后工业化阶段,新世纪以来城市发展的动力机制实现重大转换,城市经济社会发展阶段和约束条件发生根本性变化,面对金融危机爆发、外部环境日趋复杂、竞争格局日趋激烈等新环境、新问题,对照中央确定的上海"到2020年,上海要基本建成'四个中心'和社会主义现代化国际大都市"的战略目标,上海自身发展在新世纪的第二个十年可以已经到了一个重大转折的关键时期,主动谋求迈向世界级的经济中心城市的转型和跃升,成为这座特大型城市经济社会发展的内生性要求。

从内涵、领域上看,这一转型不同于过去特定领域的转变或微调,也不同于过去被动式或卷入式的转型,着力将创新贯穿于城市经济社会发展、城市发展模式和城市动力机制的各个环节,着力依靠创新驱动城市从工商业城市、国家级经济中心城市和发展方式到更高一种类型和层级世界级经济中心城市的"非线性"、"质变"过程,是对传统发展模式进行全面转换,实现非线性的发展跨越,进而为未来进入从经济中心城市向真正的全球城市转型的全新阶段奠定基础。从阶段上看,"十二五"以及未来"十三五"期间,不管是从时代背景还是历史方位来看,上海都正处于第三次重大转型的关键时期。本研究尝试对这次转型的推进情况和未来趋势进行评估研判,在整个上海城市发展的历程的框架中去进一步认识这一转型阶段。

2. 上海城市转型的研究意义

(1) 城市转型对城市发展的意义

近年来,城市转型研究近年来也日益增多,其研究重点主要集中在以下六个方面:一是对城市转型的一般性研究,包括城市转型的界定、内涵、模式、动因和方向等(李国平,1996;侯百镇,2005;朱铁臻,2006;李彦军,2009;孙耀州,2010;魏后凯,2011);二是城市转型的理论依据研究,包括经济发展阶段理论,中等收入陷阱理论、制度变迁理论、全球城市理论等(热若尔·罗兰,2002;厉以宁,1996;左学金等,2011)。三是对城市某特定领域转型的研究,如对城市经济转型(裴长洪、李程骅,2010;李学鑫等,2010)、城市产业转型(潘伟志,2004)、城市发展转型(崔曙平,2008)、城市竞争转型(连玉明,2003)等研究;四是对全球城市转型经验的梳理和比较研究。左学金等(2011)从城市的空间和产业发展视角解读了世界主要城市的发展转型之路,从理论层面探讨了城市转型的影响因素和内在机制,并对多个城市重点案例进行了研究。此外,近年来海外有关中国城市转型问题的研究也日益增多,代表性著作有弗里德曼(2005)的《中国的城市变迁》等。

(2) 上海城市转型的意义

在2006年发布的《上海经济发展蓝皮书(2006)》(周振华、陈维,2006)中,各个领域的专家学者围绕上海"城市转型"问题,从趋势路径、转型主线、产业支撑、深化改革、空间布局等进行了系统的探讨。王战、周振华(2007)围绕上海"十一五"转型发展的战略要求,分析了上海经济步入转型期需要解决的若干重大问题,提出创新作为转型发展原动力、现代服务业作为引领转型发展的龙头、节约资源作为转型发展的重要体现、和谐社会转型发展的重要目标、政府改革是转型发展的体制保障等。周振华(2010、2011、2012)等研究围绕上海城市转型和"十二五"规划纲要提出的"创新驱动、转型发展"的发展主线,进行了系统的研究和阐述。如指出"十二五"期间,上海面临增长动力转换、约束条件变化和城市功能拓展的挑战,"创新驱动、转型发展"势在必行,除顺应国内外形势变化及要求外，上海自身发展阶段更内在地提出了"创新驱动、转型发展"的迫切要求，是上海突破新阶段发展瓶颈的必由之路；通过对 20 世纪 60—80 年代伦敦、纽约和东京等城市转型的典型案例的总结，系统分析了上海城市转型的有利条件和不利因素，并总结了谨防"转型综合征"、"守住三条底线，保持平稳转型"、"观察四个主要标志，衡量转型发展的进展"等。上海市人民政府发展研究中心课题组（2013）系统总结"十二五"以来，上海坚持"创新驱动、转型发展"的主线，把创新驱动作为发展方式转变的中心环节，不断深化内涵，激发转型发展的内在活力，在"四个中心"与国际大都市建设上所取得的突破。周振华（2012）指出城市经济转型更加强调综合协调发展，发展中国家的城市从制造业中心转向服务中心的转型过程中，也不应片面地发展服务业，而简单抑制或排斥制造业的提升发展；更不能片面追求所谓的现代服务业发展，而忽略传统服务业发展——基于低碳经济的城市转型，将是一种促进产业融合的城市经济发展方式，应当成为探索的重要方向。

此外，围绕转型的动力、过程和指标体系等，宁敏越等（2007）从全球生产系统角度对上海构建全球城市的差距和优势进行总结，并提出全球化发展的外部力量和地方话响应力量是上海城市功能转型的两个重要驱动力；徐国祥等（2013）从经济结构合理化、创新驱动和经济运行质量提升以及社会生态环境优化三个方面提炼和构建出上海创新驱动转型发展评价指标体系；李凌等（2013）从"要素驱动—效率驱动—创新驱动"纵向维度以及分为"知识—技术—模式—区域"四大体系横向维度构建上海创新驱动转型发展的评价指标体系的理论框架等等。

这些研究对我们在全球化背景和城市发展轨迹、发展趋势的视角下，系统分析评估上海作为特大型城市所正在经历和发生的这一转型阶段提供了很好的基础。特别是 2010—2014 年历年的《上海发展报告》围绕上海城市转型开展的系列研究，结合对上海转型阶段所处的内外部环境、历史阶段、发展机理和轨迹的透彻洞察和理性思考，分析了经历改革开放和浦东开发开放后实现二次崛起的上海，经过 2009 年全球金融危机和 2010 年中国上海世博会后，迈入全面转型关键阶段的上海，在推进城市转型过程中所取得的诸多亮点，在经济、社会、对外开放等方面的创新转型实践,以及在制度、科技、管理、文化和城市功能等领域转型的成效困境,分析了未来的发展思路和突破方向——这些研究无疑是对上海城市转型的经典总结和概括。

但如果系统分析上海的城市转型阶段,并将这一阶段投放到整个城市发展轨迹中去,在更长的城市发展周期内,转型处于怎样的一个时空方位,未来它会留下了什么样的历史足迹,会为城市未来走向打下一个怎样的基础?仍然存在一些问题需要进一步厘清:一是概念略显混乱。城市经济转型、城市发展转型、城市全面转型等缺少一个统一的认识,经济产业领域的转型研究较多,社会、文化等领域的转型关注度有待提升。二是认识有待深化。对上海城市转型的理论基础、动力机制、综合效应和战略路径等方面的认识需要进一步的深化,包括"创新驱动、转型发展"与上海"四个中心、国际化大都市"、"改革开放排头兵、科学发展先行者"之间的关系等都要在国内外比较的维度给予厘清。三是缺乏战略研判。城市战略层面的系统综合性研究较少,转型后的上海、未来转型完成后的状态和新一轮发展的起点,未来将走向何处等问题也迫切需要解答。本章试图从城市战略研究层面出发,在对上海现行推进城市转型的总体格局和制度、经济、社会、文化、生态、空间等六个领域转型进展进行梳理的基础上,结合国内外比较,重点对当前上海城市转型动力机制、路径模式、预期目标、问题障碍等进行评估,研判成功转型后的上海致力于建设成为"具有全球资源配置能力、较强国际竞争力和影响力的全球城市"所具备的优势和基础条件。

7.1.3 研究框架

具体来看,本研究将分为四部分:本部分为导论,主要介绍上海城市转型的背景、概念和研究框架;第二部分对当前上海正在推进城市转型的总体格局(主线、举措)、重点领域推进情况等进行梳理;第三部分重点结合"创新驱动、转型发展"的理论基础,分析上海城市转型的动力机制、路径模式,结合目标比照,分析当前转型面临的主要问题和挑战;第四部分结合趋势研判,对本次转型进行情景分析,并立足实现成功转型"十三五"期间需要突破的重点领域和方向。

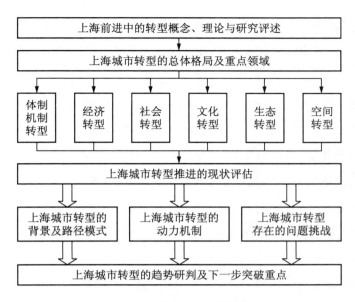

图 7.1　本章研究的逻辑框架图

7.2　上海城市转型的总体格局及重点领域

7.2.1　上海城市转型的总体格局

1. 转型的主线和内涵

主线对于一个国家、一个城市或地区的发展起着定基调、明方向的作用。上海城市转型的主线及变化通过历次五年规划这一阶段性的发展纲领集中体现。如图 7.2 所示。

图 7.2　上海城市转型的主线

上海"八五"主线的确立,使上海很快扭转了计划经济体制下长期累积而成的二、三产业发展极不平衡的局面,第三产业占 GDP 的比重从 1990 年的 31.9％迅速上升到 1995 年的 40.2％;"九五""经济体制和经济增长方式的两个根本性转变"的确立，则使上海在建设社会主义市场经济体制方面走在了全国前列。21世纪以来，上海城市转型先后经历了三个发展阶段，"十五"、"十一五"两个时期，上海置自身发展于全球化坐标系中，肩负着代表国家参与国际竞争的使命，通过成功申请、筹备、承办世博会、亚信会议等一系列重大国际活动，上海城市竞争力和影响力快速提升。金融危机以来，世博后的"十二五"时期是上海加快推进"四个率先"、加快建设"四个中心"和社会主义现代化国际大都市的关键时期。上海进入转型发展新阶段，确定了"创新驱动、转型发展"主线，率先走出一条具有特大城市特点的科学发展之路。

按照上海"十二五"规划纲要，"创新驱动、转型发展"的内涵是以坚持科学发展观为主题，把创新和转变经济发展方式作为"调结构、促发展"的重要支撑和主攻方向，把理论创新、科技创新、文化创新、管理创新、制度创新和体制创新所带来的活力注入到内需提高、产业发展、结构调整、环境优化和民生改善等社会重点领域。从以资金、劳力、土地等生产要素驱动经济发展的方式，向以知识、人才、科技等创新驱动的方式转型；从以出口导向拉动经济发展的方式，向以内需为主导，消费、投资、出口三驾马车协调拉动的方式转型；从粗放型的发展方式向集约型的发展方式转型；从以传统制造业为主力推动经济发展的方式向以战略性新兴产业、服务业双引擎推动的方式转型；从单纯追求GDP增长的发展方式向"包容性增长"的发展方式转型；从"效率优先，兼顾公平"的发展方式向效率公平并重、更多强调保障和改善民生的发展方式转型；从"先污染、后治理"的发展方式向发展循环经济，推广低碳技术的可持续发展方式转型。

创新驱动、转型发展，是上海在更高起点上推动科学发展的必由之路。创新是转型发展的原动力，上海的"城市转型"必须依托"创新驱动"在城市的发展前进中来实现。要把创新贯穿于上海经济社会发展各个环节和全过程，着力推进制度创新、科技创新、管理创新和文化创新，坚持人力资源优先开发和教育优先发展，充分发挥科技第一生产力和人才第一资源的作用，切实增强自主创新能力，使科技进步和创新成为上海转型发展的重要支撑，使城市转型发展真正建立在人力资源优势充分发挥、创新创业活力竞相迸发的基础上。要切实摆脱习惯思维束缚，更新发展理念，实现体制机制、领导方式和工作方法的重大转变,坚定不移调结构、促转型,更加注重发展质量和效益,着力提高发展的全面性、协调性和可持续性。只有进一步深化改革,努力创造和培育有利于推动城市全面转型的发展环境,进一步整合各方资源,提高体制、组织、技术、政策等多种机制的创新能级,形成创新合力,构建城市创新网络体系,才能在城市发展方式的不断创新中推动城市的全面转型。

<table>
<tr><td>专栏</td><td>"十二五"时期要努力实现八个方面的转型发展</td></tr>
</table>

● 城市发展理念:从注重经济发展向经济社会文化并重协调发展转变,注重发展内涵与形式的统一,推进和谐城市建设

● 城市经济形态:向高端化、集约化、服务化方向转变,促进三次产业融合,构建以服务经济为主的产业结构

● 增长动力源:由投资驱动向创新驱动转变,形成并发挥以创新为基础的动态比较优势,促进包容性增长

● 城市功能:从资源要素集聚主导向资源要素集聚辐射并重转变,逐步构建全球性节点平台和实现大规模流量配置

● 发展模式:从粗放高耗向集约绿色转变,走出一条人、城市、星球协调发展的新路

● 城市空间布局:从单核单级向多核多级转变,形成中心城区与郊区新城有机联系、网络式分布的都市圈

● 城市管理:向基于以人为本的合作参与型治理方式转变,充分调动社会组织和公众广泛参与城市管理,走"大人口"、社会化的管理之路

● 城市形态:向"多元、活力、宜居"转变,打造智慧之都、时尚之都、诚信之都、魅力之都

资料来源:周振华《创新驱动,转型发展》,《解放日报》2011年1月17日。

城市转型主线的变化,反映了上海发展进程中,立足现实基础,响应内外环境的变化,适时调整、逐步深化完善发展战略、举措的主动性与积极性。同时,城市转型体现了不同发展阶段以经济中心为目标的一脉相承、一以贯之的关系,上海城市竞争力和国际竞争力的持续提升必须依赖"创新"和"转型"的发展路径。特别是城市转型无一例外地共同指向"全球城市"的战略定位,当然这一经过分析提炼、面向未来的上海战略方位是隐含于不同发展阶段的具体表述中,如"经济中心城市"、"世界城市"、"国际大都市"等。

2. 转型的方向和目标

上海城市转型的方向、目标,需要紧密结合国家的发展大局,上海"十二

五"时期的阶段性任务和近期国家战略要求从三方面予以认识把握。

从国家发展大局看,2020年前后是一个关键的历史节点,届时中国共产党建党一百年,处在十五大提出的新的"三步走"战略目标的第二步与第三步的临界点。对此,党的十六大明确提出国内生产总值到2020年力争比2000年翻两番,全面建设小康社会的要求,党的十七大进一步提出实现人均国内生产总值到2020年比2000年翻两番,全面建成小康社会的新要求。结合国家对上海的战略定位,上海城市转型的方向是"到2020年上海要基本建成与我国经济实力和国际地位相适应、具有全球资源配置能力的国际经济、金融、贸易、航运中心,基本建成经济繁荣、社会和谐、环境优美的社会主义现代化国际大都市,为建设具有较强国际竞争力的长三角世界级城市群做出贡献"。2013年上海市政府工作报告进一步提出了"力争在2020年前实现全市生产总值和城乡居民人均收入比2010年翻一番"具体要求。

从"十二五"时期上海城市转型的阶段性目标看,按照上海市第十次党代会奋力推进"四个率先"、建设"四个中心",努力建设经济活跃、法治完善、文化繁荣、社会和谐、城市安全、生态宜居、人民幸福的社会主义现代化国际大都市的要求,上海"十二五"规划提出了"'四个中心'和社会主义现代化国际大都市建设取得决定性进展,转变经济发展方式取得率先突破,人民生活水平和质量得到明显提高"这一阶段性目标。

近期,进一步提出了创新驱动发展战略与创新型国家目标。2012年底召开的党的十八大明确提出:"科技创新是提高社会生产力和综合国力的战略支撑,必须摆在国家发展全局的核心位置。"将科技创新摆在国家发展全局的核心位置,强调要坚持走中国特色自主创新道路、实施创新驱动发展战略,实现到2020年进入创新型国家行列的目标。党的十八届三中全会鲜明地提出"深化科技体制改革","加快建设创新型国家"作为"立足全局、面向未来的重大战略"。显然,近期的国家战略与上海城市转型战略耦合并不偶然,上海在国内率先进入工业化发展后期和老龄化社会,发展中所要解决的问题在国内具有一定的超前性,所提出的城市发展的战略思路与问题的解决方式既反映了鲜明的上海特色,又一定程度上具有引领和示范全国的作用。中国成为创新大国并逐渐向创新强国转变的发展要求和国家战略导向下,上海近期进一步明确了"创新驱动发展,经济转型升级"的发展方向。上海转型发展不是对原有发展模式进行微调,不是一般意义上自然演化的线性延续,而是城市传统发展动力、模式、路径、形态等多方面的全面转换,实现非线性的发展跨越,必须创新贯穿各环节和全过程。概言之,上海城市发展要完成"三大转型"即发展方式转型、经济结构转型、城市功能转型。[①]

3. 转型总体进展情况

一是成效显著。"十二五"以来,上海城市转型取得了显著的成效,集中体现为"四个中心"与国际大都市建设取得新突破,如表 7.2 所示。

表 7.2　上海"四个中心"重要突破与主要指标

四个中心	重 要 突 破	主 要 指 标
国际金融中心	● 金融市场规模进一步扩大,金融市场功能进一步增强 ● 跨境贸易人民币结算规模持续扩大 ● 功能性金融机构集聚能力进一步提升	股票交易额全球第 4 位,股票市值全球第 7 位,黄金现货交易量连续多年保持全球第 1 位;上海跨境人民币结算总量超过 5 000 亿元,居全国前列;外资法人银行、合资证券公司、合资基金管理公司、外资法人财产险公司均占全国总数一半以上
国际航运中心	● 港口货物吞吐量世界领先,现代航运集疏运体系不断优化 ● 现代航运服务体系进一步完善,在国际航运市场上的话语权明显提升 ● 现代航运集疏运体系不断优化,外高桥港区、洋山深水港建设加快	上海港货物吞吐量、集装箱吞吐量连续保持全球第一;散集箱、干散货、原油等运价指数及船舶价格指数相继发布;洋山保税港区船舶登记工作取得了实质性进展
国际贸易中心	● 贸易总量快速增长,服务贸易表现突出 ● 商贸环境进一步改善 ● 中国自由贸易区设立	保税区商品销售额、工商税收占全国 110 个海关特殊监管区域的比重超过 50%;服务贸易占全国的比重达 1/3;"国家进口贸易促进创新示范区"正式揭牌,成为全国第一个国家级的进口贸易促进创新示范区,虹桥商务区成为国际贸易中心的新承载地
国际经济中心	● 产业结构进一步优化,城市服务功能增强 ● 城市创新能力显著提高	三产就业占比超过 50%,增加值占比超过 60%;R&D 经费支出占全市生产总值的比例超过 3%

资料来源:上海市政府发展研究中心:《上海市"十二五"规划纲要实施总体进展评估(2013)》。

[①] "三大转型"参考孙福庆:《上海"十二五"的发展主线和关键环节》,《文汇报》2010 年 6 月 21 日。

二是相对领先。一方面,上海作为全国重要的国际大都市,率先谋划、推进发展转型,所提出的"创新驱动、转型发展"和发展服务经济等战略举措,部分被国家"十二五"规划吸收采纳,对全国其他地区和城市起到了引领示范作用。在中国社会科学院城市与竞争力研究中心发布的城市竞争力指数排名中,上海的综合经济竞争力、宜居城市竞争力、宜商城市竞争力、文化城市竞争力等指数多年来一直位列全国前三位。另一方面,上海作为全国融入全球经济一体化进程较深的开放型大城市之一,领先一步深入参与国际城市竞争,在全球城市中的地位进一步上升,国际竞争力、影响力大幅提升。上海 GDP 总量在 2008 年超过新加坡、2009 年超过香港后,2012 年进一步超过首尔,迈过 2 万亿元大关,人均生产总值超过 1.35 万美元,按照国际标准,已达到"高收入国家"水平。在日本森财团的都市战略研究所公布的世界主要城市的"综合实力排名"中,上海的世界排名从 2011 年的第 23 位上升至第 14 位。

三是全面推进。"十二五"以来,上海城市制度、经济、社会、文化、生态、空间等各方面转型全面协调推进,国际大都市形态逐步形成。城市文化软实力显著提升,国际文化交流丰富多彩,文化创意产业占全市生产总值比重超过11%。多中心、多轴的城市形态基本形成,城市空间布局优化。国际功能性机构集聚能力进一步提高,上海已成为中国大陆投资性公司和跨国公司地区总部最集中的城市,95%以上地区总部具有两种以上的总部功能。教育、医疗、社会保障制度改革加快,民生改善,司法改革提上议程。

7.2.2 上海城市转型的重点领域

1. 体制转型

体制转型是城市转型的核心内容和重要保障。创新重在制度创新,转型首在政府转型。上海的发展实践表明,思想变革引领,制度变革护航,过去与未来发展动力源泉关键在"改革创新"。近年来,上海率先探索制度创新,不断突破影响城市转型的体制机制瓶颈,实现多个方面的体制机制转型(图 7.3),成为城市转型中的一大亮点,切实发挥了支持城市发展和其他领域转型的保障作用。

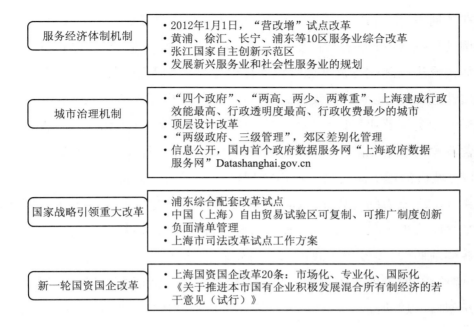

图 7.3　上海城市体制机制转型重点突破

（1）服务经济的体制机制转型。为支撑城市转向服务经济为主的经济形态，上海服务经济的体制机制转型首当其冲。近年来，更多的服务业政策先行先试，服务业制度障碍逐渐放松、打破、消除。市场准入门槛降低，鼓励民营企业、外资企业进入服务行业。加快建立符合国际惯例的服务业规范政策、法律法规体系，加强知识产权保护。大力发展新兴服务业和社会性服务业的规划、扶持培育政策相继出台，体制机制逐步健全和完善。主要体现在：一是建立符合服务业发展特点的税收征管制度，从 2012 年 1 月 1 日起，上海率先开展的营业税改征增值税改革试点初见成效，在破解服务经济发展税制瓶颈方面迈出了关键性的一步。二是深入推进张江国家自主创新示范区建设，2011 年浦东新区制订《关于推进张江核心园建设国家自主创新示范区若干配套政策（张江创新十条）》，从管理体制、科技创新、投融资政策、股权激励、财政支持等多方面细化完善了相关政策法规。不断创新"一区多园"模式，从最初的一区两园，逐步扩充到一区六园、一区十二园和一区十八园，面积达 470 平方公里。三是稳步推进服务业综合改革试点。2011 年，市政府发布《关于开展服务业综合改革试点工作的通知》，明确了试点工作的目标、任务和要求。2012 年，确定在黄浦、徐汇、长宁、浦东等10个区,开展首批服务业综合改革试点工作,充分调动了各区县的积极性,突破一些不适应服务业发展需要的关键瓶颈。四是加快推进国际航运发展综合试验区建设。洋山保税港区船舶登记工作取得实质性进展,启运港退税政策试点有序开展,洋山保税港区企业正式实施国际航运业务免征营业税试点,对注册在沪的国际航运保险、国内航空保险机构免征营业税的政策也陆续实施,大大提高了对国际航运服务企业的吸引力。

(2)城市治理机制转型。城市治理机制转型的目标是实现国际大都市治理体系与治理能力的现代化,关键在探索上海特色的特大型城市政府职能转型改革之路。近年来,上海更好地履行政府经济调节、市场监管、社会管理、公共服务四项职能,建设服务政府、责任政府、法治政府、廉洁政府,满足"两高、两少、两尊重"要求即高度透明、高效服务;少审批、少收费;尊重市场规律,尊重群众创造,以"两高一少"为目标,城市行政管理体制改革成效显著,积极向服务型政府转变。2008年时任上海市市长韩正在第20次市长国际企业家咨询会议上即指出,把上海建设成全国行政效能最高、行政透明度最高、行政收费最少的地区和城市之一。首先,行政审批制度改革,成为上海政府职能转型的突破口。自2000年以来,先后开展了六轮行政审批制度改革,制定下发了《上海市行政审批标准化管理办法》、《上海市行政审批标准化规范》和《行政审批目录》等多项文件,电子政务网络实现全覆盖,建成市级网上行政审批管理和服务平台,建立和健全了包括告知承诺、一口受理、联合年检、并联审批、行政合同、多证合一、行政备案、行政审批标准化、电子监察等在内的一大批制度,为行政审批的"瘦身"和"限权"做出了有益探索和实践,率先形成行政审批标准化管理①。六轮改革清理取消调整审批事项2 237项,取消和停征368项收费项目,成为行政事业性收费占地方财政收入比重最小的省市之一。其次,巩固完善"两级政府、三级管理"的城市管理模式。实行郊区差别化管理体制机制,取消了对区县GDP的考核,增加了区县提高公共服务、加强社会管理、增强可持续发展能力等方面的考核权重,按照不同区域功能定位,实行各有侧重的绩效考评办法。同时,政府信息公开步伐加快,率先实行政府数据资源向

---

① 《上海行政审批制度改革"瘦身"瘦权力"塑形"塑效能》,《解放日报》2013年8月6日。

社会开放。建成国内首个政府数据服务网——"上海政府数据服务网"Datas-shanghai.gov.cn,承担政府数据资源开放统一入口的角色,近期市经济信息化委印发的《2014 年度上海市政府数据资源向社会开放工作计划》,目前已经确定了总计 190 项数据内容作为 2014 年重点开放领域,涉及 28 个市级政府部门,涵盖公共安全、公共服务、交通服务、教育科技、产业发展、金融服务、能源环境、健康卫生、文化娱乐等 11 个领域。①

专栏	上海郊区差别化管理体制机制

2013—2014 年,上海市政府发展研究中心课题组通过专题研究,提出了建立上海郊区差别化管理体制机制的总体思路。主要包含五个方面:(1)以主体功能区划分为基础,根据各区(县)不同的主体功能和开发任务,实施差别化政策。(2)按照"二级市"的要求,简政放权,增强郊区自主发展权和统筹协调权。(3)根据各区(县)承担的开发任务和财力状况,适度调整市、区财政分配体制,使事权与财权相匹配。(4)建立和完善财政转移支付、土地利用激励、财政激励、生态发展激励和绩效考核五大机制,促进郊区差别化管理,增强郊区统筹协调发展的能力。(5)实施"强镇扩权",创新郊区基层管理体制机制,增强郊区发展活力。

资料来源:上海市政府发展研究中心课题组:《关于建立上海郊区差别化管理体制机制研究》,《科学发展》2014 年第 5 期。

(3)国家战略引领改革促创新、开放促转型取得重大突破。试点改革先行探索,持续推进体制机制优化,推动重点领域和关键环节改革新突破。一是浦东综合配套改革试点等深化推进。浦东综合配套改革试点、闸北区国家服务业综合改革试点、杨浦区国家创新型试点城区等国家级重大改革试点有序推进、成效显著。重点领域和关键环节改革亟须新突破,主要包括服务业税制改革拓展深化,提升与全国改革试点的联动效应,塑造与经济社会发展相适应教育体系,城市人口居住管理制度、土地使用制度及政府债务管理制度改革等。二是中国(上海)自由贸易试验区树立新一轮改革开放标杆,制度创新迎来历史性机遇。2013 年 8 月 22 日,国务院正式批准《中国(上海)自由贸易试验区总体方案》,同意设立中国(上海)自由贸易试验区,这是中国主动应对TPP 谈判等国际贸易投资规制变动新趋势,推进改革开放的重大举措,旨在

---

① 《上海率先实行政府数据资源向社会开放》,东方网,上海政务,2014 年 5 月 14 日,http://shzw.eastday.com/shzw/G/20140514/u1ai129215.html。

引领新一轮改革开放,服务于"打造中国经济升级版"。这为上海推进创新驱动发展,城市转型升级提供了重大机遇,同时探索"可复制、可推广的经验"要求一定程度上也为制度创新提出了任务和挑战。一年多来,上海积极对接国家相关部委,贯彻落实国务院批准的自贸区总体方案,自贸试验区建设全面推开,于 2013 年 9 月 29 日推出《中国(上海)自由贸易试验区外商投资准入特别管理措施(负面清单)》,2014 年负面清单修订缩短。自贸区聚焦国家战略,着眼于中央和国家的要求,上海要当好全国改革开放排头兵和科学发展先行者,要求上海的制度创新必须努力做到在其他地区可复制、可推广。"如果只是'孤岛式'的创新,就失去了领先的意义;如果在其他地区不能复制、推广,上海的制度创新也不可能继续深入,最后还会'翻烧饼'"①。所以,建设具有国际水准的自贸试验区,意义重大,责任重大,全力推动自贸试验区建设以加强制度创新为核心,形成与国际投资贸易通行规则相衔接的基本制度框架,是一项艰巨的历史任务。当前,面临着推进投资管理制度改革,创新贸易监管制度,建立货物状态分类监管模式,促进内外贸一体化,深化金融开放创新,促进自贸试验区和"四个中心"联动发展,形成事中事后监管的基本制度等一系列迫切要求②。三是深化落实党的十八届三中全会战略部署和中央全面深化改革领导小组改革精神,率先形成《上海市司法改革试点工作方案》。党的十八届三中全会审议通过的《中共中央关于全面深化改革若干重大问题的决定》,对深化司法体制改革作了全面部署。中央全面深化改革领导小组第二次会议审议通过的《关于深化司法体制和社会体制改革的意见及贯彻实施分工方案》,明确了深化司法体制改革的目标、原则,制定了各项改革任务的路线图和时间表。中央全面深化改革领导小组第三次会议审议通过的《关于司法体制改革试点若干问题的框架意见》和《上海市司法改革试点工作方案》,对若干重点难点问题确定了政策导向。上海市根据中央改革精神,结合本地经济社会发展和司法工作实际,形成了《上海改革方案》,对如何推进试点工作提出比较具体的要求。

(4)启动新一轮国资国企改革,发展混合所有制经济。作为我国地方国资国企的"重镇",上海先行一步,以党的十八大、十八届三中全会精神为指引,

---

① 韩正:《着力探索推进可复制可推广的制度创新》,《人民日报》2014 年 4 月 21 日。
② 详见《2014 年上海市人民政府工作报告》。

促进各类所有制经济相互融合、共同发展,发展混合所有制经济与优化国资布局,启动市场化、专业化、国际化为导向的新一轮国资国企改革,坚持政企分开、政资分开,所有权和经营权分开,突出政府从"管国企"向"管国资"转变,率先拉开地方国资系统改革的序幕。2013年12月17日出台《关于进一步深化上海国资改革促进企业发展的意见》(被称为"上海国资国企改革20条"),从落实完善分类监管、法人治理结构、长效激励约束、培育跨国公司、优化国资布局结构等几个方面明确了上海国资国企改革的方向,并推广市场化激励机制与创新容错机制试点,力争经过3年至5年的努力,让上海国资国企成为全国国资国企改革发展的排头兵。2014年6月,上海市审议并原则通过了《关于推进本市国有企业积极发展混合所有制经济的若干意见(试行)》,首次明确了时间表:"经过三到五年的持续推进,基本完成国有企业公司制改革,除国家政策明确必须保持国有独资外,其余企业实现股权多元化"。同时,发展混合所有制经济目标聚焦"四个进一步":企业股权结构进一步优化、市场经营机制进一步确立、现代企业制度进一步完善,国有经济活力进一步增强①。

| 专栏 | 上海新一轮国资国企改革致力五大突破 |

1. 以国资改革带动国企改革。其核心是改变以往管资产管企业为主的做法,形成以"管资本"为主的国资监管体系,更好地体现国有资本出资人的角色。

2. 提高国企的活力和国有经济竞争力有所突破。其途径是有进有退、进而有为、退而有序,在有进有退中凸显国企在国有经济中的集中度。通过深化开放性市场化双向重组联合,加快调整不符合上海城市功能定位和发展要求的产业和行业,重点发展新能源汽车、高端装备等战略性新兴产业;要通过3年至5年的努力,使国资的80%以上集中在战略产业、基础设施、民生改善领域。

3. 发展混合所有制方面形成突破。进一步加快公司制股份制改革,坚定不移地走公众公司的路,使上市公司成为国有企业的重要组织形态、混合所有制经济的主要表现形式。

4. 统一管理和分类监管有所突破。依照企业市场属性,将国企分为竞争类企业、功能类企业和公共服务类企业,并对三类企业的职责和任务予以界定,逐步实现差异化管理。

5. 建立有利于企业家成长的环境,形成适合企业家成长的土壤。包括建立市场激励机制,鼓励优秀人才创新创业;建立有利于企业家成长的任职机制,让懂市场会经营的企业家"以企业为家",改变以往"铁打的营盘流水的兵"的状况;建立有利于企业创新的容错机制。

资料来源:根据《上海开启新一轮国资国企改革》,《经济日报》2013年12月18日整理。

---

① 《韩正主持召开市委常委会通过推动国企发展混合所有制经济意见》,《解放日报》2014年6月16日。

2. 经济转型

经济产业转型是城市转型的主战场和核心内容。城市作为服务业与制造业的集聚地,城市产业"软化"是国际大都市发展的一般规律,第三次产业革命、信息经济、体验经济全面到来,互联网对传统业态和商业模式带来了颠覆性创新[1]。基于该认识,上海调整传统竞争路线,选择创新驱动提升可持续的竞争力的发展之路。在方式转变、优化结构、提高效益和降低消耗的基础上调整产业结构,提高自主创新能力,逐步形成和完善服务经济为主的产业格局,以信息化提升产业能级,推动先进制造业向高端领域发展,基本形成二、三产业融合发展和共同发展的新型产业体系,培育面向世界的未来型产业,全面反映低碳经济、体验经济、创意创新、智慧产业等各种最新经济业态与产业形态。

总体上看,上海城市向现代服务经济、产业融合经济、文化创意经济、低碳绿色经济、全球城市经济六大方向转型[2]。通过以结构优化为标志的产业转型,实现了"六个统一",即服务国家战略和自身发展相统一、增长速度与经济效益相统一、工业转型与服务经济发展相统一、产业结构与就业结构优化相统一、产业辐射力和控制力相统一、产业转型与城市发展相统一。

一是调低预期经济增速,重视质量结构效益,转换经济增长动力。一直以来 GDP 增长速度经济活动的指示器和指挥棒。经过上世纪 90 年代中后期连续十几年两位数的高速增长,上海人均生产总值 2009 年突破 1 万美元大关。2008年、2009 年上海先后超越新加坡和香港,2011 年超过日本京都、韩国首尔,排在世界大城市第 11 位,城市国际影响力和竞争力显著提升。"十二五"以来,上海坚持稳中求进的总方针,不再把 GDP 增速看成第一要务,经济增长预期目标从 8% 左右调至 7.5% 左右,包括"十二五"规划及其他考核指标体系设计强化质量结构效益指标,突出结构、民生、软件、节能减排、环境保护、低碳经济等指标,关注服务经济、创新经济、绿色经济和共享发展四类指标。[3]

与此同时,上海已于 2004 年领先全国较早面临"中等收入"陷进的关键阶段[4]。

---

[1] 参见福卡智库课题组:《上海建设开放型经济新高地研究》,《科学发展》2014 年第 5 期。

[2] 参见傅尔基:《上海经济转型六大方向》,《上海企业》2012 年第 3 期。

[3] 参见肖林:《"十二五"上海的发展阶段、主线和思路》,《党政论坛》2010 年第 5 期。

[4] 我国经济潜在增长率很大可能在 2015 年前后下一个台阶,时间窗口的分布是 2013—2017 年,详见刘世锦等:《陷阱还是高墙?中国经济面临的真实挑战和战略选择》,中信出版社 2011 年版,第 19 页。

"十二五"以来,城市经济发展方式由投资推动、要素驱动的粗放发展方式,逐步转变为投资、消费双推动和创新驱动的集约发展方式,2012年上海消费对GDP增长的贡献率占70%,而同期全国约50%;由集聚国内外要素资源、片面追求城市经济总量和规模扩张的外延式发展方式,转向以功能塑造和影响力释放为特征的内涵式发展方式,进一步增强产业的自主创新能力,进一步提升城市综合服务功能,全面融入国内外、区域及全球城市网络体系,增强集散和配置资源的能力,实现全面、均衡、可持续的发展。

二是经济形态转向服务经济为主的产业结构。上海城市经济形态向高端化、集约化、服务化方向转变,促进三次产业融合,构建以服务经济为主的产业结构取得明显突破。一是经济结构调整升级。改革开放以来,上海产业结构最显著的变化是发展中调整,实现向第三产业的战略性转向。三产增加值占生产总值比重1999年首次超过50%,2012年则超过了60%,2013年继续上升至62%,与"十二五"规划确定的65%的目标还差3个百分点。三产对经济增长贡献率自1996年以后(除个别年份外)都超过60%,2013年则超过70%。近期上海采用负面清单方式,使用强制性、约束性的量化标准倒逼产业结构调整,2014年6月14日正式发布《上海产业结构调整负面清单及能效指南》,其中的"负面清单"涉及化工、钢铁、有色、建材、机械等12个行业、386项限制类、淘汰类生产工艺、装备,汇总107项工业产品单耗限额制、569项重点用能设备能效限定值,新增和提升的条目横向比较全国最严。打造"上海服务"已见成效,目前三产发展总体呈"5、6、7、8"格局:即三产从业人员占比超过50%,增加值占比超过60%,投资和财政收入占比超过70%,利用外资占比超过80%。

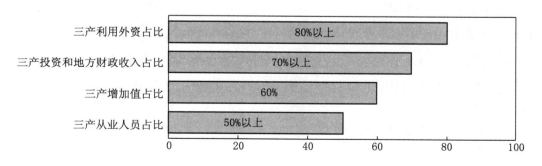

图7.4　上海第三产业呈现"五、六、七、八"格局

三是塑造新型产业体系。"十二五"以来,上海按照中央提出的上海基本形成服务经济为主产业结构的要求,加快形成以现代服务业为主体、战略性新兴产业为引领、先进制造业为支撑的新型产业体系,凝心聚力推进经济结构战略性调整,作为加快转变经济发展方式的主攻方向。上海经济转型坚决淘汰、转移落后产能,坚决减少"四个依赖"即对重化工业、房地产业、加工型劳动密集型产业和投资拉动的依赖,面向"四个依靠"即依靠平台经济和流量经济、依靠"轻资产"的新型经济、依靠非劳动密集型的高端制造和服务业、依靠实体经济和产业的集约化①,探索转型发展新路。高端和新兴服务业成为重要增长点,批发零售、金融等三产重点行业快速发展,信息服务业、生产性服务业、文化创意产业增势良好。与此同时,工业转型发展取得初步成效,战略性新兴产业加快培育。②

四是培育"四新"经济发展。所谓"四新"即"新技术、新产业、新模式、新业态"。"四新"经济是指新一代信息技术革命、新工业革命以及制造业与服务业融合发展背景下,以市场为导向,以技术、应用和模式创新为内核并相互融合的新型经济形态。具有相互渗透、动态变化、跨界融合、需求主导、高速成长、轻资产等特性,既体现国际产业发展最新领域,也包括对传统产业的改造升级。对发展"四新"来说,政府部门要率先换脑筋。推进"四新"经济,要坚持"全生产要素、全生命周期、全产业链、全价值链、全所有制"的发展理念,要坚持"四位一体"即"创新基地+产业基金+创新联盟+实训基地",要聚焦产业经济"六要素"发展"四新",即指规划定位、市场主体、载体建设、重点项目、产业投融资、政策与服务环境。③

五是城市能级提升,城市现代服务功能全面增强。随着经济服务化、集约化和网络化加深,上海的城市能级提升。依托国际经济、金融、航运、贸易"四个中心"建设平台,金融、航运物流、现代商贸等现代服务业有力地支撑城市现代服务功能凸显,国内外影响力显著提升。一是金融要素市场功能显著增强。

---

① 参见周振华口述,曹莹整理:《上海和浦东下一步改革开放和转型发展的建议》,《浦东开发》,2013年第3期。
② 参见俞北华主编:《2013年上海市国民经济和社会发展报告》,上海社会科学院出版社2013年版,第35—44页。
③ 参见李耀新:《上海经济转型正加速向"四新"模式换挡》,《解放日报》2014年7月2日。

上海银行间同业拆放利率、股指期货、跨境贸易人民币结算等创新实现突破，建立形成了包括证券市场、期货市场、货币市场、外汇市场等在内的现代金融市场体系。2011年度"伦敦金融城全球金融中心指数"、"新华—道琼斯国际金融中心发展指数"排名，上海分列全球第五、第六位，金融影响力进一步提升。二是国际航运中心建设进展积极，航运中心软硬实力明显提升。国际航运发展综合试验区加快建设，特案减免税、启运港退税、期货保税交割等试点启动。上海港货物吞吐量、国际集装箱吞吐量，持续双双保持全球第一。三是国际贸易中心建设深入推进，组建上海综合保税区深化推动"三港""三区"联动发展，新型国际贸易、融资租赁、贸易便利化等试点实施。同时，制造企业向研发设计、营销服务等生产性服务业领域转型。四是对外开放能级不断提高，总部经济加快集聚。

3. 社会转型

社会转型是城市转型的重点领域。上海社会转型的核心是从社会管理转向社会治理，尽管只有一字之差，但社会管理和社会治理的内涵完全不同。两者的主要区别在于，社会管理偏重于政府主体的单纯权力作用，而社会治理则注重多元参与主体的协同作用。新中国成立以来，在党的领导下，我国实施了卓有成效的社会管理，取得了举世瞩目的成就。然而随着改革开放的不断深入以及城镇化战略的有序推进，社会经济管理中的新情况新问题层出不穷，为了应对新情况、解决新问题，需要社会管理创新。从社会管理向社会治理的转变，是社会管理创新的具体表现形式，政府向社会放权以及多元共治新格局的形成，是创新社会治理，加强基层建设的关键举措。

（1）上海的人口结构变化是社会转型的现实基础。改革开放以来，上海在快速推进城镇化的过程中，与全国其他特大型城市一样，也伴随着浅度城镇化即外来人口市民化的难题。据统计，以非农人口占总人口的比重度量的人口城市化率，上海从1978年的58.8%快速增长到2012年的89.8%，城镇化水平居全国各省市之首，远超出全国52.8%的同期城镇化水平。但外来人口的市民化程度却不高，《2013年上海市国民经济和社会发展统计公报》显示，至2013年末，上海拥有常住人口2 415.15万人，其中户籍常住人口1 425.14万人，外来常住人口990.01万人，在同比增加的34.72万人中，户籍常住人口增加仅 4.95 万人；外来常住人口增加 29.77 万人。户籍常住人口在常住人口中的比重（市民化率）从改革开放初期的几乎 100％下降到 2012 年的 59.7％和2013 年的 59.0％。

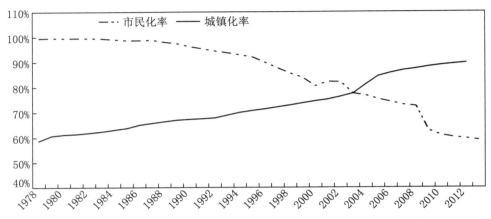

资料来源：根据《上海统计年鉴》(2013)和《新中国 60 年统计资料汇编》有关数据整理而成。

图 7.5　上海市民化率与城镇化率的变化

　　大量非户籍人口的导入，加剧了社会管理的难度，特别是在外来人口相对集中的城乡结合部和远郊地区，诸如治安、环境、计生、社保、居住等公共服务方面成为城市治理顽疾。与此同时，在 1990 年代开始的上海中心城区更新的过程中，随着中心旧城区改造步伐的加快，上海城市空间开始向外缘扩张，产生了由大规模城市动迁居民构成的大型居住空间，与原来的农村社区和外来人员交织在一起，形成新的多元社区。由于社区成员来自不同的社会背景，而且社区的人口与空间规模较之中心旧城区和原来的农村社区均有所不同，因此在一定程度上加大了社会管理的难度。

　　（2）上海社会转型关注公共服务的功能拓展。自"十一五"以来，上海在公共服务、社会管理方面的一个十分重要的突破与社会转型的标志性事件，是把有关的社会政策的关注面，从户籍人口向常住人口延伸。一些公共资源和公共服务，比如公共卫生、社会保障和义务教育等的受益面按照"权利和义务对等"的原则，逐步覆盖到外来人口。因此，在基本公共服务均等化理念的倡导下，上海在全国范围内率先实行了为外来务工人员设立综合保险制度，并在2011 年 7 月，进行了社会保障制度的融合设计，使得外来人口在工伤、大病医疗和养老方面均能获得与市民相当的保障水平。这些政策措施对于外来常住人口的社会融合起到了积极的促进作用。

（3）上海社会转型着力培育社会组织和中产阶层。上海在从社会管理到社会治理的转型过程中，着力培养社会组织和中产阶层，构筑多元共治的社会建设新格局。首先，上海的社会组织数量增长较快，成为社会共治的参与主体。据统计，上海的社会组织从 2002 年底的 4 884 家，增加到 2012 年的 10 730 家，年均增长 8.2％，其中，社会团体、民办非企业和基金会分别从 2002 年的 2 437 家、2 567 家和 49 家增加到 2012 年的 3 693 家、6 897 家和 140 家，年均增长率分别达到 4.2％、10.4％和 11.1％。同时，上海的社会组织在整合社会资源、提供社区服务、维护社会稳定、协调社会关系、参与社会治理，以及促进社会融合方面，正在日益发挥着独特的作用，成为政府和市场两大部门之外一直不容忽视的力量。其次，上海中产阶层迅速崛起，成为推动社会转型的中间力量。发达国家的工业化和后工业发展进程中，社会结构变动最为显著的特点之一就是中产阶层的不断壮大，它为工业化社会长期稳定的发展奠定了现实基础。美、英、德、日的城市转型过程表明，当中产阶层达到一定规模，如在总人口中的占比在 40％—60％时，就能形成比较稳定的社会结构，而中产阶层则有效发挥了"缓冲层"和"稳定器"的社会功能。上海在社会转型的过程中，通过收入分配调节政策、社会保障政策和公平教育机会等措施，着力培育收入中产、消费中产和职业中产，逐步形成了一支人口规模占比在 20％—30％左右的中产阶层。

（4）上海创新社会治理加强基层建设的实践与探索。党的十八届三中全会《决定》强调从社会管理向社会治理转变，不断提高社会治理科学化水平，是党对社会建设规律认识不断深化的重要体现，是坚持马克思主义群众观点的必然要求，也是推进国家治理体系与国家治理能力现代化的客观需要。上海在创新社会治理、加强基层建设的过程中，注重向基于以人为本的合作参与型治理方式转变，通过不断激发社会活力来维护社会秩序，充分调动社会组织和公众广泛参与城市管理，走"大人口"、社会化的管理之路，集中体现在四个方面：一是坚持系统治理，准确把握改革发展稳定的关系，善于运用系统思维和系统方法推进社会治理，这是巩固社会和谐稳定的根基。二是坚持依法治理，强化法治观念,在全社会营造自觉学法遵法守法用法的法治环境;加快相关立法,确保社会治理有章可循,严格公正执法司法,努力把社会治理活动纳入法治轨道,切实维护了社会公平正义。三是坚持综合治理,以问题为导向,推进系统化、精细化、项目化管理;建立完善大调解工作体系,把矛盾化解在萌芽状态;建立健全特大型城市立体化和社会治安防控体系,确保公共安全,有效保障社会大局稳定。四是坚持源头治理,推进重大项目社会稳定风险评估制度,源头防范社会稳定风险;加强特殊人群的服务管理,深化预防和减少犯罪工作体系建设;深入开展基层平安建设,营造良好社会环境,最大限度增加社会和谐因素。

4. 文化转型

文化是城市经济社会发展的灵魂,是城市软实力的重要基石和集中体现。国际大都市的发展趋势表明文化发展策略置于更为重要地位,与以往的文化发展策略相比,产生三方面新的转型趋势:借助"文化创意"全面振兴城市发展;借助"文化关怀与普及"全面提升城市人文环境、宜居特色;以"文化象征"竖立国际文化都市的国际地位,并借以推广"文化象征"之后的意识形态。面对该形势,2011 年"十二五"开局之年,党的十七届六中全会通过了《关于深化文化体制改革推动社会主义文化大发展大繁荣若干重大问题的决定》,对我国文化建设指导思想、性质方向、目标任务、战略举措等作出了全面部署,旨在坚持走中国特色社会主义文化发展道路,建设社会主义文化强国。以此为背景的新时期,上海依托中西文化交融交汇的长期历史积累,特别是改革开放以来取得的文化发展成就、经验,以提升城市国际综合竞争力为导向,致力城市文化转型,拓展城市文化发展国际视野的同时,彰显海派文化特色,将上海文化事业提升至新的发展层面。

(1)文化大都市战略明确纳入国际大都市目标。上海文化大都市战略的提出与完善,为上海城市的文化转型指明了方向。2002 年上海市委、市政府深入开展调查研究,确定上海新一轮文化发展目标定位,经过多年努力,截至 2009 年底上海市已经完成电影、出版、发行、印刷、电视剧制作、广播电视内容制作等全行业国有单位的转企改制,为"十二五"时期加快文化发展奠定了新基础,2009 年印发的《关于加快推进上海文化产业发展的若干意见》,又为文化产业的全面腾飞提供了制度平台。2011 年 11 月 12 日，九届上海市委十六次全会根据上海实际，出台了贯彻《中共中央关于深化文化体制改革推动社会主义文化大发展大繁荣若干重大问题的决定》的实施意见，提出了"上海建设社会主义国际文化大都市"的战略目标——力争到 2020 年，把上海建设成为文化要素集聚、文化生态良好、文化事业繁荣、文化产业发达、文化创新活跃、文化英才荟萃、文化交流频繁、文化生活多彩的国际文化大都市。上海"十二五"规划进一步提出"塑造时尚魅力的国际文化大都市"的阶段性任务目标，强调文化建设、交流，鼓励文化创新、创意，深化文化体制改革，培育和提升文化软实力。多年酝酿积累，城市文化建设发展的重要性不断升级，文化转型方向目标日渐清晰。

（2）国际文化大都市建设初见成效，文化软实力稳步提升。首先，文化宏观管理体制创新。2000 年，上海市率先实行文化市场综合执法体制；2004 年，上海市率先建立文化领域国有资产监管体制；2005 年开始，上海市率先建立文化发展新闻发布制度，每年一次，宣传部、行政文化管理部门、统计局联合通过市政府新闻发言人发布文化发展统计数据；2005 年、2006 年，上海市政府连续两年将社区文化活动中心建设列为市政府当年"十大实事项目"，2009 年将"农家书屋"建设列为市政府"十大实事项目"，得到切实执行；2008 年上海市率先研制公共文化服务绩效评估指标体系并开展试评估工作。其次，文化市场新主体日渐培育。2006 年新华发行集团成功借壳上市，成为文化体制改革后第一个上市的国有文化企业。2009 年 10 月，上海市率先成功实行广播电视制播分离改革，目前已经基本完成改革程序，并将有 2 家广播电视内容制作企业争取上市。同时，文化软实力稳步提升。一是文化创意产业快速发展。2012 年，上海文化创意产业实现总产出 7 695.36 亿元，比 2010 年增长40%；实现增加值 2 269.76 亿元，比 2010 年增长 35.6%；占全市生产总值的比重为 11.29%，已接近"十二五"规划 12%左右的目标。二是海纳百川、追求卓越、开明睿智、大气谦和的城市精神，公正、责任、包容、诚信的价值取向在实践中丰富提升。三是国际文化活动丰富多彩，城市文化更加繁荣、更具魅力。上海迪士尼项目于 2010 年正式签约启动，上海国际电影节、国际艺术节、国际音乐节、国际文化节、国际动漫游戏博览会、上海时装周等大型文化活动的举办,成为引领上海国际文化大都市发展的城市名片,进一步提升了上海的城市文化软实力和国际影响力。

专栏　　　　上海建设国际文化大都市:"十二五"期间七大战略与六大工程

● 七大文化发展战略

(1)文化惠民战略。注重基层文化设施、文化人才、文化活动与文化组织建设,注重将优质文化资源向基层输送,注重人民群众的文化参与和共享。(2)文化精品战略。坚持"二为"方向和"双百"方针,重点提升上海国际电影节、电视节、国际艺术节、双年展、艺术博览会、国际动漫游戏博览会等大型文化活动的能级、规模、影响力。(3)文化产业倍增战略。坚持一手抓公益性文化事业,一手抓经营性文化产业,实现两轮驱动,同步发展,加快文化产业基地建设,建立一批具有区域特色、市场竞争力的文化产业集群,鼓励支持非公经济进入上海文化产业。(4)文化市场繁荣战略。构建一套辐射全国、面向世界的现代文化市场体系,打造多层级、多形式、多功能的文化市场和平台,进一步夯实上海作为文化资源配置中心的地位和功能。打造上海成为亚洲时尚之都。(5)文化走出去战略。完善上海文化传播体系,扩大海派文化在中国、亚太乃至世界的参与度、影响力。推进上海文化全方位对内对外交流。(6)文化项目带动战略。重点建设一批重大文化硬件与软件设施和文化工程。(7)文化人才集聚战略。出台更优惠文化人才政策措施,完善科学的人才激励评价机制、加大文化人才培养、引进与集聚力度,吸引全国乃至世界优秀文化人才来沪发展,将上海建设成全国文化人才高地。

● 六大文化工程

(1)社会主义核心价值体系建设工程。主流价值取向贯穿于经济、政治、文化、社会建设各个领域、融入青少年教育的全过程、融入精神文明建设全过程体现到制度设计、政策制定和社会管理之中,融入、贯穿、体现公正、责任、包容、诚信八字精神。(2)媒体建设工程。实施以"党报党刊"为重点的主流媒体建设,加强新媒体运用和管理能力建设。(3)精神文化产品创新工程。实施哲学社会科学创新发展工程,打造国际学术交流中心和国家学术重镇。实施文艺"新品、优品、精品"创作工程,推出一批有影响力的"上海原创"。(4)公共文化服务体系建设工程。进一步完善公共文化服务设施,保障公共文化产品和服务的有效供给,逐步形成社会化、专业化的服务、管理、运营机制。(5)重大文化产业发展工程。聚焦重大产业项目,打造具有核心竞争力的龙头骨干企业,力争到2015年实现文化创意产业增加值占全市生产总值的比重提高到12%左右。构建合理的文化产业发展格局,构建"一轴、两河、沿海、多圈"的文化创意产业空间布局,推进文化产业服务平台建设。(6)文化人才建设工程。培养造就文化大师、名家,实施人才培养和引进计划,加强基层文化人才队伍建设,完善人才政策,设立文化人才发展基金等。

资料来源:杨振武《坚持先进文化前进方向,建设国际文化大都市》,《上海支部生活》2011年第12期。

5. 生态转型

生态转型具有双重意义,传统意义上生态、资源、环境承载力是制约城市其他方面转型的硬约束,另一方面生态文明成为城市竞争力不可或缺的组成部分。建设生态文明和美丽城市,是市民的共同心愿。近年来,上海面对生态转型发展任务紧迫、资源环境约束趋紧、市民群众对环境高度关注和期盼的新形势,保持环保投入占全市生产总值的比例在 3% 左右,构建政府负责、社会协同、市民参与的生态文明建设大格局,局部被动的专项治理过渡为全局综合的主动转型,城市生态转型取得大进展。

(1)理念提升先行,生态文明、绿色环保凝聚共识。1987 年世界环境与发展委员会在《我们共同的未来》报告中第一次阐述了可持续发展的概念,联合国人居署提出"可持续发展的核心是可持续的城市化",得到了国际社会的广泛共识。进入 21 世纪世界科技革命孕育新突破,低碳化和绿色增长趋势日益增强。2008 年联合国气候变化大会提出了"绿色新政"新理念,国际经验显示,低碳城市、城市绿化、发展低碳经济和循环经济,实现节能减排的整体规划促进了纽约、匹兹堡等城市转型[①]。随着我国经济高速增长,工业化程度的加深和城市化水平的提高,生态环境问题引起重视,党的十六届五中全会和十七大相继确定了"加快建设资源节约型、环境友好型社会"的"两型"社会建设任务和科学发展观。党的十八大报告进一步指出:"建设生态文明,是关系人民福祉、关乎民族未来的长远大计",强调把生态文明建设放在突出地位,坚持节约资源和保护环境的基本国策,着力推进绿色发展、循环发展、低碳发展,"建设美丽中国"形成中国特色社会主义事业"五位一体"总体布局。

经济发展与城市化水平位居全国前列的上海,同时也是环境承载力与水资源承载力较弱的大城市之一,自上世纪 80 年代以来政府与民间合力为处理、应对生态环境问题严格执行标准,积极付诸行动,城市生态转型经历了变被动为主动的过程。借力 2010 年上海世博会推广"低碳"理念,世博会史上首次设立城市最佳实践区,集中展示五大洲已经实现的、有价值的、又可以仿效的案例(如中国台湾垃圾处理案例、瑞士水处理案例、加拿大垃圾焚烧场再利

---

① 参见隋勇:《匹兹堡的城市转型》,《东方早报》2014 年 6 月 10 日。

用案例、西班牙马德里竹屋以及德国汉诺威生态屋)，上海作为东道主大范围使用太阳能、混合能源清洁车辆、绿化墙体以及节能环保建筑材料等，通过上海世博会的集中展示与实践运用，以人为本，绿色、环保、低碳等引领未来发展的新理念得到更加广泛的认同，新一代移动通信、生态节能材料、新能源汽车等一大批最新科技成果进一步从示范走向生活，科学、合理、有效的城市运行管理措施逐步转化为规范化、制度化的长效管理机制，全面开阔了人们的视野，深刻启迪了人们的心智。

专栏	崇明生态岛建设成为全球绿色经济样本

　　2014年3月，联合国环境规划署(UNEP)在沪发布《崇明生态岛国际评估报告》。这是该组织首次针对"发展中国家大都市圈内生态示范区域的建设进程"开展的国际评估。报告认为崇明生态建设的核心价值反映了联合国环境规划署的"绿色经济"理念，对中国乃至全世界发展中国家探索区域转型的生态发展模式，具有重要的借鉴意义。联合国环境规划署将把崇明生态岛建设作为典型案例，编入该组织的绿色经济教材。

　　报告全面评估了崇明岛在社会、经济、环境三大可持续发展领域采取的措施和成效，内容涵盖社会、生活和文化，生物多样性和生态保护区，水资源管理和保护，固体废弃物管理，低碳经济和能效提升，农业和有机产品，可持续交通等七大主题。报告指出，崇明实施了东滩湿地的修复和保护、瀛东村居民建筑生态改造等示范工程，在饮用水安全、水污染控制等方面成效突出，对外联系能力实现质的飞跃，零散式农业经营开始向绿色、有机品牌体系建设转变，具备了"全岛温室气体排放与经济发展实现脱钩"的能力。

　　联合国专家提出四项总体建议：在崇明岛建立生态文明特区；系统推广示范项目，扩大科技引领效应；巩固并提升生态建设成果，加强国际交流合作；加强人才培育，构筑保障体系。

　　资料来源：《联合国环境规划署在沪发布"崇明生态岛建设国际评估报告"，崇明案例入选联合国绿色经济教材》，《解放日报》，2014年3月11日。

　　(2)协调经济—生态共生关系，走经济低碳化道路。低碳经济是以低能耗、低污染、低排放为基础的绿色经济，其实质是能源高效利用、清洁开发、追求绿色GDP的问题，本质在于技术创新和制度创新。正是基于这一认识，近年来上海积极发展低碳经济。一是围绕建设"绿色低碳、生态宜居"城市目标，形成在经济发展中保护生态、在生态保护中实现经济社会发展的生态转型、环境保护新道路，遵循代价小、效益好、排放低、可持续的基本要求，形成适应气候变化，节约环保的空间格局、产业结构、生产方式、生活方式、消费模式，推进生态与经济发展的协调融合。二是明确以高端产业为主导，以循环经济引领新产业革命，使产业发展步入绿色、循环、低碳新阶段，确保上海产业发展始终保持制高点地位。三是区域产业布局优化符合低碳发展趋势，满足生态文明建设要求。郊区以工业区发展为契机，工业企业进行升级改造，淘汰污染重、能耗大的产业，绿色循环工业园区建设加快。中心城区发展绿色都市型产业，建设绿色机关、绿色学校、绿色医院、绿色楼宇、绿色社区等。四是围绕培育新增长点，发展节能环保产业。首先，发展低碳金融交易产业。探索建立环境权益、环保技术公开集中交易机制，推进环境权益市场和权益产品创新。鼓励金融机构实施环境污染责任保险、中小企业上市绿色融资、排污权抵押贷款等试点。其次，发展低碳技术装备产业。引进设立国家新能源研究机构，为全国发展低碳经济提供技术服务有成套设备。同时，发展低碳专业服务产业。积极发展低碳工程服务、合同能源管理服务和低碳投资咨询、财务管理、信息咨询、法律服务等中介行业。

（3）形成生态城市建设路径。基本生态网络建设加强，初步形成了由城市生态系统体系、技术体系、保障体系三方面构成的统一完整的建设路径。一是宏观发展规划和政策与资源环境的统筹协调加强。"十二五"以来，出台并实施《上海市节能和应对气候变化"十二五"规划》、《上海市土地利用和土地资源保护"十二五"规划》，对接经济社会发展规划，同时实施《上海市基本生态网络规划》，研究建立生态网络空间的实施机制，形成生态控制线并基本实现落地，同时加强与规划建设用地控制线、产业区块控制线、基本农田保护控制线的相互衔接。二是城市主题功能区战略与环境功能区划衔接实施，促进产业结构和生产力空间布局优化调整，促进生产高效、生活宜居、生态适度，提高发展质量和效率。值得一提的是，崇明以创建中国首个生态文明建设特区及世界生态产业基地等为目标，加速建设世界级生态岛，今年3月10日，联合国环境规划署发布《崇明生态岛建设国际评估报告》，向世界总结推广崇明生态岛建设模式和经验①。三是突出土地利用、水环境保护及空气污染三大重点领域治理建设。进一步完善上海水环境七大体系，建立最严格水资源管理制度体系框

---

① 参见曾刚:《崇明生态岛的未来》,《华东科技》2014年第4期;《崇明生态岛畅想》,《东方早报》2014年3月18日。

架,新创建一批节水型工业园区等,实现万元 GDP 用水量和万元工业增加值用水量下降 30%。开展第五轮三年环保行动计划,强化以 PM2.5 治理为重点的大气主要污染物协同控制,加强长三角区域联防联控,2012 年,上海率先实施国家空气质量新标准,2013 年启动碳排放交易试点。此外,低碳建筑和交通节能。以建筑节能和住宅产业化为重点,绿色建筑发展,绿色低碳城区建设加快;发展高效运输方式,积极发展城市公共交通系统,力争到 2015 年中心城区公共交通出行占中心城区公共交通客运量的比重达到 50%。四是生态文明制度机制建设提供保障。建立起体现生态文明与生态转型要求的目标体系和评价指标,纳入经济社会发展评价体系。健全绩效考核和责任追究机制,落实政府环境责任。坚持污染者付费、保护者得益的原则,对郊区生态保护的投入加大,财政转移支付和生态补偿制度完善。排污权交易试点开展,探索建立环境事故责任保险制度。加大生态文明宣传教育力度,完善相关方利益表达和公众参与机制,努力形成全社会监督和自觉参与生态文明建设的良好氛围。

6. 空间转型

空间转型是城市转型的关键表征。从全球城市转型历程来看,不仅城市经济、社会、创新、文化、生态、制度等各方面的转型会在城市的空间形态和结构上相应得到体现,城市空间布局的优化转型更是驱动城市成功实现整体转型的核心变量和关键力量。

(1)上海城市的空间转型的目标和路径。

转型目标上,推动城市空间布局从单核单级向多核多级转变,形成中心城区与郊区新城有机联系、网络式分布的都市圈是上海"创新驱动、转型发展"的内涵之一。推动城市的空间转型,致力于通过城市空间布局的优化调整,统筹中心城区、郊区以及重大功能片区和产业带,统筹城乡一体化发展,以功能布局优化带动城市空间布局优化,带动全市产业结构升级和区域功能重塑,着力构筑城乡一体化发展新格局,促进上海大都市经济圈与长三角城市群的协同发展,为上海城市发展提供新的动力。2013 年出台《上海市主体功能区规划》,作为上海市科学开发国土空间的行动纲领和远景蓝图,推进主体功能区战略,根据不同区域的资源环境承载能力、现有开发强度和未来发展潜力,统筹谋划人口、经济、生态布局和城市化格局,发挥空间资源的最大效益,实现全面协调可持续发展。

（2）合理利用城市土地，倒逼空间转型。

按照总量锁定、增量递减、存量优化、流量增效、质量提高的总体思路，2020年城市建设用地总量锁定为3 226平方公里（2020年后，只减不增）。从数据看，上海拟将工业用地降到500平方公里，会有超过300平方公里现状工业用地将会减量、复垦或转型为其他用地。包括城市旧区改造在内，二次开发、城市更新将是未来上海空间转型的重要内容。集中建设区外的工业用地，共198平方公里。减量化，重点实施生态修复和整理复垦。上海集中建设区内规划工业用地，共195平方公里。上海104个工业区。实现产业升级，发展战略性新兴产业和先进制造业。

（3）空间转型有序推进，国际大都市形态逐步形成。

一是中心城区及拓展区城市综合服务功能不断提升，世博园区后续开发有序推进，黄浦江沿线开发快速推进，虹桥商务区各地块开发和基础设施配套项目全面开工，国际旅游度假区、迪斯尼主题乐园建设全面展开。北外滩、苏河湾、长风等地区功能转型和产业升级加快，宝山南大、吴淞、桃浦、虹桥机场东片区等地区调整转型有序推进。以虹桥商务区—延安路—世纪大道—张江示范区—迪士尼国际旅游度假区为横轴，以黄浦江为纵轴的"十字轴"商务带不断完善。

专栏	桃浦转型建科技智慧城

2014年6月25日，上海正式启动桃浦地区产业转型升级试点。提出桃浦要学习发达国家和地区"产城深度融合、低碳绿色生态、城市设计人性化"的城市发展理念，转型发展实现脱胎换骨的转变，桃浦科技智慧城规划不能"急功近利"，要扎扎实实走好开发建设第一步。

桃浦地区是始建于上世纪50年代的传统老工业基地，曾为上海经济发展做出历史贡献。在调整发展中，经历了启动规划建设、环境综合整治、深化整治产业调整三个重要阶段。

作为上海老工业区转型发展的标志性板块，桃浦今后的战略方向是打造"上海转型发展的示范区、中心城区的新地标、产城融合发展的新亮点"。在全市层面形成合力聚焦推进，依托桃浦区域自身优势，围绕产业低碳化、园区循环化，加快桃浦科技智慧城建设，聚焦支持桃浦地区"智慧安防谷、智能环保园、生命健康园"的"一谷两园"建设。

二是城市建设重心向郊区转移,城乡一体化发展格局加快构建。进入转型发展的关键阶段,上海将郊区和农村建设放在现代化建设更加重要的位置,积极探索郊区差别化管理体制机制,完善促进郊区又好又快发展的体制机制;统筹城乡规划,加快市域空间一体化建设和发展;深化农村土地改革,逐步形成城乡土地同地、同权的利益共享机制;统筹城乡基础设施和生态环境建设,改善郊区农村居民生产生活环境;统筹城乡社会事业发展,促进基本公共服务均等化等均取得显著成效,以城带乡、城乡一体的发展格局初具框架。

三是郊区新型工业化和新型城市化不断推进,郊区新城建设明显提速,松江新城城市形态已较为成熟,嘉定新城、奉贤南桥新城、浦东南汇新城等建设进展显著,青浦淀山湖新城、金山新城、崇明新城总体规划基本调整完毕,新城功能逐步增强,产城融合进一步推进,多中心、多轴的城市形态基本形成。

四是大都市经济圈初具框架,城市加快融入长三角城市群一体化发展格局。近十年来,长三角一体化进入新的发展阶段,地区合作更加紧密,以上海为核心的世界第六大城市群加速崛起。上海加快形成中心城、新城和新市镇融入长江三角洲城市群一体化发展的空间格局,重点通过郊区新城建设,打造多个节点性城市,形成多中心的城市空间结构,以上海为核心的大都市圈区域发展步伐明显加快。

7.3 上海城市转型的路径模式和动力机制

7.3.1 上海城市转型的背景阶段

上海的转型发展是全国加快转变经济发展方式的重要组成部分,也是全国深化改革的一个缩影,其目标与方向伴随着转型过程而逐渐清晰起来,这个过程体现了转型主体对上海城市功能与发展动力的再判断、再认识、再定位与再塑造。从转型的发展阶段看,目前上海正处于从工商业城市向以"四个中心"为核心内容的经济中心的转型过程之中。

1. 转型阶段:纵向延伸

如果把上海的转型放到全国社会经济发展乃至全球化的背景下来观察,可以看到,1978 年改革开放以前中国的计划经济在本质上是一种伦理经济模式,社会运行完全按照计划指令安排来策划并给予保障,市场几乎不起作用,经济关系主要依附于政治关系。1984 年提出有计划的商品经济之后,中国的经济关系逐步从政治关系中剥离开来,人们的理念逐步被引导到市场配置资源上来。1992 年邓小平南方谈话之后,伦理经济宣告土崩瓦解,随之引发经济与社会之间的脱钩,政企关系、政市关系逐步清晰起来,但也产生了新的问题。比如国有企业剥离社会职能,推行减员增效;中央和地方实行分税制分灶吃饭,加大了地方的自主性;然而,人们在获得追逐财富权利的同时,也激发了资本逐利的本性,付出了资源环境和居民健康的代价,丧失了原本来自集体的保障和援助,导致收入差距、财富不均、卫生服务和受教育的机会都相对不公,同时一些人为了牟取暴利,以牺牲资源和环境为代价,野蛮发展,甚至催生出关系经济、权钱交易和政府腐败。因此,中国的转型,用卡尔·波兰尼(Polanyi)的话来表达,就是经济与社会的重新挂钩。

中国政府已经意识到"唯经济增长论"的危害性,2000 年以后,一些致力于改善民生的社会政策在调节不平等和维系社会和谐方面,起到了积极推动作用,这就是波兰尼所说的反向运动。资本主义社会在 19 世纪大约用了 60—80 年的时间跨越了经济与社会的脱钩阶段,如果中国也需要这么长的时间才能进入社会矛盾的缓和期,即从 1992 年到 21 世纪中下叶,但如果我们对此已早有预见,提前在经济、社会和生态等诸多领域加快推进转型,那就可以通过合理的社会政策设计来缩短第二阶段,在 2050 年之前实现经济与社会的重新挂钩(见图 7.6)。

目前,上海进入转型发展新阶段,其中有利的因素主要有:智力资源较丰富、商务环境较规范、城市开放度较高以及世博后续效应释放等,这些为上海未来发展提供了坚实基础。但与此同时,发展中也存在不少瓶颈制约和不利因素,如资源环境约束趋紧,商务成本攀升,高层次人才缺乏,创新创业活力不足;城市管理和城市安全任务艰巨,城乡区域发展协调性有待增强;常住人口总量快速增长,人口老龄化程度加剧,基本公共服务和社会保障压力加大,收入分配差距较大,群体利益诉求日趋多样、协调难度增加,社会矛盾增多;体制机制瓶颈更加凸显,改革攻坚任务更加艰巨。为此,面对新机遇和新挑战,传统发展模式已不可持续。

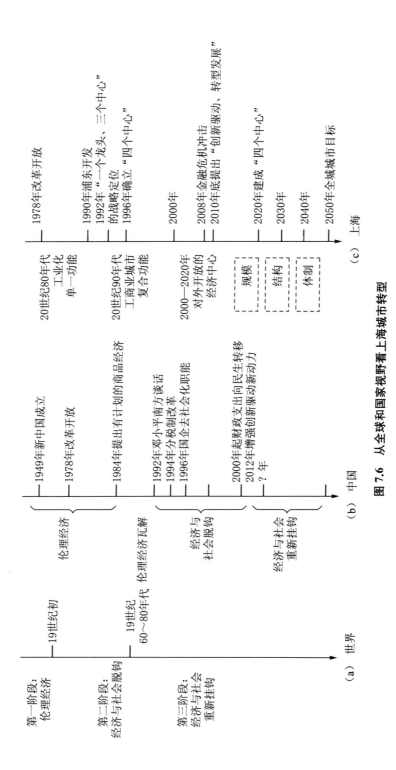

图 7.6 从全球和国家视野看上海城市转型

326

2010 年,上海市委市政府在多次斟酌、反复研判之后,紧密结合国家发展战略和中央对上海提出的争当转型发展"排头兵"的要求,在广泛汲取世界城市转型发展一般规律的基础上,提出了"创新驱动、转型发展"的发展主线,并不断通过实践丰富新发展战略的理论内涵与实现路径,两年后这一发展主线上升为国家创新驱动战略。这是继上海在 20 世纪 80 年代以工业化为特征、90 年代以国企改革为核心、新世纪第一个十年以深化开放为载体,形成的又一个十年发展规划的主要内容,即由"创新"驱动的城市转型,迈向 2020 年"四个中心"和国际现代化大都市发展目标,这是结合国际国内形势变化,落实科学发展观的重要表现和具体举措。

从 2020 年再往后面看,上海的转型仍将继续,这主要是因为,第一,"四个中心"建设集中反映了经济领域内的转型,并未深入触及社会发展和生态环境等其他领域的转型,经济转型率先展开是由生产力的基础性特点所决定的,当经济发展到一定水平后,一方面,市场经济向伦理社会的重新挂钩,意味着人们将更多地关注经济增长以外的社会发展问题;另一方面,社会矛盾和资源环境约束将逐步上升成为制约城市发展的主要矛盾。从这个意义上讲,以社会转型和生态转型为代表的新一轮转型或将改革传统的发展结构与体制,上海面对的转型包括了规模、结构和体制的"三级跳",也就是说,经济规模增长背后隐藏的深层次问题往往在于结构失衡,这些结构问题不是总量规模所能解决的,而必须依靠深化经济体制改革,即在经济发展过程中应着力深化经济体制改革,才能形成合理的经济结构,维持经济健康、稳定、持续地增长,这是转型的深层内涵。第二,上海的城市定位也将发生变化,随着 2020 年"四个中心"和现代化国际大都市的建成,上海将立足全球范围配置资源,在城市能级和功能转型的意义上,上海将迈向全球城市的产业升级和竞争力提升,进而在经济、社会、文化、生态、空间和体制等诸多方面实现内容更加丰富、意义更为深远的创新与转型。

2. 转型背景:横向比较

伦敦和东京的转型都经历了一个相对完整的从重化工业阶段向后工业化阶段转变,工业化进程的各个阶段特征明显,转型大致从 20 世纪 60 年代重工业化的顶峰开始,历时 20 多年完成。纽约是工业化时代典型的综合性城市,经历了从前工业化时代连接欧美的普通港口城市,到工业革命后成为全美最大的贸易口岸、商业银行中心和最大的工业基地,并发展为美国首位城市。纽约在整个工业化进程中,一直以劳动密集型和资本密集型的轻工业为主,没有发展像钢铁、汽车、航空等类的重化工业。当美国工业于 20 世纪初进入重化工业阶段时,纽约的工业结构也没有变化,只是在轻工业内部出现由低端向高端的转移。从 20 世纪 60 年代至 70 年代末期,纽约的经济转型经历了大约 10 多年时间。

上海当前的城市转型,与伦敦、纽约、东京等国际大都市的转型相比,在工业化发展阶段、产业结构、国家背景、国内背景以及城市条件等方面,既有相似之处,也有较大差异。这同时也决定了上海作为崛起中的全球城市转型之路的特殊性。

(1)城市转型的国家背景。

一个城市在经济转型时,其国家发展处于一个什么状态以及在国际上的地位变化,对其是有较大影响的。纽约与东京在经济转型时,其国家发展均处在上升期,国际地位不断提高,居于全球前列。伦敦的经济转型,则处于英国国际地位逐步下降的背景下。显然,在一国的国际地位不断上升,并具有相当话语权的背景下,实行城市转型有诸多有利条件,如国家更希望将这些城市发展列入国家战略予以支持,国家的日益高涨的声望也有助于这些城市更多地吸引世界资源集聚,从而会给城市转型发展注入强大的推动力。目前,我国经济经过持续的高增长,已形成世界第二大规模的经济体,并且国际经济地位迅速上升,显然这对上海转型发展是十分有利的条件。

(2)城市转型的国内背景。

伦敦、纽约和东京在当时经济转型中,其国内经济发展水平均已达到相当的高度。例如,日本在 20 世纪 50—70 年代末已进入重化工业为主的工业化中期阶段,自 20 世纪 80 年代则开始转向后工业化阶段。因此当三大都市在经济转型时,其国内的服务业发展也已达到相当的水平,其比重相差不是很大。而且,在全国范围内,服务业发展的制度环境制约也较小。在这种情况下,三大都市的经济转型中服务业部门的发展,在相当程度上是由于吸引了外来服务企业的集聚所致。显然,这是十分有利于其转型的。与此不同,我国目前尚处在工业化中期,服务业发展水平普遍较低,且存在较多制度环境的制约。相比之下,这对上海转型发展是不利的。

另外,国内区域经济结构的状况对城市转型也有较大影响。英国的经济发展是一种自然演进的过程,区域经济结构比较平衡。因此,国内区域经济结构对伦敦经济转型的影响不大。与此不同,在美国区域经济结构演变的历史上,从 19 世纪初到 20 年代,东北部繁荣一时;19 世纪 70 年代到 20 世纪初,中西部城市又脱颖而出。二战后,特别是新科技革命兴起后,高科技产业所占比重逐渐加大,西海岸得以长足发展,"阳光带"城市成为美国区域经济发展的崭新增长点。相形之下,东北部和中西部这两个老工业区却增长乏力,被人们冠之以"冰雪带"的称谓。美国这一时期全国区域经济结构的调整对纽约也产生了很大的影响,使纽约的传统地位受到一定的削弱,并日益受到西部大城市的挑战,从而在一定程度上加深了纽约经济转型中的摩擦与冲击力度。当前,我国也正处于区域增长格局大变动之际,并已形成"西高东低"的态势,国内城市竞争也趋于白热化,这将给上海转型发展带来较大的影响和冲击。

(3)城市功能条件。

通过三大都市经济转型的比较分析,可以发现,相对单一的城市功能有利于城市的转型。纽约是国际大都市,但不具有首都功能,与东京、伦敦相比,城市功能相对单一。同时,纽约从发展伊始就充分考虑本身的资源优势,扬长避短,不追求大而全,特别是没有重点发展重化工业,因此城市的发展并没有遇到严重的资源约束和城市病。而且,纽约与美国其他大城市的间断性不强,加上与周边城市的合理分工,所以纽约在经济转型和城市变迁中遇到的问题与困难相对伦敦、东京要少。上海与纽约一样,也不具有首都功能,更多的是经济功能和文化功能,这在一定程度上有利转型发展。但与伦敦、东京类似,上海曾是制造业基地,制造业门类齐全,重型化程度较高,城市发展遇到较严重的资源约束和城市病,从而加大了转型发展的难度。

7.3.2　上海城市转型的路径模式

上海的转型发展不是对原有发展模式进行微调,也不是照抄照搬西方国家城市转型的路径和经验,而是对传统发展模式进行全面转换,实现具有中国特色的非线性发展跨越,因此必须依靠创新驱动,将创新贯穿于经济社会发展各个环节和全过程,着力推进制度创新、科技创新、组织创新、管理创新和文化创新,实现发展理念、体制机制、领导方式和工作方法重大转变,着力激发创新活力,营造创新环境,在创新中推动转型发展,使创新成为经济社会发展的主要驱动力。

从理论上讲,实践"创新驱动城市转型发展"主线,要求把上海城市的转型发展放在更大的时空背景中来加以规划,创新驱动就是要通过深化改革,突破制约科学发展的制度瓶颈,为转型发展注入新的强大动力。上海"创新驱动、转型发展"的路径模式主要由纵向与横向两个维度刻画,其中,纵向维度采用三组阶段即"要素驱动—效率驱动—创新驱动"的形式,反映经济增长动力由数量型向质量型转化而引发的发展模式的更迭;横向维度分为"知识—技术—模式—区域"四大体系,将创新转型的质量、效益、结构与瓶颈,由"点"及"面"地反映出来。

1. 纵向维度:"要素驱动—效率驱动—创新驱动"的内在逻辑

上海从要素驱动到创新驱动并不能一蹴而就,而是要经历一个从粗放到集约、循序渐进的过渡阶段,而这个阶段的显著特点就是效率驱动。

第一,效率驱动具有"承前"的作用,是对要素驱动特别是投资驱动的"破中有立"。上海在要素驱动和投资驱动阶段,经济增长主要是建立在要素数量投入增加的基础上,保持高速的增长速度需要大量自然要素的投入,以及对廉价劳动力、资金和土地的依赖。当传统的增长模式便难以为继时,这些曾经促使经济腾飞因素的作用或将走向各自的反面,成为阻碍经济增长的制约因素,需要向效率驱动阶段转变。与前一个发展阶段相比,各类要素的物质形态在效率驱动阶段可能并未发生实质性的改变,但它们自身的所蕴含的能量与能力、同其他生产要素之间的结合方式、所处的地位以及能够发挥的作用、影响与控制范围等,由于受到更深层次的体制与机制的支配,都发生了相应的变化。

第二,效率驱动具有"启后"的作用,各类推动经济发展的创意与创新元素不断涌现。应当看到,上海城市转型效率驱动的动力来源,更多地需要依靠生产要素的能级提升,包括在技术前沿面开展的科技创新活动。同时,效率驱动也使得大部分尚处于技术可行区域内部的生产组合向技术前沿逼近,通过投入要素质量的提升或数量的节省,使经济运行从非效率状态转换到效率状态,在这个意义上,效率提升是创新驱动的前提与保障。效率驱动不仅关注作为劳动力普遍意义层面的人力资本积累,还特别注重作为创新主体的科技人才的人力资本积累,通过体制机制变革、改变薪酬模式、改革户籍制度,以及推进公共服务均等化等多位一体的政策举措,实现对创新创意人才与团队的激励,为经济效率进一步向创新驱动转型积攒智力资源优势。

由此可见,效率转型是上海城市经济、社会、文化、生态、空间和制度在从要素驱动向创新驱动转变过程中的必经环节,起着"承前启后"的联结与转化作用,其实质是转变经济发展方式。

2. 横向维度:四大创新体系为创新转型提供新路径

从上海城市转型的横向维度看,创新则是一连串互相关联的链式反应。可以根据创新波及的先后次序把创新活动的领域分成知识创新体系、技术创新体系、模式创新体系和区域创新体系四个部分。

第一,知识创新体系是其他各类创新的源泉与基础。这里强调两类知识创新,一类是来自教学与科学研究的知识创新,包括基础性研究与应用性研究过程中发现的新规律、新学说和新方法。另一类是来自人力资本对知识存量与流量的控制能力,"干中学(learning by doing)"在提升人力资本积累方面,起着关键性作用。伦敦、纽约和东京在实现城市经济、社会、文化、生态、空间和制度转型的同时,也都成为全球知识创造的发源地。

第二,技术创新体系是知识创新体系在生产与服务领域的应用与延续,同时也是知识转化为生产力的主要来源。新技术的实施主体是企业,当前,以智能制造、绿色能源、数字服务与生物医药为代表的技术创新,依托大数据、云计算、平台经济与移动互联网等虚拟载体,广泛而深刻地改变着经济运行环境,特别是经济发展的产业结构与需求结构,从而驱动创新、助推转型。例如在20世纪60年代后期,伦敦进入了从重化工阶段向后工业化阶段的经济转型,尽管制造业的衰退比较明显,但仍有一些基于高工资、高技术和高附加值的产业部门,比如印刷业、高新技术产业以及通信产业扩张迅速。

第三,模式创新体系关注新技术、新产品能否更好地与市场结合的问题。对于正处在改革浪尖的上海而言,模式创新应当包含两方面的内涵,一是商业模式创新,即关注企业在其所处的价值网络中,通过组织变革、业态创新或价值链整合,实现商业价值增殖与资源的优化配置,如互联网金融、离岸贸易、平台经济等都是近年来上海在商业模式领域涌现的新业态。二是行政体制创新,减少政府对市场的干预,从过度审批的体制消耗中解脱出来,简政放权;同时在市场准入、税收、人才等政策扶持方面,为新业态、新组织、新市场的成长提供更多的公平发展空间。全球城市崛起的成功经验业已表明,第三产业特别是生产性服务业是支撑城市转型的典型业态模式,市场模式的更迭需要行政体制从工业为中心的生产服务体系向以金融、保险和房地产等生产性服务业为中心的服务体系转变。

第四,区域创新体系将创新的主体或载体延展到城市和城市群。考察知识、信息、技术和组织在区域间产生、集聚、扩散、更新与转化的一般规律,从而形成区域内特色明显、分工明确、资源关联、功能多样的城市群创新体系,加速城镇化进程,这是在不久的将来,上海依托长三角腹地实现城市分工的又一重要的创新引擎。都市圈内合理的产业结构和区域分工格局,可以突出中心城市的资源优势,延长其产业链;通过周边城市工业的发展为中心城市生产者服务业发展提供市场空间,缓解中心城市发展中产生的"城市病"等。例如,在纽约都市圈中,纽约的金融、贸易功能独占鳌头,费城主要是重化工业比较发达,波士顿的微电子工业比较突出,而巴尔的摩则是有色金属和冶炼工业地位十分重要,同时,还有华盛顿的首都功能。纽约市一直十分重视与周边地区的关系,将公司总部作为加强这种联系的纽带,通过发挥大都市的整体优势来加快市区的振兴步伐。

上述两个维度基本刻画出上海"创新驱动、转型发展"的内涵、路径与框架(见图7.7)。首先,在要素驱动阶段,个体拥有劳动的基本知识与技能、企业实现基础产量以维持盈亏平衡、市场交易处于传统形态、城市由资源集聚自发形成;其次,进入效率驱动阶段,个体在"干中学"中不断积累人力资本、企业通过降本增效和优化配置提高收益、信息化介入改造传统业态、城市功能从集聚走向集聚与扩散并存;再者,到达创新驱动阶段,个体善于运用和发现新知识、企业不断开发出市场所需要的新产品、新业态的出现使得交易效率大幅提升、城市在城市群中的定位与分工决定区域创新的方向。

创新主体	个体	企业	市场/业态	城市
	知识创新体系	技术创新体系	模式创新体系	区域创新体系
要素驱动	基本知识	实现产量	传统市场	资源集聚
效率驱动	干中学	降本增效	信息化介入	集聚与扩散
创新驱动	新知识	新产品	新业态	新功能

图 7.7 上海创新驱动转型发展的内涵与框架

7.3.3 上海城市转型的动力机制

与纽约、伦敦、东京等全球城市崛起过程中,市场机制始终是推动转型的主导力量有所不同。上海城市转型的动力机制则来自两方面:政府和市场。其中,政府通过行政改革,简政放权,推动城市转型;而市场则进一步在开放中获取转型的内生动力。从这个意义上讲,上海前进中的转型是政府和市场双轮驱动的结果,是改革与创新紧密结合共同推进的过程。

1. 效率导向下的改革与创新是上海推动城市转型的主要抓手

伦敦、纽约和东京在经济转型中,市场机制始终是推动其转变的主导力量,而政府的政策干预是实现转变的有力保障。在三大都市经济转型的过程中,政府自始至终没有明确提过"增长方式转变"的话题,基本是顺应市场规律的调整。尽管如此,在经济转型中面临产业调整、失业,以及财政危机时,政府也都通过制定城市战略规划、环境保护法规、产业扶持政策、社会保障措施等进行有力的引导和扶持。特别是日本政府,在东京发展为国际大都市的过程中扮演了强有力的角色。由于政府的积极作为,东京的产业结构在由制造业向生产服务业转变的过程中,没有出现类似伦敦、纽约的城市经济衰退。即便在市场主导力量很强的纽约经济转型中,纽约市政府在制造业领域也大力扶持高新技术产业的发展,对高新技术产业实行房地产税减征 5 年计划(前 3 年减 50%,第 4 年减 33.3%,第 5 年减 16.7%),免除商业房租税(前 3 年租税全免,第 4 年免 66.7%,第 5 年免 33.3%)。同时,纽约还实行了城市工业园区战略,主要表现在"袖珍工业园区"(依托该市基础设施完备但被废弃的小区,利用联邦资金建设商业大楼,租给小型制造企业,巩固纽约经济结构多样性的传统优势)和"高科技产业研究园区"（利用纽约市众多的大学、研究机构和企业的综合优势,研究开发高科技产品,以适应后工业化城市经济结构变化的新趋势)。为促进服务业发展,纽约市政府实施了曼哈顿优惠能源计划（期限12年,前8年电费减少30％,以后每年减电费20％)。而对于资本密集型产业能级提升,则通过对外投资兼并收购海外企业等方式,将这些边际产业向外转移,以实现产业结构的调整。

上海在转型发展中,政府的积极引导和扶持具有得天独厚的优势,有助于克服转型中可能出现的社会经济震荡。但问题是,政府如何在顺应市场规律的前提下,实行积极引导和扶持的政策措施。同时,政府要转变职能,减少直接干预,充分发挥市场规律的作用。

因此,在上海经济转型的过程中,必须结合城市转型的一般规律和国际经验,把创新与改革贯彻落实到经济社会发展的各方面、各环节,力争在效率导向上取得新突破和实质性进展,在发展思路和模式上全面创新,尽快形成全球经济网络体系中的主要节点,率先突破制约科学发展的瓶颈约束。

具体而言,上海应当遵循以下三条内部动力机制和三条外部动力机制。其中,内部动力机制主要通过对要素挖潜,提升经济效率与效能;而外部动力机制则侧重于利用科技、信息和政策创新,推动城市转型发展。

内部动力之一,是优化提升资本配置效率,克服资本要素边际报酬的下降趋势。围绕提升企业效益为核心目标,促进企业的生产与经营由粗放型向集约型模式转化;引导各类资源在不同所有制企业之间合理流动,进一步发挥市场机制与价格调节在资源配置中的基础性作用,优化民营企业与小微企业的外部融资环境,促使不同所有制资本能够平等地享有公平竞争的市场权利。

内部动力之二,是大幅提升劳动生产效率,促进劳动力的自由流动与城市化水平。坚持"以人为本"的社会建设与管理理念,建设包容性的全球城市,把改善民生作为转型发展的出发点和落脚点,着力推进劳动力市场从分割走向融合,完善"同工同酬"机制,以深化社保、医疗、养老和教育等公共服务的均等化改革为抓手,衔接、协调与扩大现有政策的执行力和受益面,化解因户籍制度和不彻底的城市化而引发的城市"新二元结构",使发展成果更加广泛、更加均衡地惠及普通劳动者,促进社会公平正义和人的全面发展。

内部动力之三，是节约集约土地利用效率，进一步提高单位土地产出率。加快推进实施城市空间地理信息系统建设，严格控制新增建设用地规模，适度提高产业园区的开发强度，积极探索土地出让弹性年期制度；通过促进低效土地二次开发，形成对土地资源的合理规划、综合开发、集约化利用和整体性保护。

外部动力之一，是充分发挥科技活动效率，营造鼓励创新和宽容失败的社会氛围与体制机制。围绕加快以企业为主体的科技创新体系建设，形成政府与市场在创新活动领域的合理分工，大力培育发展战略性新兴产业和自主创新能力；特别是要从知识创新和人力资本积累层面提高创新效率，构建有助于科技创新活动的政策体系，为推动经济长期增长提供智力支撑与制度保障。

外部动力之二，是有效利用信息化效率，走工业化与信息化融合的道路。一是需要加快信息产业尤其是信息服务业自身的发展，协同智慧城市建设提高城市创新服务体系与信息化应用水平；二是借助信息化手段对传统产业进行升级与改造，形成对先进制造业和现代服务业等一批新型业态、商业模式的技术与效率支撑。

外部动力之三，是去繁求简提高行政运行效率，完成从管理型政府向服务型政府的转型。政府自身实现转型对于经济效率增进的意义在于，一方面，有助于明确政府与市场的边界，通过行政审批制度和管理制度改革等，降低政府对经济运行过度干预而引发的效率损失；在另一方面，也有助于为企业注入市场活力，通过调整财政支出结构与税收政策调整，进一步培育和激发企业家精神，为经济运行谋求富有创新意愿与冲动的微观主体。

2. 正确处理政府与市场的关系是上海实现城市转型动力的关键

党的十八届三中全会的创新亮点之一，是把市场在资源配置中的基础性作用提升为决定性作用。与此前相比，全会更加强调向市场放权，突出"有形之手"对"无形之手"的让渡。然而，让市场发挥决定性作用并不意味着政府的宏观调控就不重要了，而是要让政府"有所为"和"有所不为"，从过度干预的领域退出，在保障性领域及时补位，从而正确处理好政府和市场的关系，深入推进改革。

政府与市场关系的调整，有助于构建健康与可持续的经济发展模式，助推城市转型。一方面,对于生产者而言,如果政府能够进一步加强基础设施投资,实施对企业的减税政策,为市场主体营造公平竞争的营商环境,那么企业的生产成本、流通成本等就能降低,企业的投资意愿就会增强;另一方面,对于消费者而言,如果政府能够进一步在教育、医疗、住房等社会保障领域发挥更大的作用,并且通过立法与行政手段培育诚实守信的消费市场环境,那么就能激发消费者强大的消费意愿与消费能力,实施扩大内需和产业结构升级的发展战略,企业的产能也能及时被市场消化,从而形成良性的供求互动模式,促进国民经济发展步入健康与可持续的发展轨道。

中国(上海)自由贸易试验区建设中的负面清单管理模式,为进一步向市场放权提供了一个先行先试的范本。从审批制向备案制的转变,不仅使行政效率大幅提高,而且还表达了政府加快转变职能的信心与决心。政府必须根据市场主体改革和发展的现实需求,从功能上"有进有退",在体制机制上"创新转型",退出对微观市场主体和要素资源配置的直接干预,进入公共服务、市场监管、宏观调控、法制建设等领域,努力建设服务型政府,为市场化改革的不同利益主体创造更加公平公正、竞争有序、法制透明的制度环境和激励性氛围。只有这样,才能为深化改革提供更加持久且富有激励的推进动力。

7.3.4 上海城市转型面临的主要问题和挑战

从上海正在推进的转型来看,已在制度、经济、社会、文化、生态和空间转型方面成效显著,国内首位城市地位已然确立。然而,与党的十八届三中全会通过的《中共中央关于全面深化改革若干重大问题的决定》要求的治理体系和治理能力现代化比照,还有较大差距,与增强全球城市资源配置能力还不匹配。同伦敦、纽约、东京、香港、新加坡等世界城市相比,上海也只是在经济转型的局部领域略占优势,而从整体看来,转型仍然任重而道远。

一是从经济转型看,土地、劳动力成本日益攀升,产业结构调整压力不断增强,对全球资源配置的掌控能力有待提升。全球城市崛起经验表明,城市转型期间以制造业占比下降和以商务、金融为代表的生产性服务业的崛起最为突出,二三产业之间会出现一个此消彼长的替代关系。比如,纽约的制造业就业占比从 1977 年的 21.9% 下降到 1996 年的 9.0%,而金融保险房地产业则保持在 15% 以上。相形之下,上海目前的制造业就业占比仍在 30% 左右,金融保险房地产的就业占比只有 5%—6%。与此同时,上海城市经济总量扩张与功能拓展不同步。以金融增加值占全国增加值的比重为例,2004 年伦敦的金融增加值占比达到 43.0%,英国几乎一半的金融增加值由伦敦创造,因而伦敦也成为英国乃至全球金融产品价格的主导者,这一比例在纽约接近 20%,而上海只有 8.5%,北京 8.8%,深圳 5.6%,上海金融的发展规模不足以支撑其获得国际定价权、控制权和影响力。[①]

二是从社会转型看,社会建设滞后于经济发展,从社会管理到社会治理的转型尚不充分,基层社区治理的体制机制尚未理顺,多年来积累的社会矛盾日益突显,人口承载压力不断加大,社会安全面临挑战。大量外来移民的市民化是全球城市的普遍趋势,外来人口在缓解城市人口老龄化,为城市发展带来了年轻劳动力的同时,也给城市的社会治理带来了挑战。纽约、伦敦、香港都是外来移民的目的地,人口结构决定就业结构,就业结构影响产业结构,全球城市的经济转型与社会转型是同步展开的。上海在过去十几年的转型过程中,也发生了人口结构的重大变化,2013 年底上海 2 415 万常住人口中有 990 万是外来常住人员,各区县在特大型城市外来人口管理、推进基本公共服务均等化和创新社会治理等方面,社会转型滞后于经济转型,条块分割、权责不对等的现象还比较严重,人口结构变动引致的"改革红利"有待进一步挖掘。

三是从城市生态环境与空间转型看,上海新城建设进展缓慢,产城融合效果不佳,粗放式增长引致的环境与资源制约愈发突出,甚至成为阻碍城市功能拓展和转型发展的关键问题。全球城市崛起的一般规模表明,伦敦、纽约和东京在经济转型中,中心城区与外缘城区受到行业分布变化的冲击和影响是不同的。大量工厂关闭外迁之后,中心城区被高集聚度、高枢纽性、高便捷性和高现代性的产业填补,形成文化创意产业、金融产业和 MCBD 等集聚区,土地容积率和产业集中度极高,如纽约的曼哈顿、东京的六本木等。尽管上海中心城区大量传统的对环境污染比较大的产业出现关闭和外迁,但产业的空心化

---

① 参见沈开艳等:《"创新驱动、转型发展"与"四个中心"关系研究》,上海社会科学院内部报告,2014 年 7 月。相关数据计算依据 2013 年《上海统计年鉴》、2013 年《北京统计年鉴》、2013 年《深圳统计年鉴》,FOCUS ON LONDON(2008);美国经济分析局网站。

趋势亦十分明显,而且一些被植入的现代服务业由于大多受到行政干预,往往是政府主导的产业转型短期热闹一阵,而依靠市场自身培育起来的长效发展机制欠缺,生产性服务业崛起相对滞后,形成上海在向外缘扩张的同时,土地二次开发不够紧凑,大量土地低密度开发,造成土地空间的结构性短缺,产城融合效果不佳。此外,城市边缘地区有着便利的交通和低廉的生活成本,成为外迁的低端制造业集聚的场所,造成环境污染,加重了上海产业结构与空间结构转型的难度。

四是从政府职能转型看,政府职能边界有待明晰,政府权力过度干预市场运行的现象和机制尚未在根本上得到消除,行政审批体制和投资体制改革有待深入。上海城市转型的体制改革空间和动力释放,已经不仅仅满足于政府继续"放松管制",而取决于政府职能转型与自身的体制机制创新。显然,30多年的市场化改革和发展,大大改变了市场经济微观主体的行为方式、目标选择以及利益预期。现有的政府职能、机构设置、行政机制等已经严重制约了市场微观基础的改革目标,制约了市场主体进一步推进改革的意愿,已经成为进一步深化市场化改革的障碍。

可见,上海的"创新驱动、转型发展",不仅要促进增长动力源的转换,而且要全面优化经济结构,提升经济运行质量;不仅要转变经济发展方式,而且要促进社会转型,大力推进社会建设和文化发展;不仅要促进经济社会并重协调发展,而且要提升城市功能、优化城市形态布局和创新城市管理模式。这就要打破原有的"路径依赖",转入新的发展轨道。这种非线性的跨越式发展,是不可能通过个别改善、局部微调来实现的,而要依赖于改革与创新的重大突破。

7.4 上海城市转型趋势研判及下一步需要突破的重点

7.4.1 上海城市转型成功有赖于正确处理六大关系

迈向国际经济、金融、贸易、航运"四个中心"和现代化国际大都市,"十二五"时期是上海实现"创新驱动、转型发展"的关键阶段。中央对上海也提出了争做改革开放排头兵、科学发展先行者的要求。上海应当坚持把科技进步和创新作为加快转变经济发展方式的重要支撑,坚持把经济结构战略性调整作为加快转变经济发展方式的主攻方向,坚持把保障和改善民生作为加快转变经济发展方式的根本出发点和落脚点,坚持把建设资源节约型、环境友好型社会作为加快转变经济发展方式的重要着力点,坚持把改革开放作为加快转变经济发展方式的持续动力。通过对上海现阶段转型的总体格局研判、重点领域评估,以及上海城市转型的路径模式、动机机制的分析,并结合上海"四个中心"与现代化国际大都市建设中存在的不足,我们认为,未来上海转型能否成功,有赖于正确处理以政府与市场为核心的六大关系。

1. 政府与市场的关系

党的十八届三中全会把正确处理政府与市场的关系,作为经济体制改革的核心,而经济体制改革又是全面深化改革的重心。在现代市场经济体系中,政府和市场是两类相互关联的资源配置方式,决定着社会主义市场经济体制的基本走向和运行质量。政府和市场既不是市场从属于政府,或者政府从属于市场的关系,也不是政府多一点市场少一点抑或相反的此消彼长关系,而是相互补充、密切联系、缺一不可的关系。正确处理政府与市场之间的关系的关键标志,在于能否形成合理有序的价格机制。上海目前面临两大挑战,一是如何减少政府对市场主体的过度干预,纠正由此造成的价格机制扭曲;二是如何增强政府对市场环境的法制建设,确保市场主体有序竞争。

2. 改革与创新的关系

当经济规模达到一定阶段后,一方面,边际效益递减规律表明,传统生产要素的作用难以为继,需要新要素的加入,而新要素的产生是基于科技创新和模式创新之上的,上海在科技创新和市场模式创新方面,一直位于全国前列,成为转型动力的来源;另一方面,隐藏在经济规模背后的结构问题凸显出现,成为制约经济发展的"绊脚石"和"拦路虎"。此时,就需要通过更加深层次的体制改革,来调整与生产力发展不相适应的生产关系,进一步释放改革的活力,加快推进转型。为此,改革与创新相辅相成、互为条件,改革为创新服务,创新有助于全面深化改革。上海目前面临如何把改革与创新有机结合起来的挑战,更好地促进市场创新活力,加快政府职能转型。

3. 经济与社会的关系

上海的转型不仅要从"政府—市场"的维度切入,还要考虑"政府—社会"

的维度,在快速推进以产业结构调整为主体的经济发展的同时,弥合与解决因粗放式增长而带来的各种社会弊端与问题。经济发展要以社会建设为前提条件,并内生化为经济行为主体分散决策时的约束条件,促进经济因素向社会、伦理等因素的回归。同时,上海从"大政府、小社会"向"小政府、大社会"的转型,也意味着更加成熟的社会治理理念以及更加完备的社会治理体系,比如社区共治、慈善救济、灾害预防等方面更加主动地发挥作用,为经济发展创造和谐的社会基础。

4. 功能与空间的关系

上海城市转型,实际上既是功能的转型,又是空间的转型,而且从根本上讲,转型是否成功,有赖于城市功能与空间在转型速度与方向上是否保持一致。只有功能与空间保持一致的城市转型,才能在效率层面确保转型成功。应该看到,上海"四个中心"功能建设的内涵远远比发展金融、贸易、航运产业丰富得多,需要在产业空间布局和城市功能区划等多个方面由多个部门共同推进、合力并举。任何一个方面的滞后都有可能导致转型的失败。例如,没有产业导入的大型居住区,就注定是"空城"、"鬼城",这样的例子在国内许多转型城市都发生过,上海要极力避免在转型过程中出现功能与空间上的不匹配。

5. 上海与长三角的关系

上海的转型发展离不开全国转型发展的大背景中,尤其是长三角地区,既是上海转型的腹地,消化上海过剩的产能,又催生出新的市场需求,引导上海城市转型。在与长三角的交互发展中,一直以来长期困扰地区社会经济发展的问题,是地区产业的同构化问题。这一问题的解决,有赖于重新理解和审视国家战略导向的资源、生态、环境和人口的可持续发展目标,重新定义和运用信息流、资金流、贸易流、人才流等主要市场要素的"自由集聚"和合理配置,从而最大程度地发挥上海对长三角乃至全国社会经济转型发展的辐射、带动、引领与服务功能。

6. 顶层设计与基层创新的关系

从改革的顺序看,一般有两种形态,一种是"自上而下"的顶层设计,另一种是"自下而上"的基层创新。上海在城市转型的过程中,应当密切结合两种方式,不应有所偏废。这是因为,顶层设计为基层创新提供方向和保证,基层创新为顶层设计提供丰富的现实依据，顶层设计与基层创新的有机结合，有助于聚焦转型目标、挖掘转型动力、明确转型趋势、助力转型过程。

7.4.2 上海城市转型趋势情景分析

上海未来城市转型的前景模式主要基于以下几个关键假设：（1）总体来说，世界（特别是亚洲）将继续保持和平，不会发生核战争或其他重大的军事斗争；（2）现有的国界将维持不变；（3）亚洲的政治转型将以和平形式进行，且内部安全将保持可控；（4）世界将继续拥有开放的全球贸易系统和稳定的全球金融系统；（5）针对气候变化将会有有效的全球性行动。若是这些假设中有任何一个不成立，将会对亚洲产生灾难性的影响。这种事件发生的概率或造成的损失是不可量化分析的。

表 7.3 上海城市转型的情景预测

	情景 1（乐观）	情景 2（中性）	情景 3（悲观）
发生概率	20%	60%	20%
特征表现	● 城市功能高度化 　- 枢纽性大平台建设 　- 资源要素集聚与扩散的流量规模 　- 功能性机构的集聚程度 ● 经济结构合理化 　- 产业结构 　- 投资与消费结构 　- 收入分配结构 　- 企业所有制结构 　- 城市空间结构 ● 运行质量集约化 　- 财政收入 　- 经济效益 　- 创新成果 　- 节能减排 　- 居民收入 　- 就业率 ● 发展环境优质化 　- 市场环境 　- 生活居住环境 　- 人文环境 　- 社会环境	● 基本建成国际经济中心 　- 服务经济为主体的产业结构 　- （R&D）经费支出 GDP 占比>5% ● 基本建成国际金融中心 　- 金融市场规模世界前列 　- 功能性金融机构集聚能力位于世界前列 ● 基本建成国际贸易中心 　- 贸易总量位居世界前列 ● 基本建成全球航运中心 　- 港口货物吞吐量世界领先 　- 现代航运集疏运体系	● "城市病"困扰 　- 人口膨胀 　- 交通拥挤 　- 住房困难 　- 环境恶化 　- 资源紧张 ● 经济地位下降 　- 成本投入与收益获取的不同步 　- 经济增速下滑 　- 容易受到外部冲击 ● 城区发展不均 　- 外缘城区衰落 　- 居民收入分配结构扭曲 　- 社会动荡

沿着"创新驱动、转型发展"的发展主线，上海在 2020 年实现成功转型，需要在城市功能、经济结构、运行质量以及发展环境等方面实现全面的提升和突破。其中较为可能出现三种情景：

1. 乐观预测

上海较好地把握了城市转型需要处理的六大关系，已完成城市全方位转型，奠定了其成为综合性全球城市的坚实基础。届时，这种转型成功将表现在四个方面：(1)城市功能高度化，具体反映在枢纽性大平台建设、资源要素集聚与扩散的流量规模、功能性机构的集聚程度等方面；(2)经济结构合理化，具体反映在产业结构、投资与消费结构、收入分配结构、企业所有制结构、城市空间结构等优化方面；(3)运行质量集约化，具体反映在财政收入、经济效益、创新成果、节能减排、居民收入、就业等方面；(4)发展环境优质化，具体反映在市场环境、生态环境、生活居住环境、人文环境、社会环境等方面。

上海转型成功的核心标志，体现在产业结构上，即出现以服务经济为主的符合全球城市基本特征的经济形态。全球城市转型的一般规律表明，在完成城市转型之后，城市的产业之间替代关系显著，其中以制造业占比下降和以商务、金融为代表的生产性服务业的崛起最为突出，比如，纽约的制造业就业占比从 1977 年的 21.9％下降到 1996 年的 9.0％，而金融保险房地产业则保持在 15％以上。根据上海"十二五"规划的总体目标，到 2020 年转型之后的上海制造业占比不断下降，有望接近 20％，达到 1985 年纽约、1985 年伦敦、1996 年东京、1996 年香港全球城市平均水平，服务业 GDP 占比超过 80％，这时候上海进入服务经济主导，产业基础转换阶段。

因此，随着上海"四个中心"建设的稳步推进和功能完善，将在后续 30 年内加快上海服务经济的建设，不断提升和完善上海的综合服务功能。2020 年上海"四个中心"基本框架已经形成：国际航运中心方面，港口基础设施建设及保税区建设将进一步完善，货运结构将得到进一步优化。国际金融中心建设方面，初步形成以证券、同业拆借、外汇、保险、商品期货等构成的比较健全的全国性金融市场体系。国际贸易中心方面，自由贸易区以及综合商务区的功能凸显。随着上海"四个中心"建设，上海产业基础将成功实现转换，构成上海成功转型的重要标志。

表 7.4　纽约、伦敦、东京、香港和上海的行业就业结构变化（%）

纽　约	1977 年	1985 年	1996 年	2020 年趋势
制造业	21.9	15.4	9.0	↓
第三产业（选择部门）	63.7	73.8	80.3	↑
批发零售	19.4	20.2	19.3	—
金融保险房地产	15.9	17.3	17.0	—
其他服务业	28.4	36.3	44.1	↑

伦　敦	1977 年	1985 年	1996 年	2020 年趋势
制造业	22.0	16.0	8.4	↓
第三产业（选择部门）	73.0	78.5	88.5	↑
批发零售	13.5	20.5	15.4	—
金融保险房地产	9.9	18.2	11.7	—
其他服务业	49.6	39.8	61.4	↑

东　京	1977 年	1985 年	1996 年	2020 年趋势
制造业	25.1	22.0	16.9	↓
第三产业（选择部门）	54.5	59.8	62.8	↑
批发零售	27.5	28.4	26.1	—
金融保险房地产	6.4	6.1	6.7	—
其他服务业	20.6	25.3	30.0	↑

香　港	1981 年	1986 年	1996 年	2020 年趋势
制造业	41.3	35.8	18.9	↓
第三产业（选择部门）	51.0	57.7	73.0	↑
批发零售	19.2	22.3	24.9	—
金融保险房地产	4.8	6.4	13.4	—
其他服务业	27.0	29.3	34.7	↑

上　海	2000 年	2010 年	2012 年	2020 年趋势
制造业	39.0	31.3	30.2	↓
批发零售	12.8	16.6	16.7	—
金融保险房地产	2.3	5.5	5.7	↑

资料来源：萨森（2001）、李思名（1997）和《上海统计年鉴 2013》。

2. 悲观预测

上海未能把握好城市转型需要解决的"六大关系"，导致在转型过程中，既不能有效应对外部环境的剧烈变化，又不能充分调动起全面深化改革的积极因素，从而陷入改革的"锁定状态"，即转型成效不足以支撑转型深化，而转型动力不足又迫使转型停留在浅层，进入恶性循环。一旦如此，上海转型就有可能会陷入转型的困境，或者患上城市"转型综合症"，集中表现在以下几个方面：(1)因经济增长速度减缓明显或急速下滑，城市经济地位和综合实力丧失，城市竞争优势一定程度被削弱；(2)由于转型中的不确定性，或对转型结果的预期存在不确定性，对转型方向、目标、路径看不清，形成路径依赖或者转型发展的"锁定"状态；(3)因转型中成本投入与收益获取的不同步，难以在短期内见效，容易对已采取的长远性、长期性政策措施进行调整；(4)因经济转型中出现许多新情况和新变化，而传统的思维惯性和工作方式难以适应，过去行之有效的办法难以有效应对，当转型遇到困难和阻力时，缺乏有效应对的策略与方法等等。

3. 中性预测

相较于上述两类极端状态的情景，上海城市转型的中性状态概率最高，即上海较好把握了转型发展"六大关系"中的一对或者几对关系，逐步完成"十二五"时期所设立的 2020 年"四个中心"建设目标，逐步具备成为综合性全球城市的经济基础，但在生态、文化、社会等非经济功能转型上与全球城市的内涵要求仍存在较大差距。

2020 年上海实现"四个中心"基本框架与综合性全球城市指标比较中我们可以看出，上海建设"四个中心"的目标偏重城市经济功能的实现，而根据综合性全球城市内涵指标要求，则还应实现包括社会、文化、环境和空间等其他功能目标。按照"四个中心"的发展导向和上海的实践路径，预计 2020 年前后上海经济产业的转型就可完成，全球生产要素配置中心地位也确立，而社会、文化等离全球城市目标实现预计稍晚。因而，从对上海未来成为综合性全球城市，完成城市全面转型的目标要求上看，从"四个中心"到全球城市目标，还需要对影响一个城市全面转型的政治、经济、社会、文化、生态等不同领域资源配置进行顺序结构设计，并且充分发挥市场内生因素主导作用，这样才能保障

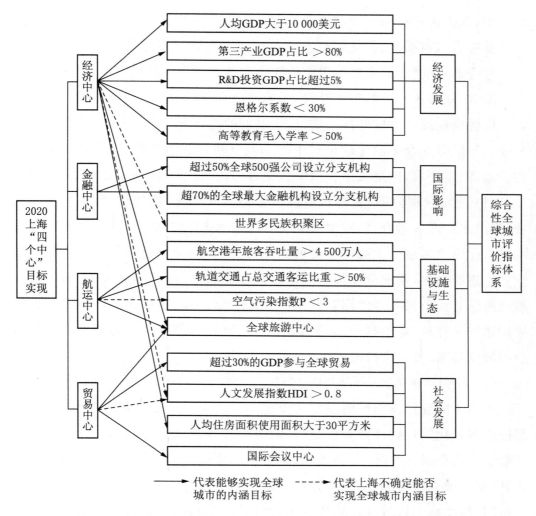

经济中心 → 人均GDP大于10 000美元
经济中心 → 第三产业GDP占比＞80%
经济中心 → R&D投资GDP占比超过5%
经济中心 → 恩格尔系数＜30%
经济中心 → 高等教育毛入学率＞50%

这些指标归类为：经济发展

金融中心 → 超过50%全球500强公司设立分支机构
金融中心 → 超70%的全球最大金融机构设立分支机构
金融中心 → 世界多民族积聚区

这些指标归类为：国际影响

航运中心 → 航空港年旅客吞吐量＞4 500万人
航运中心 → 轨道交通占总交通客运比重＞50%
航运中心 → 空气污染指数P＜3
航运中心 → 全球旅游中心

这些指标归类为：基础设施与生态

贸易中心 → 超过30%的GDP参与全球贸易
贸易中心 → 人文发展指数HDI＞0.8
贸易中心 → 人均住房面积使用面积大于30平方米
贸易中心 → 国际会议中心

这些指标归类为：社会发展

2020 上海"四个中心"目标实现

综合性全球城市评价指标体系

→ 代表能够实现全球城市的内涵目标　　----▶ 代表上海不确定能否实现全球城市内涵目标

图7.8　2020年上海实现"四个中心"基本框架与综合性全球城市指标比较

上海顺利融入全球城市节点体系、具备多级的城市发展空间、拥有全球城市的制度环境体系、创新的都市治理结构与服务型政府架构等。

7.4.3　下一步深入推进城市转型的突破重点

"十三五"时期将是上海城市全面转型发展的重要转折期,经济社会发展的战略方针和重点领域安排需要跳出传统思维的束缚,进行重大的调整。未来上海实践"创新驱动、转型发展"道路,不仅要促进创新和集约发展,而且要全面优化经济结构、提升城市功能;不仅要转变经济发展方式,而且要促进社会转型,大力推进社会建设和文化发展;不仅要促进经济社会并重协调发展,而且要提升城市功能、优化城市形态布局和创新城市管理体制。党的十八届三中全会通过的《中共中央关于全面深化改革若干重大问题的决定》深入总结了我国35年改革开放的历史经验,系统提出了全国深化改革的路线图和时间表。作为全国改革开放的排头兵、科学发展的先行者,上海应当科学研判当前和今后一段时间全面深化改革对于推动城市转型的重要意义,结合改革创新的新趋势、新要求,围绕城市转型中长期目标,在以下几大方面力争有所突破。

（1）经济转型方面,引导城市经济形态向高端化、集约化、服务化方向转变,促进三次产业融合,构建以服务经济为主的产业结构。未来产业的服务化和融合化发展将成为上海产业发展的主攻方向,同时也是产业优化升级的重点。更重要的是,要充分发挥上海信息化水平较高、市场容量较大、运行比较规范的综合优势,为上海"四新经济(新技术、新产业、新模式和新业态)"的发展构建统一开放、竞争有序、公平有效的市场体系,使上海成为新兴融合型产业集聚度最高、发展最快的地区。

（2）社会转型方面,促进"以改善民生为重点"的社会建设,城市管理向基于以人为本的合作参与型治理方式转变,走"大人口"、社会化的管理之路。立足构建多元化的现代社会治理结构,既要激发各类社会组织和民众积极参与社会治理的积极性与活力,突出民意导向,又要改进社会治理方式,理顺条块体制,建立健全城市综合管理机制,探索跨部门的城市运行管理平台和长效运行机制,推动社会管理方式从政府"自上而下"单独推动向"自下而上"社会共同参与的跨越,以不断提高人民群众生活质量和满意度,推动社会和谐发展。

（3）文化转型方面,确立"文化立市"的战略理念,全面深入推进"文化大都市"建设,形成开放包容、多元竞争的大文化体制,培育和提升上海城市发展的文化软实力。坚持文化产业市场化改革主线不动摇,积极推动国有文化事业单位转企改制步伐;利用自贸试验区发展契机,提高文化的开放水平;把对海派文化的挖掘和上海城市文化的诠释融入到城乡一体化、旧城改造和郊区新城建设等城市再造过程之中;并积极探索文化贸易和文化产权交易规则,支持文化产品和服务扩大对外交流空间,把上海打造成为文化氛围浓郁的"文化魅力之都"。

（4）生态转型方面，把发展低碳经济作为抢抓战略性新兴产业发展机遇、培育新增长点和率先转变发展方式的有机结合点，发展模式从粗放高耗向集约绿色转变，为城市的可持续发展增添有力支撑。推进资源节约和综合利用，发展循环经济，推进清洁生产，深化循环经济试点和生态园区创建，提升资源综合利用能力和水平，继续提高生活废弃物分类收集和源头减量覆盖面，建立健全土壤保护和修复治理、循环经济发展的体制机制设计，落实排污许可证制度，加快培育区域性排污权交易市场和碳排放交易市场等。

（5）空间转型方面，引导上海城市空间布局从单核单级向多核多级转变，形成中心城区与郊区新城有机联系、网络式分布的都市圈。健全规划体制以及确保规划落地的体制机制保障，推进基于一定城市功能的城镇体系建设，倡导产城融合、适度弹性的城市空间布局，而不是片面地强调人口资源的有机疏散。加快按照市场规则推动农村土地流转和集体经济产权制度改革；加快完善辅助性区域如郊区城镇的公路网络与市域高速公路网络合理衔接；加快郊区城镇信息、通讯建设和水、电、气等各类管网建设等。

（6）制度转型方面，深化政府行政体制改革，以服务型政府为转型目标适应服务经济发展的需要，进一步扩大对外开放，完善与国际惯例接轨的支持政策和制度环境。强调"减、放、改、管"并行的原则和思路；在投资体制改革方面，突出强调负面清单的简化和国民待遇原则；在混合所有制经济发展方面，突出国有资本、集体资本、非公有资本等交叉持股、相互融合的发展新局面；在市场流通体系方面，形成公平竞争、有序统一的现代市场体系和符合国际营商环境的市场规则；在重点领域的价格改革方面，力求突破并提出市场和政府定价的原则、范围和边界，在充分发挥市场决定性作用的同时，更好地发挥政府的作用。

总之，站在新的历史起点上，展望未来，上海将坚持创新驱动、转型发展，义不容辞、义无反顾地走向具有强大网络功能的全球城市。

参考文献

Friedmann, J., 1986, "World city hypothesis", *Development and change*, 17(1).

Hall P., 1996, "The Global City", *International Social Science Journal*, 48.

IESE Cities in Motion Strategies program, 2014, *IESE CITIES IN MOTIONIESE INDEX 2014*, Business School, University of Navarra.

Khalid Malik, et al., 2013, *Human Development Report 2013—The Rise of the South：Human Progress in a Diverse World*, United Nations Development Programme.

Knox, P.L., 1995, "World Cities in a World-System", In Knox, P. and Taylor, P. (eds.), *World Cities in a World-System*, Cambridge：Cambridge university press, 3—20.

O'Sullivan, Arthur, 2006, *Urban Economics(6e)*, McGraw-Hill Education.

Sassen, S., 1991, *The Global City：New York, London, Tokyo*, Princeton：Princeton University Press.

Taylor, Peter J., 2010, *Shanghai, Hong Kong, Taipei and Beijing within the World City Network：Positions, Trends and Prospects*, GaWC Research Bulletin 204. http://www.lboro.ac.uk/gawc/rb204.html, 2010-06-02.

Wilson, Alan, 2008, "Urban and regional dynamics—3：'DNA' and 'genes' as a basis for constructing a typology of areas", CASA Working Paper 130. Centre for Advanced Spatial Analysis (UCL), London, UK.

World Economic Forum, 2013, *Global Risks 2013-An Initiative of the Risk Response Network*, Geneva, Switzerland.

Wu, N., E.A. Silva, "*Urban DNA：Exploring the Biological Metaphor of Urban Evolution with DG-ABC Model*", Paper Sessions of the 14th AGILE International Conference on Geographic Information Science.

《迈向 21 世纪的上海》课题领导小组编：《1996—2000 年上海经济、社会发展战略研究：迈向 21 世纪的上海》，上海人民出版社 1995 年版。

《21 世纪初世界经济贸易发展趋势》，国研网 2000 年 10 月。

邓金、杨成、施海杰：《2030 年全球战略预测》，《俄罗斯研究》2011 年第 4 期。

艾大宾：《我国城市社会空间结构的演变历程及内在动因》，《城市问题》2013 年第 1 期。

巴顿：《城市经济学——理论和政策》，商务印书馆 1984 年版。

蔡红一：《城市人群关系的生态分层理论研究》，《华中建筑》1999 年第 2 期。

蔡来兴：《迈向现代化的抉择——九十年代上海经济发展大思路》，上海远东出版社 1993 年版。

蔡来兴：《上海：创建新的国际经济中心城市》，上海人民出版社 1995 年版。

曾永泉、夏玉珍：《转型期社会风险预警与干预机制研究》，《广西社会科学》2008 年第 4 期。

陈晖：《以高端制造业促进上海转型发展》，《东方早报》2014 年 1 月 21 日。

陈家华、陈方:《上海市民公共安全感调查》,《科学发展》2013年第1期。

陈柳钦:《城市文化:城市发展的内驱力》,《学习论坛》2011年第1期。

陈璐:《论上海全球城市建设》,《长江流域资源与环境》2006年第15期。

陈群民、吴也白等:《进一步完善来沪人员服务和管理,推进城乡统筹发展——上海解决"新二元结构"的途径、前景及举措》,《科学发展》2012年第2期。

陈晓璐:《地方政府应对群体性突发事件的决策机制研究》,上海交通大学硕士学位论文,2011年。

陈志洪等:《纽约产业结构变动及对上海的启示》,《上海经济研究》2003年第10期。

程玲、向德平:《社会转型时期的社会风险研究》,《学习与实践》2007年第1期。

崔曙平:《城市发展转型与城市经营应对》,《江苏商论》2008年第6期。

单霁翔:《关于"城市"、"文化"与"城市文化"的思考》,《文艺研究》2007年第5期。

冯军政:《全球金融中心格局演变与上海的发展策略研究》,《新金融》2013年第7期。

冯婷、张坚:《城市与腹地经济互动发展的思考——以上海与其腹地的经济发展为例》,《特区经济》2011年第1期。

符坚、吴红宇:《流动人口的特征,现存问题和公共政策思考》,《广东经济》2006年第3期。

复旦发展研究院:《上海发展报告——跨世纪的上海经济》,复旦大学出版社1995年版。

傅白水:《税收改革新方向》,《浙江经济》2014年第2期。

高峰、廖小平:《论代内公平、代际公平与经济效率》,《江苏社会科学》2004年第2期。

高山:《主要国际金融比较及中心竞争力对上海的启示》,《社会科学研究》2009年第4期。

高向东等:《上海人口空间移动与公共管理和服务资源配置问题研究》,上海市政府决策咨询研究重点课题,2012年。

顾海英、史清华等:《现阶段"新二元结构"问题缓解的制度与政策——基于上海外来农民工的调研》,《管理世界》2011年第11期。

郭秀云:《上海人口空间移动与公共管理和服务资源配置问题研究》,上海市政府决策咨询研究重点课题,2012年。

国家统计局国民经济综合统计司:《新中国五十五年统计资料汇编》,中国统计出版社2005年版。

国务院发展研究中心"发达国家再制造业化战略及对我国的影响"课题组:《发达国家再制造业化战略及对我国的影响》,《管理世界》2013年第2期。

国务院发展研究中心课题组:《全球经济增长的前景分析》,《中国发展观察》2012年第12期。

哈瑞尔达·考利、阿肖克·夏尔马、阿尼尔·索德等:《2050年的亚洲》,人民出版社2012年版。

何江:《城市风险与治理研究——以中国为例》,中央民族大学博士学位论文,2010年。

何蒲明、王雅鹏:《略谈资源的代际公平问题》,《华中农业大学学报(社会科学版)》2000第1期。

侯百镇:《转型与城市发展》,《规划师》2005年第2期。

胡锦涛:《在庆祝中国共产党成立90周年大会上的讲话》,北京人民出版社2011年版。

胡晓鸣:《上海租界百年对城市发展的启示》,《城市规划》2008年第5期。

黄美真、张济顺:《近代上海与近代中国几个问题的思考》,复旦大学出版社1991年版。

贾康:《多视角考量地方债风险》,《中国金融》2014年第7期。

江苏省发改委:《上海发力平台经济》,http://www.jsdpc.gov.cn/xwzx/ztxx/2013/wsxdfwyfz/cyyj/201403/t20140321_394796.html,2014年3月21日。

姜月:《上海医疗卫生资源配置现状与效率研究》,上海工程技术大学硕士学位论文,2011年。

靖学青、陈海泓、王爱国：《长三角产业结构趋同与上海产业发展战略取向》,《上海经济(增刊)》2004 年。

凯文林奇：《城市形态》,华夏出版社 2001 年版。

康燕：《解读上海》,上海人民出版社 2001 年版。

科尔尼咨询公司：《2013 年外国直接投资信心指数》,2013 年版。

蒯大申主编：《上海文化发展报告(2012)：转型发展与上海文化建设》,社会科学文献出版社 2012 年版。

李丹：《美国再工业化战略对我国制造业的多层级影响与对策》,《国际经贸探索》2013 年第 6 期。

李功豪：《上海崛起：从渔村到国际大都市》,上海大学出版社 2010 年版。

李国平：《城市转型：内向—外向—国际》,《财经科学》1996 年第 6 期。

李健、宁越敏：《1990 年代以来上海人口空间变动与城市空间结构重构》,《城市规划学刊》2007 年第 5 期。

李凌等：《经济效率转型：从要素驱动到创新驱动》,上海人民出版社 2013 年版。

李麦产：《现代城市风险管理与防范》,《城市观察》2012 年第 6 期。

李思名：《全球化、经济转型和相关城市形态的转化》,《地理学报》1997 年(增刊)。

李向阳：《全球经济重心东移的前景》,《国际经济评论》2011 年第 1 期。

李学鑫、田广增、苗长虹：《区域中心城市经济转型：机制与模式》,《城市发展研究》2010 年第 4 期。

李彦军：《产业长波、城市生命周期与城市转型》,《发展研究》2009 年第 11 期。

李长莉：《上海社会生活史的典型意义》,《史林》2002 年第 45 期。

徐明前：《上海中心城旧住区更新发展方式研究》,同济大学,2004 年。

厉以宁：《中国经济双重转型之路》,中国人民大学出版社 2013 年版。

厉以宁：《转型发展理论》,北京同心出版社 1996 版。

连玉明：《城市转型与城市竞争力》,《中国审计》2003 年第 2 期。

林峰：《上海郊区群体性事件防控机制研究》,上海交通大学硕士学位论文,2011 年。

林华、朱春节：《走向可持续发展的城市空间结构——以上海为例》,《多元与包容——2012 中国城市规划年会论文集(02.城市总体规划)》,2012 年。

林尚立、刘晔：《"责任政府、服务政府、法制政府"的内涵与机制研究——以上海市为例》,载《复旦公共行政评论》(第一辑),上海辞书出版社 2005 年版。

林毅夫：《经济发展与转型》,北京大学出版社 2008 年版。

刘登阁：《性格习惯大解析：如何与全国各地人打交道》,中国致公出版社 2007 年版。

福钧：《中国、印度茶乡之行》,转引自墨菲：《上海——现代中国的钥匙》,上海人民出版社 1986 年版。

刘慧、樊杰、李扬：《"美国 2050"空间战略规划及启示》,《地理研究》2013 年第 32 卷第 1 期。

刘玲：《城市生命体视角：现代城市和谐建设初探》,复旦大学博士学位论文,2010 年。

刘社建：《上海新二元结构问题的演变、成因与对策》,《毛泽东邓小平理论研究》2010 年第 11 期。

刘世锦等：《陷阱还是高墙？中国经济面临的真实挑战和战略选择》,中信出版社 2011 年版。

刘新宇：《上海水环境与河道治理的思考》,《环境经济》2012 年第 1 期。

刘易斯·芒福德：《城市发展史——起源、演变和前景》,中国建筑工业出版社 2005 年版。

罗伯特·保罗·欧文斯：《2012 年世界城市文化报告》,同济大学出版社 2013 年版。

罗文、李燕：《如何看待"美国制造回归"？——兼评美国"再工业化"战略》,《海外瞭望》2012 年第

3 期。

罗文:《如何看待"美国制造回归"——兼评美国"再工业化"战略》,《电器工业》2012 年。

吕强:《国家统计局:2012 年中国基尼系数 0.474 2008 年后逐步回落》,财经网 2013 年 1 月 18 日,ht-tp://economy.caijing.com.cn/2013-01-18/112444588.html。

马莉莉:《香港之路:产品内分工视角下的世界城市发展》,人民出版社 2011 年版。

马鹏晴:《加强上海城市公共安全管理要有新思路》,《决策参考信息》2011 年第 7 期。

麦肯锡全球研究院:《城市化的世界:重塑全球商业版图》,2013 年版。

毛翔宇、高展、王振:《基于总部经济的服务业集聚动力机制探讨》,《上海经济研究》2013 年第 8 期。

倪鹏飞、彼得·卡尔·克拉索:《全球城市竞争力报告(2007—2008)——城市:未来一切皆有可能》,社会科学文献出版社 2008 年版。

宁越敏、李健:《上海城市功能的转型:从全球生产系统角度的透视》,《世界地理研究》2007 年第 4 期。

宁越敏等:《上海人口发展趋势及对策研究》,《上海城市规划》2011 年第 1 期。

宁越敏等:《上海模式及全球城市未来发展战略(上、下)》,《中国名城》2009 年第 11、12 期。

诺玛·伊文森:《巴西新老国都:里约热内卢和巴西利亚的建筑及城市化》,新华出版社 2010 年版。

潘世伟等:《上海转型发展:理论、战略与前景》,上海人民出版社 2013 年版。

潘世伟等:《上海转型发展:实践、创新与经验》,上海人民出版社 2013 年版。

潘伟志:《中心城市产业转型初探》,《兰州学刊》2004 年第 5 期。

裴长洪、李程骅:《论我国城市经济转型与服务业结构升级的方向》,《南京社会科学》2010 年第 1 期。

彭希哲:《上海人口、人力资源与经济发展转型》,《科学发展》2011 年第 9 期。

乔根·兰德斯:《2052:未来四十年的中国与世界》,译林出版社 2013 年版。

热若尔·罗兰:《转型与经济学》,北京大学出版社 2002 年版。

任远、王桂新:《常住人口迁移与上海城市发展研究》,《中国人口科学》2003 年第 5 期。

任知寰:《上海转型发展过程中人口风险及对策》,《上海资源环境发展报告 2013》,社会科学文献出版社 2013 年版。

任致远:《城市文化:城市科学发展的精神支柱》,《城市发展研究》2012 年第 1 期。

上海工程技术大学课题组:《新形势下上海促进就业的机制研究》,《科学发展》2014 年第 3 期。

上海市经济学会编:《开发、开埠、开放》,中国广播电视出版社 1992 年版。

上海市人民政府发展研究中心:《应对环境变化,促进平稳增长——2013/2014 年上海经济形势分析》,2013 年。

上海市人民政府发展研究中心课题组:《合理控制上海人口规模优化人口结构研究》,《科学发展》2013 年第 7 期。

上海市人民政府发展研究中心课题组:《上海郊区新城建设状况评估》,《科学发展》2013 年第 5 期。

上海市人民政府发展研究中心课题组:《上海全面深化改革的初步思路研究》,《科学发展》2013 年第 11 期。

上海市统计局:《上海统计年鉴》,中国统计出版社 1981—2013 年版。

上海市统计局:《上海市国民经济和社会发展统计公报》,2008—2013 年。

沈开艳主编,《2013 年上海经济发展报告》,社会科学文献出版社 2013 年版。

沈开艳主编,《2014 年上海经济发展报告》,社会科学文献出版社 2014 年版。

沈兰:《中国社会习俗的近代化及其影响》,《内蒙古农业大学学报》2008 年第 2 期。

丝奇雅·萨森:《全球城市——纽约、伦敦、东京》,上海社会科学院出版社 2001 年版。

苏雪串:《全球城市体系形成的经济机理分析》,《山东经济》2010 年第 6 期。

苏智良:《双城记:上海纽约城市比较研究》,《上海师范大学学报(哲学社会科学版)》2008 年第 5 期。

孙柏瑛:《我国政府城市治理结构与制度创新》,《中国行政管理》2007 年第 8 期。

孙耀州:《工业城市转型的动因和路径分析》,《城市发展研究》2010 年第 4 期。

唐由海:《城市、基因、形态——传统住区形态更新》,重庆大学硕士学位论文,2002 年。

唐真龙:《经济重心东移上海国际金融中心如何推进》,《上海证券报》2010 年第 6 期。

陶希东、黄王丽:《国际大都市新城建设经验及其对上海的启示》,《上海经济研究》2005 年第 8 期。

陶希东:《中国城市治理:理论、问题、战略》,《华东理工大学学报:社会科学版》2006 第 20 卷第 3 期。

同策咨询研究部:《45 个限购城市土地财政依赖度分析报告》,2014 年版。

屠启宇、金芳等:《金字塔尖的城市:国际大都市发展报告》,上海人民出版社 2007 年版。

汪传刚:《上海水质性缺水及主要成因》,载《上海资源环境发展报告 2013》,社会科学文献出版社 2013 年版。

汪先永等:《北京经济发展阶段与未来选择》,《经济理论与经济管理》2006 年第 1 期。

王桂新、沈甜:《上海人口少子高龄化与和谐社会建设》,《华东师范大学学报(哲学社会科学版)》2008 年第 1 期。

王家辉:《上海与主要国际金融中心城市的实力比较》,《上海金融》2012 年第 12 期。

王金波:《国际贸易投资规则发展趋势与中国的应对》,《国际问题研究》2014 年第 2 期。

王儒年:《〈申报〉广告与上海市民的消费主义意识形态——1920—1930 年代〈申报〉广告研究》,上海师范大学学位论文,2004 年。

王世军、周佳懿:《人口迁移与上海国际大都市建设》,《同济大学学报(社会科学版)》2009 年第 4 期。

王雪梅:《城市规划中的文化发展策略研究》,中央美术学院博士论文,2012 年。

王战、周振华:《城市转型与科学发展——2006/2007 上海发展报告》,上海财经大学出版社 2007 年版。

王战:《上海过去 30 年如何解决各阶段主要矛盾》,《东方早报》2014 年 1 月 28 日。

王志平主编:《当代上海经济发展概论》,上海人民出版社 2005 年版。

韦运雪:《新加坡经济发展四阶段的人才策略与启示》,《左江日报》2006 年 6 月 15 日。

魏后凯:《论中国城市转型战略》,《城市与区域规划研究》2011 年第 1 期。

魏娜、王明军:《公民参与视角下的城市治理机制研究——以青岛市公民参与城市治理为例》,《甘肃行政学院学报》2006 年第 2 期。

魏枢:《上海城市转型的历史视角》,《东方早报》2014 年 1 月 21 日。

吴伟萍:《城市信息化发展路径选择:理论框架与市实证分析》,《情报杂志》2007 年第 2 期。

吴小英:《代际冲突与青年话语的变迁》,《青年研究》2006 年第 8 期。

吴忠民:《论代际公正》,《江苏社会科学》2001 年第 3 期。

西山:《文明极化的五大效应——基因决定城市性状与发展》,《建筑与文化》2012 年第 9 期。

夏玉珍:《论现代化发展的社会风险与代价——基于风险社会视角的分析》,《广东社会科学》2009 年第 1 期。

谢红利:《上海城市安全生产风险指数评价》,华东理工大学,2013 年。

辛潇：《上海外籍人士居住问题调查研究》，同济大学学位论文，2007 年。

忻平：《从上海发现历史——现代化进程中的上海人及其社会生活》，上海大学出版社 2009 年版。

新玉言：《新型城镇化：理论发展与前景透析》，国家行政学院出版社 2013 年版。

熊光清：《当前中国社会风险形成的原因及其基本对策》，《教学与研究》2006 年第 7 期。

熊鲁霞、黄吉铭：《改革开放后上海城市总体规划回顾与展望》，《城市规划学刊》2012 年第 2 期。

熊晓莉：《代际福利转移分析》，江西财经大学硕士学位论文，2010 年。

熊月之、刘海波、卢颂江、陈燮君、陈勤建：《上海的城市品格》，《社会科学报》2004 年 11 月 18 日。

熊月之：《上海城市精神述论》，《史林》2003 年第 5 期。

熊月之：《上海城市文化的多元传统》，《解放日报》2013 年 3 月 8 日。

熊月之、张生：《中国城市史研究综述（1986—2006）》，《史林》2008 年第 5 期。

熊月之：《略论江南文化的务实精神》，《华东师范大学学报（哲学社会科学版）》2011 年第 3 期。

熊月之：《略论上海人形成及其认同》，《学术月刊》1997 年第 10 期。

熊月之主编：《上海通史》（当代卷），上海人民出版社 1999 年版。

熊志强：《当前青年阶层固化现象及其原因探讨》，《中国青年研究》2013 年第 6 期。

徐国祥等：《上海创新驱动转型发展的评价指标体系研究》，上海市人民政府发展研究中心 2013 年度重点课题内部报告。

许海燕：《城市精神的构建与城市特质的保持》，《中共云南省委党校学报》2012 年第 4 期。

许甜业：《近代上海浦东城区变迁研究》，上海师范大学学位论文，2008 年。

轩明飞、陈俊峰：《城市空间社会结构变迁三论》，《社会》2004 年第 2 期。

闫彦明：《东亚地区金融中心崛起的趋势、动因与发展战略》，《东南亚纵横》2012 年第 7 期。

杨舸：《构建合理城市体系缓解大城市人口压力》，《中国社会科学在线》2013 年 8 月 2 日，http://www.csstoday.net/xueshuzixun/guoneixinwen/83334.html。

杨继绳：《中国当代社会阶层分析》，江西高校出版社 2011 年版。

杨勤业、张军涛、李春晖：《可持续发展代际公平的初步研究》，《地理研究》2000 年第 19 卷第 2 期。

杨一博、宗刚：《纽约世界城市发展道路对北京的启示》，《现代城市研究》2011 年第 12 期。

姚亮：《社会结构视野下的社会风险探析》，《学习与实践》2009 年第 7 期。

叶贵勋：《上海城市空间发展战略研究》，中国建筑工业出版社 2003 年版。

易蓉：《上海人均医疗资源排位靠后——三甲医院人满为患》，《新民晚报》2014 年 1 月 23 日。

银温泉、刘强：《全球化视野下的中国发展之路》，新世界出版社 2006 年版。

尹继佐主编：《2002 年上海经济发展蓝皮书：城市国际竞争力》，上海社会科学出版社 2002 年版。

尹金初、张均平、吉海平：《上海反恐方略研究》，《上海公安高等专科学校学报》2003 年第 5 期。

余仁田：《新加坡土地利用举措及其对上海的借鉴》，《上海土地》2007 年第 1 期。

俞克明、黄金平等：《解放后上海城市发展转型的历史阶段及特征》，载《上海城市的发展与转型》，上海书店出版社 2009 年版。

俞立中、郁鸿胜：《长三角新一轮改革发展的战略思考》，上海人民出版社 2008 年版。

袁政：《城市治理理论及其在中国的实践》，《学术研究》2007 年第 7 期。

约翰·弗里德曼：《中国的城市变迁》，明尼苏达大学出版社 2005 年版。

臧漫丹、诸大建：《基于循环经济理论的上海水资源治理模式研究》，《给水排水》2006 年第 3 期。

张保会、宋建民：《解决水质性缺水应是我国"十二五"重要环保任务》，《环境保护》2009 年第 15 期。

张健明等：《上海"新二元结构"问题的成因和缓解思路》，《科学发展》2011 年第 11 期。

张开敏等：《解放后的上海人口迁移》，《人口与经济》1990 年第 6 期。

张莉、栾海铱：《趋紧新政下商业银行房地产信贷风险及规避措施研究》，《科技经济市场》2014 年第
　　1 期。

张绍梁：《上海大都市圈空间布局结构探讨》，《上海城市规划》2007 年第 5 期。

张曙光：《中国问题的经济学》，中信出版社 2014 年版。

张彤军：《城市文化与城市可持续发展》，《北京行政学院学报》2008 年第 2 期。

张卫：《社会风险发展趋势与我国突发事件应急机制建设》，《中南民族大学学报（人文社会科学版）》
　　2008 年第 8 卷第 6 期。

张玉鑫：《上海城市空间发展评估与思考》，《上海城市规划》2013 年第 3 期。

张仲礼：《近代上海城市研究》，上海文艺出版社 2008 年版。

张仲礼：《近代上海城市研究》，上海人民出版社 1990 年版。

张仲礼等：《近代上海城市的发展、特点和研究理论》，《近代史研究》1991 年第 4 期。

赵汗青：《中国现代城市公共安全管理研究》，东北师范大学，2012 年。

赵怡雯、张颖：《上海欲引领世界经济中心东移》，《国际金融报》2009 年第 7 期。

甄明霞、陈君君：《上海收入分配格局及劳动报酬变化的经济效应研究》，《统计科学与实践》2013 年
　　第 6 期。

中共上海市委党史研究室编：《新跨越、新发展：2007—2012》，上海人民出版社 2012 年版。

中国与全球化研究智库：《国际人才蓝皮书：中国国际移民报告（2014）》，社会科学文献出版社 2014
　　年版。

周保华：《同质化背景下城市基因的挖掘及研究方法初探——以宁波东部新城为例》，《北京规划建
　　设》2012 年第 6 期。

周国平：《建设全球城市——上海未来五年发展战略》，《上海经济管理干部管理学院学报》2008 年第
　　1 期。

周炼石：《当前国际金融格局的重大变化及趋势》，《新金融》2011 年第 12 期。

周武：《开放传统与上海城市的命运》，《史林》2003 年第 5 期。

周晓虹：《冲突与认同：全球化背景下的代际关系》，《社会》2008 年第 28 卷第 2 期。

周振华：《活力之都：上海迈向全球城市的基本内功》，《文汇报》2014 年 2 月 10 日。

周振华：《崛起中的全球城市——理论框架及中国模式研究》，格致出版社、上海人民出版社 2008
　　年版。

周振华、陈维：《城市转型——上海经济发展蓝皮书(2006)》，社会科学文献出版社 2006 年版。

周振华、陶纪明等：《战略研究：理论、方法与实践》，格致出版社、上海人民出版社 2014 年版。

周振华：《崛起中的全球城市——理论框架及中国模式研究》，格致出版社、上海人民出版社 2008
　　年版。

周振华：《创新驱动，转型发展》，《解放日报》2011 年 1 月 7 日。

周振华：《以改革创新促进上海转型发展》，《文汇报》2011 年 5 月 16 日。

周振华：《创新突破、加速转型——2011/2012 年上海发展报告》，格致出版社、上海人民出版社 2012
　　年版。

周振华：《改革促创新、开放促转型——2013/2014 年上海发展报告》，格致出版社、上海人民出版社

2014 年版。

周振华:《建设全球城市加快城市转型》,上海财经大学出版社 2008 年版。

周振华:《伦敦、纽约、东京经济转型的经验及其借鉴》,《科学发展》2011 年第 10 期。

周振华等《上海:城市嬗变及展望》,格致出版社、上海人民出版社 2010 年版。

周振华主编、朱金海等副主编:《求索转型发展之路——2010 年上海区县发展报告》,格致出版社、上海人民出版社 2011 年版。

周振华主编:《经济复苏与转型发展——2009/2010 年上海发展报告》,格致出版社、上海人民出版社 2010 年版。

朱国众:《上海经济发展环境分析与 2012 年展望》,《统计科学与实践》2012 年第 1 期。

朱勍:《从生命特征视角认识城市及其演进规律的研究》,同济大学博士论文,2007 年。

朱铁臻:《城市转型与创新》,《城市》2006 年第 6 期。

诸大建:《上海如何成为一座"伟大城市"》,《瞭望东方周刊》2014 年 2 月 25 日。

诸大建等:《世博会对上海的影响和对策》,上海交通大学出版社 2003 年版。

左学金等:《世界城市空间转型与产业转型比较研究》,社会科学文献出版社 2011 年版。

左学金等:《走向国际大都市》,上海人民出版社 2008 年版。

图书在版编目(CIP)数据

上海战略研究:历史传承 时代方位/周振华等著.
—上海:格致出版社:上海人民出版社,2014
(发展战略研究丛书)
ISBN 978 - 7 - 5432 - 2452 - 0

Ⅰ.①上… Ⅱ.①周… Ⅲ.①城市发展战略-研究-
上海市 Ⅳ.①F299.275.1

中国版本图书馆 CIP 数据核字(2014)第 254141 号

责任编辑　忻雁翔
装帧设计　路　静

发展战略研究丛书

上海战略研究:历史传承　时代方位

周振华　陶纪明　等著

出　版	世纪出版股份有限公司　格致出版社 世纪出版集团　上海人民出版社 (200001　上海福建中路 193 号　www.ewen.co) 编辑部热线　021-63914988 市场部热线　021-63914081 www.hibooks.cn	印　刷　苏州望电印刷有限公司 开　本　787×1092　1/16 印　张　23 插　页　3 字　数　347,000 版　次　2014 年 12 月第 1 版 印　次　2014 年 12 月第 1 次印刷
发　行	上海世纪出版股份有限公司发行中心	

ISBN 978 - 7 - 5432 - 2452 - 0/F・791　　　　　　　　　　　定价:62.00 元